抗日战争时期中国人口伤亡和财产损失调研丛书

主　编　李忠杰
副主编　李　蓉　姚金果
　　　　霍海丹　蒋建农

浙江省抗日战争时期人口伤亡和财产损失

浙江省委党史研究室　编

中共党史出版社

图书在版编目(CIP)数据

浙江省抗日战争时期人口伤亡和财产损失/浙江省委党史研究室编.
—北京:中共党史出版社,2014.8
(抗日战争时期中国人口伤亡和财产损失调研丛书/李忠杰主编)
ISBN 978-7-5098-2689-8

Ⅰ.①浙… Ⅱ.①浙… Ⅲ.①抗日战争－损失－史料－浙江省
Ⅳ.①K265.06

中国版本图书馆 CIP 数据核字(2014)第 115468 号

出版发行:**中共党史出版社**
责任编辑:王　兵
复　　审:陈海平
终　　审:汪晓军
责任校对:龚秀华
责任印制:谷智宇
责任监制:贺冬英
社　　址:北京市海淀区芙蓉里南街6号院1号楼
邮　　编:100080
网　　址:www.dscbs.com
经　　销:新华书店
印　　刷:北京君升印刷有限公司
开　　本:170mm×240mm　1/16
字　　数:446 千字
印　　张:22.5　14 面插图
印　　数:1—3000 册
版　　次:2014 年 8 月第 1 版
印　　次:2014 年 8 月第 1 次印刷
　ISBN　978-7-5098-2689-8
定　　价:50.00 元

此书如有印制质量问题,请与中共党史出版社出版业务部联系
电话:010－82517197

《抗日战争时期中国人口伤亡和财产损失调研丛书》

本课题在中共中央党史研究室室委会领导下进行。先后三位时任主任孙英、李景田、欧阳淞对本课题给予了重要指导。

主　编　李忠杰
副主编　李　蓉　姚金果　霍海丹　蒋建农

参加审稿的领导和专家：
一、中共中央党史研究室领导和专家
　　曲青山　孙　英　龙新民　陈　威　石仲泉
　　谷安林　张树军　黄小同　黄如军　李向前
　　陈　夕　任贵祥　郑　谦　王　淇　黄修荣
　　刘益涛　韩泰华
二、有关部门和单位的专家
　　李景田（第十二届全国人大常委、民族委员会主任
　　　　　　委员；中共中央党史研究室原主任；中共
　　　　　　中央党校原常务副校长）
　　何　理（中国人民解放军国防大学少将、教授、中
　　　　　　国抗日战争史学会会长）
　　支绍曾（中国人民解放军军事科学院少将、原军事
　　　　　　历史研究部副部长、研究员）

罗焕章 （中国人民解放军军事科学院研究员）

刘庭华 （中国人民解放军军事科学院原军事历史研究部研究室主任、研究员、博士生导师、首席军史专家）

阮家新 （中国人民革命军事博物馆原副馆长、研究员）

步 平 （中国社会科学院近代史研究所原所长、研究员）

汤重南 （中国社会科学院世界历史研究所研究员、中国日本史学会名誉会长）

姜 涛 （中国社会科学院近代史研究所研究员）

荣维木 （《抗日战争研究》原主编）

郭德宏 （中共中央党校党史教研部原主任、教授、博士生导师）

肖一平 （中共中央党校党史教研部教授）

杨圣清 （中共中央党校党史教研部教授）

李东朗 （中共中央党校党史教研部教授、博士生导师）

徐 勇 （北京大学历史系教授、博士生导师）

李良志 （中国人民大学中共党史系教授）

王桧林 （北京师范大学教授、博士生导师）

谢忠厚 （河北省社会科学院原现代史研究所所长、历史研究所顾问、研究员）

中共中央党史研究室课题组成员

李忠杰 霍海丹 李 蓉 姚金果 李 颖

王志刚 王树林 杨 凯

《抗日战争时期中国人口伤亡和
财产损失调研丛书》

总　序

中共中央党史研究室副主任　李忠杰

　　发生在 20 世纪三四十年代的中国人民抗日战争，是中华民族抵抗日本帝国主义侵略的一场规模巨大的战争，是世界反法西斯战争的重要组成部分和东方主战场，是近代以来中国反对外敌入侵第一次取得完全胜利的民族解放战争。中国人民抗日战争的胜利，成为中华民族由衰败走向振兴的重大转折点，也对世界各国人民取得反法西斯战争的胜利、争取世界和平的伟大事业产生了巨大影响。

　　这场战争，作为世界反法西斯战争的一部分，从根本上来说，是反法西斯正义力量与法西斯侵略势力之间的一场大决战，是文明与野蛮的一场大搏斗。日本侵略者，站在法西斯阵营一边，不仅与中国人民为敌，而且与世界人民为敌，肆意践踏人类的公理和正义，企图以残暴杀戮的手段，将中华民族置于自己的铁蹄之下。日本侵略者先后占领了中国、东南亚、南亚、大洋洲许多国家的领土，杀害居民，掠夺物资，强征劳工，施放毒气，蹂躏妇女和儿童，毁坏和窃取文物，造成了大量人员和财产的损失，给中国人民和亚洲其他许多国家人民留下了巨大的创伤，给世界文明造成了空前的破坏。

　　中国是受战争摧残最为严重的国家。从 1931 年到 1945 年的 14 年间，日本侵略者先后占领了东北、华北、华中、华南等大片中国最重要的经济政治文化战略地区。在整个战争进程中，日军到处屠杀、焚烧、抢掠、奸淫，使中国人民的生命财产惨遭蹂躏；大量使用生化武器，进行残酷的细菌战和化学战；把大批中国平民和俘虏当作细菌和毒气的试验品；对无辜的中国平民施放毒气，或在河流、湖泊、水井中投毒；掠走大批中国劳工，强迫他们筑路、开矿、拓荒，从事大型军事工程，使其大批冻、饿、病、累而死；强征中国妇女作为"慰安妇"，严重残害妇女的身心健康；对抗日根据地实行"烧光、杀光、抢光"政策，企图摧毁抗战军民起码的生存条件；在许多地方还制造了一系列触目惊心的大惨案。直至今天，日本侵略所造成的后果还难以完全消除，日军遗留的毒气弹还不时地威胁着中国人民的生命安全。

日本侵略者的罪行，违背了起码的人类良知和国际公法，不仅是对人权和人道主义的践踏，而且是对人类文明的挑战。它决不是如某些日本右翼分子所说是解放亚洲和太平洋地区人民的行动，而是亚洲和太平洋地区历史上最黑暗的一幕，是人类文明史上的一场浩劫。第二次世界大战结束后，根据《波茨坦公告》的规定，远东国际军事法庭在东京对日本首要战犯进行了国际审判，确认侵略战争为国际法上的犯罪，策划、准备、发动或进行侵略战争者为甲级战犯。此外，盟军还在马尼拉、新加坡、仰光、西贡、伯力等地，对日本的乙、丙级战犯进行了审判。中国也先后对日本的有关战犯进行了审判。这些审判，与欧洲的纽伦堡审判一起，使发动侵略战争的罪犯受到了应有的惩处，代表了全世界一切爱好和平人民的共同愿望。这是正义的审判，历史的审判！这一审判的结果是不容挑战的！

策划和制造当年这场战争的，是一小撮日本军国主义和法西斯分子。而日本人民，从根本上来说，也是受害者。所以，日本人民也用不同方式对这场战争进行了抵制和反抗。不少参加侵华战争的士兵认识到战争的性质，幡然悔悟，积极参加了国际和日本国内的反战活动。战后，很多人勇敢面对历史事实，以见证人的身份揭露了日本军国主义的罪行。还有很多当年的士兵，真诚忏悔战争的罪行，以实际行动推动世界和平和中日友好，做了很多有益的工作。他们的良知和勇气，应该得到充分的肯定和赞赏。

相反，日本国内一些右翼势力，直到今天仍然否认侵略战争的性质和罪行，竭力推卸侵略战争的责任。对早已由当年远东国际军事法庭作出严正判决的南京大屠杀一案，始终企图翻案。历史不容改变，事实岂能抹杀！企图歪曲历史，掩盖罪行，这是中国人民绝对不能同意的！

中国人民在当年那场战争中的胜利，是正义战胜邪恶、光明战胜黑暗、进步战胜反动的伟大胜利！是正义的胜利、人民的胜利、和平的胜利！既是中华民族永远值得纪念的胜利，也是世界人民永远值得纪念的胜利！但是，在纪念胜利的同时，我们不要忘记，这一胜利是用极为惨重的代价换来的。在这一伟大胜利的背后，是中华民族遭受的巨大人员伤亡和财产损失！中华民族，既为这场战争的胜利作出了巨大的贡献，也在这场战争中付出了巨大的民族牺牲。

1995 年，江泽民同志在首都各界纪念抗日战争暨世界反法西斯战争胜利 50 周年大会上，对当年日本侵略中国造成巨大人口伤亡和财产损失的基本数据作出了重要表述。2005 年，胡锦涛同志在纪念中国人民抗日战争暨世界反法西斯战争胜利 60 周年大会的讲话中，再次郑重宣布，据不完全统计，在抗日战争期间，中国军民死伤 3500 多万人；按 1937 年的比值折算，中国直接经济损失 1000 多亿美元，间接经济损失 5000 多亿美元。中国领导人公开宣布的基本数据，从整体上揭示了中国人口伤亡和财产损失的规模，有力地揭露了日本军国主义侵略的罪行。

数据，是历史的抽象。数据的背后，是大量的事实、确凿的证据，是无数人们的惨痛记忆和血泪控诉。为了更直接、更具体、更全面、更系统、更立体地还原当年的历史，展示中国人民遭受的灾难和损失，揭露日本军国主义的罪行，驳斥日本右翼势力否认侵略罪行的种种言论，我们必须通过更多档案资料的展示、历史文书的挖掘、具体事实的考查、当事人的证词证言、各种各样的物证书证，等等，将侵略者的罪行昭告天下。因此，作为炎黄子孙，作为郑重的历史工作者，有必要、有责任、有义务、也有权利对战争期间中国的人口伤亡和财产损失进行更加系统、详尽、具体的调查研究，将当年中国人民的巨大牺牲和惨重损失永远地记载下来。

这项调查研究工作，本来在抗日战争结束之后，或者在新中国成立时，就应该进行。但由于种种历史原因，未能系统、全面地进行。由于年代久远，资料散失，在世的证人越来越少，现在进行这方面的调查和研究已经有很大困难。但是，无论早晚，这项工作总得有人来做。现在才做，已经晚了几十年。但如果现在再不做，将来就更晚，也更困难了。所以，无论再困难，做，都是必要的。做好这项调研，是对历史负责、对人民负责、对当年的牺牲殉难者负责、对我们的子孙后代负责。根本上，是对整个中华民族负责，也是对国际社会和人类文明负责。

因此，2004 年，中央党史研究室决定开展《抗日战争时期中国人口伤亡和财产损失》的课题调研。从 2005 年开始，组织全国党史部门围绕这一重大课题，开展了系统深入的调研工作。其基本任务，是按照实事求是的原则，调查更加详实、有力、具体、准确的档案、材料、事实，更加清楚准确地掌握日本军国主义的侵略罪行，更加清楚准确地掌握日本侵略在各个不同领域、地区和方面对中国造成的破坏和损失。其中包括：各个省、自治区、直辖市在抗战中的人口伤亡和财产损失情况；历次重大战役战斗中中国军队伤亡的情况；日本从中国掠走各种资源的情况；日本从中国掠走和破坏文物的情况；日军在中国制造的一系列重大惨案；中国劳工的损失情况；中国妇女遭受日军性侵犯的情况，包括"慰安妇"的情况；日军在中国使用细菌武器、化学武器及其造成伤害的情况；日本侵略在其他方面给中国造成破坏的情况；等等。

课题调研的整体布局，实行块块和条条的结合。每个省、自治区、直辖市党史研究室，主要负责把本区域内的情况调查清楚。也可根据实际情况，选择一些重点，进行专题性的调研，形成专题性的研究成果。一些重要专题，单靠某个省（自治区、直辖市）做不了，就采取条条的办法，组织专题性的调研。还有一些，则是条条与块块相结合。如毒气，日军在不同区域使用过，有关的省（自治区、直辖市）都调查。但作为一个专题，由相关的区域进行协调，配合开展调研工作，并形成专项的调研成果。如劳工、性侵犯等，就大致属于这种类型。

课题调研的方式方法，主要是查阅和搜集档案文献资料，包括不同历史时期的统计报表。同时查阅当时有关的报刊资料，查阅多年来涉及有关地方、有关课题的研究成果。对一些特殊的重大事件，特别是重大惨案等，也同时进行社会调查，对当事人、知情人、有关研究人员等进行走访，记录证词证言。对于特别重要的事件，有条件的，还进行必要的司法公证，如南京大屠杀、潘家峪惨案等，使这些调查都成为在法律上可以采信的证据。根据需要与可能，也到国外境外包括台湾地区查阅搜集档案资料。

中央党史研究室进行了大量组织和指导工作。在课题确定前，首先进行了必要的论证，得到了许多专家的支持。随后，制定了详细的工作方案，向各省、自治区、直辖市党史研究室发出正式通知和实施意见，明确了工作的指导思想、组织领导、调研项目、工作步骤、基本要求、注意事项等等。为了提高认识，振奋精神，交流经验，落实措施，专门召开了工作培训会议，就课题的总体规划、调研方法、需要把握的问题等，作了全面部署，特别是提出了把调研工作做成"基础工程、精品工程、警世工程、传世工程"的要求。多年来，一直分阶段、有步骤地把这项课题调研推向前进。有关领导和专家分别到各地参加会议，指导培训，提出要求，统一规格，解答疑难问题。在调研过程中，随时就有关问题进行具体指导。工作班子及时编发简报和简讯，交流情况和经验。

各级党委和政府高度重视。多数地方成立了由党史研究室领导负责的课题组。各地先后召开工作会议、电话会议等，培训人员，落实任务。许多地方形成了由党史研究室牵头，档案、民政、财政、司法、地方志、社科院以及高校等部门单位联合攻关的局面，保证了调研工作扎扎实实、有计划有步骤地向前推进。

《抗日战争时期中国人口伤亡和财产损失》课题调研先后经历了六个阶段。第一，酝酿启动。第二，全面调研。这是最重要的阶段。各地组织专门人员，查询档案，实地走访，搜集了大量资料。第三，起草报告。凡参加调研的县以上单位，都要在搜集整理、考证研究档案文献资料和进行实地调查的基础上，写出调研报告，全面、准确地反映调研成果。同时，将调研中搜集的档案文献资料进行分类整理，制作统计表、大事记和人员伤亡名录等。第四，分级验收。为保证调研成果的科学性、准确性、严肃性，各省、自治区、直辖市调研报告都要经过四级验收。首先由课题领导小组审查通过，然后聘请所在省份资深专家审读验收，合格后报送中央党史研究室课题组。中央党史研究室课题组审读各省、自治区、直辖市的调研报告及相关调研成果，认为合格后，再聘请有全国影响的专家审读，写出书面意见并亲笔署名。根据审读意见，各地都要反复认真进行修改，只有达到规定要求才能通过验收。第五，上报成果。完成调研工作的省、自治区、直辖市，都按统一要求，将调研中收集的档案文献资料等所有文件，精心整理，分类成册，向中央党史研究室提交调研成果。各市县也要逐级向省级报送。第六，反复审核。中央党史研究室召开审稿会，组织各省、自治区、直辖市按照标准自审，相互间互审，将各种材料进行比对，将有关数据核实，解决带有共性的问题，进一步统一标准、统一规范、统一格式。

这项课题调研，作为一项浩大的工程，到目前为止，进行了将近10年之久。前后共有60多万党史工作者、史学工作者和其他各类有关人员参加。将近10年来，各个地方都周密组织，采取有力措施推动工作开展，保证调研质量。如山东省，先在30个县（市、区）进行试点，然后在全省普遍推开，形成了纵向省市县乡村五级联动、步调一致，横向十几个部门优势互补、携手攻关的工作格局。课题调研期间，山东省参加工作的同志共查阅档案238742卷，复印档案资料406912页，查阅抗战期间及战后出版的书刊61301册（期），复制文献资料220177页。走访调查8万余个行政村、609万名70岁以上（即1937年全国性抗战爆发以前出生）老人中的507万余人，收集证言证词79万余份。拍摄照片资料7376幅、录像资料49678分钟，制作光盘2037张。全省1931个乡镇，每个乡镇都建立了包括证人证言证词、伤亡人员名录、财产损失清单、人员伤亡和财产损失数字统计、人员伤亡和财产损失大事记、重大惨案证据材料以及证人和知情人口述录音、录像、照片等内容的抗战时期人口伤亡和财产损失材料卷宗，共12892个。

这项课题调研，也得到了社会各界特别是档案图书部门、专家学者的普遍支持。许多档案馆、图书馆为这次调研提供各种方便。不少专家学者在教学科研任务繁重、经费困难的情况下，承担专题研究任务。有的外请专家利用学校假期全力以赴做课题，缺少交通工具，就以自行车代步或徒步，到档案馆和图书馆查阅文献资料。

为了扩大搜寻面，中央党史研究室还组织查档小组，分赴美国、俄罗斯、日本，搜集了许多抗战史料。很多地方的课题组都到台湾查档。在台北"国史馆"、中国国民党党史馆、"中央研究院"近代史研究所档案馆等，找到了数量巨大、整理比较细致的抗战档案。台北"国史馆"馆藏的国民党在大陆统治时期行政院赔偿委员会档案，涉及抗战时期中国人口伤亡和财产损失的有8924卷，内容十分翔实具体。既有中央机关、军队系统人口伤亡和财产损失情况，也有地方省、市、县、区和个人填报的资料，包括台湾地区和华侨的档案资料。新疆防空委员会也报送有财产损失材料，如修筑防空工事、疏散费等财产损失。重庆市报送有日机空袭慰恤重伤难胞姓名卡，上面有卡号、伤员姓名、性别、年龄、籍贯、受伤时间、受伤地点、犒金额、发犒金时期、所住医院名称、医院地址、入院时间等，受伤部位还配有图片加以说明。所有这些，为查明当时各方面的人口伤亡和财产损失，提供了重要证据。

这项重大课题调研的成果，均编成《抗日战争时期中国人口伤亡和财产损失调研丛书》公开出版，为国内外学者提供并为子孙后代留下一份关于抗战时期中国人口伤亡和财产损失的系统资料。经过验收、审核合格的调研报告和主要档案文献资料，都按统一体例，编辑成为丛书的A、B两个系列。A系列为各省、自治区、直辖市各一本调研成果，以及若干重要专题的调研成果，由中央党史研究室负责审核。B系列为各省、自治区、直辖市的其他大量调研成果，由各省、自治区、直辖市党史研究室负责审核。全部成果统一设计、统一规格、统一版式、统一编号，由中共党史出版社统一出版。全部出齐之后，将有300本左右。

为了集中反映日本侵略者在中国制造的各种重大惨案，我们专门编纂了一套《抗日战争时期全国重大惨案》，收录抗战时期死伤平民（或以平民为主）800人以上的重大惨案100多个，配以档案、文献、口述及照片等作为历史证据。日本一些右翼分子，常常攻击中国为什么不拿出伤亡人员名单。我们专门安排了一个省，即山东省，公布该省具体的伤亡人员名录（第一批先公布该省100个县＜市、区＞的死难人员名录），包括姓名、籍贯、年龄、性别、伤亡时间等多项要素。以此说明，中国的伤亡人员都是有根有据、铁证如山的。

历史的生命在于真实、客观、准确。《抗日战争时期中国人口伤亡和财产损失》这一课题调研的生命也在于真实、客观、准确。所以，在开展这一课题调研的过程中，我们始终把保证调研质量，保证所有材料、事实、成果的真实性、客观性和准确性放在第一位，并在五个重要环节上严格要求、严格把关。第一，严格要求。一开始就明确规定，课题调研工作坚持实事求是的原则和科学严谨的态度。整个调研工作必须尊重历史事实。档案怎么记录的，就怎么记载，不能随意改变。当事人、知情人怎么说的，就怎么记录，不能随意加工。所有的材料、事实都要经得起法律上和学术上的质证。在需要与可能的情况下，对当事人、知情人的证词证言要进行司法公证。各种数据，都要确有根据，不能随便编排、采信。不许追求任何高数字、高指标。第二，统一规范。对课题调研的项目、内容，都做了认真细致的研究，提出了统一要求和严格规范。对全部调研项目设计了统一的表格，对调研报告的内容和格式做了统一规定。每个数字的内涵外延，包括如何计算、如何换算等等，都有明确的规定。事前对调研人员进行了培训。调研过程中，对没有理解的问题、疑难的问题等，都由专家给予统一的解释、说明。第三，责任到人。对所有参与课题调研的人员，都实行责任制。查档的、笔录的、整理的、起草调研报告的、审读的……，每个环节的人员都要签名，以对这一环节自己的工作负责，对子孙后代负责。明确规定，今后凡遇到质疑，有关环节的调研人员都要能够站出来进行证明、解释和辩论。第四，客观撰写。在汇总情况、起草调研报告阶段，要求所有的数据统计都必须客观、真实、准确。一律用事实说话，材料要具体、实在。不允许像写文艺作品那样来写调研报告；不允许作任何想象、编造和煽情性的描写；不允许刻意追求语言的生动华美；不允许使用任何带有夸张性、主观推断性的文字；不允许用"不计其数"、"无恶不作"这类抽象的形容词来概括相关内容；经过调研，凡是能够说清的事实、数字都予采用，但仍然说不清的情况、数据，就客观地说明未查核清楚，在汇总和整理数据时充分考虑这些因素，绝对不得编造数字。第五，逐级验收。除了在调研过程中由特聘的专家随时给予指导外，对各地提交的调研报告和相关材料，都实行逐级验收制度。其中，对省级调研成果实行由地方到中央的四级验收，其他调研成果由有关省、自治区、直辖市党史研究室组织验收。每一验收环节都要有专家审读、签字。凡存在问题和不符合要求之处，都要退回重新核查和修改。

经过艰苦努力，到2010年底，我们在深入调研的基础上，初步编出了几十本成果，先行印制了少量样本作为内部工作用书，组织力量作进一步的研究、审读、复查、校核。从2014年初开始，我们又组织展开了新一轮较大规模的审核工作。第一，召开有关省、自治区、直辖市党史部门参加的审稿会，进一步提高认识，明确规范，听取相互评审以及从社会各方面听到的意见，对审核工作提出要求，进行部署。第二，开展自审、复核、修改，确保准确无误。同时在各省、自治区、直辖市党史部门之间交叉审读，相互间进行比较、核对、衔接。自审互审完成后，都要确认是否具备正式出版的质量水准，签署是否同意交付出版的意见。第三，由中央党史研究室组织专家，对所有拟第一批出版的成果（书稿）进行六个环节的审读、检查、修改、校对，不仅检查是否还有表述不够准确或不够清楚的地方，而且对各本书稿之间、每本书稿各个部分之间的内容、叙述、时间、数字等进行统筹检查，排除表述不一致的内容。第四，如实客观地说明我们工作尽最大努力后达到的程度。始终强调，凡是已经清楚的，就清楚表述。还没有搞清楚的，就如实说明还没有搞清楚。某些数据、结论与其他书籍资料不完全一致的，则说明我们是依据什么材料、从什么角度得出和叙述的，不强求一致。第五，组织各地党史部门继续参与审核。凡有疑问的，都与有关地方党史部门联系、查核。多数省、自治区、直辖市都派专人来京参与审核、修改、校对。审核完毕后，又组织各地党史部门对自己书稿的清样再次进行审核。然后再按出版流程交付印制。今年以来对这些成果再次进行如此繁密、细致的复核工作，都是为了进一步保证成果的质量，保证历史事实的真实性和准确性。

特别需要强调的是，开展这项调研，不是为了简单汇总、计算这样那样的数据，而是为了寻找、展示更多的档案、更多的材料、更多的人证物证、更多的历史事实，用具体的事实来反映当年中华民族遭受的巨大灾难，揭露日本侵略者反人类的罪行。时隔几十年，很多数据难以查清，很多数据可能不很吻合，而且数据的分类、统计、核算都极为复杂，远远不是简单做一做加法就能算出来的。所以，我们在数据上采取了十分谨慎的态度。能统计出来的就统计出来，难以统计的也不强求。统计的口径、结果相互有差别的，也注意说明。今后，我们将会对数据问题作进一步研究。因此，目前的研究还只是阶段性的，不能说已经包罗万象，更不是最终的结论。总体上，还是在为今后更加综合性的研究提供一个详尽、扎实的基础。

由于自始至终都高度重视和强调调研的质量，所以，对于这一项目的真实性、客观性、准确性，我们有充分的信心。当然，无论如何，历史已经过去了六七十年，很多当事人已经去世，很多档案资料已经散失。现在再对发生在六七十年前的灾难进行大规模的调查，其困难是可想而知的。所以，即使做了最大的努力，我们仍然充分预计在调研成果及有关材料中，还是会有不足和差错之处，出版之后，肯定会有不同意见。所以，我们真诚地欢迎所有看到这些调研成果的人们，对其中的内容、材料、数据等进行审查、讨论。如此，必将有更多的人们关心和参与对当年那场灾难的调查，必将会提供和发现更多的档案、更多的资料、更多的见证，必将对我们调研成果中的很多内容进行不断的推敲琢磨，从而使我们能够更加准确、系统地展示当年中国的人口伤亡和财产损失，使我们为子孙后代留下的资料更为完整、更为丰富。我们也欢迎日本和其他国家的人们对这些调研成果进行阅读、审查、讨论、质疑。如此，将会有更多的国家和人们关注中国当年所遭受的灾难，也将会有更多的存留于国外境外的档案资料出现在公众面前，也将会使对当年这段历史和灾难的记录、研究更加准确和科学。

　　《抗日战争时期中国人口伤亡和财产损失》课题调研，是一项学术性的工作。开展这项课题调研，是为了更加准确和详尽地记录这场战争和灾难的历史，更加充分和有力地揭露日本军国主义的侵略罪行、反击日本右翼势力否认侵略战争的言行，更加充分和有效地进行爱国主义教育，毋忘国耻、振兴中华，更加积极地促进两岸交流、推进祖国和平统一进程，同时，也是为了给全世界所有关注当年这场战争和灾难的国家、政府和人们一个更加负责任的交代，为子孙后代继续研究当年中国人民抗日战争和日本军国主义的侵略罪行留下一笔丰富翔实的历史遗产。因此，虽然是学术性调研，但具有重大的历史意义、现实意义、国际意义、政治意义。作为历史工作者，我们有责任、有义务，实事求是地把中华民族在那场战争中蒙受的巨大灾难和损失尽可能完整地记载下来。推动和开展这项课题调研，是良心所在，是责任所在！每每读到那些令人震颤的历史事实，每每想到那数千万死难者的冤魂亡灵，每每掂量我们今人特别是历史工作者的责任，我们都禁不住潸然泪下。将近10年来，所有调研人员本着对历史和民族负责的精神，殚精竭虑，无私奉献，千方百计寻找各种线索，逐字逐页翻阅档案资料。为了做好对当事人、知情人的调查取证工作，顶酷暑，冒严寒，深入村镇，一家一户进行走访。也许，随着时间的流逝，这样的调研工作，以后再也不可能如此全面深入大规模地进行了。所以，对于能够基本完成这一课题的调研，我们极为欣慰，对能够取得今天这样的成果，我们极为珍惜。将近10年来，调研工作遇到过重重困难，调研人员付出了巨大心血，但只要能够对国家、对民族、对人民有一个负责任的交代，我们所有的努力、辛劳甚至痛苦都是值得的！

现在，《抗日战争时期中国人口伤亡和财产损失调研丛书》A系列第一批成果就要正式出版了，随后我们还将根据工作进程陆续出版第二批、第三批……B系列丛书的编纂和出版工作也将同时推进。而且，这项课题调研工作远没有结束。截至目前课题调研取得的成果，都还是阶段性的、部分的、不完全的成果。很多专题性调研还要继续进行，对大量档案资料还要进行分析研究。所有这些，都还需要我们继续不懈地努力。我们将以对历史负责的精神，一如既往地将这项课题调研工作做好。

历史，是现实的基础，更是未来的起点。打开尘封的记忆，重温昔日的往事，我们可以得到很多的启示和教诲，增长很多的聪明和智慧。所以，研究历史，形式上是向后看，但根本目的是向前看。作为一种科学的研究，我们调查历史的真相，记录历史的灾难，不是为了延续旧时的仇恨，不是为了扩大中日之间的裂痕，不是为了煽动狭隘民族主义的情绪，而是为了以史为鉴，不让历史的悲剧重演；面向未来，书写更加友好合作的美好篇章。经历了太多的苦难和挫折之后，我们更加坚定地热爱和平，更加执着地追求正义，更加珍惜国家的主权与独立，也更加关注世界的文明发展和进步。我们真诚地希望，世界各国能够携手努力，平等协商，求同存异，友好相处，共同推进世界的发展，共享人类文明的成果；我们真诚地希望，中日两国人民能够更多地加强交流、理解和合作，共同开辟中日关系的新局面，使中日关系更加健康稳定地向前发展，使中日两国人民真正世世代代地友好下去；我们真诚地希望，中华民族能够始终以坚韧不拔的努力，坚定不移地走和平发展之路，在中国特色社会主义旗帜下全面建设小康社会，努力实现社会主义现代化，为推动建设一个和平发展、文明进步的世界作出自己的贡献！

2014 年 4 月 30 日

《抗日战争时期中国人口伤亡和财产损失》课题①调研工作规范和要求

2004 年，中共中央党史研究室决定开展《抗日战争时期中国人口伤亡和财产损失》课题调研。2005 年向全国各省、自治区、直辖市党史研究室发出开展此项工作的正式通知，进行相应部署，着重说明工作的指导思想、调查项目、实施步骤及规范和要求。以后又随着课题调研的深入开展，对规范和要求进行了补充和完善。

一、课题调研的基本任务

抗战损失课题调研的目的和任务是深化对抗日战争时期中国人口伤亡和财产损失的研究。1995 年，在首都各界纪念抗日战争暨世界反法西斯战争胜利 50 周年之际，江泽民同志曾经对 20 世纪三四十年代日本侵略中国造成巨大人口伤亡和财产损失的基本数据做出了重要表述。2005 年，在纪念中国人民抗日战争暨世界反法西斯战争胜利 60 周年大会的讲话中，胡锦涛同志再次郑重宣布，据不完全统计，在抗日战争期间，中国军民伤亡 3500 多万人；按 1937 年的比值折算，中国直接经济损失 1000 多亿美元、间接经济损失 5000 多亿美元。中共中央党史研究室组织开展的课题调研，旨在全面详尽调查有关抗日战争时期中国人口伤亡和财产损失的具体事实，为这组基本数据提供强有力的史实支撑，并不是简单地做数据统计。

---

① 本课题亦简称为抗战损失课题或抗损课题。因为抗日战争时期及抗战胜利后国民政府统计人口伤亡和财产损失多采用"抗战损失"等概括性提法，其中将人口伤亡也称作抗战损失之一种，与财产损失并提，故沿用这一表述。

课题调研的基本任务是：按照实事求是的原则，经过广泛、全面、深入细致的调查研究，包括查阅搜集档案资料、对统计数据进行分析等，获得更多的证据，以更加全面和准确地揭露日本帝国主义侵略中国的罪行及其对中国人民造成的伤害。

课题调研的主要内容包括：（1）各个省、自治区、直辖市在抗战中的人口伤亡和财产损失情况；（2）历次重大战役战斗中中国军队伤亡的情况；（3）日本从中国掠走各种资源的情况；（4）日本从中国掠走和破坏文物的情况；（5）日军在中国制造的一系列重大惨案；（6）中国劳工的损失情况；（7）中国妇女遭受日军性侵犯的情况，包括"慰安妇"的情况；（8）日军在中国使用细菌武器、化学武器及其造成伤害的情况；（9）日本侵略在其他方面给中国造成破坏的情况；等等。

二、课题调研的方式和方法

主要是组织有关人员查阅和搜集档案馆、图书馆和其他文博单位以及民间保存的有关中国抗战人口伤亡和财产损失的档案资料、报刊杂志、历年出版的专题资料集和发表的研究成果。对一些特殊、重大的事件如重大惨案，则走访当事人、知情人和有关研究人员，进行录音录像，整理和保存证人证言，有条件的还进行司法公证，努力使这些调查材料成为在法律上可以采信的证据。有些省份的课题组还到境外的有关机构查阅相关档案资料，作为对大陆保存的档案资料的丰富和补充。这次课题调研的整体布局，实行块块和条条相结合。每个省、自治区、直辖市党史研究室在负责开展地区性的广泛调研的同时，也从实际出发开展一些专题性调研。一些重要的、涉及多个地方的带有全局性的专题，则另组织专家进行调研。

三、对搜集档案资料的要求

1. 明确搜集档案资料的范围。搜集档案资料是本课题调研工作的基础，调研成果的质量也主要决定于档案资料是否翔实，是否尽可能完整和全面。所以，凡相关内容的档案资料，不论是直接反映人口伤亡和财产损失的，还是间接反映的（如关于人口状况、财产状况、生产能力、各类资源情况等资料），都尽量搜集，作为撰写调研报告的客观的历史依据。搜集的要件有：档案、报刊、史志、时人日记、专著专论、实地调查报告、图片、影像资料以及出版、发表的研究成果等。

2. 认真整理原始档案和资料。对于搜集到的档案资料，不论是来自原始的档案，还是来自报刊、史志、日记、图书、专题论文等，都认真整理，每份每件都注明保存的地点、单位、文件卷号、出版或发表处等，然后分类汇总，妥善保存。档案资料使用时一律保持原貌，必要时作注释说明，不允许对原件内容增改、涂抹。对搜集到的档案资料要在分门别类整理的基础上进行必要的考证、鉴别和研究。整理后的档案资料，不仅是有关课题承担者撰写课题调研报告的重要依据，其主要内容也作为附件收入有关的调研成果之中。

四、有关数据统计中的几个问题

1. 根据搜集、掌握资料的情况，抗日战争时期中国的人口伤亡分为直接伤亡和间接伤亡两大类。直接伤亡，一般是指日本侵略中国的战争直接导致的中国方面人员的死、伤、失踪等；间接伤亡，一般是指在日本侵略中国的战争包括特定战争环境中造成的中国方面被俘捕人员、灾民、难民、劳工等的伤亡。抗战期间，被俘捕人员、灾民、难民、劳工等伤亡很大，但由于其流动性大等复杂原因，很难形成具体数据资料，统计起来十分困难。因此，本课题调研中，将已确定属于死、伤或失踪的被俘捕人员、灾民、难民、劳工的数据归入有关地方间接伤亡统计数据；无法确定是否伤亡失踪的，可视情况单列相关数据并加以说明。需要补充说明的是，在战争中失踪者，按通常惯例归为死亡。

2. 抗日战争时期中国的财产损失分为直接损失和间接损失两大类。直接损失，一般是指在日军攻击、轰炸或掠夺中直接造成的社会财产损失。居民财产损失列为直接损失。间接损失，一般包括：(1)政府机关等因抗战需要而增加的费用，如迁移费、防空设备费、疏散费、救济费、抚恤费等；(2)各种营业活动可获利润额的减少及由于成本上升等增加的费用；(3)有关伤亡人员的医药、埋葬等费用；(4)为抗战捐献的物资和钱财；(5)有关人力资源的损失。总之，一切因战争造成的间接财产损失均包括在内。

3. 在财产损失中所列的人力资源类损失，包括了被俘捕人员、劳工等在财产方面的损失。中国各级政府所组织的劳役，例如为战争修筑公路、机场、军事工事等抽调民工，都算作人力资源损失。但中国方面征用民工和日本侵略军强征劳工有所区别。日军强征劳工的伤亡率很高，和中国方面征用民工民夫的情况区别很大，因此要分别统计和说明，不能混淆。

4. 中国军队在重大战役战斗中的人员伤亡，分别情况加以统计处理。此次课题调研以统计平民伤亡为主。有关省（自治区、直辖市）如发现有本地发生过军队人员伤亡的重要资料，可以搜集整理并在调研报告中说明，但不计入本地人口伤亡总数。若是本地籍军人的伤亡，则计入本地人口伤亡总数。

5. 海外华侨拥有中国国籍，因此在计算抗日战争时期中国人口伤亡和财产损失时，华侨人口伤亡和财产损失均计算在内。各有关地方在计算本地人口伤亡和财产损失时，视情况可以将本地籍华侨的伤亡、损失计入统计数据总数，亦可单列数据并加以说明。

6. 工厂、学校、机关团体等由于战争原因搬迁造成的损失，算作间接损失，原则上由工厂、学校、机关团体等原所在地方统计。如果原所在地方缺少相关资料，新迁移处具备资料条件，也可由后者统计。为避免交叉和重复，遇到这类情况须特别加以说明。

7. 政党、政府机构的财产损失，归入公用事业的社会团体类财产损失一并计算。

8. 被日军、日本占领当局无偿征用、占用的中国耕地，按农作物的产量及其价值计算财产损失。

9. 伪军、伪政府的人员伤亡和财产损失，一般计入中国人口伤亡和财产损失。

10. 由战争原因导致的如黄河花园口决堤一类重大事件所造成的人口伤亡和财产损失，计算在间接人口伤亡和财产损失中。

11. 重大的财产损失，均以相应数额的货币反映价值。反映财产损失的货币一般要注明币种。

12. 通常用于抗日战争时期财产损失统计的货币（主要是法币），币值问题非常复杂。本课题调研中，涉及财产损失统计的货币数据，有条件进行折算的，一般按 1937 年即全国抗战爆发当年通用货币法币的币值进行折算，并说明折算的方式方法。因条件不具备，保留原始数据未作折算的，则注明有关数据中用以反映财产损失的货币系何种货币、何年币值。

五、关于撰写课题调研报告的要求

本次课题调研，有关课题组和承担专门课题的专家均按要求撰写出调研报告。

1. 各省、自治区、直辖市课题组撰写调研报告，内容大致分为概述、主体、结论三部分。

概述部分主要包括：介绍课题调研工作的基本情况，如：投入多少力量，到过什么地方查阅搜集档案资料，搜集了多少档案资料等。反映本地的自然地理概况，抗战爆发前的经济社会发展和人口状况，以及在抗战时期是重灾区还是大后方，是沦陷区还是根据地等。叙述日本侵略者在本地的主要罪行。还可简略回顾以往相关课题的资料和研究情况。

主体部分主要包括：分析说明本地人口伤亡和财产损失情

况。根据现掌握资料，将本地抗战时期人口伤亡分为直接伤亡和间接伤亡，将本地财产损失分为直接损失和间接损失，并分别说明主要的史料依据和分析结果。

结论部分，汇总本地人口伤亡数据、财产损失数据。据实说明迄今所掌握资料的局限性、本地遭受人口伤亡和财产损失的特点、影响等。

撰写调研报告依据的主要资料以及调研中同步完成的专题研究报告等，作为调研报告的附件，纳入课题调研成果中。

2. 由一批专家承担的全局性专门课题，如抗日战争时期重大惨案、劳工问题、"慰安妇"问题、细菌战、化学战、文化损失、海外华侨人口伤亡和财产损失、中国军队伤亡、重要战役战斗伤亡等，其调研报告的撰写和附件的收录，参照以上要求进行。

六、对调研成果的验收

在各省、自治区、直辖市课题调研工作结束后，完成的包括课题调研报告在内的省级调研成果和市、县等调研成果，要装订成册，通过审阅和验收，逐级上报，送交各省、自治区、直辖市党史研究室和中共中央党史研究室分别保存。

为确保质量，在调研过程中形成的各省、自治区、直辖市A、B两个系列书稿（省级调研成果为A系列书稿，市、县等调研成果为B系列书稿），要分别通过验收。其中，省级调研成果要通过由地方到中央的四级验收，市、县等调研成果则在有关省、自治区、直辖市内验收。

省级调研成果上报验收前，课题组先认真进行自审，以保证内容的完整准确，特别是调研报告和有关专题研究报告、资料、大事记的内容和数据要互相补充、印证，不能互相矛盾。课题组完成自审后，省级调研成果首先报送省级抗战损失课题领导小组验收。省级课题领导小组审查通过后，送省级专家验收组验收。省级专家验收组参加验收的专家一般为3—5人，人选来自党史系统、社会科学院和社科联系统、档案史志部门、高等院校等方面，为较有影响力、权威性的专家。省级专家验收组在本省（自治区、直辖市）课题领导小组的指导下，按照学术规范的严格要求和有关规定审读、验收本省（自治区、直辖市）拟提交中共中央党史研究室的省级调研成果。验收的主要标准和目的是确保调研成果的准确性、可靠性。对于验收中指出的问题、提出的意见和建议，各省（自治区、直辖市）课题组须采取有效措施解决和落实。对一次验收不合格的，修改、完善之后进行第二次以至多次验收，直到合格为止。省级专家验收组验收合格后，填写《A系列书稿验收报告表》。填写的报告表和书稿同时报送中共中央党史研究室课题组。

中共中央党史研究室课题组收到经省级专家验收组验收合格的省级调研成果后，先进行验收。认为合格后，再聘请国内知名专家进行验收，并填写《A系列书稿验收报告表》。验收中所提修改意见，由有关省、自治区、直辖市课题组予以逐条落实，对调研成果做出相应修改或者说明相关情况。

由一批专家承担的全局性专题研究成果，最后形成的书稿也纳入A系列，其验收也参照上述程序和要求，由中共中央党史研究室课题组组织有关专家进行。对于验收中提出的意见，承担课题的专家要逐条落实，对调研成果进行修改完善直至合格为止。

最后，中共中央党史研究室课题组对经过反复修改形成的省级调研成果和全局性专门课题调研成果进行复核。完成各项程序并符合要求的调研成果，包括通过四级验收的A系列书稿和由有关省、自治区、直辖市党史研究室组织验收并合格的B系列书稿，分批次送交中共党史出版社付印出版。

中共中央党史研究室课题组

《浙江省抗日战争时期人口伤亡和财产损失》编委会

主　任　金延锋

成　员　（按姓氏笔画排名）

包晓峰　吕志宏　杨金荣

连晓鸣　袁成毅　高三山

韩李敏　曾林平

《浙江省抗日战争时期人口伤亡和财产损失》编辑组

主　编　邓金松

成　员　（按姓氏笔画排名）

毛　雷　毛少甫　孙　瑛

孙国生　朱伟明　张灵红

陈澜涛　周炳峰　胡建凤

倪　清　梁国宏　朝泽江

1937年11月5日晨，侵华日军第10军在杭州湾北岸登陆。

1937年11月19日，日军侵入嘉兴。

1937年11月,
嘉善县火车站遭日
机轰炸后情形。

1937年12月25
日,日军在杭州西湖
边湖滨公园。

1938年1月2
日,日军在杭州宝
石山上。

　　1938年(戊寅年)2月18日，日军对余杭县乔司镇居民实施大屠杀，杀害平民1360余人。1941年，民间人士方寿僧等人将散落于田野的千余尸骨集中埋葬，取名"戊寅公墓"。

　　1937年和1938年两次遭日军舰艇炮击后的海盐县镇海塔。

1940年7月，日军侵陷镇海县城。

1940年10月19日，绍兴县临浦区所西乡钱家湾被日军焚劫后情形。

1940年10月27日，绍兴县秋瑾镇大马路被日军焚毁情形。

1941年4月19日，温州第一次沦陷。图为遭日机轰炸后的温州中学。

被日军焚毁的海盐县图书馆（位于城隍庙内）。

杭州西湖边荷枪的日军。

日机轰炸金华大桥。

日军逼迫劳工开采莹石矿。

日军掠夺耕牛。

日军掠夺鸡鸭。

日军侵占杭州后，掳走了杭州著名游览区玉泉放养的观赏鲤鱼。

在杭州城外被日机炸
死的6岁孩童。

日军掠夺火油。

日军掠夺桐油。

日军掠夺锡锭。

浙赣战役结束后，日军拆毁浙赣铁路，将铁轨运往东北。

浙赣战役中日军掠夺铁轨。

日军在武义掠夺莹石矿，残害劳工。图为死难劳工的铭文砖。

日军入侵乐清县后，设司令部于磐石镇重石村，并设"慰安所"。图为"慰安所"遗址。

1944年9月，日军在乐清县翁垟九房村用活人试验鼠疫菌，致使20余人惨死。图为日军试验地点——翁垟山外岩头殿。

日军在海宁县盐官设立的"慰安所"旧址。

日军在海宁县斜桥师姑桥修筑的炮楼遗址。

日军在嵊泗县修建的鱼雷洞遗址。

日军在萧山县长山修筑的炮台遗址。

日军在义乌县南山矿区开采莹石的矿井。

目　　录

一、浙江省抗日战争时期人口伤亡和财产损失调研报告

浙江省委党史研究室

（一）调研工作概述

抗战时期中国人口伤亡和财产损失课题（简称抗战损失课题）是由中共中央党史研究室牵头在全国范围内开展的一项重大课题。浙江省抗战损失课题调研作为此课题的子课题，具体由浙江省委党史研究室负责，全省各市县区党史部门共同参与，从启动至完成，历时三年。

1. 调研组织情况

根据中央党史研究室关于开展抗战损失课题调研的通知精神，经省委同意，由省委党史研究室牵头，成立了包括浙江省社会科学界联合会、浙江省档案局、浙江省地方志办公室在内的全省抗战损失课题领导小组，在领导小组之下具体由省委党史研究室一处负责全省调研工作的组织协调和业务指导。参照该方法，全省各市县区相继成立各地抗战损失课题领导小组。据统计，全省共成立各级领导小组84个，参加调研人员达14432人①。

2. 主要调研方法

此次抗战损失课题调研的史料基础是：抗战期间及抗战结束后，国民政府组织的人口伤亡和财产损失调查统计档案资料；各史志部门、政协文史部门保存的史志材料；各群众团体、专家学者长期以来积累的调查材料和研究文献；现今幸存的当事人、知情人的口碑资料以及其他各种资料。课题调研是一项学术活动，涉及以下方法。

---

① 包括专职人员和社会调查人员，但有部分市县区的社会调查人员未纳入统计。

一是查阅档案文献。为保证材料收集的完整性，全省党史部门抽调骨干力量，查遍浙江省内所有档案馆、图书馆和中国第二历史档案馆及台北"国史馆"、国民党党史馆。全省共组织了 30 次集中查档。在查档中，各党史部门适时交流查档经验，互通查档线索，充分体现了抗战损失课题调研的大协作精神。

二是组织社会调查。全省党史部门发动社会力量开展了全面的社会调查。沦陷区、重灾区和档案严重缺失的县市区，以发动乡镇街道的方式，逐村逐户走访"三亲（亲历、亲闻、亲见）"老人，记录证言证词；除此以外的其他地区，对本地重要的人口伤亡和财产损失事件也进行重点调查。在社会调查中，全省各级党史部门的调研人员，勤于思考，勇于探索，因地制宜，发挥优势，创造出了许多好经验、好方法，取得了重大成果。

三是分析研究。由于收集到的材料年代不同、出处有别、填报各异，可信度和准确性就参差不齐。像抗战结束后调查到的某些统计数据，就局部存在着虚报、谎报现象①。所以，材料收集完成后的首要任务，就是对这些材料进行真伪虚实鉴别。在这方面，主要采用的是实证方法，以事件为线索，以第一手材料为史实支撑，结合社会调查，认真梳理材料，分析比较，去伪存真，同时填写材料整理表，按时间顺序编写明细表，最终理清本地人口伤亡和财产损失的基本脉络。

作为全省性协作课题，加强对调研过程的指导和督查，非常重要。全省各级党史部门在调研中，以会带训，针对调研不同阶段出现的不同问题，及时解答和指导。据统计，全省共召开省级会议 5 次、市级会议 59 次。省委党史研究室进行全省性工作督查 3 次（遍），直接督查的县市区达 30 个以上；市级党史部门对所属各县市区的督查更达 57 次（遍）。工作力度之大，是党史机构成立以来所未有的。为更好地推动工作并提高调研人员的业务水平，省委党史研究室专门编印了 28 期《抗战时期浙江省人口伤亡和财产损失调研工作简报》，同时通过电话、电子邮件和 QQ 群等多种形式，加强与各县市区的沟通，发现问题，及时解决。

3. 调研的主要经过

浙江省抗战损失课题调研得到了各级党委、政府的高度重视，切实帮助解决了调研中面临的一些主要问题，有力地推动了调研工作。中央党史研究室有关领导李忠

① 如海盐县 1947 年 3 月 2 日上报的《海盐县抗战期间公私财产损失调查表》中，即记载海盐县损失耕牛 1281626 头，而海盐县战前人口只有 231924 人，平均 1 人接近 6 头耕牛，明显有虚报现象。见浙江省档案馆、中共浙江省委党史研究室编：《日军侵略浙江实录》（1937—1945），中共党史出版社 1995年版，第 810—811 页。档案资料中此类现象甚多。

杰、李蓉等也多次到浙江指导与帮助工作。调研经过大致可以分为三个阶段。

第一阶段（2006.3—10）提高认识，全面启动。

浙江省抗战损失课题调研始于2006年3月。工作布置之后，绝大多数县市区存在畏难情绪，等待观望。这是党史部门第一次接触到这类大调研、大课题，困难因素确实很多，比如经费短缺、人手不够等，甚至对调研方法也是一知半解。为此，省委党史研究室多次强调了课题调研的重要意义，并从抓经验、抓典型、抓督查三方面入手，推动这项工作。省委党史研究室先行组织力量往中国第二历史档案馆、浙江省档案馆、浙江图书馆查阅资料，总结查档经验，提供查档线索；重点帮助并指导富阳市开展全面社会调查，及时总结推广，树立典型；深入部分县市区了解情况，加强督查，帮助呼吁，解决他们的实际困难。这样，至10月，绝大多数县市区先后启动了该项工作。

第二阶段（2006.11—2007.7）收集资料，分析整理。

抗战损失课题调研的核心是必须保证资料的质量和真实性。为此，省委党史研究室及时对调研工作提出明确规范，比如：不仅日军侵略到过的县市区须开展调研，即使日军没到过的县市区，也要开展调研；各县市区进行课题调研时，都必须开展社会调查；在填写统计表前，必须编写整理表和明细表，等等。省委党史研究室并在工作简报上刊登了前期调研工作开展较好的富阳、宁波、江北、杭州、萧山、德清、嵊泗、桐乡、武义等县市区的调研经验，发挥示范作用，起到良好的效果。从全省来看，这一时期调研方法逐步具体化、规范化，整体进度明显加快，收集了大量的第一手材料。在资料收集完成后，省委党史研究室又具体指导各地在分析整理的基础上编写整理表、明细表。2007年3月，中央党史研究室李忠杰副主任在全省抗战损失课题调研工作会议上提出，凡调研上报的所有材料都须经得起国内外专家的质疑，经得起历史的检验。这给大家以很大的反响。在这次会议上，省委党史研究室要求各县市区必须认真贯彻"准入制"六条原则——完成社会调查工作、完成档案文献资料的查阅与收集、完成专题资料的征编、完成人口伤亡和财产损失调研、完成史实数据的认定、掌握汇总统计的要求和方法；只有做到以上六条，才能够进行汇总统计。许多县市区在认真对照"准入制"六条原则后，又花费数月时间查漏补缺、整理完善。

第三阶段（2007.8—2008.12）汇总统计，验收上报。

从2007年8月开始，各县市区按照"准入制"六条原则先后进入汇总统计阶段。全省调研工作人员充分发挥认真负责、严谨细致、一丝不苟的精神，完成了包括调研报告、统计表、伤亡人员名录、成果目录、大事记、专题等多项调研成果。为保证调研成果的质量，省委党史研究室规定：所有调研成果的上报实行三级（市、省、中央）验收制度和双重（党史部门、专家）认定制度。10月，临安市调研成果第一个通过市级验收。至年底，共有10个县市区完成调研任务。这一时期，许多市级党史部门在验收县市区调研成果时，都以召开现场会的形式，解剖一个县的调研成果，让大家提问题、出主意，共同学习，共同提高，规范成果上报。2008年3月，省委党史研究室在海盐县召开了全省抗战损失课题调研工作现场会。6月，全省抗战损失课题调研成果验收小组成立，省委党史研究室副主任金延锋为组长，吸收11个市级党史部门主要负责人参加。同月，舟山市第一个通过省级验收，随后衢州市、杭州市也通过省级验收；7月，嘉兴市、宁波市、湖州市通过省级验收；8月，台州市、金华市、温州市、丽水市通过省级验收；12月，绍兴市也通过省级验收。在此基础上，省委党史研究室除完成省级单位和大型企业、学校的社会财产统计外，还同时着手进行全省调研材料的汇总工作。

4. 调研所得资料情况

经过广大调研人员的努力，此次全省抗战损失课题调研，共查阅档案资料116587卷，文献资料4148种，复印摘抄160036张（份），走访70岁以上当事人或知情人381812名，收集证言证词74573份，拍照摄像28643张（盒）。

表（一） 全省抗战损失课题调研资料收集情况一览表

类别 / 各市	档案资料（卷）	文献资料（种）	复印摘抄（张/份）	走访人数（人）	口述资料（份）	拍照摄像（张/盒）	备注
杭州	15668	221	22738	14892	5154	2653	625次座谈会
宁波	16355	905	20377	123597	7811	17908	
温州	4372	127	41192	40108	9046	477	
湖州	2338	1290	6300	36005	18453	546	
嘉兴	6771	616	8730	71064	12797	1267	2474次座谈会
绍兴	4000	100	4500	22012	5240	300	
台州	34174	/	14193	7322	1963	1982	
金华	9798	60	17430	48180	8230	1445	
衢州	6771	414	7259	912	523	667	
丽水	15000	180	10000	15754	4616	952	
舟山	1040	150	3817	1966	740	446	
省级	300	85	3500	/	/	/	
合计	116587	4148	160036	381812	74573	28643	
根据各县市区上报数据汇总，档案卷数和文献种数或有重复							

根据中央党史研究室要求，省市县各级党史部门须对收集来的材料进行整理、统计、汇总，最后编排装订成卷。此次全省抗战损失课题调研共形成调研成果 1502 卷，其中杭州市 239 卷，宁波市 173 卷，温州市 130 卷，湖州市 94 卷，嘉兴市 169 卷，绍兴市 77 卷，台州市 58 卷，金华市 249 卷，衢州市 39 卷，丽水市 174 卷，舟山市 45 卷，省级 55 卷。

此次全省抗战损失课题调研，目标明确，方法严谨，步骤清晰，工作扎实，对抗战时期浙江人口伤亡和财产损失相关史料进行了全面收集、系统整理，取得了重要的研究成果，在浙江抗战史研究方面具有重大意义。首先，新发掘了大批第一手资料。此次调研除了收集各档案馆、图书馆中已有的档案文献资料外，还进行了社会调查，收集了大量的口述史料，特别是抢救了一批即将湮没的"活资料"。这些口述史料既是研究浙江抗战史的重要史料，也是爱国主义教育很好的教材。在调研中，各级党史部门还公开从社会上征集史料，得到许多热心群众的支持，陆续收集了一批散落于民间的珍贵材料，像海宁市史志办公室就收集了 140 多本抗战期间日军出版的画报，这是日军侵略中国的重要罪证，弥足珍贵。其次，澄清了浙江抗战史上的许多重要事件。各级党史部门在掌握大量材料的基础上，经过分析研究，重新梳理了各地抗战史，搞清楚了许多长期被忽视或不明的重要事件。如武义县对日军在该县实施细菌战造成的灾害进行了全面调查和医学论证；岱山县彻底查清楚了大鱼山海岛抗日战斗中阵亡的 42 名新四军指战员的姓名，等等。在此基础上，根据中央党史研究室的要求，各级党史部门形成了一批各地人口伤亡和财产损失的调研报告、各地日军侵略事件的专题报告，以及伤亡人员名录、大事记等调研成果，为浙江抗战史的深入研究打下了坚实的基础。

（二）全国抗战前及战争中浙江自然条件和社会经济变化状况

1. 自然条件与行政区划情况

浙江省位于中国东南沿海，东濒东海，北接苏、沪，西连皖、赣，南邻闽北，地处东经 118°00′—123°00′，北纬 27°12′—31°31′之间。全省陆域面积 10.18 万平方公里，地貌形态复杂，西南高、东北低，河流众多，水网发达，海岸线绵长曲折，岛屿星罗棋布。全省属亚热带季风区，气候温和，土地肥沃，自然地理条件优越，素称鱼米之乡、丝绸之府、山海之利、文化之邦。现辖杭州、宁波、温州、嘉兴、湖州、绍兴、台州、金华、衢州、丽水、舟山 11 个市 88 个县（市、区）。

全国抗战前，浙江省省会设在杭州。杭州沦陷前夕，浙江省政府西迁。当时，省政府主要机构迁至永康方岩，军事部门留在金华，教育厅、建设厅则迁往丽水。1941 年 5 月，日军进犯诸暨、逼近金华时，省政府暂迁松阳，8 月日军撤退后，又复迁回方岩。1942 年浙赣战役爆发后，省政府再次西迁，先迁松阳，又迁云和，6 月丽水失陷后，省政府各机关又分散迁至景宁、龙泉、庆元等地，9 月日军撤退后，才迁回云和，直至抗战胜利。全国抗战前，国民政府在浙江全省设有 1 市（杭州）75 县，并设有行政督察区，作为省政府的派出机构。抗战期间基本保持了这个行政格局。日军入侵后，浙江东北部、中部先后沦陷，但县级政权并未撤销，而是以"流亡政府"的形式坚持施政。1939 年增设了磐安县，1940 年撤销南田县，增设三门县。根据战局变化，抗战期间行政督察区的范围有所调整。1939 年设立浙西行署，下辖 3 个行政督察区共 22 个县。1943 年增设第十一行政督察区。

表（二） 抗战时期浙江省行政区域表（1943 年后）①

行政督察区	所属县政权	署址
第一区	杭县（今为杭州市区）、余杭、临安、于潜（今属临安市）、昌化（今属临安市）、新登（今属富阳市）、分水（今属桐庐县）	于潜
第二区	安吉、孝丰（今属安吉县）、长兴、吴兴（今湖州城区）、德清、武康（今属德清县）	德清
第三区	绍兴、萧山、诸暨、余姚、上虞、嵊县、新昌、东阳、义乌、磐安	新昌
第四区	金华、兰溪、永康、宣平（今属武义县）、汤溪（今属金华市婺城区）、武义	宣平
第五区	衢县、开化、遂安（今属淳安县）、江山、常山、龙游	衢县
第六区	慈溪、鄞县、象山、天台、镇海、定海、奉化、宁海	宁海
第七区	临海、黄岩、仙居、温岭、三门	临海
第八区	永嘉、平阳、瑞安、乐清、泰顺、玉环	永嘉
第九区	丽水、龙泉、遂昌、青田、缙云、景宁、庆元、松阳、云和	丽水
第十区	嘉兴、嘉善、海宁、海盐、平湖、崇德（今属桐乡市）、桐乡	海盐
第十一区	富阳、桐庐、建德、淳安、寿昌（今属建德市）、浦江	淳安

---

① 黄绍竑：《五十回忆》，岳麓书社 1999 年版，第 443 页。

日军入侵浙江后，在沦陷地区建立伪政权组织。1938 年 6 月，伪浙江省政府成立，汪瑞闿、梅思平、傅式说、项致庄、丁默邨先后任主席（省长）。伪浙江省政府在沦陷区共建有 1 市 35 县伪政权，罗列如下：杭州市、杭县、嘉兴、嘉善、海宁、海盐、平湖、吴兴、长兴、德清、余杭、桐乡、崇德、武康、富阳、绍兴、萧山、鄞县、慈溪、镇海、余姚、奉化、象山、上虞、定海、南田、金华、兰溪、武义、东阳、浦江、义乌、新昌、嵊县、诸暨、安吉①，另设有两个伪行政督察区作为伪省政府的派出机构。

全国抗战中后期，中共在浙江建立了浙东、浙西两块抗日根据地和浙南游击区，在这些区域也建立了政权组织。浙东抗日根据地建有浙东行政公署，下设 3 个办公处（专员公署）：三北分区特派员办公处下辖余姚、镇海、慈溪 3 个县政府；四明分区行政专员公署下辖南山、鄞县、上虞 3 个县政府和嵊（县）新（昌）奉（化）办事处；会稽地区特派员办公处先后下辖（浙赣）路西（抗日民主政府）办事处、绍（兴）嵊（县）县办事处、金（华）义（乌）浦（江）自卫委员会办事处（金东义西自卫委员会办事处）、金（华）东义（乌）西经济委员会办事处、金义浦兰（溪）总办事处（金义浦办事处）、金萧支队诸暨办事处、诸（暨）义（乌）东（阳）县办事处共 7 个办事处。浙西抗日根据地建有浙西行署，下设 3 个专员公署：天（目山）北行政区专员公署下辖孝丰、安吉、吴兴、武德、德清 5 个县抗日民主政府；天（目山）东行政区专员公署下辖临安、余杭、富阳 3 个县抗日民主政府；杭嘉湖行政区专员公署下辖长兴县抗日民主政府和吴长县政办事处。浙南抗日游击区也建有乐清人民抗日委员会这一政权组织。

抗日战争胜利后，除舟山地区个别岛屿有行政管辖权变更外，浙江省行政区划基本没有变化，无县、区划入或划出。此次调研以浙江省现在的行政区划为准。

2. 日军侵略浙江的基本情况

1937 年八一三淞沪战役开始后，日军就曾入侵浙江领空。8 月 14 日，国民政府空军与日机在杭州上空发生八一四空战。日军从地面入侵浙江，则是从杭州湾登陆开始的。11 月 5 日凌晨，为配合进攻上海，日军第 10 军（包括第 18、第 6、第 114 师团）在杭州湾北岸的全公亭、金山卫、曹泾镇等地同时登陆。日军

① 《浙江省政概况》，见浙江省档案馆、中共浙江省委党史研究室编：《日军侵略浙江实录》（1937—1945），中共党史出版社 1995 年版，第 188 页。

登陆后，一部向东北直驱上海，主力则沿沪杭铁路推进。国民政府军第128师在嘉善坚守7昼夜，最终不敌，15日嘉善失守。随后，嘉兴地区各县相继沦陷。为配合进攻南京，在占领嘉兴地区后，日军沿太湖南线进攻湖州地区，24日进占吴兴，次日又占领长兴，主力由郎溪（属安徽省）会攻南京。

日军占领南京后，为扩大战果，目标直指杭州。日军第10军（此时第101师团一部也归其指挥）分三路进逼杭州。中路第101师团从吴兴出发，沿京杭国道南下，陷武康、德清；右翼第18师团从广德（属安徽省）、泗安出发，陷安吉，与中路日军会合后，陷余杭、富阳、孝丰；左翼为后备兵团，从嘉兴出发，沿沪杭铁路向杭州推进，陷崇德。12月24日，日军进入杭州市区，杭州沦陷。至此，浙西地区1市17县沦于日军铁蹄之下。在此以后，有个别县曾被国民政府军一度克复，但多数县仍被日军长期占领，直至抗战胜利。

日军占领杭嘉湖地区后，其前线进抵钱塘江北岸。此时，日军主要军事目标为进攻武汉，所以在浙江取守势。针对日军的防守态势，国民政府军由第十集团军固守钱塘江南岸，并成立宁波、温州两个防守司令部，防止日军在沿海登陆，同时派部队在杭嘉湖地区开展游击活动。虽然此后发生过富阳东洲沙争夺战，但这种敌我隔钱塘江对峙的局面，一直持续到1940年的春天。

1940年1月22日，日军千余人趁漫天大雪偷渡钱塘江，进入萧山县城，并分3路继续南窜。固守钱塘江南岸的国民政府军第63、第79、第190、第192师和部分地方武装予以阻击，迫使日军退回萧山。7月16日，日军对镇海要塞发动进攻，17日镇海沦陷。国民政府军第194、第16师发起镇海反击战，于22日收复镇海。

从10月开始，日军为确保其在沦陷区的统治地位，分四路在浙西和钱塘江南岸发动"扫荡"。第一路由长兴进犯泗安、广德。第二路由武康进犯安吉、孝丰，在遭国民政府军阻击后窜向皖南。第三路由余杭进犯临安、新登，发现国民政府军重兵扼守桐庐后，向东回窜。第四路为日军"扫荡"主力，从富阳渡富春江，遭到国民政府军三面包抄反攻后，窜回萧山。之后，该路日军又向东进犯绍兴县城，28日遭国民政府军猛烈反攻后，又退出绍兴城。日军发动的"十月攻势"至此结束。

为封锁浙江沿海，掠夺主要港口的战略物资，日军于1941年4月发动了浙东作战（宁绍战役）。14日，日军第13军司令部从上海移驻杭州。16日，日军第22师团主力、第15师团和第11混成旅团各一部，分三路向南进犯，17日陷绍兴，20日陷诸暨。日军第5师团和海军陆战队则于19日在浙江沿海登陆：第一路在瑞安登陆,攻陷温州;第二路在海门(今台州市椒江区)登陆,进占黄岩、临海;第三路在石浦登陆,攻占象山;第四路在镇海登陆,攻占镇海、宁波、奉化、慈溪、余姚、上虞等地。在各路均得手的情况下,日军按预定计划,除在镇海登陆的第5师团主力占领着宁波周边县城,与国民政府军对峙外,其他瑞安、海门、石浦登陆部队在劫掠大量物资后全部撤离。

太平洋战争爆发后,美国为打击日本的嚣张气焰,对日本本土实施"杜利特尔空袭"。美国轰炸机从"大黄蜂"号航空母舰起飞,完成轰炸后返回浙江衢州机场。由于天气恶劣,许多飞行员被迫弃机或迫降,被浙江军民营救后送到后方。日本大本营担心美国以后经常利用这种战术袭击日本本土,决定对浙赣境内的机场实施破坏。从1942年4月19日开始,日机对衢州机场实施轰炸,并调集14万人准备发动浙赣作战(浙赣战役)。5月15日,日军分左、中、右3路,在东起奉化、西至富阳约150公里的正面采取分进合击战术,在空军的掩护下向衢州方向发起进攻。日军左翼第70师团、第22师团先后陷永康、武义、东阳;日军中路第15师团攻陷诸暨、义乌、浦江;日军右翼第116师团、第32师团陷新登、桐庐、建德。25日,日军分三路强攻金华城。国民政府军与之激战3昼夜。紧急关头,国民政府军事当局突然下令撤退,金华、兰溪沦陷。金、兰陷落后,第三战区计划以5个军的力量与日军在衢州决战。27日,日军陷龙游,逼近衢州。31日,南昌方向的日军第11军一部渡过抚河,向东南方向猛攻,与进攻衢州之日军东西呼应,企图打通浙赣铁路。面对两边夹击的被动态势,国民政府军于6月3日决定放弃决战计划,避开浙赣铁路,撤往两侧山地。6日,日军对衢州城发起进攻。7日衢州沦陷。日军占领衢州后,继续西犯,于7月1日与赣东进犯之日军会合,打通了浙赣线。同时,日军破坏了丽水机场,并夺取了瓯江一带的战略物资,第二次攻陷温州和丽水地区大部分县。8月19日始,日军除留第22师团驻守金华、武义、东阳,第70师团驻守新昌、奉化等地外,其余部队撤退。浙赣作战结束。

1944年为配合豫湘桂战役,日军又在浙江发动进攻。6月8日,日军第70师团主力从金华向西沿铁路攻向衢州。12日,龙游失守。26日,衢州失陷。29日,日军撤出,退守金华。8月下旬,日军第60师团第55旅团向丽水发起进攻,26日,攻克丽水,继而南下,于9月9日占领温州。

1945年初盟军开始全面总攻击,逼近日本本土。日本大本营着手安排本土防御作战,开始收缩战场。在浙江,日军除加强沿海防守、维持沦陷区治安外,着手从温州、金华等地撤退部队。在撤退时,大肆搜刮物资,运回日本。5月25

日，盘踞在永嘉、乐清的日军黎岗支队为接应从福建沿海撤退的日军残部，向西进犯瑞安、平阳。两股日军会合后，于6月向瓯江北岸退却，沿途攻克台属地区数县。

8月15日，日本宣布投降。9月4日，侵浙日军投降仪式在富阳宋殿村举行。浙江抗战胜利结束。抗战期间，日军长期占领浙江1市37县，窜扰一次或多次的县达30个，日军地面部队未到过的县只有9个。

3. 社会经济变化状况

浙江素称富庶之地，相比于全国其他省份，社会经济较为发达。战前国民政府四大银行先后在浙江建立了分行或分支机构，除此之外，还设有浙江地方银行及一批钱庄，初步建立了金融体系，为社会经济建设提供了重要的资金保障。战前浙江交通发展也较快，先后建成沪杭、苏嘉、浙赣3条铁路及杭甬线一段，全省公路里程达到3717公里[①]，内河航运也初具规模。战前通信业也得到了一定发展，长途电话里程已达9650.57公里，1937年电话通话次数为1244197次[②]。

浙江工业化进程开始较早。战前浙江产业结构中，电力工业比较发达。1936年全省拥有110座发电厂，总装机容量为29829千瓦，年发电量为5056万千瓦[③]浙江丝绸业也在全国保有领先地位。战前全省30个县桑树栽培面积为2658194亩，桑叶产量为18366410担[④]。1936年全省茧产量36498.10吨[⑤]，生丝产量89000担，绸缎产量40000件[⑥]。战前全省共有机械工厂106家，资本总额354100元[⑦]。1936年全省机制工业产值为100480188元，手工业品的产值为20405000元[⑧]，机制工业产值远远大于手工业品产值。这说明浙江工业结构中的机制工业已具有相当的规模和水平。从工业布局来看，主要工业集中在杭嘉湖、宁绍和温州地区，其他地区相对薄弱。战前全省外贸也有一定规模，仅杭州海关

---

① 行政院善后救济总署浙江分署：《浙江省善后救济资料调查报告》（1945年12月），第9页，中国第二历史档案馆馆藏档案，档案号廿一·276。
② 见《战时全省长途电话里程》（1937年—1940年5月，资料来源：《浙江省建设事业概览》）和《浙江省电话局历年通话次数》（1929年—1939年，资料来源：浙江省电话局），见顾文渊等：《浙江经济统计》，浙江地方银行总行1941年12月编印，第214页，浙江图书馆古籍部藏，330.9514/3103。
③ 浙江省电力工业志编委会编：《浙江省电力工业志》，水利电力出版社1995年版，第1页。
④ 陈真：《中国近代工业史资料》第4辑，三联书店1957年版，第536—589页。
⑤ 浙江省丝绸志编纂委员会编：《浙江省丝绸志》，方志出版社1999年版，第67页。
⑥ 上海商品检验局：《国际贸易导报》（1930年—1937年）第9卷第2期，第78页。
⑦ 陈真：《中国近代工业史资料》第4辑，三联书店1957年版，第796页。
⑧ 上海商品检验局：《国际贸易导报》（1930年—1937年）第9卷第2期，第78页。

1937 年进口已达 7107537 关平两，出口达 1316163 关平两①。

浙江素称鱼米之乡，战前农业相当发达。1937 年全省产米 50630950 市担②。战前全省家畜家禽保有量也很大，牛 626341 头、羊 1141423 只、猪 848574 头，每年鸡产量 15749308 只、鸭产量 11527428 只、鹅产量 466543 只③。从渔业看，战前全省从业人数有 133000 人，渔船 24000 只，鱼产量 7800000 担④。

抗战爆发后，原有的经济秩序被彻底打乱，主要社会经济单位要么内迁，要么被日军抢掠或摧残，损失惨重。从金融业看，日军在沦陷区抢劫金融物资，成立伪银行，发行伪货币，大肆掠夺浙江人民的财富，严重干扰金融秩序。战后平湖县收换了 207 亿伪币，湖州 67 亿伪币，宁波所属各县 1926 亿伪币⑤。从交通业看，因浙江战事不断，主要铁路干线沪杭线被侵占，苏嘉线、浙赣线被拆毁，杭甬线被废止；全省公路被破坏三分之二以上；因日军实行封锁，内河航运也基本瘫痪。

日军侵入杭州前，国民政府曾组织工厂搬迁，但搬走的设备不及原来的十分之一⑥。浙西、宁（波）绍（兴）和浙南地区沦陷后，遭到日军疯狂炸烧和野蛮掠夺，原有工业基础被破坏殆尽。至 1945 年，浙江机械工业厂家只剩下 22 家⑦。丝绸业被破坏情形更为严重，全省大小私人种场 105 家，90% 在战争中被摧毁，沿交通线两旁的桑树，被日军以防止中国军队袭击为由，大肆砍伐，至战争结束时，仅剩下十分之三四⑧，以致 1946 年茧产量降为 5818.80 吨⑨，只及战前六分之一。对外贸易也深受影响，由于日军长期封锁海面，掠夺港口物资，致使进出口困难，许多行业因此倒闭。

作为人民生活基本保证的农业生产，也在战争中备受摧残。"各县禾田因受战事影响，民不聊生，无可耕种；即有耕耘，辄遇窜扰，民须远避，任其荒芜，枯藁遍野，且以连年水旱成灾，遂致歉收，人民以糠麸树皮草根充饥，饿殍随

① 浙江省外经贸志编纂委员会编：《浙江省外经贸志》，中华书局 2001 年版，第 105 页。
② 《历年产米估计》（1929 年—1940 年），见顾文渊等：《浙江经济统计》，浙江地方银行总行 1941 年 12 月编印，第 32 页。
③ 《战前各县家畜数》（资料来源：民国 22 年实业部国际贸易局编：《中国实业志·浙江省》），见顾文渊等：《浙江经济统计》，浙江地方银行总行 1941 年 12 月编印，第 76—79 页。
④ 《战前渔业概况》（1936 年，资料来源：浙江建设十周年纪念专号），见顾文渊等：《浙江经济统计》，浙江地方银行总行 1941 年 12 月编印，第 82 页。
⑤ 吴欣、谈建军：《抗战时期浙江金融研究》，见中共浙江省委党史研究室编：《浙江省纪念抗日战争胜利 50 周年论文集》，当代中国出版社 1997 年版，第 607 页。
⑥ 黄绍竑：《五十回忆》，岳麓书社 1999 年版，第 363 页。
⑦ 陈真：《中国近代工业史资料》第 4 辑，三联书店 1957 年版，第 536—589、796 页。
⑧ 陈真：《中国近代工业史资料》第 4 辑，三联书店 1957 年版，第 536—589 页。
⑨ 浙江省丝绸志编纂委员会编：《浙江省丝绸志》，方志出版社 1999 年版，第 67 页。

见，不忍目睹"①。在渔业方面，1945 年全省出海渔船只有 4474 艘，渔民 31487 人，年产量仅 39900 吨②。整个浙江的社会经济在日军的铁蹄下苟延残喘。

人口方面。抗战爆发前，浙江省人口呈稳步增长态势。日军入侵后，全省人口波动较大，不增反降。

表（三）　　抗战前后浙江省人口变化表

年度	人口数	资料出处
1932	20331737	《浙江经济统计》，浙江图书馆 330. 95124/3103
1933	20724473	
1935	21230749	
1938	21513502	
1939	21818697	《历年（民国 28 年—32 年）户口增减情形》，浙江省档案馆 L029—002—0024
1940	21837868	
1941	21492420	
1942	21764248	
1943	21547680	
1944	20852147	《浙江省各县历代户口统计表》，浙江图书馆 0040 《户口统计》
1945	20968886	
1946	19657551	《浙江经济》第 2 卷第 2 期

从表（三）可以看出，1932 年至 1935 年，人口数量逐年增长比较稳定；1938 年至 1940 年，人口数量虽还有所增长，但幅度已明显放缓；1940 年，人口数量达到抗战期间最高位；1942 年后，人口数量下降明显（见下图）。其中原因，除战争导致人口死亡外，还有因战争而引起的人口迁移。有的在省内迁移，有的则迁往省外。由于日军入侵后杭嘉湖地区即已沦陷，抗战初期进行全省人口统计时，沦陷区人口都采用了 1935 年的统计数据，直至抗战后期沦陷区逐步收复及抗战胜利后，才对原沦陷地区进行实地统计。所以，表（三）中抗战初期人口变化的准确性是有所欠缺的，抗战后期人口数量越来越接近真实情况，而1946 年的人口统计相对比较完整。对比 1946 年和 1935 年的人口数量可以发现，抗战期间浙江省人口竟然减少了 1573198 人。

---

① 行政院善后救济总署浙江分署：《浙江省善后救济资料调查报告》（1945 年 12 月），第 1 页，中国第二历史档案馆馆藏档案，档案号廿一·276。
② 浙江地方银行经济研究室编：《浙江经济》第 4 期，1946 年 10 月 31 日。

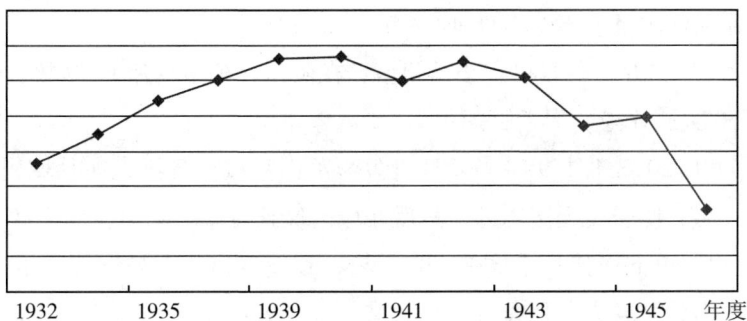

抗战前后浙江省人口变化曲线图

（三）侵华日军在浙江的主要罪行

1. 狂轰滥炸

自 1937 年 8 月开始，日军即对浙江实施轰炸，其目标除了主要军事设施外，还包括工厂、集镇及平民住宅区。据《浙江省敌机空袭统计表》[①] 记载，抗战期间，日机在浙江的狂轰滥炸，共炸毁房屋 49601 间，震倒房屋 15133 间，造成 6472 人死亡，8290 人受伤（见表〈四〉）。

表（四）　抗战期间日机空袭浙江造成损失统计表

年月（民国）	房屋炸毁（间）	房屋震倒（间）	人口死亡（人）	人口受伤（人）
26 年 8 月—27 年 4 月	／	／	2326	2685
27 年 5 月—27 年 12 月	2067	776	458	578
28 年	8614	3560	942	1695
29 年	7034	3115	834	1184
30 年	27461	4329	1345	1489
31 年	3967	2142	516	532
32 年	360	1048	29	60
33 年	98	163	22	64
34 年	／	／	／	3
合计	49601	15133	6472	8290

[①] 浙江省防空司令部：《浙江省敌机空袭统计表》（1938—1945），浙江省档案馆馆藏档案，档案号 L017—000—0063。

日机在浙江的重要轰炸事件列举如下：

1937 年 9 月 26 日，日机空袭衢州城，在衢州火车站投弹 10 多枚，炸死 106 人，炸伤 50 人，炸毁房屋近百间。

同年 11 月 30 日上午 9 时半，日机轰炸萧山县城。日机先在县城周围投弹，构成一个火圈，使居民无法出逃，然后在城内疯狂轰炸。此次轰炸，日军共出动飞机 28 架次，投下炸弹和燃烧弹 120 余枚，致使近 200 人被炸死，千余人被炸伤，整个萧山县城成为一片废墟。

1939 年 4 月 28 日上午 8 时 40 分，日机 7 架轰炸宁波灵桥两岸的滨江路及江东后塘街一带，投弹 18 枚，炸死民众 120 余人，炸伤 370 人，炸毁商铺 234 家、房屋 500 余间，炸沉民船 10 余艘。8 月 24 日，日机轰炸丽水县，炸死 30 余人，炸伤 40 人，炸毁房屋 100 余间。次日，日机 11 架又分 2 批轰炸丽水县城，投弹 50 余枚，内有燃烧弹 7 枚。轰炸导致丽水县城大火连烧 8 小时，烧毁房屋 2344 间。

1940 年 9 月 18 日，日机 2 架轰炸丽水城郊桃山植物油料厂，投弹 8 枚，致使该厂机房、仓库被炸焚烧，烧毁桐油 388985 公担。21 日，日机轰炸设于丽水的中国茶叶公司仓库，炸毁、烧毁茶叶 35105 箱。

1941 年 4 月 17 日上午 9 时，日机 9 架空袭义乌县佛堂镇。时值集市，人山人海。日机在人群最密集的老市基投掷炸弹，炸死平民 120 余人。

1942 年 4 月 23 日，日机 8 架空袭丽水县城，投弹 8 枚，其中燃烧弹 3 枚，炸死群众 121 人，炸毁房屋 2282 间。当时，有 1 枚炸弹落在姜山背，震塌邮政局防空洞，致使防空洞内 80 余人被闷死。

2. 屠杀平民

日军在入侵初期，以杀人树威，若遇抵抗，便疯狂虐杀；在占领时期，稍遇攻击，即对当地居民进行报复性残杀。日军对浙江平民的屠杀，最集中的是在抗战初期这段时间里，其后 1940 年宁绍战役和 1942 年浙赣战役期间，也发生过大规模屠杀事件。

1937 年 11 月 5 日，日军在平湖县全公亭登陆后，一路烧杀。全塘镇当天就有 288 名平民被屠杀。包括新仓、当湖、黄姑、广陈等镇在内，日军登陆当天就在平湖残杀平民 600 余人。

同月 19 日，日军占领吴兴县南浔镇，屠杀民众 400 余人，焚毁房屋 4993 间。24 日，日军又占领吴兴县城（今湖州城），屠杀平民 300 余人，烧毁房屋

3209 间。

同年 12 月 24 日，杭州沦陷。日军入城后，放任士兵奸淫烧杀 3 天，致使杭州市区平民 4000 多人被杀，3700 多家房屋被烧毁。

1938 年 2 月 17 日，国民政府军第 62 师一部突袭杭县乔司镇，歼灭日军 40 多人。次日，日军即从周边余杭笕桥、临平和海宁长安等驻地调集 200 多名日军包围乔司镇，实施报复，屠杀平民 1360 余人，烧毁房屋 7000 余间。

同年 3 月 4 日，日军田中有朋大队包围余杭县午潮山午潮庙，将避难于此的妇女儿童集中起来，用刺刀相逼，然后将男性难民押到院子里排队跪在地上，用重机枪扫射，杀死 400 多人。

同月 26 日，日军为保持湖州、杭州两地水路安全畅通，对北起吴兴县菱湖镇查家簖、南至杭县王家庄的龙溪沿岸 140 余个村庄展开疯狂烧杀，屠杀平民 585 人，烧毁房屋 7799 间。

1940 年 10 月 16 日，日军土桥师团一部及伪军攻占诸暨县城。此后日、伪军大肆烧杀抢掠，单在城区一隅杀害民众多达三四百人，纵火烧毁房屋 4665 间。

1942 年 8 月 25 日上午，一队日军从松阳县源口驻地出发，途经景龙后坳口时，听到坳内人声嘈杂，遂分兵包围，扼守坳口，放火烧林，占据山岗，架起机枪向坳内扫射，当场打死打伤民众近 300 人。

1943 年 6 月 12 日，日军进犯兰溪县白鹤山时，遭国民政府军第 76 团阻击，死伤颇多。日军为此迁怒于当地居民，在畈口村抓捕平民 18 人，诬为"战俘"。次日，日军将他们押至曹家村福田庵旁的小山坡上，迫令他们挖好土坑，然后将之活埋。

3. 奸淫妇女

妇女历来都是中国社会的弱势群体。近代以来，每有外敌入侵，妇女的命运往往是灾难性的。她们不但会遭到侵略者杀戮，还常常成为侵略者性暴力的对象，特别是抗战期间，妇女遭受的性暴力更达到了史无前例的程度。日军在入侵或占领浙江期间，随时随地实施性暴力，不分场合、不分老幼，且手段极其残暴，以满足其畸形心理。

1937 年 12 月 24 日杭州沦陷后，日军在杭州市区大肆奸淫妇女。仅被日军奸淫致死的妇女就达 700 多人。其中，余观巷 14 号一名十二三岁的女孩被日军轮奸后用板凳砸死；大井巷一名 14 岁幼女及一名产妇遭到日军强奸；躲在牛羊司巷 11 号墙门里的一名怀孕数月的妇女也被日军提出来轮奸，并被杀死，墙门外一名老太太也被轮奸；浮山村妇女收容所内有 1400 余人，除 2 人逃出外，其余全都遭到日军强奸。

1938 年 2 月，日军多次窜扰杭县五常乡，奸淫妇女 149 人。

1941 年 4 月 19 日，象山县石浦沦陷。日军挨户搜查洗劫 3 天，强奸、轮奸妇女 40 余名，最大的 60 多岁，最小的仅 13 岁。5 月 18 日，日军进入茅洋五狮山探矿，竟轮奸了 7 名尚不及逃离的 60 多岁老妇。

1942 年 4 月 12 日，日军进犯奉化县楼隘村，强奸该村妇女余某，并将她连同她的公公、婆婆和儿子押到附近的金紫庙，把她剥光衣服倒挂起来，用火烛烧烫。

同年 5 月 18 日，日军窜扰嵊县长乐镇，奸淫妇女 100 多人。21 日，日军流窜至常山县三衢乡塘底等地，奸淫妇女 151 人。27 日，日军在常山县宣风、中和、崇正、开明、球川等乡镇奸淫妇女达 510 人。浙赣战役期间，日军在衢县盘踞 84 天，强奸妇女 5000 多人。

同年六七月间，日军在丽水县水东乡对一名少女实施轮奸。其母上去拦阻，被日军踢到岩下摔死。黄泥墩有一名孕妇，被日军强奸后，还被日军用刺刀剖开肚皮，肚肠、婴儿一并流了出来。西溪村头李某被十几名日军排着队轮奸，以致阴部破裂，血流不止。日军就用冷水冲洗，洗后再奸。

1943 年 12 月 8 日，日军至余姚县大岚山"扫荡"，强奸妇女 40 多名，连五六十岁的老太太也未能幸免。

1944 年 7 月，日军在绍兴县杨汛桥镇横山炮台强奸妇女 40 余人。

日军除了随时随地对浙江妇女实施性侵犯外，还在驻地设立"慰安所"、军妓院和"行乐所"等，以武力威逼或诱骗等手段，强迫良家妇女充当"慰安妇"。在杭州，日军设立的较大的"慰安所"就有 4 处，另还有众多的"半开门"、"向导社"等，也都具有"慰安所"性质。日军还在嘉兴、海宁、长兴、湖州、桐乡、富阳、定海、鄞县、象山、奉化、金华、武义、义乌、乐清等地设立多个"慰安所"。这些"慰安所"里的"慰安妇"，白天要为日军洗衣做饭，晚上遭受日军性摧残，有时一晚上达 10 余次之多。不少"慰安妇"染上性病，更多的终身失去生育能力，或受各种病痛折磨。她们不仅遭受肉体上的痛苦，而且也背负着沉重的精神负担。

4. 掠夺物资

日本是个资源小国，其发动战争的主要资源是从占领地掠夺而来的。这就是所谓的"以战养战"。浙江向称富庶之地，因而也就成为日军经济掠夺的主要目标。

日军占领杭州后，大肆抢掠。据档案记载①，日军劫夺了杭州 1095 户丝织厂及机户存放在四行联合办事处及浙江地方银行的质押品，共计丝织成品 85777.5 匹，罗纺大绸 301 担，真丝 753 匹，厂丝、广东丝、土丝等 397 担，人造丝 162 包，丝棉 219 斤，以及织机等物资，合计时值 4342717 元。

1939 年 10 月中旬，日军在温州瓯江口拦劫帆船 18 艘，劫走轮船上装载的纸、木炭、木材等山货，并将船焚毁，时值黄金 5000 两。

1941 年 4 月 19 日，日军侵占温州城区，劫掠永嘉国货公司存放在五马街店内的物资和公司行库里的铜币，富华公司、复兴公司、中茶公司、东南运输处、中国植物油料厂等处财物，以及温州棉布号布料六七万定，其他化纱、颜料、五金、香烟、中西药材等货物，共计时值 1974000 元，另还劫掠县商会大米 120000 斤，县府仓库大米 3670 斤。

除了直接武力掠夺外，日军还通过经济组织统制战略物资，如大米、食盐、材料、油料、丝绸和各类金属及萤石资源等，以此方式实现掠夺。1938 年 8 月成立的"华中蚕丝股份有限公司"，基本统制了浙江蚕种供应、蚕茧收购和蚕丝生产。"华中矿业公司"则垄断了象山、武义和义乌等地的萤石矿开采。抗战期间，日军在象山茅洋开采萤石计有 10 万吨，其中 5 万吨经石浦运往日本，另 5 万吨因运输船只"兴丸号"被盟军飞机炸毁而未及运出。日军在侵占义乌、武义近 3 年的时间里，掠夺的萤石矿超过 53 万吨。日军还在浙江各地广设采伐队，掠夺木材。据不完全统计，日军在义乌县 190 个村庄疯狂砍伐森林，毁林面积达 17680 亩，掠夺木材达 263264 立方米，烧制木炭 1020 吨。

据日军自己统计②，1942 年在浙东地区取得战略物资计稻子 3050000 斤、盐 239868 担、原木 20945 根、坑木 311659 根、有色金属 652311 斤、银币白铜币 13982 枚、旧铁 207000 斤等，1943 年在金华、兰溪、武义、义乌、东阳、诸暨、浦江 7 县取得战略物资铁屑 175094 公斤、薪柴 571760 公斤、木炭 976760 公斤、铜币 179638.7 公斤、有色金属 143769.3 公斤、动物油 60241.4 公斤、植物油 797882.1 公斤、米 8290 吨等，1944 年上半年在浙东地区取得战略物资竹材 135000 根、稻子 314530 公斤、盐 162000 担、铜币 3500 公斤另 14028911 枚、黄铜 7000 公斤、棉花 1802 担等。

---

① 《杭州市丝织工业同业工会财产损失报告单》，杭州市档案馆馆藏档案，档案号旧 10—1—53—017。
② 《昭和十七年度物资取得量》（浙东地区）、《昭和十八年浙赣地区各县物资取得表》和《昭和十九年上半年物资取得表》（浙东地区），见浙江省档案馆、中共浙江省委党史研究室编：《日军侵略浙江实录》（1937—1945），中共党史出版社 1995 年版，第 522—524 页。

5. 摧残文化

浙江文化底蕴深厚，省内图书馆、藏书楼众多，民间珍藏丰富。现代学校如浙江大学、国立艺专等，在全国都具有一定的影响。日军入侵浙江后，对文化摧残至深。

1937 年 11 月 23 日，日军窜入平湖县城，将创办于 1902 年的私立现代学校"稚川初中"付之一炬。建于清同治年间的"守先阁"藏书楼，也被日军烧毁，内有藏书 40 万余册和各种方志及大批宋元以来的历代珍贵名家字画。

同年 12 月 24 日杭州沦陷后，日军纵火焚烧杭县教育会和图书馆，抢去图书18970 册。虽然浙江大学已经西迁，但 1938 年 1 月 16 日，仍有 50 余名日军携带煤油，对浙江大学校舍进行焚烧。1938 年上半年，日军还劫掠了浙江省立图书馆文澜阁分馆善本图书约 10 余万册。

1938 年 8 月 7 日，日军至海宁县黄湾尖山观音庙抢掠财物。事后，日军放火焚烧建于 1735 年的潮神庙，致使庙内 96 间庙房及大量文物全部被毁。

1939 年，日军劫掠了杭州净慈寺内所有佛具。其中南屏晚钟铸于明朝洪武年间，全系纯铜，重达两万余斤。

1942 年 8 月 18 日上午，日军纵火焚烧松阳县望松禅院。该院规模宏大，约有 6000 平方米，原为省农改所和英士大学驻地。遭日军纵火后，只剩十八罗汉堂，其余 5000 多平方米佛殿全被焚毁。

除了以武力实施"烧"、"抢"以外，日军还利用伪政权推行"奴化教育"。日军入侵后，在"复兴东亚文化"的口号下，在沦陷区开设日语学校，声称"沟通中日文化"。汪伪政权建立后，逐步在沦陷区建立伪学校，编印亲日教材，发行伪报纸，宣扬"中日亲善"。

6. 役使劳工

日军在入侵和占领浙江过程中，都大规模役使劳工，如运输物资、修筑工事、挖矿伐木等。凡日军役使劳工，都采用抓捕、诱骗的方式。一般短期役使，日军都征用当地劳工；如果是长期役使，日军为便于管理，一般从外地抓捕劳工。日军从不把劳工当人看待，极尽残暴之能事。劳工工作环境差、强度高，即使生病亦照样干活，还经常遭受日军毒打，许多劳工因此丧命。

杭州沦陷后，仅市区被日军强征劳工的就有约 40000 人，被押往国外做工的约 3000 人，其中流落失踪者约 1000 人。仅 1940 年，日军就在萧山县抓捕劳工

84562 人。

1942 年 5 月，日军在宁波强行抓夫 2000 余人，拉去金华，同时剃去他们的眉毛，以防逃跑。

同年 8 月 15 日，日军撤出温州城区时，强抓 300 多人做挑夫，只 1 人逃回。其中一名叫许岩灵的挑夫，体弱挑不动，被日军用刺刀刺死，并挖心喂军犬；一名叫三洪的挑夫，逃跑途中被日军抓住，被砍下双手、双腿，并用 2 块巨石磨碎头颅。

同年 11 月，日军在余杭县袁浦镇修建军事基地，役使民工 25000 多人。

1944 年春开始，日军在海岛嵊泗修建军事设施。日军通过各种手段，从山东、江苏等外省征用劳工，除此以外，还从上海提篮桥监狱征调了 650 名中国因犯来修建工事，总计劳工总数在 2000 人以上。但最后只有 600 多人活着回到大陆。

同年 8 月，日军在宁波庄桥建造飞机场，除从上海郊区等地强拉、诱骗 900余名劳工外，另外则强行要求庄桥镇向各保摊派劳役。全镇每天派出民工二三百人之多，时间长达 8 个月左右。

日军在浙江役使劳工最集中的，当数在象山、武义、义乌的莹石开采。从1941 年 5 月开始，日军即从安徽、山东、江苏、上海等地抓捕 500 多名劳工，至象山县茅洋开采莹石矿，此后日军又陆续从外地运来劳工，并强行征用本地劳工，最多时劳工达 2000 多人。劳工在日军矿警队监视下劳动，衣不蔽体，食不果腹。劳工被压死、冻死、饿死，是常有的事。1942 年秋茅洋暴发瘟疫后，大批劳工受传染。日军不给医治，将奄奄一息的劳工拖到山上任由烈日曝晒、鸟啄虫咬，以致漫山遍野尸骨累累。日军在武义、义乌两地开采莹石矿，从外地或本地抓捕劳工共 3500 多人。日军对待劳工极其残酷。许多劳工或因生病或因身体虚弱，干不动活，就被工头活活打死，或踢下坑去摔死。1944 年武义暴发疫情后，大批劳工受传染而死亡。因死亡劳工太多，日军专门组织"拖尸队"。有些劳工还没有断气，就被拖出去掩埋。据武义县委党史研究室调研统计，在武义开采莹石矿的 1710 名劳工中，有 885 人被残害致死。

7. 细菌战

浙江是日军细菌战重灾区之一。日军在浙江实施细菌战，主要有两次大规模的细菌攻击。第一次是 1940 年，在日军参谋本部的策划下，731 部队和 1644 部队自 9 月开始在衢县、宁波、金华等地多次撒播细菌，造成大范围细菌感染疫情。第二次是 1942 年，为配合日军发动的浙赣作战，731 部队和 1644 部队再次在浙江衢县、常山、江山、丽水等地实施大规模细菌攻击。除此之外，日军其他局部投放细菌的事件很多，比如，日军通过汉奸、特务携带细菌至浙江抗战后方投放，实施"谋略战"，更甚的是，日军还在义乌、乐清、温州等地对当地居民进行人体细菌试验。

由于细菌的易传染性，加上战时人口迁移频繁，日军撒播的细菌迅速在浙江各地扩散开来。有的疫病（如鼠疫）扩散到数个地区，有的地区（如金华、衢州、丽水）又有多种疫病，整个浙江处在"黑太阳"的笼罩之下。据现有材料，杭州、宁波、衢州、金华、丽水、温州、绍兴 7 个市都有细菌战受害情况，其中衢州受灾最重。从时间上看，从 1939 年始，浙江就遭受日军细菌战攻击，影响一直持续到 1948 年，中间几乎没有中断。

1940 年 10 月 4 日，日机在衢州城区投下带鼠疫杆菌的食物、物品和跳蚤，引发鼠疫流行。至 12 月 15 日，衢城有 32 人患鼠疫死亡。其后，鼠疫扩散至开化、江山、义乌等地，一直未能根绝。1942 年浙赣战役中，日军再次对衢属各县投放细菌，致使整个地区细菌疫情蔓延。据现在统计数据，日军细菌攻击共造成衢州地区死难者 39938 人。

1940 年 10 月 27 日，日机在宁波城区开明街一带空投鼠疫杆菌，造成大面积地域污染，引发鼠疫流行。据现在调查结果，有姓名可查的鼠疫死难者共计 133 人。

1941 年 9 月 5 日，义乌籍工人郦冠明在衢州染上鼠疫后回到义乌，随后义乌县城北门一带陆续出现鼠疫患者。该街区居民害怕被传染，纷纷外逃，致使疫情扩散到 24 个村，更远至东阳、浦江等地。至 1942 年 2 月，死亡 400 多人。1942 年 5 月 24 日，日军撤离武义县马昂村时，在村内饮水井中投下细菌，以致饮用井水的村民当夜都呈现腹绞痛、上吐下泻等症状，受感染者 140 多人，死亡 103 人，其中有 30 名儿童。10 月，义乌县崇山村村民王焕章感染鼠疫死亡，其后崇山村疫情凶猛，并蔓延至周围 23 个村，共计死亡 700 多人。当时驻义乌县城的 1644 部队打着"免费治疗"的幌子，采用诱骗或抓捕手段，在林山寺对鼠疫患者进行活体解剖。有的死难者被割去手臂、大腿等，做成实验标本。日军并将在崇山村鼠疫患者或病死者身上提取的鼠疫细菌命名为"松山株"（松山即崇山）。

1942 年浙赣战役后，日军从丽水撤退，同时撒播细菌。其后丽水、云和、遂昌等地相继暴发各种细菌传染疫情。丽水县青林村暴发伤寒疫情，致使该村死亡 50 人。云和县双港村 28 人感染炭疽细菌，死亡 25 人。遂昌县官溪村、蕉川二村等地暴发赤痢，死亡 41 人。1943 年后，丽水地区细菌疫情大暴发，直至 1944 年春才稍有缓解。据此次调研统计，丽水地区在日军细菌攻击中死亡 5030 人。

1944 年 10 月 21 日，日军峰岸部队 70 余人封锁乐清县九房村，强迫村民打"预防针"，实为注射鼠疫细菌，致使该村鼠疫病患者达 100 多人，死亡 20 人。

（四）人口伤亡情况

1. 以往研究情况

日军侵略浙江，给浙江人民带来了深重灾难。自日军入浙伊始，沦陷各县即进行有关人口伤亡的统计和上报。1939 年国民政府要求各地进行战争损失统计后，浙江各地也展开调查。但是，因当时战争仍在继续，浙江省的多数县市沦陷，调查难度很大，上报材料很零碎。1943 年国民政府再次修订抗战损失调查程序，但出于同样的原因，调查结果仍不理想。比如 1943 年 11 月浙江省政府秘书处所能统计出的抗战以来各地伤亡人口仅 13003 人[①]（主要是平民伤亡）。虽然这些调查保留了一批原始档案材料，但其局限性还是很明显的。抗战胜利后，浙江省政府于 1945 年 9 月 16 日上报军政部谓："抗战期间死亡人民为 317268 人"[②]。因无具体材料，尚无法得知这一数据的统计口径和来源。但是，从浙江省政府后来重新开展抗战调查来看，这一数据未得到认可。当时，国民政府出于对日索赔的考虑，一度曾极为重视对战争损失的调查和统计。1945 年 11 月 22 日，国民政府颁布了《抗战损失调查实施要点》，要求各地尽快调查上报。浙江省为此在全省进行了大规模的调查工作。至 1946 年底，调查得出初步结果：从 1937 年至 1945 年的抗战八年中，全省死难同胞近 15 万人[③]。由于在这之后未再进行过系统调查，就长期沿用了这个数据。

20 世纪八九十年代以后，随着党史资料、文史资料的征集出版，形成了一批文献资料，其中也有提到若干重要抗战事件中的人口伤亡情况。各地在编写地

---

① 浙江省社会处：《浙江省各县市抗战以来人口伤亡灾害损失汇报表》（1943 年 11 月 3 日），浙江省档案馆馆藏档案，档案号 L035—1—60。
② 内政部统计处：《户口统计》（1938 年 5 月），浙江图书馆古籍部藏，0040。
③ 浙江省政府统计室：《八年抗战浙江遭受的损失》（1946 年），见浙江省档案馆、中共浙江省委党史研究室编：《日军侵略浙江实录》（1937—1945），中共党史出版社 1995 年版，第 803 页。

方志过程中，相继发掘出一些档案文献资料，整理成各地抗战时期人口伤亡总数，并编入地方志。在此基础上，有学者将各县地方志中有关人口伤亡数据作了汇总，得出抗战时期浙江平民死亡20.2万人，伤残14.2万人，两项合计为34.4万人，并且认为，这是浙江平民伤亡的最低数，估计间接死亡人数当在100万以上[①]。另有学者则估算出，抗战时期浙江人口死亡达461243人，受伤281534人，死伤合计742768人[②]。

从以前研究所采用的材料看，这些材料本身存在着局限性。对于抗战期间及抗战胜利后国民政府的调查资料，有些县市区保存的很完整，既有人口伤亡事件、伤亡人数，也有伤亡人员名录，就很有说服力；而有些地方保存下来的材料就很笼统，只有人口伤亡数据，而没有具体伤亡人员名录；更有的地方一点材料都没保存下来。所以，从全省来说，仅依靠这部分档案资料，难以勾勒出人口伤亡的基本情况。20世纪80年代后产生的各地相关文献，虽然基本上都有人口伤亡总数，但大多是模糊数据，有些还存在很大的估算成分，作为一种学术探讨尚可，但作为全省人口伤亡总数的立论依据，尚显欠缺。从此次调研中查阅的大量档案文献资料来看，以往调查研究中也存在明显的统计概念混淆和统计口径交叉的现象。举个最简单的例子：以往统计时，都把"本地人口伤亡"和"本地伤亡人口"混为一谈。其实，本地人口伤亡既包括了本地人口在本地的伤亡，也包括了本地人口在外地的伤亡；而本地伤亡人口则既包括本地人在本地的伤亡，也包括了外地人在本地的伤亡。在概念与口径的模糊下形成的人口伤亡数据，造成基于这些数据的研究成果的精准性受到不同程度的影响。

2. 对此次调研口径的说明

鉴于国民政府时期曾进行过一次大规模调查，且保存下来大量可信度较高的档案资料，因而此次调研参照了国民政府的调查统计口径，并对影响调研质量的几个问题作了明确规定。

第一，"属地"原则。此次调研规定，由伤亡人员的"死亡地"、"受伤地"负责统计伤亡人数，而不是由"籍贯地"负责统计；并确定各县市区为最初统计单位，然后逐级汇总。根据这一原则，各县市区的统计口径就是"本地伤亡人口"，即既要统计本地籍人在本地的伤亡数，也要统计外地籍人在本地的伤亡

① 袁成毅：《浙江抗战损失初步研究》，陕西人民出版社2003年版，第252—253页。
② 卞跃修：《抗日战争时期中国人口损失之初步估计》，见《中国社会科学院近代史研究所青年学术论坛》（2005年卷），第537页。

数。对于本地籍人在外地伤亡的材料，则要求寄送给作为"死亡地"、"受伤地"的县市区，由它们负责统计。

第二，以"事件"作为分析单元。此次调研不能在已有的人口伤亡汇总数据中兜圈子，而要从发生在本地的各种人口伤亡事件中去重新汇总伤亡数据。就是说，要以"事件"作为分析各类材料的基本单元，认真梳理，去伪存真。具体方法是：根据本地抗战时期基本情况及档案资料与社会调查材料的掌握情况，列出本地人口伤亡事件，并以时间为顺序编制人口伤亡明细表，然后根据明细表汇总人口伤亡数据。

第三，分门别类，理清概念。以往有关抗战人口伤亡的调查与研究中，不重视一些主要概念，致其产生混淆，影响了数据的权威性。此次调研明确规定，抗战人口伤亡包括直接人口伤亡、间接人口伤亡和单独统计的人口伤亡三部分。直接人口伤亡是指由于日军或受日军指使的伪军直接炸、杀、奸、打等造成的人口死亡和受伤人数；同样原因造成的失踪人口，也并入这部分统计。这部分人口伤亡与日军直接有关。直接人口伤亡还包括在浙江的新四军地方游击部队与日、伪军作战的伤亡人数。间接人口伤亡是指由于战争的影响而造成的人口死亡、受伤或失踪，主要包括三大类，即被俘捕人员、灾民和劳工。在这里要说明的是，只有被俘捕人员、灾民和劳工中的死亡、受伤、失踪人数才能归入间接人口伤亡，对于死伤不明或无死无伤无失踪的这三类人口，不予统计。直接人口伤亡和间接人口伤亡容易混淆的部分主要在于被俘捕人员和劳工两大类。以被捕俘人员来说，被日、伪军捕俘且由日、伪军直接致死致伤或失踪的，当然归入直接人口伤亡，因遭国民政府军捕俘造成死伤的，则归入间接人口伤亡；以劳工来说，被日、伪军打死打伤的劳工，当然也归入直接人口伤亡，因劳动致死致伤的劳工，则归入间接人口伤亡。

单独统计的人口伤亡主要包括国民政府正规军在浙江伤亡和伪军汉奸伤亡两部分。把国民政府正规军在浙江伤亡作为单独统计，一者是因为抗战结束后国民政府军令部曾对正规军伤亡情况作过调查统计，已有权威性汇总数据；二者是因为各市县区缺少国民政府正规军在本地战斗的档案资料，且通过社会调查也难以准确获得这方面的材料，因而统计比较困难。由于伪军汉奸伤亡到底是归入直接人口伤亡还是间接人口伤亡，在学术界尚存争议，在此也作单独统计。

3. 直接人口伤亡

（1）分类比例情况。

日军自 1937 年 11 月 5 日登陆浙江，直至 1945 年 9 月离开。在这八年时间里，日军占领了浙江大片土地，给浙江人民造成深重灾难。此次调研中，经汇总各县市区上报数据①，抗战时期浙江省直接人口伤亡共计 313788 人，其中死亡 190287 人，占 60.64%；受伤 73360 人，占 23.38%；失踪 14120 人，占 4.50%（见下图）；因嘉善、嵊县和诸暨收集到的档案材料中，将死伤合并统计，这部分数据难以分开，故单设死伤一类，合计 36021 人，占 11.48%。除去失踪人数，日军入侵浙江，直接造成了 299668 人死亡或受伤。

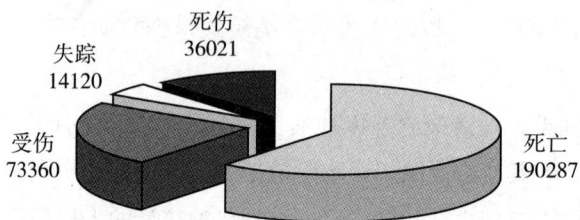

抗战时期浙江省直接人口伤亡比例图

（2）性别构成情况。

根据中央党史研究室发布的统计要求，此次调研还须对直接人口伤亡性别构成进行分项统计。经各地上报数据汇总，直接人口伤亡中男性有 86141 人，女性有 37225 人，儿童有 8172 人，性别不明的有 182250 人，详见表（五）。从中可以看出，性别不明人数占了直接人口伤亡总数的 58%，这主要是由于资料缺失造成的。不过，从现已查证的男、女、童人数，仍可以看出战争造成伤亡的性别比例大小概况。一般来讲，战争造成的直接人口伤亡以男性为多。而直接人口伤亡中已查证的儿童竟然有 8172 人，这也从一个侧面说明，日军的入侵是何等的残暴。

表（五）　　抗战时期浙江省直接人口伤亡性别构成表

性别＼分项	男性（人）	女性（人）	儿童（人）	不明（人）	合计（人）
死亡	63698	14865	5489	106235	190287
受伤	17452	21824	2645	31439	73360
失踪	4991	536	38	8555	14120
死伤	/	/	/	36021	36021
合计	86141	37225	8172	182250	313788

---

① 以下所采用的人口伤亡数，都是根据此次调研中各县市区所填报的《抗战时期人口伤亡统计表》中数据逐项汇总而成，存中共浙江省委党史研究室。因这些数据所依凭的材料过于浩繁，在此不一一罗列。

（3）分年度构成情况。

日军入侵造成浙江直接人口伤亡，最早的是在1936年。当时日军在舟山洋面残害浙江民众1人。从1937年日军全面入侵浙江开始，至1945年抗战胜利，日军每年都在浙江制造万人以上的直接人口伤亡。即使抗战胜利后的1946年至1948年，因抗战期间日军在浙江实施细菌战而引发的细菌传染，仍造成不小的直接人口伤亡，见表（六）。此次调研中，根据现有材料能确证是日军造成的直接人口伤亡，但查证不了具体年份的，都归入"抗战期间"一栏统计。抗战胜利距今都已60多年，相关数据的查证难度可想而知，所以没有具体年份的这部分直接人口伤亡也相对较多。

表（六）　抗战时期浙江省直接人口伤亡分年度构成表

年份	直接人口伤亡（人）	百分比
1936	1	／
1937	13430	4.28%
1938	21674	6.91%
1939	18670	5.95%
1940	25011	7.97%
1941	15235	4.85%
1942	66526	21.20%
1943	20072	6.40%
1944	18725	5.97%
1945	34381	10.96%
抗战期间	73934	23.56%
1946	5745	1.83%
1947	261	0.08%
1948	123	0.04%
合计	313788	100%

从表（六）可以看出，自1937年至1945年中（"抗战期间"不列入分析），除1942年直接人口伤亡较多外，其他七年相对平衡（见下图）。其原因主要有两个，一是抗战初期日军侵入浙江后，几乎年年发动攻势，如1937年占领杭嘉湖地区；1938年、1939年巩固占领区与局部作战；1940年的"十月攻势"；1941年的"宁绍作战"；1942年的"浙赣作战"。二是抗战中后期日军在浙江实施细菌战，致使浙江各地细菌疫情蔓延，造成了大量的直接人口伤亡。据现有资料可以确证，日军731部队和1644部队于1940年和1942年两次在浙江实施大规模细菌攻击，加上其他局部细菌攻击或试验，给浙江人民造成了极大的直接人口伤亡。1942年直接人口伤亡之所以这么多，正是由于日军地面进攻（"浙赣作战"）和细菌战攻击同时并举造成的。

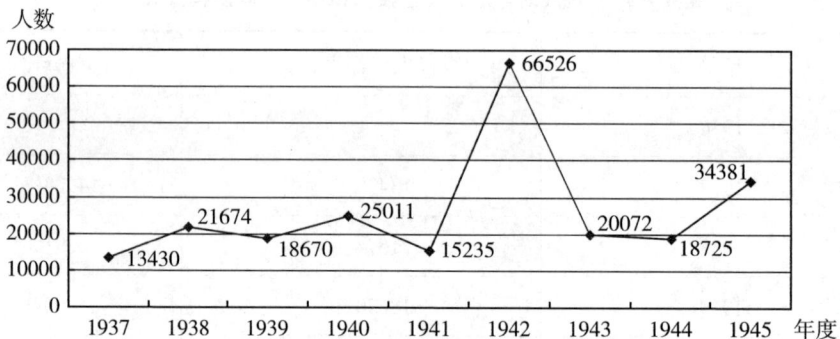

抗战时期浙江省直接人口伤亡分年度构成图

4. 间接人口伤亡

（1）分类比例情况。

因日军入侵引发中日战争而造成的间接人口伤亡向来比较难以统计。一是理清概念比较困难。间接人口伤亡到底包括哪些人，直到现在学术界仍有争议。二是认证具体人口伤亡事件与战争的关系也比较困难。正是基于这些原因，此次调研所确定的间接人口伤亡范围，主要限于因战争而非日军直接攻击造成死亡、受伤或失踪的灾民，以及那些被日军或国民政府军强迫做劳工，因工作或由国民政府军造成的死亡、受伤或失踪人员。根据各县上报数据汇总，抗战期间浙江省间接人口伤亡43287人，其中被俘捕人员2339人，占5.40%；灾民31384人，占72.50%；劳工9564人，占22.10%，见表（七）。在此要说明的是，此次调研把除被俘捕人员和劳工以外的其他间接人口伤亡都归入灾民，致使灾民人数在间接人口伤亡中所占比例较大。

表（七）　　抗战时期浙江省间接人口伤亡分类构成表

类　别	分　项	数量（人）	合计（人）	比　例
被俘捕	死亡	918	2339	5.40%
	受伤	460		
	失踪	961		
灾民	死亡	20595	31384	72.50%
	受伤	10369		
	失踪	420		
劳工	死亡	5282	9564	22.10%
	受伤	3543		
	失踪	739		
总计		43287	43287	100%

从表（七）可以看出，抗战时期浙江省间接人口伤亡中，死亡26795人，占61.90%；受伤14372人，占33.20%；失踪2120人，占4.90%。由此可见，死亡人数占了大部分，如下图所示。

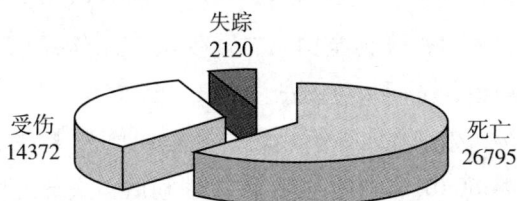

抗战时期浙江省间接人口伤亡分类图

（2）分年度构成情况。

根据全省数据汇总，从1937年至1945年，浙江省每年都有间接人口伤亡，如表（八）所示。此次调研把不能查证具体年份的人口伤亡，都归入"抗战期间"统计。从表中可以看出，这一类数据相对较大，说明材料缺失还比较严重。其他除1942年、1945年人口伤亡较多外，其余各年波动幅度不大。1942年，日军在大半个浙江展开的"浙赣作战"，在造成大量直接人口伤亡的同时，也引起了较大的间接人口伤亡。而抗战接近胜利之时，是日军掠夺最残暴的时候，也是经长年积累，民众生活最困苦、承受能力达到极限的时候，所以这一时期的间接人口伤亡人数也较多。

年份	间接人口伤亡（人数）	百分比
1937	351	0.81%
1938	740	1.71%
1939	711	1.64%
1940	1090	2.52%
1941	537	1.24%
1942	3944	9.11%
1943	2427	5.61%
1944	4678	10.81%
1945	13179	30.45%
抗战期间	15630	36.10%
总　计	43287	100%

（3）对灾民情况的说明。

抗战前，浙江省人口密度为全国第二（仅次于江苏省）。日军入侵浙江后，大肆烧杀、搜刮、劫掠，全面制造灾难。浙江人民饱受了长达八年的战乱之苦，颠沛流离，历经冻馁，生活在水深火热之中。据1945年12月统计，抗战期间浙江难民（灾民）总数达500万人以上；抗战胜利后，大部分难民重返家园，但据72个县（市）数据汇总（缺绍兴、新昌、武义、衢县、鄞县5县）及推算，全省仍有1757525名"极苦难待救"的灾民①。从广义上讲，这些灾民都是战争造成的。但是，能不能把灾民都归入间接人口伤亡，在学术界仍有争议。考虑到这一情况，此次调研只统计了灾民中死亡、受伤或失踪的人数，即31384人。两者相较，差距甚远。为避免混淆，特备此一说。

5. 单独统计的人口伤亡

根据中央党史研究室的要求和此次调研的实际情况，确定将国民政府正规军在浙江伤亡和浙江省伪军汉奸伤亡作单独统计。

---

① 行政院善后救济总署浙江分署：《浙江省善后救济资料调查报告》（1945年12月），中国第二历史档案馆馆藏档案，档案号廿一·276。

（1）国民政府正规军在浙江伤亡情况。

国民政府正规军在浙江伤亡统计，主要采用了中国第二历史档案馆部分档案材料和各市县区保存的部分文献资料，以及极少部分的社会调查材料。经各地上报数据汇总，国民政府正规军在浙江省范围内共计伤亡42223人，其中死亡30642人，占72.57%；受伤6772人，占16.04%；失踪3676人，占8.71%，有些死伤合一的数据难以区分，所以直接归入伤亡人数，为1133人，占2.68%，见表（九）。因国民政府正规军伤亡总数已由军令部在抗战后作了汇总，且各市县区保有材料欠缺完整性，所以此次调研所得数据仅供参考。

表（九）　抗战时期国民政府正规军在浙江伤亡人数统计表

年份	死亡人数	受伤人数	伤亡人数	失踪人数	小计
1937	4835	2823	/	730	8388
1938	857	237	38	/	1132
1939	754	381	/	189	1324
1940	1760	923	/	/	2683
1941	7460	1495	/	2283	11238
1942	7381	742	1095	350	9568
1943	832	120	/	/	952
1944	5700	9	/	/	5709
1945	399	41	/	120	560
抗战期间	664	1	/	4	669
合计	30642	6772	1133	3676	42223

（2）浙江省伪军汉奸伤亡情况。

与国民政府正规军在浙江伤亡资料不一样，抗战期间及抗战以后，浙江各市县区档案馆、公安局档案室都保存了大批伪军汉奸的伤亡材料，这给伪军汉奸伤亡人数的统计创造了很好的条件。为保存资料与数据统计的完整性，此次调研除了统计伪军汉奸在抗战期间的伤亡情况外，还把抗战胜利后因"汉奸罪"被枪决的人员也一并纳入统计。经各地上报数据汇总，全省伪军汉奸伤亡共计5827人，其中死亡4366人，占74.93%；受伤687人，占11.79%；失踪399人，占6.85%；死伤不分的有375人，占6.43%，如表（十）所示。

年份	死亡人数	受伤人数	伤亡人数	失踪人数	小计
1937	39	/	/	/	39
1938	62	/	/	/	62
1939	47	1	/	1	49
1940	204	/	/	1	205
1941	336	26	/	2	364
1942	203	108	/	3	314
1943	964	427	22	43	1456
1944	507	63	313	/	883
1945 及以后	1993	62	40	349	2444
抗战期间	11	/	/	/	11
合计	4366	687	375	399	5827

（五）财产损失情况

1. 以往研究情况

　　与人口伤亡一样，对于日军侵略浙江造成的财产损失情况的调查也很早就开始了。抗战期间，国民政府公布了抗战损失调查方法，并几经修正。抗战胜利后，浙江省政府曾对全省财产损失进行统计与估算。但是，此次调研未发现完整的财产损失汇总数据。相对而言，《浙江省善后救济资料调查报告》提到的财产损失较为集中："计房屋毁损估计约在七三二、九〇〇间。农业方面，耕作面积损失一三四、四〇〇、〇〇〇、〇〇〇元（1945年法币价值，下同），耕牛十万头。工业方面，计纤维工业手工业以及其他工业损失三九、二四〇、八〇五、〇〇〇元。交通方面，陆运破坏公路二、七七〇公里，县道破坏二〇、八三〇公里，各种公私汽车损失五二三辆，手车九、九一三辆；水运损失水船二九、二四六只，汽船六〇只。粮食方面，损失公粮二四五万石，民有粮食二、五〇〇万石，至因灾害而减少产量其数当在五六、〇〇〇万石。医药卫生方面，遭受破坏之公私医院卫生材料厂卫生试验室年共计一九二单位，病床三、四〇〇张，被迫停办者九七单位，病床一、五〇〇张。其他渔业损失，渔船一六、〇〇〇艘，桑园损失约一百万亩，水利海塘工程之损失尤为巨大。"① 从这个调查报告中，基本可以看出日军侵略浙江造成浙江财产损失的概貌，为战后救济提供了方便。但是，该调查报告只提及财产损失的几个主要方面，未能进行全面调查汇总统计，所以不能简单地把它作为浙江省财产损失的汇总数据。另外，由于该报告中的某些财产损失是通过简单估算得出的，因而可信度要打折扣。比如耕牛损失情况，报告认为，"本省农户估计为 40 万甲，八年间先后受敌蹂躏者达四分之三以上即三十万甲，估计耕牛损失以三分之一计，即全省损失耕牛达十万头"。不管怎样，该调查报告能在抗战胜利后即以调查方式收集全省 72 个县市（缺 5 个县）的一些单项损失材料，已非常难能可贵。虽然这些调查材料可能比较粗浅，但仍具有非常高的史料价值。1946 年，浙江省政府统计室在汇总抗战八年财产损失时，基本引用了《浙江省善后救济资料调查报告》中的相关数据，也指出，"桑园损失尚难以计算"，并补充"海塘毁损 2220 公尺"，"教育文化损失 3343402400 元"②。因无法找到更详细的材料，尚不清楚该数据来由。

20 世纪八九十年代，各县市区在编撰地方志过程中也发掘了一些档案材料，个别地区还估算出了本地财产损失的基本情况。但总的来说，这些数据不够完整，可信度也待进一步评估。本世纪以来，有学者对《浙江省善后救济资料调查报告》中相关材料作了整理和补充，认为抗战时期有据可考的公私财产直接损失达 8301 亿元（1945 年法币价值），这还不包括因统计资料的缺失而无法列入的许多重要经济项目的直接损失，也基本不包括各种间接损失③。

与人口伤亡统计相比，财产损失统计难度更大。主要原因在于，一是财产损失涉及的范围非常广泛，包括工业、农业、交通、邮政、商业、财政、金融、文化、教育、公共事业及人力资源等诸多方面。这些还仅仅是第一层次的分类，还可以进行第二层次、第三层次的分类，像农业就可以再分为农业、林业、牧业、渔业等，而渔业又可以分内河湖塘渔业和海上渔业。这样，仅财产损失的分类就是一张巨大的网。要想把这张网中的节节点点都搞清楚，难度可想而知。二是财产损失的统计需要复杂的计算过程。无论是从原始档案中查找到的材料，还是通过社会调查

① 行政院善后救济总署浙江分署：《浙江省善后救济资料调查报告》（绪言）（1945 年 12 月），中国第二历史档案馆馆藏档案，档案号廿一·276。
② 浙江省政府统计室：《八年抗战浙江遭受的损失》（1946 年），见浙江省档案馆、中共浙江省委党史研究室编：《日军侵略浙江实录》（1937—1945），中共党史出版社 1995 年版，第 803 页。
③ 袁成毅：《浙江抗战损失初步研究》，陕西人民出版社 2003 年版，第 277 页。

获取的材料，在进行财产损失统计时都必须进行再次整理分析，或折算，或估算，才能形成财产损失数据。正是由于财产损失统计中存在的这种困难，在以往调查研究中，都只对财产损失作了局部统计，而未能形成抗战时期浙江财产损失的汇总数据。

2. 对统计方法的说明

此次调研，对财产损失的统计方法作了特别规定。概括来讲，财产损失统计包括社会财产和居民财产两大块，社会财产又分为直接损失和间接损失，居民财产都算作直接损失。直接与间接的区分，主要在于该财产损失是不是由日军侵略直接造成的。

从现有掌握的财产损失材料看，既零碎又复杂，特别是财产损失的档案材料，其表现财产损失的方式五花八门。比如粮食损失，有的上报材料分门别类，列举米、谷、麦各损失多少，而有的上报材料就笼统归为粮食损失，不作分类；又如，有的上报材料以"斤"作为粮食的数量单位，有的上报材料却以"石"、"担"等为数量单位；更有的上报材料中根本就没有具体损失数量，而是直接填写损失时或上报时的法币价值。面对如此纷杂的财产损失表现形式，要想得到一个汇总数据是非常困难的。所以此次调研要求，凡填入统计表的财产损失，都必须折合成1937年7月的法币价值。

因而，在财产损失统计中，就必须进行财产折算和财产估算。财产折算是指根据已掌握的财产损失材料中的相关具体损失数据，通过不同比价折算成1937年7月的法币价值；财产估算则主要针对那些没有具体损失数据的财产损失材料，只能根据财产损失的相关事件，结合调查和研究材料，估算出财产损失数量。为使财产折算更具可操作性，在调研中把它分成三种，即指数折算、实物折算和货币换算。指数折算是指将财产损失的原始价值（不同时期的法币值）按价值时间物价指数与1937年7月物价指数的比例（倍数），折算成相当于1937年7月的法币值。这是最简单的一种折算方法。实物折算是指将那些以实物形态作为表现形式的财产损失，通过实物参照值换算成同时段的货币形态，然后再通过物价指数的倍数折算成相当于1937年7月的法币值。此次调研确定以市为单位负责编制实物参照值表，供县级统计时参考。币值换算是指将以不同货币作为表现形式的财产损失转换成同时段的法币价值，然后再折算成相当于1937年7月的法币值。对浙江省而言，抗战时期财产损失的货币表现形式除了法币外，主要有银元、美元、关金券、中储币等。财产估算则没有一成不变的方法，但必须做到论据充分、逻辑严密、合情合理。

3. 社会财产损失

为了呈现日军侵略给浙江造成财产损失的直观印象，将根据各县市区上报材料汇总而成的《抗战时期浙江省社会财产损失统计表》"数量"栏中相关数据收录于此①。在此基础上介绍社会财产损失总数（相当于 1937 年 7 月的法币值），再作些分析。由于调研所得材料中有关财产损失的数量单位五花八门，只能对数量单位相同的数据作些同类归并，数量单位不同的数据则保持原样。以下所列举的所有数量都是独立的，没有互相包含的关系。考虑到"数量"栏中各数据是由分年度统计表汇总而成的，因而其中有些数据可能与实际有所偏差。例如，因抗战时期通货膨胀迅猛，由各分年度统计表相加而成的法币值，本身已难以体现其价值含义，而只是表明一种数量关系。把 1939 年的 500 元法币和 1945 年的 500 元法币相加而得到 1000 元法币，因两个 500 元法币实际价值相差很大，汇总后的这 1000 元法币就难以体现其真实价值，而只能说明是一种合计关系。

（1）直接损失。

1）工业。①工业：损失厂房 1285 间和 7 处及 2.5 座，平房 637 间、楼房 192 间、草房 39 间、房屋 385 间、方棚 3 只，机器 102 台、引擎 75 座、电机 592 部、木机 182 部、发电机 1 台、透平机 1 部、马达 3 只、丝车 1713 部、绸机 3000 台、布机 52 台、台车 440 台、丝锭 1452 个、纱锭 8000 个、缝纫机 2 台、碾米机 6 台、柴油机 1 台、设备 19471.68 元，船 10 只、钢材 20000 吨、铝锭 10 吨、布 90090 匹、纱 390 包、成品丝 200 斤、电线 2900 码、颜料 54 斤、电杆木 240 支、长木 109 支、木板 6 只、猪牛皮 1091.5 张、皮带 3731 尺、牛胶 50 包、火油 30 听、印刷品 847.75 元、物资 16 船和 40 包，米 2000 斤和 300 石、粮食 2 石、棉花 25 斤、盐 1000 斤、桐油 500 斤、糖 2000 斤、禽畜 52 只、鸡蛋 220 斤、器具 769 件、财物 1880 件，电气公司 3 家、电厂 2 家、火柴厂 1 家、油厂 1 家、印刷厂 1 家、船厂 2 家、米厂 1 家、布厂 1 家、绸厂 20 家、丝厂 28 家、窑 30 只，另工厂 4323 家，41927514.09 元。②矿业：损失房屋 3 间、煤井 3 口、碎石厂 2 家、砩矿 1 座、矿场 1 个、窑 20 个，砩矿石 547290 吨、钴矿 20 吨、矿产品 481886500 元，运煤铁路 30 公里，323923 元。③其他：损失房屋 75 间、家具 54 件，马达 29 座、器物 4900 件、盐 13229.5 斤、白米 650 斤、废铁 8 吨、土纸 2 船、各种实物 4 吨、铝桶 205 只，19719726.35 元，另 2 处。

---

① 凡以下所引用的财产损失数据，都由各县市区上报的《抗战时期社会财产（居民财产）损失统计表》汇总而成，该材料存中共浙江省委党史研究室。因统计表所依据的材料过于浩繁，在此不一一罗列。

2）农业。①农业：损失土地 92344.6 亩、禾苗 77.325 亩、桑树 1000 亩，平屋 9 间、办公用具 468 件、农具 525 件，农业合作社 7 所、农场 1 所、蚕种场 1 所，米 116076 斤、2556.67 石、20 船，谷 705500 斤、3981 石，粮食 6266821 斤、1600065 石、45812 担，麦 12000 斤，皮棉 3000 斤、棉花 30 余担，柿树 1703 株、柿 85150 担，养蚕器材损失 7350000 元，农产品 141855075 元，陡门 3 闸，11163768137.1 元，另 228142 户。②林业：损失山林 32535.2 亩、竹林 315 亩，梅树 16600 棵、松树 98290 株、茶树 550000 株、树木 8137874 株，木料 13033 根、木材 71031000 斤、1013943 立方米，另 153000 元，毛竹 25800 根、1115000 斤，83326 元。③牧业：损失牧场 300 亩，乳牛 1000 头，畜牧生产合作社 1 所，3761943 元。④渔业：损失河塘 108 亩，15 吨船 18 艘、小舢板船 20 艘、网船 2 艘、渔帆船 4 艘、大钓渔船 8 艘、渔船 78 艘，鱼 5 船，渔具 200 元。⑤其他：损失土地 93.75 亩、茶园 500 亩、桑园 327342 亩，房屋 210 间、作坊 29 间，水车 3794 具、风车 895 具、碾米船 74 艘、器材工具等 1946358 件，米 200 担、谷 1800000 斤、木炭 1126 吨，种子 3498 石、水井 1 口、海塘堤 10 公尺，400730754.32 元。

3）交通。①铁路：苏嘉线损失 15.56 公里，沪杭甬铁路被劫资产 33364547 元，浙赣铁路损失 35353698 元。②公路：损失 5632.675 公里，车站 2 座，房屋 5 间、器具 148 件，桥 304 座，170722885.13 元。③水运：损失船埠 1 座、桥 3 座、码头 2 座，房屋 600 间和 1 座，用具 506 件，巡舰 5 艘、巡轮 44 艘、巡船 1 艘、货船 520 余艘、商船 4 艘、帆船 17 艘、客轮 3 艘、大轮 20 艘、汽轮 20 艘、轮船 8 艘、渡船 1 只、农船 60000 艘、篷船 105 艘、划船 185 艘、木船 40 艘、船 7484 艘，另 272454360 元、379 户船家。④其他：损失道路 7 公里，房屋 205 间，桥 994 座、码头 2 座、灯塔 1 座、凉亭 1 座，汽车 70 辆、卡车 3 辆、手车 1330 辆、木船 92 只、骡马 500 只、运输工具 10000 元，汽油 3 箱、电报机 2 台，修理厂 1 家、人力车行 47 家，另 50557914.19 元。

4）邮政。①邮政：损失洋房 40 间、房屋 55 间，邮政代办所 2 家、邮电局 1 所，邮件 844 件和 3018950 元、包裹 3120 元、邮票 8994 元、器具 55510 元，其他 9471197.3 元。②电讯：损失房屋 120 间，电杆 5572 根、电话线 455 华里和 26500 码及 32300 斤、电话机 85 部、留声机 5 部、皮箱等 5 只、器具 13479 件，另 198445397632 元、2 户。

5）商业。①商业：损失商铺 4290 间、平房 1627.5 间、楼房 5436 间、草房 29 间、仓库 16 间、饭店 2 座、房屋 16939 间和 177.5 座及 2032515 元，商船 18

艘、帆船2艘、货船1艘、民船50艘，桐油202005听、4箱、160桶、29815380.5公担、洋油5箱、油80263.1725公担，茶叶219195箱，盐4729891斤、427164.76担，布92463匹、500余尺、325件、5箱、1700000元，绸布470匹，纸伞29550把、208箱，纸14425件、250担、31船，黄鱼鲞210000斤、明府鲞80000斤、目鱼蛋20000斤，秋茧8.6975公担、厂丝28.9677公担、干茧744.6115公担、干下脚605.0411公担、湿下脚516.1858公担、刷料0.4703公担、茧袋29032只，酒21缸、54坛、11882埕，米121000斤、2000余包、10担、2819石，小麦10000斤，麻袋434个、铁听487972只、铁桶2562只、木桶758只、木箱519只、绳索110根、杉木82株、木段1780株、八尺长杉树9段、八尺长松树100000丈、木材122486根和30000石、松板40全、竹材30000石，糖206斤、789件，"奇白"161担，桂圆3件、20篓，榨菜469斤、火腿4箱，草席20件、草2754000斤、有色金属14642.6公斤、炭6638354公斤、铜币13250.6公斤、明矾600担，衣服76箱、帽30打、棉被衣服18件、裤袜450打、排凳120副、瓷器141件、用品16258件、设备30座、车134辆、磅秤2台、器具16127件和66668元，货物1437件、11332斤、1080担、60船，财物27260银元、13253216117.1元，现款32985元、284126403.9元，盐坦2所、茧行96家，另商铺3943家。②外贸：损失器具61184000元。③其他：损失商铺32间、楼房3间、洋房5间、茶馆102间、房屋28间、玻璃亭2座，盐船7艘、缸甏50船、酒12坛、物资3600担和52船，衣服200件、桌凳200件、器具36件，汇款2841027元，现金2040元、667660300元。

6）财政。①税收：损失谷100000斤、粮食3500斤，109700元。②其他：损失米8.747石、赋谷27677担、粮食2690.313石，现款1527474.04元，21564000元。

7）金融。①银行：损失房屋99间和65159元，办公用具1636件、器具957件和817458元，银子1500余两，现款2041983元、财产4261052元、库存质押品19579718488元、53500元。②钱庄：损失房屋8间，绸5包，100000银元、关金券400000元、中储币650000元、571734元，另钱庄15家。③其他：损失平屋137间、楼屋150间、房屋47间，器具15件和5472元，889920银元，现款4614元，另5户。

8）文化。①图书：损失图书10444914册、4738部、49大捆，书画368件、1箱，书版2000块、器具141件，19061943976元，另图书馆2座。②文物：损失南屏晚钟1件、古物350件，石刻4000元、223000元，另28处。③古迹：损失寺庙房屋620间、平屋526间、楼屋68间、房屋1235间，寺庙39座、庵3座、教堂9座、祠堂3座、寺庙祠堂595座，戏台3座、文昌阁1个、古桥2座、佛像3尊、塔1座、印书馆2家、书107册、什物19件、木材1500根，2756143元，另古迹104处。④其他：损失房屋87间，碑帖163件、木板100多立方米、印刷机2台、铜3000余斤，文具用品14983元，其他392件，民教馆1所，20024760元，另63处。

9）教育。①小学：损失瓦房68间、平房966间、楼房74间、洋楼1座、房屋3073间、校舍56座，课桌椅854套、教具615162件、书籍6396册、皮箱2只，88968040.88元，另小学895所。②中学：损失瓦房17间、洋房10间、礼堂9间、房屋260间、校门1座，图书3600册、仪器80件、运动器具20件、校具809件、米15石、谷2500斤、衣物8件，21233958.84元，另中学64所。③中专：损失洋屋60间、房屋20间，图书25000元、教具1120元、器具设备8500000元、物资3800元，简易师范学校1所、职高4所，621053元，另中专6所。④大学：损失房屋50间、547300元，图书3279册和217770元，字画78件、古物8件、器具883件和985526元，另大学2所。⑤其他：损失房屋21625间，仪器95件、校具700件、运动器具16件、用具8522件、谷2000斤，民教馆2所，200601945.5元，另其他1所。

10）公共事业。①机关：损失平房183间、瓦房163间、楼房6间1弄、洋屋6间、草屋18间、店屋1间、大礼堂3间、房屋4381间和18座，纪念厅1座、桥楼4座、粮仓2个、碉堡1个，米121081.38斤和3斗、粮食133969斤和3担及108.23石、稻谷51200斤、洋粉700袋、盐3730斤和1担、被子540条、衣服1469件、箱柜10只、图书120本、器具5873件，80640银元，2057730818.11元，另机关247处。②团体：损失平屋67间、洋屋60间、房屋2684.5间和2座、祠堂13座、会馆1所、医院6个、马1匹、衣物899件、器具18548件、医药设备359件、设备47件，财物2234296046元，另团体264个。③其他：损失平房1836间、楼房68间、房屋7341间，仓库1座、城门1座、凉亭9座、八角亭1座、忠烈祠1座、戏台1座、碓房2个、仓库4座，衣服445套、桌椅300套、机器2台、器具856件，手车自行车305辆，药品200瓶、140种，谷150000斤、粮食41800斤、9656担、114船，财物5120270601元，另其他67处。

11）其他：损失平房14间、房屋60498间和8座及300平方米，土地0.5亩、土灞1个、牌坊2个、碑亭2个、凉亭5个、祠堂1座、碉堡14座、炮楼1个、炮台1处、山洞55个、炮洞14个、粮仓5个，鞋200双、棉被30条、衣服 500 件、家具 1300 件、白炭 65 篓、树木 230 株、米 300 石和 44 袋、赤金 1 斤，604 个土纸厂设备，土纸产品 176341 件、土纸原料 97000 斤和 9023500 元，设备 4192 件、器具 4292 件、小学 1 所，现款 1600000 元，87906253 元。

通过指数折算、实物折算和货币换算及财产估算等财产计算方法，把以上数量全部折合成 1937 年 7 月法币价值，得出抗战时期浙江省社会财产直接损失为 1165735561 元，具体数据见表（十一）。

表（十一）　抗战时期浙江省社会财产直接损失分类表

项　目	类　别	相当于 1937 年 7 月法币价值（元）	合计（元）	比　例
工业	工业	84112814	129264030	11.09%
	矿业	43605546		
	其他	1545670		
农业	农业	64819829	86428721	7.42%
	林业	12773314		
	牧业	501161		
	渔业	576044		
	其他	7758373		
交通	铁路	41634462	90259686	7.74%
	公路	2259703		
	水运	30494893		
	其他	15870628		
邮政	邮政	45598	259827	0.02%
	电讯	214229		
商业	商业	520464906	577043129	49.50%
	外贸	4142451		
	其他	52435772		
财政	税收	4146	386244	0.03%
	其他	382098		
金融	银行	5145053	8225753	0.71%
	钱庄	1992536		
	其他	1088164		

项　目	类　别	相当于 1937 年 7月法币价值（元）	合计（元）	比　例
文化	图书	7690786	18557217	1.59%
	文物	1595258		
	古迹	8022584		
	其他	1248589		
教育	小学	28341486	83269785	7.14%
	中学	41907166		
	中专	8401976		
	大学	2044293		
	其他	2574864		
公共事业	机关	114601830	136497203	11.71%
	团体	7958709		
	其他	13936664		
其他	其他	35543966	35543966	3.05%
共计		1165735561	100%	

社会财产直接损失中，商业损失占了将近一半，主要原因有三个：一是商业类别范围比较广，凡与经营有关的损失，都可以归入这一类，像商铺、物资等。二是日军的轰炸、地面入侵主要集中在较富裕地区以及较发达的集镇，对商业造成的摧残很大。三是日军入侵过程中，从浙江掠夺了大量的商业物资，运回国内。相比于其他类别，邮政、财政损失较小，这主要是因为当时邮政在浙江尚不发达，而由日伪征收的税收也未纳入直接损失统计。

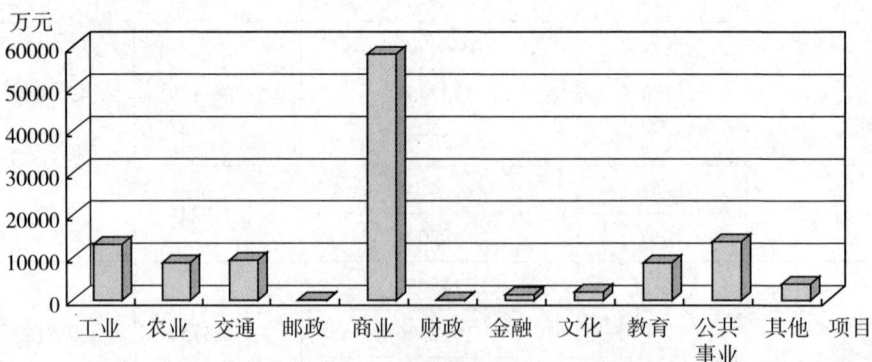

抗战时期浙江省社会财产直接损失分类图

（2）间接损失。

1）工业。①工业：损失碾米机2台、棉纱2件、黄酒47500吨、电4000000千瓦时、锡箔5820000块、丝绸150000疋、白厂丝减产6580担，生产减少1850620000元，拆迁费医药费生活费等4102.39元、拆迁费34669879元、防空费269700元、救济费1011500元、抚恤费121800元，4390574127.34元、丝厂1家、电厂1座，另工厂2671家。②矿业：损失窑41个，硼矿石40000吨。③其他：损失松板4955筒，盐1750000石，迁移费27820000元。

2）农业。①农业：损失田地1176631亩，米309789斤、7242.359石，谷5684斤、16603石，粮食4513559斤、4389111担、3346633.947石，棉花10238.65吨、蚕种40000张、蚕茧50106担、桑苗桑树6020000株、茶叶247000担和1230吨、菜油3307斤10两6钱、柴236556斤、菜395050斤、民船50只、农具384件，98488566元，另2512户。②林业：损失山林17095亩，树木346078株，用材2172400根、木料62700根、木板226丈，木柴291295斤、35567担，毛竹207480根、21500斤，茶叶40000担，麻2000斤、棺木150具、木砻20部，10350200元。③牧业：损失马94匹，1371765元。④渔业：损失河塘453亩，帆船18艘、钓船130只，16000银元，595640元，另3961户。⑤其他：损失堤坝15座，木板50尺、木料50担、木炭6000斤，麻袋80只，生产工具822件，鲜茧32000担，迁移费80000元、疏散费40000元，11093.162银元，644186元。

3）交通。①铁路：营业减少11905000元。②公路：损失8541.77公里，土地3.2亩，桥163座，手车550辆，82536000元。③航空：损失土地6000亩，建设费1125060元。④水运：损失钢质船7艘、大帆船250艘、货船2艘、客轮1艘、煤船1艘、民船2艘、船42艘，轮船11060吨、1艘，油料1111.33元、征用费289元、遣散费122100元，88.5银元，疏通河道使用民力和材料等，另149732.72元。⑤其他：损失碎石55公里、桥530座、路亭1座、防空壕28个，汽车103辆、浮桥船300艘，油料12元、民工材料费246000元、医药费396.01元，另5539648.76元。

4）邮政。①邮政：损失救济费1249元、搬迁费100760元、盈利减少67123200元，另252825元。②电讯：损失电线杆4137根、电话线83.2公里和1310斤，救济费250元、疏散费4000元、迁移费20820元、撤退费5680元、修缮运费77962元、慰问补偿金24300元，其他1518982.03元，另1户。

5）商业。①商业：损失房屋305间、商船1艘、茶楼1所，麻布3箱和166

件、毛巾 286 打、八尺杉段 571 株、木材 5000 根、米 72 斗、盐 146312.58 担，迁移费 614050 元，盈利减少或损失 17625 银元、1618551814 元，另 670 户。②外贸：损失茧款 100000 元。③其他：损失杉木 10431 株、木板 10000 片、铅丝 2879 斤、钉 140 斤，捐款 268.7 元、迁移费 9000 银元和 210619 元，545688264 元。

6）财政。①税收：损失谷 35000 石，盐税减少 16362777180 元，95747690.64 元。②其他：损失 680000 元。

7）金融。①银行：损失纯利减少 2225798 元、防空费 3452841 元、迁移费 39540173 元、救济费 27283770 元。②其他：损失 457868.64 元。

8）文化。①古迹：损失寺庙 25 座、祠堂庙宇 29 座、寺田 178.9 亩，房屋 10 间、树 9 株，10000 元，另古迹 6 处。②其他：损失其他 18 处。

9）教育。①小学：损失捐款 5 元、迁移费 1000 元、防空费 300 元、疏散费 140 元、救济费 700 元、津贴费 120000 元，3823129 元，另小学 47 所。②中学：损失防空费 55 元、迁移费 500 元、救济费 4512 元、修建费 17983 元，887381 元。③中专：损失面粉 44.5 包，385413 元，另中专 2 所。④其他：损失课桌 20 张，捐款 1849.98 元、修理费 19831.98 元，3470760 元，另 1 家校办工厂。

10）公共事业。①机关：损失房屋 897 间，捐款 1793374 元、防空费 27577698 元和 1434 银元、迁移费 15751570.77 元、慰问费 5000697 元、救济费 299486721 元、劳军款 1102000 元、筹办费 40000 元，其他经费 130764155.73 元，米 796921.5 斤、50 石，谷 483507 斤、300 担、62698 石，面粉 50 吨、875 包，粮食 1301234 斤、700000 斗，麦 1130 斤、豆 10 斤、薯丝 140 斤、猪 5 只、酒 12 坛、柴片 9340 斤、松毛 1380 斤、稻草 21060 斤，棉被 38486 条、衣服 334674 件、衣服棉被 32270 件，旗帜 950 面、防空壕 4 个、财物 39770 件，工事补贴 824 元，149723956 元。②团体：损失米 162 斗、粮食 34.8 石、面粉 100 吨，衣服 4038 件、背心 5500 件、被子 1060 条，木材 18132 根、钉子 1975 个、铁丝 2820 公尺、铁马 200 只、木板 398 块、板料 48 立方米、生产工具 161 件、器物 174 件，捐款 888246794.11 元、迁移费 3882068 元、救济费 6373074.52 元、慰问费 32749 元、其他经费 1954324.756 元，工事材料 7625 元，139298915.6 元。③其他：损失房屋 13 间，米 2492965 斤、401263.2 石、11600 磅，谷 117838 斤、4438.33 石，粮食 667060 斤、25788 担、24856.983 石，面粉 838 吨和 1220 担，豆 28667 斤、菜 1100 斤、肉 15391 斤、油 7138 斤、月饼 42800 个、

梨 10 箕、棉花 225 斤，绒衣 100000 套、棉背心 15331 件、衣服 12292 件、袜 63 打、布鞋袜 20000 双、被子 4379 条、毛巾 4000 条，杉木 2880 株、树木 1900 株、木材 2734 根、木架 40 支、木桩 800 株、毛竹 1600 根、竹缆 3000 公尺，铅丝 200 斤、铝丝 80 斤线 1000 斤、一寸铁钉 10 斤、铁锚 1600 斤、硝 165 斤、磺 1 包、柴 128730 斤，瓷碗 500 个、干电池 20 瓶、锄头 400 把、水桶 50 只、浮桶 16 个、器具 4324 件，捐款 76797431.93 元、救济费 67234992.15 元和 244389 银元、迁移费 1170000 元、疏散费 1100000 元、防空费 10322 元、慰劳费 404312 元、劳军款 152000 元、工事修建费 186956.3 元、其他经费 130554683.43 元，军供物资 11795 件和 50880 元，汽船 1 艘，工事 187 处，优待征属 2632 人，340 银元，276209072.69 元。

11）人力资源：损失 23049952 工，191885411.07 元，大米 5000 余斤。

12）其他：损失公园 20 亩，房屋 63 间、祠堂 1 座、工厂 1 家、防空洞 5 个，鞋 1235 双、袜 1160 双、棉土布 650 匹，杉木 468 株、树木 180 株、电线杆木 2567 根、谷 41605 斤、粮食 7931.435 石、月饼 30010 个、年糕 500 斤、蚕丝 4 车、洋纱 0.5 捆，铁板 20 块、废铜铁 6828.4 斤、炸药 158 公斤、土袋 25 个，国防工事 9139400 元、救济费 8267700 元、捐款 5604752.08 元、修建费 1939335 元、军属优待费 11611 元、寒衣款 2400 元、其他经费 123657.09 元，丧葬费 2077093.88 元、823 死难者葬埋费、274 伤员医药费、21585 人丧葬费或治疗费，财物 20285 件，56536.5 元。

通过财产折算和估算方法，抗战时期浙江省社会财产间接损失折合成 1937 年 7 月法币价值为 1002098610 元，具体数据见表（十二）。

表（十二）　抗战时期浙江省社会财产间接损失分类表

项　目	类　别	相当于 1937 年 7 月法币价值（元）	合计（元）	比　例
工业	工业	538133149	544260640	54.31%
	矿业	18960		
	其他	6108531		
农业	农业	173825625	253222921	25.27%
	林业	67876987		
	牧业	1249476		
	渔业	92728		
	其他	10178105		

项　目	类　别	相当于1937年7月法币价值（元）	合计（元）	比　例
交通	铁路	8894053	16328836	1.63%
	公路	4042232		
	航空	1223572		
	水运	2114584		
	其他	54395		
邮政	邮政	38991	88303	0.01%
	电讯	49312		
商业	商业	8051162	9381277	0.94%
	外贸	27701		
	其他	1302414		
财政	税收	22713981	22759927	2.27%
	其他	45946		
金融	银行	1674634	2103607	0.21%
	其他	428973		
文化	古迹	145277	147077	0.01%
	其他	1800		
教育	小学	3327061	7163030	0.71%
	中学	63111		
	中专	1545		
	其他	3771313		
公共事业	机关	79315238	134145696	13.39%
	团体	7644330		
	其他	47186128		
人力资源	劳工	6998412	6998412	0.70%
其他	其他	5498884	5498884	0.55%
共计		1002098610		100%

　　在此必须对社会财产间接损失作些说明。抗战期间及抗战胜利后的财产损失调查中，未能系统地对社会财产的间接损失做出估算，所以留存下来有关这方面

的材料很少。此次调研，一者限于调研人员的知识水平，二者因年代太过久远，难以对社会财产的间接损失进行全面估算。比如，抗战期间，日军曾大肆摧毁中国文化，但仅有极少的损失数据留存下来，对日军摧毁文物古迹、炸毁教育设施、实施奴化教育等都未能估算间接损失。所以，间接损失的统计肯定还很不全面，只能作为参考。从表（十二）中看出，工业、农业和公共事业的间接损失较大，主要原因在于，以前抗战损失调查中保留下来有关工厂营利减少的材料相对较多，有些市县也留存有当地农业损失的估算材料，而抗战造成社会动荡，政府为稳定社会必然加大支出。根据中央党史研究室的要求，此次调研专门对人力资源的损失进行调查。凡被日、伪军或国民政府征派劳役的，都归入间接损失。在调查统计中，除有具体损失数量直接进行财产折算外，一般先根据劳工劳役天数换算成"工"，然后按不同工种的日工资参考值换算成损失数据。从表中可以看出，人力资源的损失还是比较大的，这也从一个侧面反映了日军侵略对浙江社会经济的影响。

4. 居民财产损失

参照社会财产损失表述方法，将《抗战时期浙江省居民财产损失统计表》"数量"栏中数据收录于下：

（1）土地：损失 222583.98 亩，221000 元。

（2）房屋：损失瓦房 82114 间、平房 199990.5 间、楼房 69686.5 间、草房 6279.5 间、店屋 444 间、作坊 15 间、祠堂 3253 间、台门 3 个、洋房 569.5 间和 171 处、栈房 1 间、乡村房屋 63512 间、城镇房屋 47780 间、仓库 21 个、围墙 24 尺、房屋 1154915.5 间和 26 座，另 233227570 元。

（3）树木：损失山林 5464.1 亩、松木 200 亩，松树 12 株、桑树 6000 株、杉木 60 株、树木 4978080 株、松树 30000 斤、圆木 21 根，毛竹 4128588 根和 213138 担，木材 173812 根、67433.6 立方米、2017000 斤、316 丈、10000 担和木料 14 间，柴 1930000 斤和 74 担，另 26256249 元。

（4）禽畜：损失牛 68722 头、猪 154831 头、羊 3997 只、骡 2 头、马 1 匹、驴 1 头、牲畜 190710 头、鸡 22187 只、鹅 1 只、家禽 742994 只、蛋 4142 个和 3272.5 斤，禽畜 685654 只（头）和 2650 斤，另 902400 元、6982 户。

（5）粮食：损失米 27483081.3 斤、79 斗、7503190 担、22 石，谷 113438641 斤、362774 担、263900 石，豆 57803 斤、5 斗、1400172 担、129.42 石，粮食 9109366 斤、3178597 担、185214.13 石、2 船，麦 235475 斤、1505377 担、面粉 1740 斤，玉米 600 斤、470000 担，番薯 15000 斤、224000 担、番薯干 150 斤，酒

1000 斤、78 坛（缸），高粱 4500 斤，洋芋 4000 斤，香菇 400 斤，菜籽 100 斤，茶油 940 斤，鱼虾 50 斤，蔬菜 50 斤，年糕 55 斤，桂圆 27 件，另 15375000 元。

（6）服饰：损失衣服 2862423 件，饰品 4581 件，鞋 1573 双、鞋袜 2000 双和 500 件，被子 96054 条、被面 40 条，布帐 10 顶、4 丈，绸缎 100 匹，布 3063 匹、923304 丈、1000 件，棉花 51900 斤、1000 包、1 船，服饰 10541627 件、24 箱、1 船及价值 300000 斤谷，毛巾 56 条，毛线 4 磅，天女纱 8 包，毯子 9 条，珍珠 270 粒、黄金 8 两，11819 银元，另 5005257198.66 元、6982 户。

（7）生产工具：损失大钓 93 艘、小钓 117 艘、大捕船 9 艘、大对船 4 艘、小对船 1 艘、网艚 61 艘、舢板 96 艘、大排 1 艘、渔船 534 艘、大船 46 艘、白底船 3 艘、货船 40 只、商船 18 艘、帆船 14 艘、汽船 1 艘、客轮 1 艘、木船 25 只、篷船 6 艘、民船 3000 只、农船 300 艘、船 1922 艘，渔网 1193 张、164 丈，滚钓 12624 篮，稻桶 59 个、水车 29 具、油车 1 具、棉车 3 部、打水机 1 部、盐桶 6 只、落地桶 20 只、做酒大缸 100 只、秆 15 支、手推车 1871 辆、农具 23382 件，机器 6 台、货架 47 个、废钢铁 6400 斤、铁钉 1500 枚、铁丝钉 28 斤、麻袋 31700 只、绸机 163 台、磅秤 2 台、碾米机 3 台、碾盘 1 个、弹棉架 2 台、货车 1 辆、生产工具 5879229 件，店铺作坊 43 间，货物 100 吨，109750 银元，另 80119615.16 元、8006 户。

（8）生活用品：损失桌 92 张、床 92 张、藤椅 12 张、桌椅 18 件、门板 475 扇、橱柜 90 个、皮箱 2 只、家具 1592 件、3 船和 11 间房屋内家具，衣服 1408 件、布帐 28 顶、草席 60 张、被子 579 条、被单 1 条、枕头 1 对、寿材 5 具、水缸 13 只、布 2000 匹、布巾 8000 条、灶具 1 座、锅 3 只、碗 120 个和 1 船、肥皂 2 块、表 2 只、货架 16 只、酒缸 35 只、器具 1072 件，酒 7285 斤、2699 坛、1553 埕、1 缸，糖 311630 斤、18 缸、150 箱，煤油 10000 斤、桐油 10500 斤、菜油 70 斤、生油 50 斤、食用油 450 斤、油 1440000 斤和 63 箱，食盐 231134 斤、195 篅，柴 54000 斤，棉花 545500 斤，玻璃 185 块，烟 6 条、烟叶 200000 斤，红枣 114000 斤、猪肉 162 斤、火腿 1200 只、黄鳝 10 斤、鲞 708 斤、笋 30 斤、海鲜 20 篙、食品 1485 担，炭 1000 担、3 箩，蚕茧桐油茶叶等 9 吨，金器 2 件、金银 1 斤 3 两，书画 50 件、对联 72 件、水果 1 船、白米 500 斤、粮食 5000 担，其他用品 72310 斤，生活用品 6503210 件，310500 银元，另 120426467.23 元、7401 户。

（9）其他：损失帆船 3 艘、盐船 6 只、渔船 114 艘、民船 8 艘、船 58 艘、汽车 1 辆、黄包车 4 辆、自行车 1 辆，米 2250000 斤、谷 200000 斤、麦冬 1000 斤、棉花 36000 斤和 181 担、桂圆 80 斤、荔枝 80 斤、黄豆 30 斤、麻 140 斤、棕箬 200 斤、农作物 20.5 亩、茶叶 40300 斤和 10 担、柏子 20000 斤和 1 箩、柏油 800 斤和 300 件、笋干 1870 斤、蘑菇 250 斤、烟叶 10403 斤、白术 4800 斤、红枣 500 斤、柑橘 2500 斤和 500 箩、梨 300 斤、水果 10000 斤，粉干 300 斤、粉丝 1300 斤、酱（酱油）2800 斤、麦粉 10 斤、糖 13300 斤、柿饼 500 斤、年糕 500 斤、洋粉 3 担、鱼蟹 85000 斤、鱼货 6000 担、田鱼 40 斤、带鱼 100000 斤、火腿 7 只、皮蛋 300 只、蛋 115 个、菜 2229600 斤、药材 1960 斤，酒 4100 斤、25 坛、2 缸，洋油 20 箱、火油 8 箱、菜油 475 斤、皮油 250 斤、桐油 3660 斤、洋油 9300 斤、油 81095 斤，蚕茧 1159 担、蚕丝 26.5 斤，蜜蜂 11 箱、蜂蜜 2540 斤，盐 10000 斤、柴 55000 斤和 732100 担、炭 4000 斤、书籍 10500 册、49 部、16 箱、字画 88 件、古物 49 件、桥 3 座、曲窑 1 个、白灰炉 1 座、抽水机 1 台、留声机 1 台、电话机 2 部、照相机 1 架、枪 13 支、锡箔 230 块、纸 72 件、棺材 65 具、石狮 1 对、石碑 1 块、床 1600 张、床桌 1650 件、桌椅 1650 件、衣被 13254 件、门板 4 扇、瓷碗 100 只、碗盆 5980 件、箬帽 5000 只、木板 100 丈和 100 块、天花板地板墙板 235495 平方米、砖头 184000 块、草籽种 1250 斤、布 27.4 丈、5 疋、31 家商铺、首饰 5 件、瓷器 11 件、铅器 14 件、银器 19 件，铜板 6712 枚、1000 斤、1 坛，金元宝 5 只、黄金 3 斤 5 两 9 钱、黄金饰品 1.5 斤、白银 20 斤，医药丧葬费 4487 元、43760 名死难者葬埋费、776 名伤员医药费，4428 美元、53485 银元、关金券 52300 元、中储币 18017000 元，其他 46550 件和 29 担，财物 100 船和 20517230597.3 元，另 7187 户。

将以上数量通过相应的计算方法，折合成 1937 年 7 月的法币价值，得出抗战时期浙江省居民财产损失为 813282739 元，分类数据见表（十三）。

表（十三）　抗战时期浙江省居民财产损失分类表

类别	相当于 1937 年 7 月法币价值（元）	比例
土地	16673079	2.05%
房屋	270043849	33.20%
树木	34406112	4.23%
禽畜	6877361	0.85%
粮食	92620835	11.39%
服饰	36679019	4.51%
生产工具	16313543	2.01%
生活用品	46610123	5.73%
其他	293058818	36.03%
合计	813282739	100%

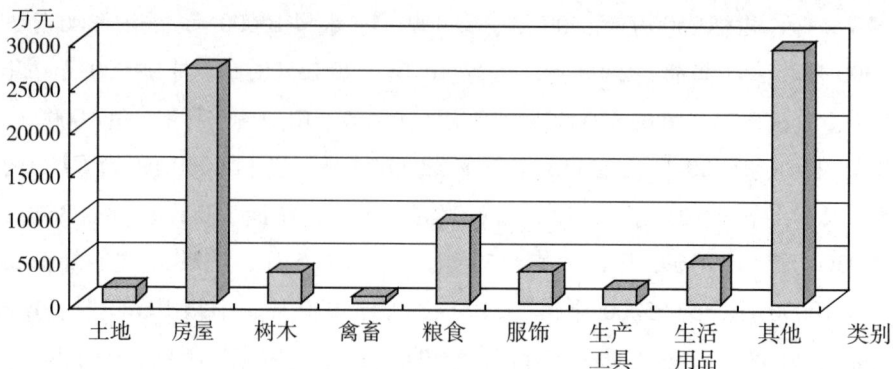

抗战时期浙江省居民财产损失分类图

从表中可以看出，在居民财产中，损失最大的是其他类。这主要是因为居民财产类别较少，凡不能准确归类的，如船只、物资等，都归入其他类，致使该类数值较大。列损失第二位的是房屋类，除了以"座"或法币计值的房屋外，全省居民财产中各种房屋损失达 1628542.5 间。这主要是因为，房屋是居民的主要财产。从资料保存情况看，有关房屋损失的材料也较多。另外，即使事隔 60 余年进行社会调查，当事人、知情人都能准确回忆起房屋损毁情况；而像其他禽畜、生产工具、生活用品数量等，就不一定都能回忆齐全，只能借助于以前调查留存下来的档案资料进行统计，所以这些类别与实际损失相较，可能有所缺漏。

（六）结论

1. 主要调研结果

根据此次调研汇总统计，得出抗战时期浙江省人口伤亡和财产损失的基本情况：直接人口伤亡 313788 人，其中死亡 190287 人，受伤 73360 人，失踪 14120 人，死伤不分 36021 人；间接人口伤亡 43287 人，其中死亡 26795 人，受伤 14372 人，失踪 2120 人；国民政府正规军在浙江省伤亡 42223 人，其中死亡 30642 人，受伤 6772 人，失踪 3676 人，另死伤不分 1133 人；浙江省伪军汉奸伤亡 5827 人，其中死亡 4366 人，受伤 687 人，失踪 399 人，另死伤不分 375 人。也就是说，抗战期间，因日军的入侵，在浙江省这块土地上共造成伤亡人口 405125 人。另外，日军入侵浙江造成难民 500 万人以上。社会财产直接损失相当于 1937 年 7 月法币价值为 1165735561 元，社会财产间接损失为 1002098610 元，居民财产损失 813282739 元，总计财产损失为 2981116910 元。

与以往抗战损失调查与学者研究相比，这个调研结果有两个明显特点。一是调研的系统性。这主要表现在：浙江全省各县市区党史部门全部参加这次调研，一个不缺，保证了调研的全面性。在历时三年的调研中，省市县上下联动，互相学习，互相协作，分阶段，分步骤，体现了较强的程序性。在调研结果的汇总统计中，各地按照中央党史研究室发布的统计表和统计要求，精确定义，严格填写，做到规范统一。二是材料的准确性。这主要表现在：此次调研全面查阅了档案文献，并进行了全面的社会调查，然后对所收集到的材料进行互相补充、互相印证，保证了材料的真实性。此次调研所采用的数据，基本出自第一手材料，而把第二手材料作为参考，突出了所引用材料的权威性。在填写明细表、统计表时，每一个数据都注明原始出处，做到所有数据都"有据可查"。从这个意义上讲，收集大量具有重要史料价值的第一手资料，理清本地抗战损失基本情况，也是此次调研的重要成果。

正是基于以上调研特点，此次调研结果具有相当高的可信度。同时需要说明的是，由于年代久远、搜集资料困难等客观原因，我们在调研中得出的浙江省抗日战争时期人口和财产损失基本数据，还是限于目前资料和研究水平的尚不完整的数据，并不是最终结果。今后，我们将继续推进本课题调研工作，以期在掌握更多资料和取得研究新成果的基础上对有关数据再作出修订和补充。

2. 人口伤亡和财产损失带来的主要影响

从人口方面讲，日本侵华战争造成社会的剧烈动荡，对浙江人民来说是一场深重的灾难。抗战时期，浙江省人口伤亡 40 万人以上，因战争而致灾的难民达 500 万人以上。同时，为与日军作战，国民政府大量征发壮丁，从 1936 年至 1945 年，浙江省征拨兵额达 665624 人。[①] 如前文所述，浙江战后与战前人口数量相差 157 万人。因此，对于只有 2000 万左右人口的浙江省来说，受战争影响的人口比例还是比较大的。人是生产力中最活跃的因素。影响了最活跃的因素，势必就影响了生产力的进步，从而也影响了经济与社会的发展。

从财产方面讲，战争直接造成浙江人民财富的大量流失。抗战期间，日军在

---

① 浙江省军管区司令部编：《浙江兵役年鉴》（1946 年），第 13 页，浙江图书馆古籍部藏，351.42/3239。

浙江频繁空袭，多次实施大规模地面作战，炸毁烧毁大量财物，并大肆劫掠物资。据此次调研汇总，抗战期间，浙江省损失公私房屋176万间以上，损失船只7.5万艘（只）以上，损失树木1000万根以上，损失禽畜187万头（只）以上，损失硼矿石54万吨以上①。这些仅是物资数量上的损失，日军侵略带给浙江更深重的灾难，是对经济体系的致命摧残。抗战期间，浙江省内4条铁路中，3条被拆毁、1条被占用，省内公路最少时仅存龙（游）浦（城，属福建省）路93公里，海运又被日军封锁，整个交通体系基本瘫痪。日军扶植伪政权，在毫无储备的情况下在浙江沦陷区滥发伪币，并强贬法币价值，直接造成通货膨胀，破坏了浙江的金融体系。以法币物价指数计算，1945年8月比1937年7月上涨了2782.87倍，伪币上涨更达万倍以上。经济体系是经济实力的重要基础，也是社会发展的物质基础，其形成过程相对较长，因而日军摧残经济体系的做法，对浙江经济与社会发展产生的恶果是非常严重的。限于客观因素，财产损失表中有关教育和文化损失数量不是很大，但并不是说它的损失不严重，而是它的损失相对难以计量，它的损失对社会发展的影响是最深远的。抗战期间，浙江省内像浙江大学等主要高校西迁，但大部分学校或被日军炸毁，或不得不停办。这阻滞了浙江教育的现代化进程。日军在入侵过程中，还大肆摧毁浙江省内古建筑，掠夺古文物和图书，在沦陷地区推行奴化教育，其对中华民族的生存与发展造成了极其恶劣的影响。

日军侵入浙江造成的人口伤亡和财产损失，影响久远，直至今日。当年在日军细菌战攻击中感染了炭疽细菌而幸存下来的患者，大多终生不愈。他们强忍溃烂之痛，丧失劳动能力，备受歧视，境况悲凉，给社会造成极大的负担。这是日军侵略的鲜活罪证。另外，日军在细菌战中使用了鼠疫细菌，凡传染过鼠疫的地区，都有可能成为鼠疫的疫源地。衢州鼠疫流行已停止60年，但长期疫情监测发现，至今鼠类的种群组成比、鼠密度等多项监测指标仍超过安全指数，甚至超过警戒指数，存在隐患。除鼠疫外，其他霍乱、伤寒（副伤寒）、痢疾和炭疽的隐患也是同样存在的②。从这个角度来看，日军侵略浙江，不仅仅是历史问题、政治问题，而且还是现实问题。

（邓金松　执笔）

---

① 根据社会财产直接损失统计表和居民财产损失统计表中所收录的相关数据进行简单汇总，数量单位不同的数据未进行折合。

② 邱明轩：《菌战与隐患》，香港天马出版有限公司2004年版，第71页。

二、专题研究

（一）对日军在浙江实施细菌战的调研述略

浙江省委党史研究室

抗战时期，日本作为《关于禁用毒气或类似毒品及细菌方法作战协定书》的签字国，公然违反国际法准则和人道主义原则，在中国实施了惨绝人寰的细菌战，给中国人民带来了深重的灾难。浙江是遭受日军细菌战灾害最重的地区之一。本文根据此次调研所得资料，对日军在浙江实施细菌战的过程、造成的灾害及学界研究情况进行了简单梳理。

一、已有研究成果述要

抗战期间，有关日军在中国实施细菌战的情况就已经被揭露出来。国民政府来往的电文中就多次提到要严防日军的细菌战。1941 年《浙江鼠疫调查报告书》明确提出，在衢县、宁波暴发的鼠疫是由日军投放细菌引起的。但是抗战胜利后，日本销毁或封存了实施细菌战的主要材料；美国出于自身战略利益以及"冷战"的需要，与日本细菌战主要战犯达成交易，以提供细菌战人体试验等资料作为交换条件，在远东国际法庭对他们免予起诉，从而隐瞒了日军实施细菌战的罪行。此后，苏联在伯力举行日军细菌战战犯审判，于 1950 年公布了《前日本陆军军人准备和使用细菌武器被控案审判材料》，但被美、日称为"赤色宣传"。由此，因缺乏细菌战实施方日本自身的相关档案证据，有关这方面的研究长期处于困难境地。

新中国成立初期，中国出版了《正义的审讯：苏联审讯日本细菌战犯案经过》、《日寇的滔天罪行：惨无人道的细菌战》、《日寇细菌战暴行》等书，包括浙江在内的各类报纸也刊登了大量有关日军细菌战暴行的控诉文章。浙江省还成立了鼠疫防治所，开展流行病学调查，并于 1965 年完成《浙江省鼠疫流行史》。但由于缺少日本原始档案材料和调查实证，研究难以深入。

1981 年，美国记者约翰·鲍威尔发表了《历史上被掩盖的一章》，揭露了美国政府战后对于日本细菌战的掩盖，引起国际社会广泛反响。英国记者和研究者也相继出版了揭露日军细菌战的重要著作。日本国内对于细菌战的研究，是自20 世纪 80 年代开始的。随着日本左翼作家森村诚一揭露日本关东军 731 部队人体试验暴行的《恶魔的饱食》三部曲的出版，引起社会广泛注目。这一时期，有关 731 部队进行"人体试验"的罪行逐渐被公之于众。当时，在日本出版的有关日军进行细菌战的书籍达 80 余种。

中国对此高度关注。在各地政协编辑的文史资料丛书中，较多地反映了日军细菌战的情况。1989 年，《细菌战与毒气战》（中华书局）出版，公布了有关日军实施细菌战的部分原始档案和战犯供词。1992 年，军事医学科学院郭成周教授综合国内外研究成果，发表了《侵华日军的细菌战》一文。随着细菌战研究的深入，发掘出来的原始材料越来越多，如美国有关日军细菌战开发和研究的相关文件、731 部队的细菌感染报告书、伯力审判准备书等。

1993 年，日本中央大学教授吉见义明等发现了四份当年日本陆军中央核心军官的业务日记，确证了日军实施细菌战的事实。尤其是从 1940 年 9 月起任职于支那派遣军参谋本部作战课的井本熊男大佐的日记，证明日本天皇和陆军中央对细菌战负有直接责任。1940—1942 年，井本作为作战参谋担任了与 731 部队司令石井四郎之间的联络。根据日方 1942 年"浙赣作战"期间的记录，井本参与了有关细菌武器使用的军事计划和部署。井本在自己的业务日记中，记载了日军于 1940—1942 年在浙江等地大规模使用了细菌武器攻击。《井本日记》是迄今所发现的最为重要的关于二战期间日军实施细菌战的军方证据。

《井本日记》的发现，在日本引起冲击性效应，一批有关日军细菌战的研究成果相继问世。根据《井本日记》所记载的日军细菌战实施时间和地点，日本和平人士开始到浙江各地调查日军细菌战引起的疾病流行情况。1995 年，吉见义明、伊香俊哉将《井本日记》中关于细菌战记载的主要内容整理出版，书名为《七三一部队与天皇·陆军中央》（岩波书店）；1997 年，郭成周、廖应昌主编的《侵华日军细菌战纪实》出版（北京燕山出版社）；1998 年，解学诗、松村高夫等著《战争与恶疫——七三一部队罪行考》出版（人民出版社）。这些著作，都在一定程度上介绍了日军在浙江实施细菌战的情况。

利用原始档案和文献材料，浙江的一批有识之士从新中国成立以来，就展开了细菌战实证调查，如宁波的吴元章、黄可泰，衢州的邱明轩等。吴元章、黄可泰集数十年研究与调查，于 1994 年出版了《惨绝人寰的细菌战——1940 宁波鼠疫史实》一书。该书材料丰富、证据充分、论证严密，较全面地反映了日军在宁波城区开明街实施细菌战的情况。衢州市卫生防疫站原站长邱明轩医生数十年来收集了中国各地档案馆有关日军在衢州实施细菌战的相关资料，采访了当时尚在人世的细菌战防疫人员，并于1998年主持了由衢州市卫生局实施的细菌战受害情况调查。此次调查建立了一支740人的专业队伍，对全市41个乡镇270个行政村进行走访。在此基础上，邱明轩最后形成《罪证——侵华日军衢州细菌战史实》（中国三峡出版社1999年版）、《菌战与隐患》（香港天马出版有限公司2004年版）和《孽债难忘》（香港天马出版有限公司2005年版）3本著作，第一次较全面地记述了日军细菌战给衢州人民带来的深重灾难。丽水市离休干部陈史英与丽水市新四军研究会一批老同志，以及部分志愿调查者，组织了由记者、专业防疫人员、医生、教师、律师、受害者等社会各界人士参加的丽水细菌战调查会，与细菌战诉讼原告团一起，开展细菌战调查10余年，也收集了大量实证材料。陈史英撰有《侵华日军在丽进行细菌战罪行昭彰》一文。留日学者王选，在得知家乡义乌崇山村曾遭受日军细菌攻击后，毅然放弃优厚待遇，自愿帮助细菌战受害者，担任细菌战受害者中国原告诉讼团团长。在日本律师、学者、研究者和市民们的交流与共同努力下，为获取诉讼证据，王选组织以原告团为主体的各地志愿人士对浙江细菌战受灾情况进行实证调查。2004年以来，王选组织宁波大学、浙江工商大学等学生调查队，深入细菌战重灾区，继续收集细菌战实证材料。另外，杭州师范大学袁成毅教授也带领学生进行实证调查，收集了一批材料。

除著述外，一批有关日军在浙江实施细菌战的研究文章也相继发表。如李力、郭洪茂的《论日寇浙赣细菌战及其后果》（《社会科学战线》1995年第9期）、水谷尚子的《崇山村的鼠疫流行与日本1644部队》（《浙江学刊》1997年第6期）、周耀明的《日军细菌战：浙江瓯江流域人间鼠疫之祸源》（《广西民族学院学报》2001年第6期）、丁晓强的《日军对浙江的炭疽攻击》（《浙江档案》2002年第1期）、徐浩一的《侵华日军浙赣细菌战中的炭疽攻击》（《中共党史研究》2002年第2期）、包晓峰的《日军对浙江实施细菌战的罪行综述》（《党史研究与教学》2005年第4期）等。其他介绍或控诉日军在浙江实施细菌战的文章则更多。

随着史料的发掘、调查的展开、研究的深入，日军在浙江实施细菌战的史实逐渐清晰起来。但是，也面临着诸多困难。

首先，有关细菌战原始档案材料的缺失，制约了研究的进一步深化。虽然目前已经发掘出了一些有关日军细菌战的原始档案材料，但这些材料还难以全面反映日军细菌战的情况。抗战期间或以后，中国政府保存了一些日军实施细菌战造成灾害的档案材料，但数量也很少。像 1941 年容启荣的《浙江鼠疫调查报告书》和 1944 年王毓榛、伯力士、邓炳明的《浙江鼠疫调查报告》，都反映了一些情况，但不全面，某些方面还存在一些错误。

当年日军在浙江实施细菌战，是极为秘密的作战，一般中国人根本不了解。由于是战争期间，特别是日军占领浙赣沿线各地后，避难在丽水山区的政府不可能进行全面的受害调查与统计。

其次，细菌武器种类繁多，难以准确区分。现在已经确定，日军在浙江实施的细菌战中，投放了包括鼠疫、霍乱、伤寒（副伤寒）、痢疾、白喉、炭疽六种细菌。① 每种细菌造成的疫病症状都不相同。即使同一种细菌疫病，也会有不同症状。如鼠疫就可分为腺型、肺型和败血型，炭疽可分为皮肤炭疽、肺炭疽和肠炭疽，伤寒与副伤寒的鉴别更是不易。日军在进行细菌战时，经常在同一地投放多种细菌，致使某一地区暴发多种疫病，症状混杂。后来的研究者又缺乏相应的流行病学专业知识，要搞清楚日军细菌武器的分类确实很困难。从现有研究成果看，只有对鼠疫细菌的鉴别是比较清晰的。

再次，细菌战传染方式复杂，难以理清。不同种类的细菌，传染方式是有差异的。比如鼠疫是在老鼠、跳蚤和人之间传播，潜伏期一般为 2—5 天；霍乱主要借水源传播，潜伏期一般为 1—3 天；伤寒（副伤寒）则可以通过水、食物、苍蝇和蟑螂进行传播，潜伏期一般为 10—14 天；炭疽传播途径则更多，水、动物、食物都可以传播，即使通过鸟类也能传播细菌，潜伏期一般为 1—3 天。细菌传染方式的复杂化、多元化，极大地扩展了细菌传播范围，给查证带来很大难度。

最后，因时代久远，收集材料的难度加大。解放以后，中国政府未能及时组织日军细菌战受害情况的全面调查，仅在 20 世纪 50 年代中期进行过鼠疫调查。② 在有关日军实施细菌战原始档案，如《井本日记》等发现后，也未能及时组织全面调查。如果这一时期展开全面调查，因大量受害者或当事人还健在，肯定能保存下来不少材料。所以，从细菌战调查方面来看，已经错过了许多好机会。而如今，距离日军在浙江实施细菌战，已有 60 多年。不用说许多在日军细菌战中死难的人早已被人淡忘，相当一批在当年细菌战中幸存下来的人也逐渐老

---

① 《井本日记》中把伤寒和副伤寒列为两种不同的细菌。另外有学者认为日军在浙江进行的细菌战中还使用了鼻疽细菌。
② 鼠疫死亡率很高，病症明显，容易区别。新中国成立后，在历史上发生过鼠疫的地区开展鼠疫防治工作，逐步建立了鼠疫监测系统，为大部分的鼠疫流行留下了历史记录。

去。因而，随着当事人、知情人的逐渐减少，收集实证材料将越来越困难，而全面摸清日军细菌战造成灾害情况的可能性也越来越小。

二、日军在浙江实施细菌战的主要经过

在已公布的有关日军在浙江实施细菌战的原始档案材料中，以《井本日记》最具参考价值。日军在浙江实施大规模的细菌战，主要是两次，一次是1940年，另一次是1942年。

（一）1940年的细菌战攻击

抗日战争进入相持阶段后，日军顿感战争资源不足，不得不拓展作战范围，掠夺战略物资，另一方面也频繁进行军事进攻，给中国政府制造压力，迫使其答应它所提出的条件。1940年1月，日军结束了与国民政府军隔钱塘江对峙了两年的浙江战局，渡过钱塘江，进入萧山县城，并分三路南窜。7月，日军又派海军陆战队在镇海登陆。10月开始，日军在杭、嘉、湖沦陷区进行全面"扫荡"，掠夺物资，并派兵攻击诸暨、绍兴。

与此同时，日军在浙江的细菌战也随之登场。从5月开始，日军参谋本部即研究实施细菌战，试验在实战条件下用飞机撒播细菌的有效方法。6月5日，日军中国派遣军与参谋本部就策划在浙江实施细菌战，初步计划于"7月中"实施，攻击目标定为"浙赣沿线城市"，由中国派遣军总司令部直接指挥，负责人为"石井大佐"（即石井四郎，731部队负责人），具体攻击方法是利用江苏句容机场，采用在4000米高空撒播跳蚤的方式实施①。随后，中国派遣军作战主任参谋井本熊男就实施计划往东京和哈尔滨，分别与参谋本部和石井部队（即731部队）进行具体协商。7月22日，井本熊男飞抵杭州进行侦察，"决定使用原中央航空学校"作为前线进攻基地，由石井部队人员组成"加茂部队"进驻该基地。石井四郎接到实施细菌战的指示后，便组织了40人的远征队，携带大量各类细菌，于8月初抵达杭州笕桥的原中国中央航校。与此同时，由南京荣字1644部队（1939年4月18日成立）抽调的50人，组成"奈良部队"，也到达杭州，配合"加茂部队"实施细菌战。同月16日，井本熊男到杭州，传达了细菌战作战命令，并就作战细节与远征队进行协商，比如要对目标进行空中拍照以及细菌战弹药、消毒药的准备等②。至该月末，细菌战准备工作基本完成。

---

① 《井本日记》第7卷，1940年6月5日，存日本防卫省资料室。
② 《井本日记》第8卷，1940年8月16日，存日本防卫省资料室。

通过侦察，远征队确定把宁波和衢州作为攻击目标，金华作为候补目标①。因弹药运输问题，攻击时间稍有推迟。9 月 18 日，井本熊男与石井部队再次确认了细菌战作战计划，决定采用空运和陆上输送并举的方法运送细菌战弹药。宁波或其附近地区，每平方公里使用 1.5 公斤细菌；金华、玉山每平方公里使用 2 公斤细菌。关东军参谋山本吉郎还提供意见，认为使用弹药有两种方法，一种是大范围使用稀释的半金属弹药，另一种是使用高浓度弹药，台州、温州、丽水可使用后一种方法②。

从 9 月 18 日至 10 月 7 日，远征队在浙江共进行了六次细菌攻击③。限于材料，无法得知日军细菌攻击的具体地点。根据中方记载，仅略知其一二。10 月 4 日上午 9 时许，日机一架侵入衢县县城上空，沿城西西安门、下营街、水亭街、上营街、县西街、美俗坊等一带，撒播了大量麦粒、黄豆、粟米、棉花、白色粉末和跳蚤等，且往返撒播两次，于 9 时 30 分离去④；5 日，日机一架在诸暨县城区撒播了白色丝状物⑤。10 月 7 日以后，日军在浙江进行过多少次细菌攻击更是无从考证。10 月 8 日，井本熊男转任参谋本部作战课，与增田知贞（1644 部队负责人）和后任吉桥戒三谈及细菌战，谓"实验到任何时候也不会终止，到 12 月要暂停一下"⑥，并预言"C（霍乱）不具成功的可能，但 P（鼠疫）极有可能获得成功"。据中方档案记载，10 月 27 日晨 7 时，一架日机窜入宁波上空，投放"中日亲善"、"余粮接济"等传单，下午 2 时许，日机再次入侵，撒下大量麦粒和面粉，散落在开明街一带，后引发鼠疫流行⑦。

11 月 20 日，日军商讨中止细菌战，并讨论了 11 月作战中的另一个目标。石井四郎提出"如实验结果显示，将目标选在杭州和上海之间"⑧，但遭到反对；石井四郎又建议将目标定为绍兴、诸暨等。最后，"协定将目标定为金华"⑨。25 日，日本大本营陆军部下达了"大陆指第 781 号"，要求在"11 月的最后一天起

① 《井本日记》第 8 卷，1940 年 9 月 10 日，存日本防卫省资料室。
② 《井本日记》第 9 卷，1940 年 9 月 18 日，存日本防卫省资料室。
③ 《井本日记》第 7 卷，1940 年 10 月 7 日，存日本防卫省资料室。
④ 邱明轩：《菌战与隐患》，香港天马出版有限公司 2004 年版，第 3 页。
⑤ 《浙江全省防空司令部电》，宁波市档案馆馆藏档案，档案号 5—1—209。转引自解学诗、松村高夫等著：《战争与恶疫——七三一部队罪行考》，人民出版社 1998 年版，第 130 页。
⑥ 《井本日记》第 9 卷，1940 年 10 月 8 日，存日本防卫省资料室。
⑦ 关于日军在宁波开明街投放细菌的时间，有三种说法：一是 10 月 22 日，二是 10 月 27 日，三是 10 月 22 日和 27 日都发生过。这里采用黄可泰等人经过考证后的说法，即 10 月 27 日。黄可泰、邱华士、夏素琴编：《宁波鼠疫史实——侵华日军细菌战罪证》，中国文联出版公司 1999 年版，第 20—22 页。
⑧ ［日］吉见义明、伊香俊哉：《七三一部队与天皇·陆军中央》，岩波书店 1995 年版。
⑨ 《井本日记》第 10 卷，1940 年 11 月 30 日，存日本防卫省资料室。

停止实施第 690 号大陆指所下达的特种瓦斯（即细菌）试验"，"试验中止后，人员及器材尽快返还原所属部门"①。28 日上午 11 时，日机侵入金华上空，在南边郊区撒播不明物质，"状如鱼子，具黏性，色微黄之小颗粒"。金华民众医院检验科主任沙士升接到报告后赶往现场，采集了 50 余颗作为标本，带回医院化验，结果显示这些颗粒中含有革兰姆染色法阴性杆菌，其形态颇似鼠疫杆菌②。当时正在衢县视察防疫情况的浙江省卫生处处长陈万里等人也赶至金华，对细菌进行化验，并判断日军在金华撒播了"人工培养的鼠疫杆菌"，试图"实验可否发生肺鼠疫"，由此看来，宁波和衢县所暴发鼠疫的来源，"是由于敌人从空中掷下含有鼠疫杆菌的人鼠共同蚤来传布"，这"毫无疑义了"③。陈万里随即向浙江省政府主席黄绍竑作了汇报。黄绍竑也迅速把这一情况报告给身在重庆的蒋介石。12 月 7 日，石井四郎、井本熊男等将校在总结浙江细菌战攻击情况时称："使用鼠疫带菌跳蚤攻击获得很好效果，衢县、宁波已发生鼠疫流行。"④

（二）1942 年的细菌战攻击

太平洋战争爆发后，美国为打击日本的嚣张气焰，对日本本土实施"杜利特尔空袭"。美军轰炸机从"大黄蜂"号航空母舰起飞，轰炸完成后返回浙江衢州机场。为阻止美军的空袭行动，日本决定对浙赣境内的机场实施破坏。日军参谋本部在 4 月《昭和 17 年指导计划》中，即将浙江的丽水、衢县和临近浙江的江西玉山作为攻击目标⑤。4 月 30 日，日军大本营发布"大陆命第 621 号"命令，明确指出这次作战的目的"主要是击溃浙江省方面之敌，摧毁其主要航空基地，粉碎敌利用该地区轰炸帝国本土之企图"⑥。从 5 月 15 日起，日军分三路在浙江发起浙赣作战。浙赣铁路沿线金华、衢州、丽水各县城基本沦陷。

为配合陆军地面进攻，日军参谋本部决定在浙江再次实施大规模细菌战。5月 27 日，参谋本部召开细菌战协商会议，石井四郎、井本熊男、村上隆、增田知贞等都参加了会议。会议确定以下事项：注意保密；编成装备要有具体计划；使用装有新撒播器的 99 式双引擎飞机；可使用的细菌有霍乱、伤寒（副伤寒）、

① 《"大本营陆军部"大陆命·大陆指总集成》第 5 卷。转引自［日］吉见义明、伊香俊哉：《七三一部队与天皇·陆军中央》，岩波书店 1995 年版。
② 容启荣：《浙江鼠疫调查报告书》（1941 年），见浙江省档案馆、中共浙江省委党史研究室编：《日军侵略浙江实录》（1937—1945），中共党史出版社 1995 年版，第 785 页。
③ 《陈万里等对于敌机在金华空掷物品检验结果的说明》，见浙江省档案馆、中共浙江省委党史研究室编：《日军侵略浙江实录》（1937—1945），中共党史出版社 1995 年版，第 790 页。
④ 邱明轩：《菌战与隐患》，香港天马出版有限公司 2004 年版，第 6 页。
⑤ 《井本日记》第 18 卷，1942 年 4 月 12 日，存日本防卫省资料室。
⑥ ［日］防卫厅防卫研修所战史室著：《昭和十七、八年的支那派遣军》，朝云新闻社 1972 年版，第 120 页。

鼠疫；鼠疫细菌现有量为四公斤；为防止友军感染和保持机密，需派遣两个班①。30 日，参谋本部向石井四郎、村上隆、增田知贞等传达了"大陆指"的命令和注意事项。6 月开始，石井四郎返回 731 部队本部，着手准备实施细菌战的远征队和各种细菌。从《井本日记》记载来看，六七两月，井本熊男一直与各相关部门就细菌战的具体问题进行协商，比如，证据的隐蔽性问题、人事问题、"饼不足""老鼠不足"问题，"实际的攻击时间预定在 8 月中旬以后，具体的时间未定"②。

此时，另一支细菌部队却已在实施大规模的细菌战。南京荣字 1644 部队在杭州设有分部，增田知贞作为石井四郎的代理人管理着这支部队。因限于材料，无法得知参谋本部确定在浙江实施细菌战后 1644 部队的具体任务。但据时在 1644 部队工作的榛叶修 1946 年 4 月 17 日证词：1644 部队于 1942 年 6 月间制造了大量的霍乱、伤寒、鼠疫和赤痢细菌，撒播时间是 6 月至 7 月，次数和数量不详，撒播地区为以金华为中心的一带地区，结果因中国军队撤退迅速，日军进入撒播地区，休息、住宿时使用附近的水源，造成许多传染者③。六七月间，鄞县、海宁等县即有霍乱发生，后向临海、黄岩、仙居、天台等地蔓延。据当时在 1644 部队服役的士兵供认："在对金华的作战中，日本地面部队进入了由飞机撒播细菌而污染的地区，这次进军显然比计划在这一地区实行细菌战者的预计提前了。"④ 这表明，在石井四郎往 731 部队准备期间，南京荣字 1644 部队已经发动了细菌战进攻。由此，7 月日军军中出现有关日军受细菌战伤害的争议，也就不奇怪了。正是这一新情况的出现，日军才最后决定"在无人地带实施（细菌战），待居民进入后让其感染"⑤。

这次细菌战的主力 731 部队远征队至 6 月下旬才做好准备。7 月，远征队 120 余人抵达南京荣字部队。7 月 26 日，井本熊男与石井四郎联系，认为实施细菌战的预定日期为"8 月 20 日的可能性很大"。石井四郎则建议，在"无人的旷野上"，或者"在桂林、衢州、衡阳等，用航空部队将敌人制伏后"，撒播 XP（鼠疫菌或者感染了鼠疫的跳蚤）、C（霍乱菌）、T（伤寒菌）⑥。28 日，日军大

①　《井本日记》第 18 卷，1942 年 5 月 27 日，存日本防卫省资料室。

②　《井本日记》第 18 卷，1942 年 7 月 15 日，存日本防卫省资料室。

③　中央档案馆、中国第二历史档案馆、吉林省社会科学院合编：《细菌战和毒气战》，中华书局 1989 年版，第 236 页。

④　常石敬一编译：《目标·石井》，大月书店 1984 年版，第 131 页。转引自解学诗、松村高夫等著：《战争与恶疫——七三一部队罪行考》，人民出版社 1998 年版，第 140 页。

⑤　《井本日记》第 18 卷，1942 年 7 月 15 日，存日本防卫省资料室。

⑥　《井本日记》第 19 卷，1942 年 7 月 26 日，存日本防卫省资料室。

本营下达了"大陆命第666号"及"大陆指第1217号"命令：浙赣作战于8月末结束，开始从作战地区撤退（除准备长期占领的金华地区外）①。由此同时，在撤退地区撒播细菌。石井四郎于8月24日或25日到达作战地区，在日军第十三军司令部召开过一次秘密会议，布置细菌战事宜。27日，日军开始在衢州、丽水等地撒播细菌。

至于细菌战的细节，从档案中也有所反映。在江山、常山，日军将霍乱菌直接投入井中，或撒播在食物上，或注射于水果中；在衢县、丽水，日军则主要投放伤寒菌和（带鼠疫菌）跳蚤②。这样看来，日军在不同目标地区采用不同方法投放不同细菌，具有在当地居民身上进行实验的性质。

中国政府不久即发现了日军投放细菌的行为，提出强烈谴责。10月2日，日军暂缓用飞机投放细菌。15日，井本熊男从增田知贞处接到了浙赣作战"有关地上实施的实况"报告，地上撒播的结果是"XP首先成功，在衢县将T投到井中好像也成功了（在水中溶解）"③。其中"水中溶解"指的是将制成胶囊的伤寒菌投入井水中溶解。这也是日军施放细菌的一种新方法。另外，增田知贞还对大量细菌的空投使用，作出了"根据使用方针处理"的报告。这说明，日军在这次细菌战中基本实现了预定计划。

（三）其他细菌战攻击

1940年和1942年日军在浙江发动两次较大规模细菌战，都动用了细菌战部队的王牌731部队。其实，驻南京荣字1644部队是石井四郎亲自成立的，也参与了这两次大规模细菌战，尤其在1942年的细菌战中发挥了重要作用。1644部队具有强大的细菌制造能力。据1943年该部队的报告称，"关于粟〔跳蚤〕的生产，正在进行毒化研究；现在产量为5公斤（如能补给20000只鼠〔饼〕，2个月后可达15公斤）"④。且在浙赣作战中，1644部队以防疫给水部名义，一直随陆军行动，在浙江许多地方驻留过。因此，日军在浙江实施的细菌战，除了这两次较大规模之外，应该还有局部的细菌战攻击。像1644部队出于细菌战的实验目的，在浙江各地局部投放细菌，是很有可能的。

另外，浙江人口稠密，经济发达，是国民政府的抗日基础。日本侵略者为瓦

① ［日］防卫厅防卫研修所战史室著：《昭和十七、八年的支那派遣军》，朝云新闻社1972年版，第238页。

② 《井本日记》第19卷，1942年8月28日，存日本防卫省资料室。

③ 《井本日记》第19卷，1942年10月15日，存日本防卫省资料室。

④ 《战争责任研究》1993年第2号，第29页。转引自解学诗、松村高夫等著：《战争与恶疫——七三一部队罪行考》，人民出版社1998年版，第144页。

解中国人民的斗志、制造后方混乱，以细菌战方式在浙江进行攻击的可能性也很大。日本学者水谷尚子称为"谋略战"。像日军在浙江许多地方小范围地撒播细菌，应该都属于"谋略战"。这种攻击，耗力不多、机动灵活、效果明显，且不易留下实施证据，所以经常被日军使用。

因缺乏第一手档案资料，在这里仅根据文献和口述材料，对日军小规模细菌战作些梳理，留待进一步查证。

对日军来说，抗战初期大规模飞机撒播细菌还未臻成熟，采取派间谍携细菌潜入中国后方投放的方式，仍不失为一种有效的方法。从现有的档案材料中，能看出一些端倪。1939 年 5 月 15 日，国民政府军第二十一军第一四六师收到电报，谓日军"近由东京运大批菌苗赴沪，指定福民医院组织细菌培养工厂，共分鼠疫、霍乱、伤寒、白喉、赤痢五种，制成雪茄烟式之蓝、黄两色，用玻璃管分送华中、华南各前方，投弃于河井及毛厕中，并派特务机关及汉奸，散投各游击区"[①]。6 月 1 日，国民政府军事委员会致重庆卫戍总司令电也提到，"敌利用夏初气候，派汉奸冒充难民，携带热水瓶，内藏霍乱、鼠疫、赤痢、伤寒等传染病菌"，"其派往重庆、桂林、西安、金华、韶关等处者，已于四月十六日分由海南岛、厦门、汕头、温州、汉口出发"，"第二批现在潜伏在虹口福民医院内实习，不久由南通、长江赴各处工作"。[②] 当然，因当时日军细菌战研发程度不高，投放的细菌能不能引发瘟疫流行还很难说。但这也是浙江有些地方在 1940 年之前遭日军细菌攻击的重要佐证依据。

在日军细菌战攻击比较成熟后，局部攻击采用最多的还是用飞机空投或直接地面撒播细菌。这种攻击方式，在现有文献和口述材料中记载较多。1940 年 3 月，日军飞机在武义新宅镇安凤村，投下一些纸屑、传单，之后引发当地瘟疫[③]。1941 年 12 月 30 日，日军攻入上虞太平山，撤退时故意撒放带有细菌的假钞票，引发细菌传染[④]。1942 年 5 月 24 日，日军撤出武义县马昂村时，在村内水井中投下细菌，以致村民引发细菌感染[⑤]。1943 年，1644 部队用飞机在金华、兰溪等地空投赤痢、伤寒等细菌，造成大批军民伤亡[⑥]。1944 年 9 月，日军从丽

---

① 中央档案馆、中国第二历史档案馆、吉林省社会科学院合编：《细菌战与毒气战》，中华书局 1989 年版，第 377 页。
② 中央档案馆、中国第二历史档案馆、吉林省社会科学院合编：《细菌战与毒气战》，中华书局 1989 年版，第 377 页。
③ 刘徐元、朱维珍口述材料，武义县抗战损失课题调研资料 11—07—08—55，第 22—29 页。
④ 金国祥、金柏友口述材料，上虞市抗战损失课题调研资料 11—06—03—03（下），第 12 页。
⑤ 王华连、王寿应等口述及控诉材料，武义县抗战损失课题调研资料 11—07—08—55—30，第 41 页。
⑥ 金华市地方志编纂委员会编：《金华市志》，浙江人民出版社 1992 年版，第 1048 页。

水岩泉、太平等地向北撤退，撒下大量带有细菌的毒饼①。1945 年 4 月中旬，日机在云和县古竹村投下炸弹一枚，致使该村鼠疫流行。

日军也有用汉奸深入后方投放细菌。1941 年 12 月 3 日，浙江省第四区公署在第 5733 号电中称："前据密报，绍〔兴〕敌运到百斯笃〔鼠疫〕及肠窒扶斯〔伤寒〕两种烈性传染病菌，并派男女汉奸携带赴我后方散发。"1944 年 3 月，一名汉奸趁谈判的机会，在武义县横塘村保长家投毒，引发一场瘟疫②。

除此之外，日军细菌部队还在浙江进行细菌人体实验。1942 年 9 月，义乌县崇山村暴发鼠疫后，1644 部队打着"免费治疗"的幌子，对鼠疫感染者进行活体解剖③。1944 年 10 月 21 日，日军强行给乐清县九房村村民注射鼠疫细菌④。此外，日军在温州等地也进行过人体细菌试验。

通过大规模或局部的细菌战攻击，日军把浙江变成细菌试验场。由于细菌的易传染性，加上战时人口迁移频繁，日军撒播的细菌迅速在浙江各地扩散开来。有的疫病（如鼠疫）扩散到数个地区，有的地区（如金华、衢州、丽水）又有多种疫病，整个浙江处在"黑太阳"的笼罩之下。虽然国民党当局也积极进行防疫，但与日军的精心策划相较，当时沦陷区政府避迁山区，力有不逮。浙江细菌疫病的传染，从 1939 年开始，一直持续到 1948 年，中间几乎没有中断。

三、日军细菌战给浙江人民造成的深重灾难

从 2006 年 3 月开始，浙江省发动各市县区党史部门，开展了抗战时期浙江省人口伤亡和财产损失课题调研。日军在浙江实施细菌战情况，是此次大规模调研中的一项重要专题内容。此次调研主要采用两个方法。一是彻底查阅省市县区各档案馆、图书馆和中国第二历史档案馆中的档案文献资料，汲取前人的研究成果。二是进行实证调查。细菌战研究专业性很强，在调查中既要区分不同细菌种类，也要了解自然疫情与细菌战疫情的差别。为此，在调研开始前进行了相关知识培训，在调研过程中又虚心向长期致力于细菌战调查的专家、学者、老同志求教，有条件的市县区还召开了细菌战论证会。整个调研历时两年多时间，才得以初步完成。

现将主要调研成果以市为单位分述如下：

---

① 丽水市档案馆藏：《丽水县志》（1965 年），第 116 页。
② 陈凤泰、罗根法等口述材料，武义县抗战损失课题调研资料 11—07—08—55，第 53—54 页。
③ 义乌市抗战损失课题调研组：《日军施放细菌给义乌带来的危害调查报告》（2007 年 3 月），义乌市抗战损失课题调研资料 11—07—05—42，第 4—5 页。
④ 王宗汉：《日本侵略军在翁垟九房村试验鼠疫细菌》，载乐清市政协文史委员会编：《乐清市文史资料》第 9 辑，1991 年出版。

（一）宁波

1940 年 10 月 27 日下午 2 时，日机在宁波开明街投下带有鼠疫杆菌的麦子、粟米等物。这是日军 1940 年大规模细菌战中的一次细菌攻击。29 日，有人染疫发病。31 日晚，开明街口"滋泉豆浆店"店主赖福生夫妇染疫而亡。接着，"王顺大饼店"、"胡元兴骨牌店"，以及中山东路"元泰酒店"、"宝昌祥服装店"，还有东后街一带，相继有人染疫而死。至 11 月 3 日，死亡 16 人。4 日，又死亡 7 人。5 日，再死亡 20 人。至 11 日，死亡人数已达 84 人（仅以查到姓名者而言）。

染病患者往医院求治时，起初被诊断为恶性疟疾或横痃，后经华美医院院长丁立成医师确诊为鼠疫。因日机撒播麦子、粟米的时间、地点与疫情暴发的时间、地点完全吻合，且撒播物最多的地方，也是死人最多的。由此断定，这次鼠疫是由日机投放细菌引起的。当时在疫区里还发现了一种不同于本地的跳蚤，后来这种跳蚤在衢县再次被发现，并被确定为印度蚤。其实，在宁波实施细菌战后，日军马上派人调查攻击效果。据柄泽十三夫供认："当时为了搜集关于此次动作效果的情报，特留下了一个由野崎少佐带领的专门小队，结果野崎少佐弄到了几份记载有关宁波一带瘟疫流行消息的报纸。"① 当地居民回忆，1941 年日军侵入宁波后，有 11 个日本高级将官（并非驻宁波的日军部队）到疫区附近找到办事人员金体熔，详细询问宁波鼠疫发生经过，如"何时发生？""发生何地？""最初发生于哪家？""当时有否飞机散发小麦？""人民是否说这是皇军干的？""你担任什么工作？""一共死了多少人？""怎样防治的？"等等，问了两个小时，并作了详细记录②。

开明街暴发鼠疫后，鄞县政府即对这一地区修筑围墙，实行隔离。同时在疫区捕鼠灭蚤，进行清毒，设立隔离医院，注射疫苗。虽然积极防治，但外逃死亡者仍达 32 人以上。11 月 30 日，政府焚毁了开明街疫区所有房屋。至 12 月 1 日，解除封锁。

关于开明街鼠疫死亡人数，众说纷纭。有的说是 93 人③，有的说是 97 人④，

① 《伯力审判材料》（《前日本陆军军人因准备和使用细菌武器被控案审判材料》的简称），苏联外文书籍出版局 1950 年印刷发行，第 281 页。

② 金一毛：《一连串的事实证明日寇作细菌战》，载《当代日报》1950 年 2 月 12 日。转引自解学诗、松村高夫等著：《战争与恶疫——七三一部队罪行考》，人民出版社 1998 年版，第 131 页。

③ 《时事公报》1940 年 12 月 1 日。

④ 容启荣：《浙江鼠疫调查报告书》（1941 年），见浙江省档案馆、中共浙江省委党史研究室编：《日军侵略浙江实录》（1937—1945），中共党史出版社 1995 年版，第 781 页。

更有的说是 103 人①。黄可泰等人研究认为，有姓名且有死亡日期的鼠疫死难者，共有 109 人，同时指出，这个数字"实际上仍是一个保守的数字"②。之所以会产生这些不同的说法，主要在于开明街系繁华地段，从疫区外逃者众多，疫情有扩散可能。据丁立成医生后来回忆，1941 年 5 月"西北街西北村有一王姓病人求治，当时抽血进行动物接种，接种后的天竺鼠不久即发作病死，乃证明是鼠疫"③。但档案文献中没有鼠疫再度发生的记载。此次调研，宁波市党史部门通过社会调查又新发现了 24 名鼠疫死难者的材料，结合已有研究成果，确认开明街鼠疫的死亡人数，有姓名者达 133 人④。

除了开明街鼠疫外，日军还在宁波实施了一起霍乱细菌攻击。1940 年 8 月⑤，1 架日机在宁波穿山村（今属北仑区柴桥街道）投下 1 枚炸弹。炸弹爆炸后，有许多灰白色漂浮物散落在村民的屋顶，庭院及水缸等处。不到一星期，穿山村就有人开始发病，头痛、发热、上吐下泻，先后有 76 人死去。经柴桥医院检验诊断，这是霍乱疫病。此次调研，收录有姓名的死难者共 20 人⑥。731 部队员回忆录里也提到，日军在 1940 年大规模细菌战中，在宁波用了 70 公斤霍乱菌。

（二）衢州

日军 1940 年和 1942 年两次大规模细菌战中，衢州都是主要目标。其他局部细菌战也涉及衢州，尤其是 1944 年衢州第二次沦陷后，日军在撤退时再次撒放细菌。从 1940 年开始的八年间，衢州五县疫病流行没有间断，涉及鼠疫、霍乱、伤寒（副伤寒）、痢疾、炭疽等多种细菌疫情。

1940 年 10 月 4 日，日机在衢州城区投下带鼠疫杆菌的食物、物品和跳蚤后，时隔 1 周，即发现死鼠。11 月 12 日，8 岁女孩吴士英染疫发病，于 15 日死亡。其后，17 日，染疫死亡 3 人，19 日，染疫死亡 1 人。20 日，衢县卫生院根

---

① 孙金铭、倪维熊：《宁波的鼠疫惨祸》，载宁波市政协文史委员会编：《宁波文史资料》第 2 辑，1984 年出版。

② 黄可泰、吴元章、夏素琴主编：《宁波鼠疫史实——侵华日军细菌战罪证》，中国文联出版公司 1999 年版，第 23 页。

③ 中央档案馆、中国第二历史档案馆、吉林省社会科学院合编：《细菌战与毒气战》，中华书局 1989 年版，第 282 页。

④ 宁波市抗战损失课题调研材料 11—02—00—05，第 14 页。《宁波鼠疫死亡者名录》见该调研材料第 18 页。

⑤ 穿山村委会编：《穿山史志·日寇的细菌杀人》（1995 年 6 月），宁波市抗战损失课题调研材料 11—02—00—05，第 137—139 页。原文为"八月份（月份记不清）"。

⑥ 《宁波市北仑区柴桥街道穿山村抗战时期人员伤亡登记表》，孙赵钧、梅玺山 2006 年 11 月 6 日和 2007 年 1 月 24 日采访，宁波市抗战损失课题调研材料 11—02—00—05，第 200—202 页。

据患者症状，初步认定为腺鼠疫。22 日，该地区患疫死亡人数已达 13 人。30 日，经福建省卫生处防疫专员柯主光协助诊断、镜检、细菌培养和动物接种，仍正式断定为腺鼠疫①。至 12 月 15 日，衢城柴家巷、罗汉井巷等 8 条街巷先后有 32 人患鼠疫死亡。

当时，城区居民害怕感染鼠疫，纷纷迁居农村。11 月中旬，衢城居民余某一家 3 口逃难到开化县大溪边乡墩上村，不数日相继病死，致使疫病蔓延至相邻数村。12 月 21 日，衢城北门街居民刘子良感染鼠疫后，一家 5 口迁居白渡乡（今万田乡）排门村，不数日，3 人死亡，并引发排门村鼠疫流行。23 日，开化县华埠村农民徐某运送木材到衢县，不幸染疫，回村后死亡，并引发鼠疫在该村流行，后又传播到村头等地。是年，衢县、开化两县患鼠疫死亡人数为 42 人。

1941 年，由于日机日夜轮番轰炸衢州城，居民被迫疏散农村，鼠疫患者亦逃往农村，造成疫情扩散。至 4 月 20 日，衢城疫情已经蔓延 20 多条街巷和近郊 14 个村，以及江山、开化等县。9 月，鼠疫扩散到义乌，11 月，又扩散到江西广信（今上饶市）。至 12 月底，衢县鼠疫流行扩大到城区 39 条街巷及农村的将军（今花园与汪村）、柯山（今石室）、白渡（今万田）、毓秀（今九华）、浮石、樟潭、石梁、航埠、大洲、云溪、车塘、双桥、廿里 13 个乡镇，死亡人数达 2000 余人，其中在衢县隔离病院住院确诊的鼠疫病人共 281 人，死亡 274 人，病死率为 97.5%②。据当时衢县城区调查，1940 年 11 月至 1941 年 12 月，因鼠疫而致全家死绝的有 17 户，一家死 3 口的有 20 户，一家死 2 口的有 29 户。同年，开化县患鼠疫死亡 79 人，江山县余镇航头村患鼠疫死亡 4 人③。

原有鼠疫未及根绝，1942 年日军又在浙赣战役中大规模发动细菌战攻击。8 月下旬，日军细菌部队根据石井四郎指示，制作了一批带有伤寒（副伤寒）细菌的食物，分给设在衢县东郊沙湾村附近的中国战俘集中营（原国民政府军第十三航空站招待所营房内）的 3000 多名中国战俘食用，对拒绝食用的战俘，则以铁丝穿过锁骨，拖至松树林或防空洞中用汽油活活烧死，或拖至附近沙滩用机枪射死④。8 月 21 日，日军地面部队撤退时，细菌部队开始撒播细菌。从江西省

① 容启荣：《浙江鼠疫调查报告书》（1941 年），见浙江省档案馆、中共浙江省委党史研究室编：《日军侵略浙江实录》（1937—1945），中共党史出版社 1995 年版，第 783 页。

② 邱明轩：《菌战与隐患》，香港天马出版有限公司 2004 年版，第 11 页。

③ 根据邱明轩著《孽债难忘》（香港天马出版有限公司 2005 年版）所收录的死难者名单统计。

④ 毛银生、毛弟古口述材料，原件存衢州档案馆。转引自邱明轩：《罪证》，中国三峡出版社 1999 年版，第 12 页。

玉山经开化县华埠至常山县，经球川、白石至常山县城；从江西省广丰经江山县新塘边、清湖至江山县城，在这两条线路沿途各城乡居民的水井、水塘，食品中投放霍乱等细菌。从常山县经招贤、衢县、樟潭、安仁至龙游县；从江山县经后溪至衢县，在这两条线路沿途城乡居民区的水井、水塘，食品中，投放伤寒（副伤寒）细菌。8月23日，江山县城及清湖镇、常山县城及二都桥一带首先暴发霍乱流行。如清湖镇七里桥附近6个自然村，先后患疫死亡104人，其中十六底村有32人，浮桥头村等地有20多人。是年江山县须江、淤头、坛石、上余、清湖、贺村、新塘边7个乡镇，患霍乱死亡134人、伤寒（副伤寒）死亡89人、痢疾死亡1人、鼠疫死亡3人、炭疽死亡5人①。

常山县二都桥乡十里山、龙潭村、常桥村等地村民，因喝了井水或吃了日军有意放置的食物而死于霍乱的有57人。同期，常山县宣风乡白石街、岭头、范村部分村民也因喝了日军投放过伤寒菌的井水，造成当地伤寒病暴发流行。白石街村300余人中，竟然有200余人先后患伤寒病。当时，食用带菌食物后被日军有意"释放"的中国战俘，在南下归队途中开始发病，导致沿途各地发生伤寒（副伤寒）流行。如常山县宣风乡十八里、草坪、西塘坞等就有246人因传染伤寒而患疫死亡②。当时常山县宣风、声教两乡患疫病死亡人数达2000多人③。

8月28日后，衢县逃难到边远山区的数十万居民纷纷返回家园。因不知日军撒播细菌，数以万计的居民感染细菌，且继续扩散。在短期内，衢县出现了鼠疫、霍乱、伤寒（副伤寒）、痢疾、炭疽等多种传染病的混合大流行。9月上旬，衢县城区及廿里镇、寺前乡相继暴发鼠疫、伤寒（副伤寒）流行。如城区有93人患伤寒（副伤寒）死亡；廿里镇廿里、杨家突村有157人患鼠疫死亡，马卜吴村有34人患伤寒病死亡。其后，痢疾、炭疽疫情开始流行。如戚家乡6个村有55人因喝了日军投放过细菌的井水或食用日军投放过细菌的生冷食品而患痢疾致死，有86人在生活与劳动中接触过日军撒播的炭疽细菌而感染了炭疽病，皮肤急性溃烂而死。至12月底，疫情已蔓延至衢县19个乡镇、江山7个乡镇、常山4个乡镇和开化8个乡镇，以及龙游希塘等地。衢县在9月至12月的4个月中，患病总人数达2万人，病死3000余人④；江山县患疫死亡378人；常山县

① 江山市史志办公室：《江山县细菌战死难人数统计表、名录》（2007年12月），江山市抗战损失课题调研资料11—08—03—10，第99页。
② 邱明轩：《菌战与隐患》，香港天马出版有限公司2004年版，第17页。
③ 常山县志编纂委员会编：《常山县志》，浙江人民出版社1990年版，第564页。
④ 衢州市卫生局编：《衢州市卫生志》，上海交通大学出版社1997年版，第147页。

患疫死亡 2000 人；开化县患疫死亡 184 人①；龙游县患疫死亡 170 人②。

1943 年，衢州各地疫情继续蔓延。如常山县宣风、声教、开明、球川、崇正（今龙绕）、中和（今同弓）6 个乡患鼠疫、霍乱、伤寒（副伤寒）、痢疾、疟疾与恶性疟疾、炭疽等传染病人数达 10241 人，死亡 1506 人③。在衢县，将军、戚家（今下张）、樟潭、寺前（今黄家）等乡镇还继续发生炭疽疾病流行，先后有 100 余人死亡，加上鼠疫、霍乱、痢疾等疫情，有姓名的死亡人数共 175 人④。开化县 5 个乡镇有 331 人死于鼠疫、伤寒（副伤寒）、霍乱等疫病⑤。江山县伤寒（副伤寒）、霍乱、痢疾、鼠疫、炭疽仍在流行，共死亡 127 人⑥。根据 10 月 25 日召开的衢属 5 县防疫会议统计，从 4 月至 9 月，累计发病 45000 余人，死亡 7600 余人⑦。

1944 年 6 月，日军再次入侵衢州，7 月 1 日撤退时，又撒播细菌，再次造成各种疫情大范围流行。龙游县秋后痢疾、恶性疟疾疫势异常猖獗，希塘等 7 个乡镇患疫人数达 15911 人，死亡 4040 人（疟疾 2498 人、痢疾 1092 人）；从 7 月至 11 月，衢县 32 个乡镇患上述传染病人数达 10608 人，病死 1803 人⑧。另外，江山县患疫死亡 11 人，常山县患疫死亡 35 人，开化县患疫死亡 268 人⑨。

1945 年，常山、开化等县疫情继续蔓延流行。常山县 21 个乡镇都发生疫病大流行，患疫人数达 5 万余人，死亡 11850 人⑩。开化县大溪边、村头等乡镇，患疫病死亡 357 人；江山县患疫病死亡 5 人⑪。

抗战虽然胜利了，但日军在衢州投放细菌而造成的疫情流行并未停息。1946 年，衢州各县疫病继续蔓延。1 月至 9 月，衢县患鼠疫、伤寒（副伤寒）、痢疾、疟疾与恶性疟疾死亡人数达 824 人⑫。常山县 12 个乡镇，患疫人数达 47000 余

---

① 根据邱明轩著《孽债难忘》（香港天马出版有限公司 2005 年版）所收录的死难者名单统计。
② 龙游县湖镇下库希塘村民口述材料。转引自邱明轩著：《菌战与隐患》，香港天马出版有限公司 2004 年版，第 22 页。
③ 衢州市卫生局编：《衢州市卫生志》，上海交通大学出版社 1997 年版，第 147 页。
④ 根据邱明轩著《孽债难忘》（香港天马出版有限公司 2005 年版）所收录的死难者名单统计。
⑤ 根据邱明轩著《孽债难忘》（香港天马出版有限公司 2005 年版）所收录的死难者名单统计。
⑥ 根据邱明轩著《孽债难忘》（香港天马出版有限公司 2005 年版）所收录的死难者名单统计。
⑦ 邱明轩：《菌战与隐患》，香港天马出版有限公司 2004 年版，第 171 页。
⑧ 《衢龙汤兰三十三年度疟病人数统计表（龙游部分）》，浙江省档案馆藏档案，政府 638 卷。
⑨ 根据邱明轩著《孽债难忘》（香港天马出版有限公司 2005 年版）所收录的死难者名单统计。
⑩ 常山县志编纂委员会编：《常山县志》，浙江人民出版社 1990 年版，第 21、564 页。
⑪ 根据邱明轩著《孽债难忘》（香港天马出版有限公司 2005 年版）所收录的死难者名单统计。
⑫ 1 月至 5 月，衢县东南部 9 个乡镇患病死亡 584 人；9 月，大洲、石室 2 乡镇患疫死亡 240 人。见邱明轩：《菌战与隐患》，香港天马出版有限公司 2004 年版，第 19 页。

人，死亡 4000 余人①。开化县儒廉、七贤、集宁等 9 个乡镇，患疫死亡 747 人；江山县患疫死亡 16 人②。

1947 年，国民政府和浙江省政府派出多支医疗防疫队驻衢州各地加强防治，疫情渐缓。但开化县还比较严重，患传染病死亡人数有 219 人。衢县城区及将军乡等地发生鼠疫流行，发病 35 人，死亡 30 人（鹿鸣、峥嵘镇合计 27 人，将军乡百家塘村 3 人)③。江山县患疫死亡 6 人。

1948 年，衢县航埠、石梁等地发生霍乱流行，发病 27 人，死亡 15 人④。开化县各乡镇又出现伤寒、鼠疫、霍乱、痢疾、炭疽等传染病流行，死亡 97 人。常山县白石、钳口、二都桥等地患疫死亡 4 人。10 月 29 日，龙游县城河西街俊甫路发现鼠疫，至 11 月 1 日，患疫死亡 4 人。另江山县患疫死亡 3 人⑤。

日军在衢州实施细菌战，造成衢州地区各县发生鼠疫、霍乱、伤寒（副伤寒）、痢疾、疟疾与恶性疟疾、炭疽等多种传染病的暴发流行，历时 8 年之久。据此次抗战时期中国人口伤亡和财产损失课题调研衢州市各县（市、区）上报成果统计，侵华日军在衢州实施的细菌战，共造成 39938 人染疫死亡。

（三）金华

最早有关日军在金华实施细菌战的记述是，1940 年 3 月，日军飞机从丽水、松阳方向飞过武义县新宅镇安凤村，落下一些纸屑、传单，有烟雾飘扬。17 日（农历正月初九），安凤村 10 岁男孩朱兴明染疫死亡。其症状为发热怕冷，抽筋，脸色苍白，有时泛红发紫，舌白口干。其后村民接二连三发病，共死亡 38 人⑥。同年 10 月，日军在浙江实施大规模细菌战中，也对金华地区撒播细菌，但未有疫病流行的档案记载。现在仅知的一次疫情是从衢州传过来的。10 月中旬（农历八月），义乌贾伯塘村贾樟和在国民政府军驻地衢州染疫，随后逃离部队，沿途上吐下泻，回家第二天即暴病身亡。其后，该村在 9 天之内连着染疫死亡 8 人⑦。

1941 年 9 月 5 日，在衢县火车站工作的义乌籍工人郦冠明染上鼠疫后回到义乌县城医治，于次日死亡。随后，义乌县城北门一带陆续出现鼠疫患者。因该

---

① 《大明报》1946 年 9 月 7 日。

② 根据邱明轩《孽债难忘》（香港天马出版有限公司 2005 年版）所收录的死难者名单统计。

③ 邱明轩：《菌战与隐患》，香港天马出版有限公司 2004 年版，第 20 页。

④ 邱明轩：《菌战与隐患》，香港天马出版有限公司 2004 年版，第 20 页。

⑤ 根据邱明轩《孽债难忘》（香港天马出版有限公司 2005 年版）所收录的死难者名单统计。

⑥ 刘徐元、朱维珍口述材料，武义县抗战损失课题调研资料 11—07—08—55，第 20—29 页。因未发现相关档案材料，时间上不是很确定。

⑦ 张均汉、贾光清口述材料，义乌市抗战损失课题调研资料 11—07—05—23，第 74—75 页。

街区居民害怕被传染，纷纷外逃，致使疫情扩散到 24 个村，更远至东阳、浦江等地。经义乌县政府积极防治，鼠疫至 1942 年 2 月才得以控制，但已死亡 400 多人[①]。鼠疫从义乌蔓延到东阳县后，在八担头村、歌山村等地传染开来，造成 14 个村鼠疫流行，至 1942 年 4 月，共有 117 人发病、113 人死亡[②]。浦江曾有类似鼠疫死亡者 3 人，浙江省卫生处也派员进行调查，但未及鉴定[③]。

随着日军发动浙赣作战，实施大规模的细菌战攻击，金华地区出现了大范围细菌疫情。1942 年 5 月 24 日，日军撤离武义县马昂村时，在村内饮水井中投下细菌，以致饮用井水的村民当夜都呈现腹绞痛、上吐下泻等症状，受感染者 140 多人，死亡 103 人，其中有 30 名儿童[④]。8 月 29 日，一股日军在武义县柳城镇堰下村驻营两天一夜，在蓝信棠家中丢下十几只装过细菌病毒的玻璃瓶[⑤]。日军撤走后，全村受细菌感染的有 68 人，死亡 43 人（有宗谱可查证）[⑥]。30 日，日军大部队路过武义县石门洲村，抓捕 32 个村民当挑夫。这批挑夫在义乌被日军医生在腿上擦上所谓"消炎"药水，回到家后都奇痒难忍，一抓就出水，成为烂脚[⑦]。当时老百姓逃难到山上，手脚碰破了皮，受细菌感染，烂脚的人很多，武义县沈宅村 409 人中，烂脚的就有 100 人。10 月，义乌县崇山村村民王焕章感染鼠疫死亡，其后崇山村疫情凶猛，每天死亡 5—8 人，最多一天死亡 20 多人，两个月内死亡 404 人[⑧]。同时，鼠疫从崇山村蔓延至周围的新园、井头山、官塘下、下柳、稠关、东河、张村、塔下洲、徐村等 23 个村，共计死亡 700 多人。当时驻义乌县城的南京荣字 1644 部队打着"免费治疗"的幌子，采用诱骗或抓捕手段，在林山寺对鼠疫患者进行活体解剖。有的死难者被割去手臂、大腿等，做成实验标本。日军并将在崇山村鼠疫患者或病死者身上提取的鼠疫细菌命名为"松山株"（松山即崇山）。事后日军为了毁灭证据，于 11 月 18 日（农历十月十一）拂晓焚毁了整个村庄。日军撒播的细菌在汤溪县（今属金华城区）也造成疫情大流行。白龙桥镇大圩村 270 余人，80% 以上受伤寒或炭疽细菌感

① 义乌市抗战损失课题调研组：《日军施放细菌给义乌带来的危害调查报告》（2007 年 11 月），义乌市抗战损失课题调研资料 11—07—05—42，第 4 页。
② 解学诗、松村高夫等著：《战争与恶疫——七三一部队罪行考》，人民出版社 1998 年版，第 164 页。
③ 浙江省档案馆藏档案，档案号 36—86—26。转引自解学诗、松村高夫等著：《战争与恶疫——七三一部队罪行考》，人民出版社 1998 年版，第 164 页。
④ 王华连、王寿应等口述材料，武义县抗战损失课题调研资料 11—07—08—55，第 30—44 页。
⑤ 玻璃瓶长 25 公分，瓶口 6 公分，瓶直径 8 公分，以空瓶为多，有些有水样物质，白色透明。这些玻璃瓶于 1966 年 8 月破"四旧"时被销毁。
⑥ 雷章法、钟廷明等口述材料，武义县抗战损失课题调研资料 11—07—08—55，第 42—49 页。
⑦ 郑志成等口述材料，武义县抗战损失课题调研资料 11—07—08—09，第 89—91 页。
⑧ 王善洪口述材料，义乌市抗战损失课题调研资料 11—07—05—14，第 139 页。

染，烂头烂脚而死亡的有 19 人①；新昌桥村 800 多人中，烂头烂脚的有 700 多人②；汤溪村因感染鼠疫死亡的有 72 人，感染炭疽死亡的有 20 人，感染伤寒死亡的有 3 人③；高畈、山卜里两个村因感染细菌死亡 26 人，其中感染鼠疫死亡 4 人，感染霍乱死亡 2 人，感染炭疽死亡 9 人，感染伤寒死亡 1 人④；禾边程、汤塘村因细菌感染死亡者有 24 人，其中感染鼠疫死亡 21 人，感染霍乱死亡 2 人，感染炭疽死亡 1 人⑤；镇宅村因感染细菌死亡人数为 30 人，其中感染鼠疫死亡 8 人，感染炭疽死亡 7 人，感染霍乱死亡 15 人⑥；节义村因细菌感染死亡者有 113 人，其中感染鼠疫死亡 57 人，感染炭疽死亡 11 人，感染伤寒死亡 40 人，其他死亡 5 人⑦；中戴村因细菌感染死亡者有 109 人，其中感染霍乱死亡 83 人，感染鼠疫死亡 22 人，感染炭疽死亡 3 人，感染伤寒死亡 1 人⑧。同年底，日军在汤溪县曹界村施放细菌。曹界村 300 多人中有 223 人患疫死亡，其中感染鼠疫死亡 168 人，感染炭疽死亡 4 人，感染霍乱死亡 46 人⑨。随后，曹界村疫情扩散至高义村、上叶村，致使高义村因感染鼠疫死亡 41 人，感染炭疽死亡 10 人，感染霍乱死亡 33 人，感染伤寒死亡 15 人；上叶村因感染鼠疫死亡 16 人，感染炭疽死亡 2 人⑩。

1943 年五六月间，因日军在兰江边撒播细菌，兰溪县沿江村民凡光脚踏入污泥中，即感染炭疽病。当时有数村暴发该疫情，医院此类病人最多时达 50 多人。8 月，武义县履坦镇（沦陷区）坛头村被细菌传染，引发疫情，全村 100 多人大部分被传染，吐泻不止、发烧口干，不到 1 年死亡 47 人⑪。从 1943 年 10 月至 1944 年 1 月，义乌城郊的大水畈、张村暴发鼠疫流行，发病 65 人，死亡 59 人；江湾乡官塘下也出现 42 名患者，死亡 39 人⑫。

1944 年 3 月，武义县横塘村遭日军间谍投放细菌，全村近百人口，有半数

① 邵兆林、季文贵口述材料，金华市婺城区抗战损失课题调研资料 11—07—01—26，第 11 页。
② 傅自律：《血泪控诉侵华日军细菌战的罪行》（2006 年），金华市婺城区抗战损失课题调研资料 11—07—01—26，第 19 页。
③ 丰志寿、范雪根、程振荣口述材料，金华市婺城区抗战损失课题调研资料 11—07—01—27，第 27 页。
④ 陈惠忠、陈根清口述材料，金华市婺城区抗战损失课题调研资料 11—07—01—27，第 93 页。
⑤ 程仁忠、程樟广口述材料，金华市婺城区抗战损失课题调研资料 11—07—01—27，第 98 页。
⑥ 刘志松、方小羊口述材料，金华市婺城区抗战损失课题调研资料 11—07—01—27，第 105 页。
⑦ 邵培增、金志文等口述材料，金华市婺城区抗战损失课题调研资料 11—07—01—28，第 2 页。
⑧ 木益年、刘庆荣口述材料，金华市婺城区抗战损失课题调研资料 11—07—01—28，第 52 页。
⑨ 伊宝廷口述材料，金华市婺城区抗战损失课题调研资料 11—07—01—27，第 15 页。
⑩ 丰正义、丰百顺、邵通仪、叶桂崇口述材料，金华市婺城区抗战损失课题调研资料 11—07—01—28，第 25、46 页。
⑪ 朱福连等口述材料，武义县抗战损失课题调研资料 11—07—08—55，第 76—78 页。
⑫ 解学诗、松村高夫等著：《战争与恶疫——七三一部队罪行考》，人民出版社 1998 年版，第 162 页。

感染，死亡26人①。同月，武义县白姆村糖坊的舍妹妹在义乌感染细菌，病重，抬回要巨村后死亡，随后该村疫情流行，不到半年就死亡40人②。同月底，武义县宏阁村又流行疫情，全村死亡32人③。同年春，武义县代石村被传染疫情，染疫村民发烧、上吐下泻，共死亡30多人；8月日军窜扰刚过，该村又暴发疫情，两次合计死亡73人④。同年4月，义乌县江湾乡下柳村发生鼠疫流行，12名患者中有9人死亡⑤。同月，日伪华中矿业公司武义矿业所的塘里、杨家等莹石矿区，因细菌传染，暴发霍乱、伤寒等疫情。塘里矿区1300多劳工中，死亡550人，杨家矿区600多劳工中，死亡313人⑥。年底，武义县上下仓村感染疫情，染疫者发烧、抽筋，很快死去。当时乡连乡、村连村方圆50里，都被间谍汉奸投毒，发生疫情，死亡194人⑦。

1947年11月3日至12月8日，兰溪县南门自由路一带发现鼠疫疫情。鼠疫来源最早是在朱万兴过塘行。该行常有上饶来客居住，而上饶为严重疫区，疑为病菌通过客商携带货物所传染⑧。据兰溪市抗战课题调研小组调查，此次疫情共有36人感染，死亡12人⑨。

日军细菌战除造成平民伤亡外，还给当时驻金华地区的国民政府军造成伤亡。1944年9月，国民政府军第七十九师第二三五团驻防武义县少妃镇。日军多次进攻少妃岭未果，实施细菌战，致使国军官兵1100多人感染细菌。从11月起，国军士兵陆续开始死亡。为阻止疫情蔓延，国军设立了隔离区，每天从隔离区抬出好几具尸体，多的时候达几十具⑩。浙赣作战后至抗战结束，武义县诸多国民政府军都遭日军细菌攻击：驻防武义县后村的国民政府军第七十九师1个团感染日军撒播的细菌，死亡254人；驻石门洲的国军第二三七团因细菌感染，死亡30人；驻丰产村的国军1个团，因细菌感染死亡108人；驻竹客村的国军因

---

① 罗根法等口述材料，武义县抗战损失课题调研资料11—07—08—55，第53—55页。
② 吴永南等口述材料，武义县抗战损失课题调研资料11—07—08—55，第71—75页。
③ 钟作安等口述材料，武义县抗战损失课题调研资料11—07—08—55，第56—58页。
④ 吕岳堂等口述材料，武义县抗战损失课题调研资料11—07—08—55，第59—67页。
⑤ 义乌县卫生志编修小组：《义乌卫生志》，浙江人民出版社1989年版。
⑥ 朱六凤等口述材料，武义县抗战损失课题调研资料11—07—08—17，第1、第3页。
⑦ 武义县抗战损失课题调研组：《侵华日军细菌战武义县受害史实》（2007年12月），武义县抗战损失课题调研资料11—07—08—55，第7页。
⑧ 《浙江省医疗防疫大队第二医疗防疫队防治兰溪鼠疫工作报告摘要》（1948年1月），浙江省档案馆馆藏档案，档案号29—4—261。
⑨ 另据浙江省防疫站：《浙江省鼠疫流行史》（1965年）记载，为"病23人，死亡15人"。
⑩ 武义县抗战损失课题调研组：《侵华日军细菌战武义县受害史实》（2007年12月），武义县抗战损失课题调研资料11—07—08—55，第5页。

细菌感染死亡 24 人；驻云溪村的国军因细菌感染死亡 223 人；驻郑回村的国军 1 个团，因细菌感染死亡 96 人；驻上水碓村的国军 1 个步兵连，因细菌感染死亡 32 人；驻祝村的国军第二三五团第三营，因细菌传染死亡 220 人，最多一天死了 16 人；驻全塘口村的国军 1 个营和 1 个小炮排，因细菌感染死亡 46 人；驻前湾村国军 1 个团，因细菌感染死亡 145 人；驻华塘村的国军 1 个营，因细菌感染死亡 83 人；驻东西村的国军第七十九师、第三十四师、第二十一师联合伤兵收容所，因伤病冻饿，加上细菌感染，上吐下泻，死亡伤员 221 人；另还有死在大溪口、山后鲍路上的国军士兵 3 人①。

除上述细菌战案例外，仍有许多未予罗列。根据此次调研所得资料汇总，日军在金华地区实施的细菌战攻击，共造成平民死亡 4065 人②，国民政府军死亡 2393 人。

（四）丽水

从现有材料来看，1938 年冬至 1939 年春，庆元县即开始流行鼠疫，但限于材料，尚难以完全认定这是由日军细菌攻击造成③。1940 年日军实施大规模细菌战攻击时，丽水地区的龙泉和庆元两县也有鼠疫蔓延。这可能是上一波鼠疫的再度延续，也可能是日军细菌战攻击直接造成的。因缺乏直接的档案材料，也难以推定。当年 9 月，靠近庆元县边界的龙泉县小梅出现鼠疫流行，且一直延续至 1941 年春。同时庆元县和龙泉县查田也流行过鼠疫。在此次鼠疫流行中，龙泉县染疫死亡者 48 人④，庆元县城有 300 人染疫，死亡 284 人，庆元县东部染疫死

---

① 武义县抗战损失课题调研组：《侵华日军细菌战武义县受害史实》（2007 年 12 月），武义县抗战损失课题调研资料 11—07—08—55，第 4 页。

② 兰溪市因日军细菌战引起的炭疽死亡 99 人，鼠疫死亡 12 人（兰溪市抗战损失课题调研资料 11—07—03—01，第 14 页）；义乌市因日军细菌战死亡 1333 人（义乌市抗战损失课题调研资料 11—07—05—42，死于鼠疫有姓名者有 1325 人，另加霍乱死亡 8 人）；武义县因日军细菌战侵害死亡 1610 人（武义县抗战课题调研资料 11—07—08—55，第 2 页，细菌感染死亡者 4003 人中，减去国民政府军 2393人）；原金华县、汤溪县查实的日军细菌战死难者为 2508 人，其中感染鼠疫死亡 1175 人、感染霍乱死亡 272 人、感染炭疽死亡 362 人、感染伤寒死亡 556 人（婺城区抗战损失课题调研资料 11—07—01—01，第 10 页）；加上东阳市因感染鼠疫死亡 113 人（见前注）。

③ 这一时期庆元县城和龙泉、庆元边界 10 余个村镇流行鼠疫，共 423 人染疫，死亡 290 人，直到 1939 年 3 月才得以控制。当时国民政府卫生处和解放后卫生防疫部门都认定这是自然疫情。但是，此次疫情与自然疫情也有所不同：①从鼠疫流行来看，庆元县 20 世纪 30 年代初出现过鼠疫流行，其后一直未发现该疫情，直到 1938 年冬；②从鼠疫流行季节看，自然鼠疫流行于夏季，而庆元鼠疫出现在冬季；③从流行范围看，庆元县历史上流行的自然鼠疫一般发生在西边靠近福建省边界，与此次在东边靠近龙泉县边界大不相同；④从死亡率上看，自然鼠疫死亡率较低，细菌战鼠疫死亡率较高，此次庆元鼠疫死亡率为 68.5%。因尚无日军在庆元实施细菌战的确凿证据，备此一说。

④ 浙江省防疫站：《浙江省鼠疫流行史》（1965 年），第 4 页。

亡 107 人①。

　　1942 年日军发动浙赣作战后，于 8 月开始从丽水撤退，同时撒播细菌。日军撤离后，丽水、云和、松阳、遂昌相继暴发各种细菌传染疫情。从调研所得材料看，日军曾派人在丽水县城水井中投放细菌，但被发现。城内所有水井都贴上"此井有毒"告示，从而免遭了一场浩劫。但也有人看到从日军飞机上扔下条块状的石板，认定那是日军的细菌武器。8 月 23 日，丽水县青林村 13 岁的陈细种因食用从河中捞上来的鱼而患病，畏寒，发热不退，腹痛腹泻，便血而死。从 30 日始，疫情在村中大面积流行，有的恶心呕吐，严重者出现狂躁、谵妄甚至昏迷，确认为伤寒。其后，魏村、苏埠村、郎奇村也出现相同疫情。至 9 月下旬，青林村有 50 人患伤寒，无一愈者；苏埠村在 1 个月内，35 人染疫死亡；魏村 1 个多月内有 49 人染疫死亡；芦埠村 24 名染疫者全部死亡；开潭村 5 人染疫死亡；郎奇村染疫死亡者有姓名者 35 人②。从 9 月 1 日开始，丽水县水东暴发霍乱，患者剧烈上吐下泻，全身抽搐，严重脱水，迅速死亡。全村 1 个月内有 67 人染疫，死亡 64 人③。与伤寒、霍乱暴发同时，丽水县还出现以烂脚为主要特征的皮肤炭疽病，并出现过个别的肠炭疽。炭疽病的死亡率相对较低，病程较长。9 月底 10 月初，丽水县自北而南暴发鼠疫。在丽水县碧湖，当地百姓看到日机撒下大量黑跳蚤，随后大群不会游泳的老鼠过江逃命。雅里、天宁寺、小木溪、前垟、赵村各地相距 15 里以上，都在同一时间发生鼠疫，因此被确定为疫源区。

　　云和县在日军 1942 年大规模细菌战中也发现鼠疫。8 月，日机轰炸云和时，即扔下细菌炸弹。云和县城 9 岁的黄杏娟因家中被细菌炸弹击中，染上腺鼠疫而死亡④。日军在轰炸云和县时还扔下炭疽炸弹。双港村金根娘被日机扔下的炸弹弹片劈伤臀部，不久即不断溃烂，医治无效而死亡。双港全村共有 28 人感染炭疽，死亡 25 人⑤。也是在 8 月，日机在松阳投下烟雾状的黑色气体，处于气团正下方的母女两人次日即得肺炭疽病死亡。附近的村民因下田劳作得皮肤炭疽而烂手烂脚。此次调研发现，松阳县有的乡镇村民患炭疽比率高达 60%—70%。

① 据浙江省防疫站《浙江省鼠疫流行史》（1965 年）记载为 284 人，此次社会调查又在庆元东部查出 107 人，见庆元县抗战损失课题调研资料 11—11—05—07，第 82、84、91 号。
② 陈史英：《日军在丽水县（今莲都区）实施细菌战的专题调研报告》（2008 年 3 月），丽水市莲都区抗战损失课题调研资料 11—11—01—49，第 1 页。
③ 陈史英：《日军在丽水县（今莲都区）实施细菌战的专题调研报告》（2008 年 3 月），丽水市莲都区抗战损失课题调研资料 11—11—01—49，第 1 页。
④ 高彩芹口述材料，见云和县政协文史委员会编：《抗战与鼠疫》，2005 年出版，第 208、209 页。
⑤ 王汉庭：《双港村炭疽病纪实》，见云和县政协文史委员会编：《抗战与鼠疫》，2005 年出版，第 83 页。

日军从遂昌撤离后，遂昌也流行疫情，现在查明的主要有两种。一是赤痢。从农历七八月开始，直至秋冬，遂昌官溪村、蕉川二村等地暴发赤痢，共有44人染疫，死亡41人[①]。二是炭疽。日军撤走后，遂昌许多村民感染炭疽细菌，据不完全统计，凡染疫者共162人，死亡20人，大部分终生不愈[②]。

丽水地区大范围流行疫情，是从1943年开始的。从现有调研资料来看，丽水县鼠疫疫源区除碧湖镇外，基本都在本村内得到控制，进入间歇期。但碧湖镇内汤街鼠疫呈南北两条途径向外扩散，向北蔓延至上阁、下河、九龙、下叶、红圩、里河等村，向南蔓延至保定、毛田、义埠、周巷等村，并扩散至松阳、青田、云和等周边县。丽水县鼠疫一直延续到1944年春才得以缓解。

云和县在1943年也暴发大规模鼠疫流行。其中原因，一是日军在浙赣作战后仍继续对云和县实施细菌攻击。二是从丽水等地蔓延而至。1943年8月，距县城3里的河上村妙严寺第一儿童保育院发现疫鼠，引发鼠疫流行，死亡难童11人[③]。疫情随即向周边扩散，河上村、隔溪寮村、后山村先后有多人染疫死亡。10月4日，县城内司前巷三号叶家厅内发现疫鼠，并引起鼠疫流行。《东南日报》惊呼："云和鼠疫蔓延日广，疫势日盛，因患鼠疫死者日有所闻，死鼠随处发现，省立医院、省卫生事务所对检查疫鼠，有应接不暇之势。"[④] 连当时浙江省政府主席黄绍竑也染上鼠疫（后治愈）[⑤]。因云和当时是浙江省临时省会，机关庞杂，难民众多，流动频繁，鼠疫扩散很快。从9月9日至11月21日，云和县城共发现疫鼠地点80余处；从10月10日至11月30日，染疫死亡32人，还有许多人在治疗当中[⑥]。云和县鼠疫一直持续到1944年。据本次调研统计，石浦村共有133人感染鼠疫，死亡126人；局村感染鼠疫死亡76人；勤俭村感染鼠疫死亡69人；何岱垟小村感染鼠疫死亡9人[⑦]。松阳县的鼠疫主要是从丽水扩散而至，据现有资料，感染鼠疫者249人，死亡245人。龙泉县、庆元县鼠

---

① 新路湾镇、妙高镇社会调查资料，遂昌县抗战损失课题调研资料11—11—07—09，第11、51—54、59、70、107、109、112、205页。

② 遂昌县史志办：《遂昌县炭疽疫病伤亡人员名单》（2008年6月），遂昌县抗战损失课题调研资料11—11—07—16，第82页。

③ 张益清：《云和鼠疫疫源之谜》，见云和县政协文史资料委员会编：《抗日战争时期浙江省会云和》，2007年出版，第410页。

④ 《东南日报》1943年11月12日。

⑤ 黄绍竑：《五十回忆》，岳麓书社1999年版，第457页。

⑥ 张益清：《云和鼠疫疫源之谜》，见云和县政协文史资料委员会编：《抗日战争时期浙江省会云和》，2007年出版，第412页。

⑦ 云和县史志办：《关于云和遭受日军细菌战侵害情况的调查报告》（2008年4月），云和县抗战损失课题调研资料11—11—04—17，第138页。

疫一直持续。1943 年龙泉鼠疫流行最广，受害人数最多，染疫 668 人，死亡 309 人[①]。

1944 年春，丽水城太平坊浙江地方银行发现疫鼠。6 月，日机丢下一些不会爆炸的"炸弹"。17 日，当地居民李长春感染鼠疫，3 天后死亡[②]。不久，日机又在丽水城大水门与小水门投下数枚细菌炸弹，三四天后居民许颖兰及其女儿患鼠疫身亡。丽水县再次暴发鼠疫疫情，主要集中在丽水县县城及其周围地区。仅 10 月，丽水城及周边地区鼠疫死亡即达千人左右[③]。这波鼠疫流行一直延续到次年。

1945 年 4 月，日机轰炸云和县时投下了一些不会爆炸的"炸弹"和含有鼠疫菌的棉花、糖果、饼干、玩具等，再次造成云和县鼠疫流行。据当地老人回忆[④]，4 月 14 日、15 日，日机飞临云和县古竹村上空时，投下 1 枚细菌弹。不久，古竹村感染鼠疫死亡者达 43 人。此后，鼠疫开始蔓延。当时《浙江日报》曾报道说："云和鼠疫日趋严重，近来病状险恶，血液中均可检得鼠疫杆菌，即可证明为败血型鼠疫，往往于入院后数小时，不得救治即告毙命。"[⑤] 政府当局也很惊恐，各级机关纷纷撤离云和，还曾一度考虑火烧云和县城。

日军细菌战对丽水地区边缘县份亦有影响。缙云县有部分炭疽感染情况，此次调研发现有 26 人感染，死亡 24 人，主要集中在与武义、莲都交界的边界地区。在档案材料中，也有青田、缙云、景宁各县少量鼠疫死伤人员的记载，其疫源主要从丽水、云和等地传入，也有县内个别地点是从温州传入的，如青田。据此次调研统计，青田县感染鼠疫死亡者 15 人[⑥]。另据《浙江省鼠疫流行史》记载，缙云县感染鼠疫死亡者 2 人，景宁县 1 人。

根据此次调研所收集的资料进行汇总，丽水市各县在日军细菌战攻击中共死亡 5030 人，其中以鼠疫为多，死亡 4064 人[⑦]。

---

① 根据龙泉市抗战损失课题调研资料 11—11—02—04 和 11—11—02—05 中 125 份口述资料整理出患病死亡为 293 人，另龙泉市档案馆民国档案（档案号 11—2—173）记载，患病死亡为 16 人。

② 《东南日报》1944 年 6 月 21 日。

③ 《东南日报》1944 年 10 月 22 日。

④ 廖玉龙等：《细菌战受害调查说明——古竹村》（2007 年 5 月 8 日），云和县抗战损失课题调研资料 11—11—04—12，第 80 页。

⑤ 《浙江日报》1945 年 9 月 15 日。

⑥ 浙江省防疫站：《浙江省鼠疫流行史》（1965 年）记载染疫死亡为 7 人，此次调研又发现感染鼠疫死亡 8 人。

⑦ 根据此次调研统计，莲都区感染鼠疫死亡 2009 人，感染霍乱死亡 207 人，感染伤寒死亡 176 人，感染炭疽死亡 130 人；松阳县感染鼠疫死亡 245 人，感染霍乱死亡 73 人，感染炭疽死亡 218 人，感染伤寒、赤痢死亡 71 人，遭日军细菌战试验死亡 4 人；龙泉县感染鼠疫死亡 655 人；庆元县感染鼠疫死亡 1137 人；遂昌县感染赤痢死亡 43 人，感染炭疽死亡 20 人；缙云县感染炭疽死亡 24 人，感染鼠疫死亡 2 人；青田县感染鼠疫死亡 15 人；景宁县感染鼠疫死亡 1 人。

（五）温州

温州细菌疫情的产生主要有两个途径。一是日军直接在温州实施细菌战攻击，这在档案文献中有所记载；二是从丽水扩散而至，这主要是鼠疫疫情。

1941 年 4 月，日军第一次侵占温州城，通过汉奸在温州城区（今鹿城区）东门横井巷一带的河道、水井里投放鼠疫、霍乱等病菌，致使这一带暴发疫情，死亡 30 人①。1942 年 7 月至 8 月，日军第二次侵占温州城时，强行给城区郭公山贡山宫后 5 号的杨立雪父母打针，致使其父母染上疫病，上吐下泻，不久死亡，其后疫病在杨家传染，两个月内又死亡 4 人②。据此次调研统计，鹿城区患各种细菌传染病的有 3609 人，死亡 613 人，其中感染鼠疫死亡者 545 人。1944 年鼠疫疫情复发严重，患者 2976 人，死亡 539 人③。

1944 年 4 月，永嘉县桥头殿前村（今属桥头镇）商人祁温起在龙泉县经商时感染鼠疫身亡，家人将其尸体运回桥头安葬，因处理不当导致鼠疫在桥头扩散，感染者共有 97 人，死亡 80 人④。

日军侵占乐清县海屿乡高阳、三屿期间，强行封锁两地，强迫村民注射鼠疫"疫针"，对患毙村民进行剖腹试验，以检验细菌战的效果，然后用火焚化⑤。1944 年 10 月 21 日，日军峰岸部队 70 余人侵占乐清县翁垟镇九房村，用铁丝网封锁该村，以打"预防针"为名，强迫村民注射鼠疫病菌。不久，被打过针的村民腋下或腿上都长了如丸子一样的肿块，称为"老鼠丸"或"鼠疫瘤"。之后，日军命患者家属将他们抬到村东的祠堂里进行鼠疫活人实验。有些患者怕被日军发现，不敢声张，至死不敢哭泣。家人也悄悄将之入殓埋葬。据此次调研统计，该村共有患者 100 余人，死亡 20 人，其中 5 人死在日军做实验的祠堂里⑥。1945 年 6 月间，日军撤退时，在乐清县豹屿乡山前村、白象镇樟湾村、万家乡万南村、石湖乡水深村以及环城乡樟树下 4 个村子的水井或河里投放霍乱病菌，致使许多村民因此上吐下泻，死亡

① 张海琴口述材料，温州市鹿城区抗战损失课题调研资料 11—03—01—23，第 106 页。
② 杨立雪口述材料，温州市鹿城区抗战损失课题调研资料 11—03—01—23，第 1 页。
③ 中共温州市鹿城区委党史研究室：《温州市鹿城区抗战时期人口伤亡和财产损失调研报告》（2008 年 8 月），温州市鹿城区抗战损失课题调研资料 11—03—01—01，第 15 页。
④ 中共永嘉县委党史研究室：《永嘉抗战时期人口伤亡和财产损失调研报告》（2008 年 7 月），永嘉县抗战损失课题调研资料 11—03—06—01，第 11 页。
⑤ 《最近永乐敌伪情形》，第 49 页，温州市档案馆馆藏档案，档案号 193—5—35。
⑥ 中共乐清市委党史研究室：《乐清市翁垟镇九房前村人口伤亡调查资料》（2007 年 5 月 18 日、29 日、7 月 23 日、10 月 30 日），乐清市抗战损失课题调研资料 11—03—05—17，第 1—24 页。

达 48 人①。9 月，日军撤出永嘉县永兴乡（今属龙湾区）下垟街季宅祠堂时，在祠堂内投放霍乱细菌。不久，季姓族人在季宅祠堂内摆酒席，多人餐后出现呕吐、腹泻、脱水等霍乱症状，医治无效死亡的有 47 人②。

（六）绍兴

在以往的材料中，很少提及日军在绍兴地区进行细菌战。但据 1939 年 7 月 29 日《绍兴新闻》报道，日军曾在绍兴散放"带有传染病菌"的大量白粉。此次调研中，在绍兴地区也发现一些有关日军进行细菌战的史实，主要是当事人的口述材料。

诸暨县有关遭受细菌攻击时间主要集中在 1941 年和 1942 年，及公路、铁路沿线等战略地带，这与当时日军入侵诸暨和浙赣作战是相吻合的。直埠村刘群贤的奶奶回忆，当时经常有日本飞机来扔东西，丢下来的除传单之类的宣传品外，还有像面粉之类的食品袋。之后，就流行怪病。长期参与调研的朱因老人也说，日机有时直飞而过，然后空中会飘落像鸡毛粉末一类的灰尘，但人们未加注意，后来就有疫情流行，如朱家村朱洪介、朱洪林兄弟家 1 个多月内接连死亡 4 人，其症状都是高烧不退、舌焦唇裂、滴食不进。钟山村感染鼠疫死亡 7 人。在诸暨县，流行最广的是炭疽细菌。1942 年夏，双桥村烂脚的村民突然增多，不仅大人，连小孩和很少出门的妇女也生疮烂脚，因烂脚而死的有 4 人，大部分终生不愈。根据此次调研所得资料，已确定感染炭疽者有 36 人，死亡 9 人。因有些材料难以判断为何种细菌感染，故未予采用。

此次调研，也在上虞市发现许多日军实施细菌战的史实。1941 年 12 月 30 日，日军侵入太平山村，撤退时故意撒放带细菌的假钞票。村民触碰或捡走假钞票，感染细菌，引发疫情，半个月内死亡 24 人③。日军还在丁宅乡沙墩村（今属双桥村）投放细菌，致使一些村民染上疫病，死亡 6 人④。1942 年初夏，黎明村一些村民去宁波背盐，带来细菌疫情。疫情首先在背盐脚夫中蔓延，随后遍及整个黎明村，死亡 46 人⑤。7 月底至 8 月，日军在小越镇西罗村投放细菌弹，致

① 中共乐清市委党史研究室：《乐清市北白象镇山下村人口伤亡调查资料》（2007 年 3 月 28 日）和《乐清市北白象村万南村人口伤亡调查资料》（2007 年 6 月 11 日），乐清市抗战损失课题调研资料 11—03—05—17，第 106、213 页；卓岳贤口述材料，乐清市抗战损失课题调研资料 11—03—05—15，第 190 页。

② 季岩德口述材料，温州市龙湾区抗战损失课题调研资料 11—03—03—03，第 10 页。

③ 金国祥、金柏友口述材料，上虞市抗战损失课题调研资料 11—06—03—03（下），第 12 页。

④ 陶作仙、徐仲尧口述材料，上虞市抗战损失课题调研资料 11—06—03—03（下），第 27 页。

⑤ 吴绍均、吴国校口述材料，上虞市抗战损失课题调研资料 11—06—03—03（下），第 40 页。

使许多村民感染细菌，出现呕吐、拉肚子等症状，死亡20人左右①。日军也在丰惠镇投过细菌弹，感染者上吐下泻，死亡20多人②。在三角站村，日军以打"预防针"为名，给村民注射细菌。打过针的村民出现针口溃烂、上吐下泻、全身颤抖等症状，人们叫它"抖抖病"。全村因此死亡30人③。

（七）杭州

据史料记载，日军在杭州多次实施化学战，包括细菌战和毒气战。因杭州地区处于战争前沿，战事频繁，所以日军实施毒气战攻击次数较多。虽然日军也在萧山等县实施了细菌战攻击，但毒气战与细菌战攻击出现的疫情，在缺乏专业知识的情况下，很难区别。这里仅将疑似细菌战攻击的事例略提一二。

1939年六七月间，日机在萧山县头蓬、南阳、赭山、靖江、义盛、瓜沥、坎山等地投掷白色絮状物或棉状物，也曾直接向水中投毒，致使许多村民染疫，出现腹痛、上吐下泻、四肢麻木、抽搐等症状，且极易传染，当地人称"埭头病"，疑似霍乱。许多村民感染此疫死亡，如靖江镇伟南村余金木家染疫死亡5人，甘露村萧木鸡一家全部染疫死绝。日机还在萧山县进化镇杜家弄村扔下老鼠和跳蚤。村民一旦被咬就发烧，迅速死去，疑为鼠疫。该镇先后有12人染疫死亡。另外，调查发现，萧山县大范围流行过"烂脚病"。进化镇新垫黄村40%—50%的村民患有此病，浦阳镇横塘倪村患此病的村民占80%左右，许多村民因此死亡。根据现有材料，无法认定该"烂脚病"是日军炭疽细菌攻击引起的，还是毒气战引起的。

四、对此次调研的说明

在此次调研中，发现日军在浙江实施的细菌战遗害至今。一是细菌隐患长期存在。鼠疫是一种人与啮齿动物共患的急性传染病。消除了鼠疫在人与人之间的传播，并不意味着也消除了鼠疫在动物之间的传播。因而，凡传染过鼠疫的地区，都有可能成为鼠疫的疫源地。衢州人间鼠疫流行已停止60年，但长期疫情监测发现，至今鼠类的种群组成比、鼠密度等多项监测指标仍超过安全指数，甚至超过警戒指数，存在隐患。除鼠疫外，其他霍乱、伤寒（副伤寒）、痢疾和炭疽的隐患也是同样存在的④。二是细菌战受害者风烛残年。当年在日军细菌战攻

① 罗土根口述材料，上虞市抗战损失课题调研资料11—06—03—03（下），第64页。
② 钱坤麟、周菊奋口述材料，上虞市抗战损失课题调研资料11—06—03—03（上），第14页。
③ 马耀钦、金敖福口述材料，上虞市抗战损失课题调研资料11—06—03—03（上），第31页。
④ 邱明轩：《菌战与隐患》，香港天马出版有限公司2004年版，第71页。

击中感染了炭疽细菌而幸存下来的部分患者，虽然躲过了死神的召唤，但终生不愈。许多患者身上溃烂 60 余年，强忍痛苦，备受歧视。有的因丧失劳动能力，沦为乞丐或无业者，境况悲惨，急需人文关怀。因而，组织对日军在浙江实施细菌战的调研，既有历史意义，更有现实意义。

此次调研，强调两个原则。一是所有数据都要有出处。凡调研所得日军细菌战攻击造成的受害人数据，都要注明数据来源。并且，为确保数据的准确性和可信度，在引用相关数据时，尽量采用档案或口述资料等第一手材料，不用或尽量少用第二手的文献资料；对于有疑义的数据，须实地走访，以获取佐证材料。二是要对日军细菌战攻击史实进行认定。从鉴别细菌战引起的不同疫情入手，顺藤摸瓜找到疫源区，再寻找日军施放细菌的直接证据，然后进行史实认定；如果在同一地点出现多种细菌传染，也可以认定为是日军施放细菌攻击造成的。正是基于这两个原则，从现有文献或社会调查中获取的抗战期间诸多瘟疫流行，因无法找出疫源区、无法鉴别或史料不够充分，都没有列入日军细菌战范围。比如，1940 年发生在余姚北部的瘟疫；1943 年、1944 年发生在兰溪死亡 3000 多人的瘟疫，还有遂昌、萧山等地的"脑膜炎"瘟疫，等等。由于细菌战隐蔽性强，且对细菌战认识不足，当时人们被细菌传染而误认为一般疾病的情况，也是很多的；另外，随着后期国民政府防治能力加强，被细菌感染而幸存下来的人，比例也较高。这些都应当被算作是受日军细菌战侵害的人，但时隔 60 多年，当事人或已不在，或难予认定，所以不能一一统计。据 1948 年衢州 5 县防疫委员会估算，衢州感染日军施放细菌的人数达 30 万人以上[①]。因而，本文只局部统计了因日军细菌战而感染细菌死亡的人数，未采用被细菌感染人数的数据。基于以上原因，此次调研所得的数据，与日军实施细菌战造成的实际伤亡数据相比，可能偏小。

对日军在浙江实施细菌战的调研，是抗战课题调研中的一项专题内容，不是专门调查，所以在知识结构、人员配备、财力物力上都存在一些明显不足。此次调研所取得的成果也只能算是阶段性成果，有关日军在浙江实施细菌战的研究还须进一步深化。

（邓金松　执笔）

---

① 邱明轩：《罪证》，中国三峡出版社 1999 年版，第 15 页。

（二）抗战时期浙江蚕丝业损失概况

浙江省委党史研究室

　　浙江气候温和、土地肥沃，蚕丝业相当发达。抗战前，全省 76 个县市中，产蚕丝的有 58 个，以蚕丝为主要产业的也不下 30 个，杭州、嘉兴、湖州、绍兴等地区均为著名的丝茧产区。战前全省桑园面积达 360 余万亩，蚕农 95.4 万余户，桑园面积占全部耕地的 15% 以上，蚕户也占全部农户的半数以上。1937 年之前的丝茧产量，为全国之首。最鼎盛时期，全省年产鲜茧 90 万担[①]，厂丝 3 万担，土丝 5 万担，桑苗 500 万株，土种 100 万张（合框制种 500 万张），改良蚕种 100 万张；蚕丝生产机构中，机械缫丝厂 33 家，茧行 300 家，绸厂 100 家，机户 4000 户，蚕种场 83 家，丝车 8598 台，茧灶 3822 乘，机器烘茧机 45 台[②]。战前，全省遍布蚕种场、茧行、丝厂、织户、绸庄，从事养蚕、制种、缫丝和丝绸生产运输销售人员，约有百余万人，直接或间接依赖此生活的有数百万人。蚕丝业是全省财政税收收入的主要来源之一，在浙江经济中占据重要地位。

　　日本在明治维新以后，蚕丝业发展也很快，视中国为它在国际市场上强劲的竞争对手。因此，日本对中国主要蚕丝产地浙江的蚕丝业及其市场早有觊觎。1937 年日军侵入浙江后，随即对浙江蚕丝业采取掠夺、破坏等政策，使得浙江桑园、蚕种场、茧行、丝厂等大部被毁，浙江蚕丝业受到严重摧残。后日本改变策略，通过华中蚕丝公司等统制机构对浙江蚕丝业实行统制，以达到其疯狂掠夺、"以战养战"的目的。

一、战时浙江桑园损失

　　抗战前，浙江境内沿京杭国道与沪杭铁路一带，向来是蚕桑最繁盛的区域。

---

① 另说为 120 万担以上，约占全国鲜茧产量的 30%。《战前浙江蚕丝业之概况》，见浙江省蚕业推广委员会编：《抗战前后浙江蚕业会要》（1946 年 5 月），第 1 页，浙江图书馆古籍部藏，636.06/3239。

② 《浙江之特种农产》，见浙江省政府建设厅编：《浙江农业》（1946 年），第 12 页，浙江图书馆古籍部藏，630.95124/3231。

1936 年，浙江 30 个县桑树栽培面积为 2658193 亩，桑叶产量为 18366410 担[①]。杭嘉湖各县蚕丝业较为发达，当地农民每年在蚕丝业上的收入超过种植大米的收益。日军侵入浙江后，为防止抗日武装利用桑园作掩护发动对日军的袭击，下令砍掉了沿交通路线两旁和碉堡据点周围几里内的大部分桑树。1941 年太平洋战争爆发后，生丝在美国的销路随即断绝，茧价低落，加之日军在沦陷区大肆搜刮粮食，致使粮价大涨，而且煮茧所需燃料也很紧张。蚕农与其以养蚕售茧的收入购买粮食，还不如直接生产粮食。于是，江浙两省蚕农纷纷砍掉桑树，改桑园为粮田。1940 年浙江全省桑园面积有 2005595 亩，至 1942 年仅剩 1403917 亩，两年之内减少了将近 30%[②]。据战后统计，1946 年浙江桑园面积为 99.5 万亩，相比于战前的 360 万亩，减少了 260.5 万亩，下降率达到了惊人的 72.36%。其中，杭州市废弃桑园面积达到 12.355 万亩，杭县 34.1466 万亩，嘉兴县 30 万亩，桐乡县 14 万亩，吴兴县（今湖州城区）32.7342 万亩，海宁县最多，达 85 万亩。[③]

战前浙江全省蚕种场为数众多。浙江沦陷后，除极少数迁往后方外，大部分蚕种场被日军损毁或占用，90% 的蚕种场在战争中被毁坏，制种数量急剧下降。杭州西湖、萃盛、西溪、凤亭等蚕种场，嘉兴明明蚕种场，都是规模较大的蚕种场，但均在战争中遭毁坏。1940 年 10 月 13 日，日军在富阳县中埠登陆后，即纵火烧毁大生蚕种场所有房屋和器具[④]。嘉兴的大有蚕种制造分场的大批蚕室被日军占为营房[⑤]。即使未在战争中被毁的蚕种场，也因为战事影响，经营困难，年久失修，而逐渐荒废。据浙江省蚕丝管理委员会统计室战后统计，1941 年后，蚕种场和蚕种数量骤减。1940 年时全省共有蚕种场 33 家，1941 年受战争影响迅速减少为 12 家，到 1944 年只剩下 2 家。1940 年全省产蚕种 417050 张，1941 年骤减为 65496 张，此后几年逐年递减，到 1944 年只有 13951 张，约为 1940 年的 30%[⑥]。

抗战期间，因桑园面积和蚕种场的减少，蚕户数量也急剧减少。据统计，抗

---

① 徐淡人：《抗战时期日寇对浙江蚕丝统制和掠夺的概况》，见浙江省政协文史委员会编：《浙江文史资料选辑》第 4 辑，1962 年出版，第 10 页。

② 彭泽益：《中国近代手工业史资料》（1840—1949）第 4 卷，三联书店 1957 年版，第 105 页。

③ 《浙江省各县市抗战时期蚕户直接损失总报告表》，浙江省档案馆藏档案，档案号 L400—000—0235。

④ 《富阳县政府转呈大生蚕种场遭敌焚毁损失报告》（1940 年 11 月 19 日），见浙江省档案馆、中共浙江省委党史研究室编：《日军侵略浙江实录》（1937—1945），中共党史出版社 1995 年版，第 589 页。

⑤ 浙江省蚕业推广委员会：《浙江省公私蚕丝事业机构损失情形报告》（1946 年），见浙江省档案馆、中共浙江省委党史研究室编：《日军侵略浙江实录》（1937—1945），中共党史出版社 1995 年版，第 605 页。

⑥ 浙江省蚕业推广委员会编：《抗战前后浙江蚕业会要》（1946 年 5 月），浙江图书馆古籍部藏，636.06/3292。

战期间浙江全省共减少蚕户数 569647 户，占战前蚕户数的 50% 以上。其中，新昌战前有蚕户 15800 家，战后减少 12700 家，减少了 80% 以上；杭县战前有蚕户 137000 家，战后减少 121661 家，减少了 90% 以上。① 此外，战前蚕户养蚕用具比较完备，历经 8 年战争，蚕具或被日军焚毁，或由于茧价低落而自动毁弃，或年久失修，损失也较大。据战后统计，1946 年浙江全省产茧量为 17.7 万担，与战前产茧量相比，减少了约 80%。②

以嘉兴为例，嘉兴自古以来就是丝绸生产的发达地区之一。20 世纪 20 年代，嘉兴年产鲜茧 21.45 万公担，占杭嘉湖产茧量的 56%，占全省产茧量的 39.4%，桑园面积有 112.6 万亩。20 世纪二三十年代嘉兴地区养蚕户占全部农户比重逐步增加，桐乡、崇德（今属桐乡市）、海宁 3 县达到 85%—90%，海盐县为 81%，嘉兴县为 71%，平湖县为 64%，嘉善县为 16%。抗战初期嘉兴沦陷后，桑园遭到很大破坏。至 1943 年，嘉兴桑园面积仅存 58.26 万亩，下降了 48.2%。至抗战结束，嘉兴产茧量降至 2.28 万公担③。

二、战时浙江丝厂损失

辛亥革命以后，浙江机械缫丝工业得到了初步发展。1924 年至 1929 年，浙江兴办丝厂 19 家，其中由浙江省建设厅拨款在武林门兴建的杭州缫丝厂，引进了群马式立缫车等设备。1929 年至 1933 年的世界经济危机，使浙江近代丝绸业陷入了困境，丝厂停闭，茧价下降。为扭转浙江蚕丝业困境，国民政府采取了一些措施，如发行江浙丝业公债 800 万元，用于改良蚕桑、扶助丝厂、改进丝厂机器设备等。后随着国际蚕丝市场的好转，丝厂也开始扩充增设。至 1936 年，全省丝厂已有 33 家，共有缫丝车 8598 台。其他如煮茧、扬返、检验等设备，也在逐步配套充实。浙江丝绸业重现繁荣景象。

浙江沦陷后，在日军的侵略下，丝厂遭到重大打击，或被烧毁，或被劫掠，或无法经营而倒闭。日军对浙江丝厂的摧残，归纳起来主要有四种方式。

第一，轰炸。1938 年春，嘉兴纬成鹤记丝厂遭日军轰炸，所有厂房、设备全被炸毁，计各式房屋 418 间、扬返车 400 台、煮茧机 3 架、剥茧机 25 台、铁

---

① 《浙江省各县市抗战时期蚕户直接损失总报告表》，浙江省档案馆馆藏档案，档案号 L400—000—0235。

② 《浙江省丝绸工业历年统计资料汇编》，1958 年。转引自朱新予：《浙江丝绸史》，浙江人民出版社1985 年版，第 214 页。

③ 嘉兴市志编委会：《嘉兴市志》，中国古籍出版社 1995 年版，第 1156、1168 页。

床 100 张、茧袋 2 万只①。1941 年 5 月，嵊县锦源丝厂 44 间厂房被日军炸毁，损失时值 3 万元②。

第二，焚烧。日军对占领地的丝厂，经常采取纵火焚烧的方式。1937 年日军侵入吴兴县南浔镇时，焚烧中兴丝厂，丝厂内包括工场、原料、蚕茧、茧袋等所有物品被悉数烧毁，损失时值达 52900 元③。遭此大劫，该厂在沦陷时期再未开工。另外，湖州的丽华、丽和协、昌兴等厂也遭到日军纵火烧毁。海盐县天成丝厂，本有厂房 36 间、工房 52 间、收茧秤场 7 间、蚕蛾厂厨房 10 间、缫丝车 300 台，每日可生产生丝 3 担，在战争中，丝厂厂房先被日军放火焚毁，同时被烧毁的还有 600 担秋茧、150 斤生丝，后机器设备也全部被日军拆除④。1943 年 12 月 31 日，日军窜至孝丰县（今属安吉县），焚毁复兴公司新湖丝厂 1 座新建的办公室和缫丝间、扬返间、整理间、煮茧间、引擎间、炉子间、抄茧间等全部工场，以及 52 部缫丝车、26 部扬返车、1 部煮茧车、1 部摇丝车、2 部编丝车、2 只打包机、2 只绞丝架、1 部滞头车，新湖丝厂几乎被焚毁殆尽⑤。

第三，劫掠。日军入侵后，大肆劫掠浙江丝厂的蚕茧、生丝等物资。杭州沦陷后，日军劫走了杭州各绸厂机坊抵押于中国、中央、交通、农民四大银行和浙江地方银行的丝绸存货约 200 余万匹⑥。当时，浙江省蚕丝统制会向银行团贷款给浙江各丝厂收购的秋茧，除一部分抢运至浙东外，未及运走的存放于杭州湖墅兴业银行仓库，后都被日军宪兵队劫走⑦。1938 年 2 月间，日军劫走了湖州城区各银行仓库存茧 1000 担和大顺第一丝厂存茧 2576 包中的三分之一。大顺第二丝厂 1641 包存茧也被日军劫去。1939 年，位于湖州北门外的中国银行仓库里的 2174 包存茧、建业银行仓库内的 702 包存茧，均被日军抢劫一空⑧。1943

① 《苏浙皖三省抗战时期丝厂直接间接损失调查总表》（1947 年 6 月 24 日），台北"国史馆"馆藏档案，档案号 212。
② 《苏浙皖三省抗战时期丝厂直接间接损失调查总表》（1947 年 6 月 24 日），台北"国史馆"馆藏档案，档案号 212。
③ 《苏浙皖三省抗战时期丝厂直接间接损失调查总表》（1947 年 6 月 24 日），台北"国史馆"馆藏档案，档案号 212。
④ 《抗日战争受害的丝厂损失调查表》，上海市档案馆馆藏档案，档案号 S37—1—364。
⑤ 《孝丰县政府关于新湖丝厂因日寇流窜遭受损失之证明》（1943 年 12 月 31 日），见浙江省档案馆、中共浙江省委党史研究室编：《日军侵略浙江实录》（1937—1945），中共党史出版社 1995 年版，第 601 页。
⑥ 《现代杭州丝绸工业》，见民建杭州市委、杭州市工商联：《杭州工商史料选》（《杭州文史资料》第 9 辑），浙江人民出版社 1988 年版，第 83 页。
⑦ 浙江省蚕业推广委员会：《浙江省公私蚕丝事业机构损失情形报告》（1946 年），见浙江省档案馆、中共浙江省委党史研究室编：《日军侵略浙江实录》（1937—1945），中共党史出版社 1995 年版，第 605 页。
⑧ 《吴兴县长报告银行仓库存茧被劫情形》（1939 年 6 月 2 日），见浙江省档案馆、中共浙江省委党史研究室编：《日军侵略浙江实录》（1937—1945），中共党史出版社 1995 年版，第 587 页。

年12月31日，日军窜至孝丰县（今属安吉县），劫去复兴公司新湖丝厂缫制中茧6.13625公担，丝厂所属摄湖仓库也被日军劫去厂丝8箱、改良茧5包、干下脚茧25包等①。

第四，拆毁。在占领地区，日军往往强行拆毁丝厂，将机器设备运往日本，或移作他用。杭县的华纶丝厂，除两只炉子外，其他机件、铁器如240部意式车、烘茧机、旧式茧灶等均被日军拆去。浙江省蚕丝统制会所属的杭州缫丝厂，本有新式缫丝车240部、煮茧机2部、烘茧机2部以及锅炉2座，在战争期间大部分被日军拆去，改装于日本华中公司的各丝厂中，另一部分被汪伪人员拆毁变卖，房屋也被夷为平地②。德清方麻区庇港漾的苕溪丝厂和杭县塘栖镇王家漾的华纶丝厂，机械设备良好，规模较大。1943年7月，日商津下本洋行串通无赖，偷偷拆卸两家厂内的缫丝车以及一切铁器。价值千万元的机器设备就这样被日军霸占了③。武义缫丝厂有丝车154部，有自建的新式厂房及2000余担干茧，丝车和干茧均被窜至金华的日军劫去，房屋也被摧毁。嵊县丝厂1座建于1939年的冷藏库，内部机器设备大多被日军拆毁，仅余空房④。1942年嵊县沦陷时，日军频频到崇仁镇骚扰，捣毁诚信第一缫丝厂所有机器设备及用具，并拆毁房屋10余间⑤。

有些丝厂甚至遭到两种或两种以上方式的损害。东乡缫丝厂位于萧山坎山镇，占地约30余亩，有立缫车258台、坐缫车300台。1940年2月，日军渡钱塘江在萧山登陆时，纵火焚烧该厂，计烧毁平房13间、烘茧楼房80平方米、第一缫丝工厂56平方米、储茧库楼房28间、烘茧机两台、十匹水汀引擎1台、烘茧车56台、全部电灯装置700盏、茧袋2500只，连同工场用具等共计损失约92800元法币（战前购置这些设备的价值）。1945年6月，上海日商东和洋行会同日军钱清守备队又劫走该厂全部机器设备，计铁炉2座、煮茧机1台、扬返车

① 《孝丰县政府关于新湖丝厂因日寇流窜遭受损失之证明》（1943年12月31日），见浙江省档案馆、中共浙江省委党史研究室编：《日军侵略浙江实录》（1937—1945），中共党史出版社1995年版，第600—601页。

② 浙江省蚕业推广委员会：《浙江省公私蚕丝事业机构损失情形报告》（1946年），见浙江省档案馆、中共浙江省委党史研究室编：《日军侵略浙江实录》（1937—1945），中共党史出版社1995年版，第603、604页。

③ 王榉泉、钮者香：《苕溪、华伦两丝厂被拆毁后经过情形》（1943年7月15日），见《抗日战争受害的丝厂损失调查表》，第4页，上海市档案馆馆藏档案，档案号S37—1—364。

④ 浙江省蚕业推广委员会：《浙江省公私蚕丝事业机构损失情形报告》（1946年），见浙江省档案馆、中共浙江省委党史研究室编：《日军侵略浙江实录》（1937—1945），中共党史出版社1995年版，第604页。

⑤ 《嵊县诚信第一丝厂证件》，第104页，上海市档案馆馆藏档案，档案号S37—1—36。

196 台、柴油机 2 台及所有水汀管和水管装置①。

战后，国民政府对浙江主要丝厂的损失情况进行了调查统计，详见下表②。

抗战时期浙江省主要丝厂直接间接损失调查总表

丝厂名称	所在地		直接损失（法币）	间接损失（法币）	损失总值（法币）
实业	县	地址			
天成	海盐	西门外龙潭浜	431200 元	329400 元	760600 元
锦源	嵊县	崇仁	136500 元	104328 元	240828 元
纬成	杭州	池塘巷	328589 元		328589 元
纬成鹤记	嘉兴	盐仓桥	243847 元	747000 元	990847 元
公利鹤记	德清	新市镇	137794 元	312000 元	449794 元
惠纶	杭州	祥符桥	69433 元	715200 元	784633 元
开源	嵊县	开元乡	146450 元	68826 元	215276 元
诚信第一	嵊县	崇仁镇	56250 元	287850 元	344100 元
诚信第二	嵊县	甘霖镇	137625 元	965520 元	1103145 元
剡源	嵊县	长乐镇	110180 元	58747 元	168927 元
中兴	南浔	镇方丈港	51900 元	390000 元	441900 元
合计			1849768 元	3978871 元	5828639 元
注：所列损失数字均为战前法币估值。					

此表只统计了 11 个丝厂的损失情况，因此还不能将它作为抗战时期浙江丝厂的总损失。对于浙江丝厂损失概况，只能从数量方面作些对比。据统计，1936年浙江全省共有丝车 8526 台，1946 年为 3776 台，减少了 4450 台，下降率为52.2%；1936 年浙江全省产绸量是 300 万匹，1946 年减少到 50 万匹，减少了250 万匹，下降了 83.3%。③

三、日军对浙江蚕丝业的统制

随着侵华战争的推进，日本侵略者逐渐改变了战争初期"速战速决"的方

① 《萧山东乡缫丝厂财产损失单 2》，第 89 页，上海市档案馆藏档案，档案号 Q1—17—1199。
② 摘自《苏浙皖三省抗战时期丝厂直接间接损失调查总表》（1947 年 6 月 24 日），台北"国史馆"馆藏档案，档案号 212。
③ 《浙江经济》第 4 卷第 4 期，1948 年。转引自朱新予：《浙江丝绸史》，浙江人民出版社 1985 年版，第 214 页。

针政策，开始采用"以战养战"的新经济政策。在蚕丝业上，日本侵略者勾结汪伪政权在沦陷区建立"中日合办"的国策公司，如"中支蚕丝组合"、"满洲柞蚕株式会社"、"华中蚕丝股份有限公司"等，通过这种"日华合办"的方式，假伪政府之手，建立统制机构，对全国的蚕丝业进行严密的统制。这样，既可攫取中国蚕丝业资源，又可打击中国蚕丝业，使之无法与日本竞争。

1938 年 8 月，华中蚕丝股份有限公司（简称"华中蚕丝公司"）成立，取得华中一带整个蚕丝业的统制权，包括：（1）蚕茧及其他蚕丝类的买卖处理；（2）丝厂的经营；（3）蚕种的制造及配给①。公司资本总额为 1000 万元，日方占 800 万元，伪方占 200 万元。华中蚕丝公司对浙江蚕丝业的统制主要借助于伪浙江省建设厅。伪建设厅专门成立了改良蚕丝委员会，为统制浙西蚕丝的最高机构。委员会在杭嘉湖沦陷区设立了蚕业指导所和管理收茧办事处，向蚕农及蚕种业者征收"改进费"，收购鲜茧后全部转卖给华中蚕丝公司。1941 年"改进费"比上年增加二分之一，每担鲜茧达 9 元之多，1942 年更增加为 18 元。1943 年伪建设厅不仅将春茧"改进费"增至 24 元，秋茧"改进费"增至 72 元，并对土丝原料茧加征特捐，每担达 480 元之多。到 1944 年，伪政府所征收"改进费"已激增至每担 100 元，土丝原料茧特捐则达每担 2000 元。虽说这时伪币连续贬值，但征率仍有加无减②。此外，为了加强对蚕丝统制的指导和管理，伪改良蚕丝委员会还设立了茧区巡回督导制度，建立了原蚕种制造场及制种场、原蚕种管监所，定期举办蚕业指导人员培训班。

除了借伪浙江省建设厅之手实施浙江蚕丝统制外，华中蚕丝公司还直接在杭州、嘉兴设立支店，在湖州、长安、硖石、诸暨、海盐设出张所，直接管理蚕丝事务。通过这些措施，所有浙江公私丝厂、种场、茧行均为公司侵占或拆并。

至 1944 年 6 月，华中蚕丝公司改名为中华蚕丝股份有限公司。为隐蔽其侵略面目，名义上日方占股 49%，伪方占股 51%，但实际经济支配权仍在日方手中。公司的业务活动，是在日军占领区实行统制经营，对栽桑、制种、养蚕、收烘茧、制丝、丝织、绢纺生产和收购进行全面控制，并实行严格的禁运政策。未经日军发给特许证明，茧、丝、绸都不能任意转运。

华中蚕丝公司（中华蚕丝股份有限公司）主要通过以下三个方面实现蚕丝

① 《兴亚院华中连络部转发维新政府实业部〈统制蚕丝事业指导要领〉》（1939 年 6 月 13 日），见浙江省档案馆、中共浙江省委党史研究室编：《日军侵略浙江实录》（1937—1945），中共党史出版社 1995 年版，第 557—558 页。
② 徐淡人：《抗战时期日寇对浙江蚕丝统制和掠夺的概况》，见浙江省政协文史委员会编：《浙江文史资料选辑》第 4 辑，1962 年出版，第 2 页。

统制。

1. 统制蚕种

《统制蚕丝事业指导要领》中规定："华中方面统制配给蚕种均归华中蚕丝株式会社，准备既存之蚕种制造业所制出之蚕种，悉归华中蚕丝会社收买或委托制造以统制其蚕种数量、价格及配给。该种价经维新政府实业部公正核定或将来另设机关。"[①] 从这里可以看出，蚕种的生产、配给，以及数量和价格，均由华中蚕丝公司制定。其统制途径为：蚕农将需要的蚕种数量报蚕种办事处（加入合作社的蚕农由合作社统一上报蚕种办事处），各县、公署汇总各办事处上报数目后，上报伪浙江省建设厅，再由伪建设厅将蚕种所需数量报给华中蚕丝公司并给予蚕种补给费；华中蚕丝公司则通过直营、委托制造和收购的办法，从蚕种制造场获得蚕种，并根据上报的所需数目，通过伪建设厅、公署、县、蚕种办事处、合作社，将蚕种发放给蚕农（或由蚕种办事处直接配发给蚕农）。这样，华中蚕丝公司就实现了浙江全省蚕种制造、配发的统制。通过这种方式，华中蚕丝公司独占了浙江沦陷区 43 个蚕种制造场（具有 1212000 张蚕种制造能力）[②]，从源头控制了沦陷区的蚕丝业。为加强蚕种场的管理，日方规定，各蚕种场须向伪政府登记，由华中蚕丝公司委托制种、订立契约并派员指导。1939 年春，华中蚕丝公司还在嘉兴自建了一所规模宏大的制种场，能制蚕种 2 万张。另华中蚕丝公司还在杭州建立蚕种冷库，具有 25 万张蚕种冷藏能力[③]。

由于沦陷区蚕种场被毁或废弃较多，蚕种明显不足，华中蚕丝公司就从日本及其殖民地输入。据统计，自 1938 年至 1943 年，华中蚕丝公司直接配发浙江省的蚕种数量达 31915332 张[④]，其中华中蚕丝公司自营蚕种为 130532 张，日本输入蚕种为 980565 张，本省蚕种为 1533307 张，江苏蚕种为 539503 张，蚕毛种为 76262 张。由此可见，自营蚕种和日本蚕种占全部配发蚕种的 30%。1938 年，伪建设厅在吴兴代日方销售特别改良蚕种 5 万张，秋季又代销 20500 张。而在战

① 《兴亚院华中连络部转发维新政府实业部〈统制蚕丝事业指导要领〉》（1939 年 6 月 13 日），见浙江省档案馆、中共浙江省委党史研究室编：《日军侵略浙江实录》（1937—1945），中共党史出版社 1995 年版，第 557—558 页。

② 王庄穆：《民国丝绸史》，中国纺织出版社 1995 年版，第 338 页。

③ 徐新吾主编：《中国近代缫丝工业史》，上海人民出版社 1990 年版，第 376 页。

④ 浙江省蚕业推广委员会：《中华蚕丝公司浙江部分概况调查表》（1946 年），见浙江省档案馆、中共浙江省委党史研究室编：《日军侵略浙江实录》（1937—1945），中共党史出版社 1995 年版，第 565 页。另一说为 3260169 张，见徐淡人：《抗战时期日寇对浙江蚕丝统制和掠夺的概况》，载浙江省政协文史委员会编：《浙江文史资料选辑》第 4 辑，1962 年出版。

前，春秋两季销购改良种也仅 40 万张①。华中蚕丝公司还规定，销购日本蚕种的蚕户，蚕丝必须售给日本，还需时时接受日人的调查和管理。这样，相当于把沦陷区蚕户当作了他们的育蚕工人。另一方面，华中蚕丝公司借口中国蚕种病毒严重，经常对蚕种场生产的蚕种强行集中销毁。仅 1941 年，江苏、浙江两省被焚毁的蚕种竟达 60 万张之多②，浙西许多蚕种场因此破产。

2. 统制收茧

《统制蚕丝事业指导要领》中规定："华中方面所产出之茧，经维新政府实业部茧价评定委员会公定价格，统归华中蚕丝株式会社收买，以资统制价格及配给。"③ 从这里可以看出，华中地区所产的蚕茧，都必须由华中蚕丝公司统一收购（事实上是接受日本军事力量的控制）。华中蚕丝公司通过伪浙江省建设厅，对沦陷区茧行进行登记，不许商人自行收茧。华中蚕丝公司与茧行订立契约，规定各茧行所收之茧必须一律由华中蚕丝公司收购。因治安关系或其他情况导致华中蚕丝公司不能实地收买的区域，委托特约茧行代为收买。按照华中蚕丝公司的要求，伪政府发给订立契约的茧行收茧执照，茧行有执照方可收购原料茧。这样，华中蚕丝公司就把有权收茧的茧行都纳入了公司范围内。另外，凡沦陷区蚕茧运输，都须得到华中蚕丝公司的许可，以防止统制圈范围内蚕茧通过各种走私方式偷运出去④。浙江省伪建设厅根据日方指示，每年颁发管理收茧暂行办法，由该厅设立收茧管理处。但真正主持收茧事宜的还是华中蚕丝公司在各地的办事处及出张所。通过这种统制方式，华中蚕丝公司独占了沦陷区原料茧的收购权，控制了蚕茧的数量、价格及配给，有力地抑制了国统区丝厂的原料供应。

在蚕茧价格上，华中蚕丝公司极尽打压之能事。凭借其对茧行的控制，华中蚕丝公司历年以压级压价等手法强行收购干茧，每担茧价比平常市价低三分之一左右。以 1940 年为例，沦陷区春茧收购价每担 250 元，秋茧更跌至每担 120 元左右，而当时国统区春茧市场价为每担 350 元。再如 1941 年，沦陷区秋茧收购价格每担仅为 80 元，只相当于 1936 年收购价的五分之一⑤。除压价外，华中蚕丝公司还以延期支付茧款的方式对蚕户实施掠夺。1939 年春天，日方通过伪建设厅蚕丝管理

① 《日寇对浙经济的掠夺与榨取》（1942 年），见浙江省档案馆、中共浙江省委党史研究室编：《日军侵略浙江实录》（1937—1945），中共党史出版社 1995 年版，第 449 页。
② 林常吉主编：《华中蚕丝股份有限公司沿革史》，湘南堂书店 1993 年版，第 87—88 页。
③ 《兴亚院华中连络部转发维新政府实业部〈统制蚕丝事业指导要领〉》（1939 年 6 月 13 日），见浙江省档案馆、中共浙江省委党史研究室编：《日军侵略浙江实录》（1937—1945），中共党史出版社 1995 年版，第 558 页。
④ 林常吉主编：《华中蚕丝股份有限公司沿革史》，湘南堂书店 1993 年版，第 88 页。
⑤ 朱新予：《浙江丝绸史》，浙江人民出版社 1985 年版，第 209 页。

委员会配卖日本产春蚕种25万张、本地产蚕种9万余张，每张价值0.85元，到春茧上市时，华中蚕丝公司在浙西沦陷区各交通据点设立茧行，收买鲜茧，支付蚕农五分之一茧款的现钞（华兴券），另外五分之四茧款折合伪县署所发行的兑换券。该兑换券原定两个月后就可以兑换华兴券，但直到1940年仍未兑付①。一般情况下，华中蚕丝公司仅支付蚕农三分之一的售茧现款，其余茧款以期票支付，须等到将茧缫成生丝时方可兑现。在当时物价天天暴涨的经济形势下，"蚕农持到期票证兑现，几乎是一束废纸。"② 其后，华中蚕丝公司还经常采用不付现款的毒辣办法，赤裸裸掠夺蚕农的蚕茧。蚕农如果拒不出售，日、伪军就明目张胆抢劫③。

在华中蚕丝公司的统制下，沦陷区蚕茧产量大幅下降。浙西1940年的蚕茧产量与1936年前相比，减产达50%。即使这样，日方还加紧搜刮。1938年至1940年间，华中蚕丝公司在浙江沦陷区通过统制征收的蚕茧就有1218619司马担之多④。如嘉兴，1939年日伪全年收茧量为6550司马担，1940年就达到了23010司马担。⑤ 1941年后，由于国际销路滞钝，利润降低，日方才减少了收购量。

3. 统制制丝业

蚕茧是各丝厂的主要原料，因而统制收茧为统制丝厂打下了基础。日方规定：所有机制丝业，均归华中蚕丝公司统制经营及一手贩卖⑥。华中蚕丝公司统制制丝业有两种方式：第一，对沦陷区内原有华商办的经济实力雄厚、技术设备先进的缫丝厂，实施强行占领，通过独占经营机器缫丝业，将土丝以外的全部外销生丝置于自己的统制之下，把其他外国资本从制丝业中完全驱逐出去。第二，对于家庭或投机商开办的小型木机丝厂，允许其存在，但每家不得超过木制丝车20部，而且其所需的蚕茧必须由华中蚕丝公司的茧行收购后配给，其生丝除本地消费外，输出丝必须卖给华中蚕丝公司，严禁自由运销。"家庭缫成之丝，亦需经敌伪之手，方可运至上海。每丝一担，并须预纳税捐，另加运费，俟到沪

① 《日伪在浙西的统治》（1940年1月），见浙江省档案馆、中共浙江省委党史研究室编：《日军侵略浙江实录》（1937—1945），中共党史出版社1995年版，第39、40页。
② 朱新予：《浙江丝绸史》，浙江人民出版社1985年版，第209页。
③ 朱新予：《浙江丝绸史》，浙江人民出版社1985年版，第209页。
④ 浙江省蚕业推广委员会：《中华蚕丝公司浙江部分概况调查表》（1946年），见浙江省档案馆、中共浙江省委党史研究室编：《日军侵略浙江实录》（1937—1945），中共党史出版社1995年版，第565页。
⑤ 嘉兴市志编委会：《嘉兴市志》，中国古籍出版社1995年版，第1285页。
⑥ 《兴亚院华中连络部转发维新政府实业部〈统制蚕丝事业指导要领〉》（1939年6月13日），见浙江省档案馆、中共浙江省委党史研究室编：《日军侵略浙江实录》（1937—1945），中共党史出版社1995年版，第558页。

后，即抑价迫售与敌商丝厂。"① 这样，华中蚕丝公司基本控制了沦陷区制丝业。伪政府为配合日军的经济统制政策，于1939年7月公布了《管理手工制丝业暂行办法》，规定手工缫丝场须领取许可证方可经营，所缫生丝必须全部由华中蚕丝公司统购统销。1940年6月，驻沪日本陆海军当局联合发布公告，禁止生丝自由出境，如无华中蚕丝公司的许可证不得启运，从而垄断了中国生丝的出口。

抗战期间，上海、无锡、杭州、嘉兴、湖州、海宁、德清等地丝厂，尽为日军占领，由华中蚕丝公司独占经营，仅杭嘉湖及海宁被占的丝厂就达22家、丝车4030部。在浙江，杭州庆成丝厂首为日方占据，继而杭州丝厂及纬成、天章、长安、嘉兴、湖州各丝厂也先后被占领。对于占据的部分丝厂，日军指使奸商出面复业，如各丝绸织造厂、嘉兴纬成丝厂、各制种场、海宁双山丝厂、长安丝厂、斜桥民生丝厂、吴兴模范丝厂等②。据不完全统计，1938年至1943年，庆成、杭州丝厂及纬成、天章、长安等丝厂共产生丝约2万担，全部被日军掠夺③。1937年至1943年，日本从中国掠夺出口的生丝达7万担以上④。

四、对浙江蚕丝业损失的估算

对日本侵略中国造成的中国各行业的经济损失进行调查研究，是追究日本战争责任的重要内容之一。抗战胜利后，国民政府组织各地和各部门对抗战时期的损失加以全面调查和统计。据此，形成了一些浙江省蚕丝业的损失数据，但因估算方法不同，数据差异颇多。

（一）国民政府救济总署浙江分署估算数据⑤

1945年12月，国民政府行政院善后救济总署浙江分署对浙江工业农业损失情况进行调查统计。从工业方面估算，缫丝工业损失45.05亿元（1945年12月法币币值，下同），蚕丝工业损失为220亿元。此数据只是沦陷区蚕丝工业损失，国统区蚕丝工业间接损失尚未计入。从农业方面估算，桑园损失约100万亩，每亩以3万元计，共300亿元；茧行损失约150家，每家以200万元计，共

---

① 朱新予：《浙江丝绸史》，浙江人民出版社1985年版，第209页。

② 《日伪在浙西的统治》（1940年1月），见浙江省档案馆、中共浙江省委党史研究室：《日军侵略浙江实录》（1937—1945），中共党史出版社1995年版，第41页。

③ 浙江省蚕业推广委员会：《中华蚕丝公司浙江部分概况调查表》（1946年），见浙江省档案馆、中共浙江省委党史研究室编：《日军侵略浙江实录》（1937—1945），中共党史出版社1995年版，第566页。

④ 朱新予：《浙江丝绸史》，浙江人民出版社1985年版，第210页。

⑤ 以下数据引自行政院善后救济总署浙江分署：《浙江省善后救济资料调查报告》（1945年12月），中国第二历史档案馆馆藏档案，档案号廿一·276。

3 亿元；蚕种制造场损失约 90 家，每家以 2000 万元计，共 18 亿元；蚕户蚕具损失约 100 万户，每户以 5 万元计，共 500 亿元，总计 821 亿元。另外，战后蚕丝业所需救济的经费数额如下：培养原蚕种及制造普通蚕种需 3 亿元，产蚕处理需 2 亿元，指导栽桑育蚕需 2 亿元，改进蚕丝工具需 2 亿元，共需 9 亿元。包括工业和农业两方面，浙江蚕丝业总共损失 1095.05 亿元，折合成 1937 年 7 月法币值为 43973673 元。

（二）抗战期间全国蚕丝损失调查委员会估算数据

1946 年，国民政府组织了抗战期间全国蚕丝业损失调查委员会，对调查的项目和内容进行分类，确定调查分类的项目包括蚕农（设备及蚕茧产量）、桑园、种场、茧行、丝厂、机关学校社团等；调查的内容包括建筑设备直接损失、生产产品的直接损失，经营上间接损失的历年累计，因统制压价所造成的直接、间接损失及恢复期间的损失（包括增加国库及人民负担的损失）。

蚕丝业损失调查结果中，涉及浙江部分分类如下[①]：

1. 蚕丝业建筑、器具等损失估算

由于日军侵略，浙江省的养蚕业、制种业、缫丝业、蚕丝学校、改进机关的建筑和器具等财产遭受了严重损失。全省战前蚕户数约等于 110 万户，年均制种约 100 万张，丝车台数约 0.86 万台，据此，委员会统计出浙江蚕丝业财产损失约为 1.1 亿元（战前法币价值，下同），蚕种业财产损失约为 0.03 亿元，制丝业财产损失约为 0.043 亿元，再加上蚕丝学校及改进机关与丝织业等其他损失约 0.1 亿元，4 项合计为 1.273 亿元。

2. 桑园损失估算

由于日军入侵，大片桑园被废弃。据统计，浙江战时废弃的桑园面积约为 170 万亩，战后复兴桑园估计所需桑苗为 3 亿株，而战后需更生的桑园有 190.82 万亩，需更新 2.8 亿株桑苗，故共需培育桑苗 5.8 亿株。按桑苗产地价格每株 0.08 元计算，约为 0.464 亿元。估计战后需整理的桑园达 265 万亩，整理费用估计为 0.54 亿元。这两项损失费用相加，估计桑园损失共计 1.004 亿元。

3. 蚕丝产量损失估算

浙江蚕区战前平均年产丝 5.3 万公担，因此，可以估算战时被侵占的 8 年内丝厂损失总额约为 42.4 万公担。战后，由于丝厂、桑园等百废待兴，蚕丝产量也势必受到影响。据估计，战后浙江蚕区第一、第二年平均每年减产 3.3 万公

① 以下数据引自《萧山东方丝厂损失报告 1》，上海市档案馆馆藏档案，档案号 S37—1—362，第 33 页。

担，第三、第四年平均每年减产 2.4 万公担，第五、第六年减产 9000 公担，6 年共计减产损失 13.2 万公担。战时损失加上战后可能减产产量，损失总额达 55.6 万公担。按照战前家蚕丝丝价每公担 14000 元计算，损失金额约为 7.784 亿元。

以上三类共计 10.061 亿元。这虽然反映了浙江蚕丝业三个方面的损失，但还远远不能反映损失的整体情况。

浙江省蚕丝业在日军直接掠夺和经济统制的双重政策下，遭受到了巨大损失。战前曾经相当繁荣的浙江蚕丝业，在战后陷入一片萧条之中，直到新中国成立也没有恢复到二三十年代的水平。以上两种对浙江省蚕丝业损失的估算，因估算的时间、范围和方法差别，最后得出的数据也不尽相同，但都从不同的侧面反映了浙江蚕丝业的损失情况，具有重要的参考价值。

抗战 8 年，日军对浙江蚕丝业摧残至深，时隔 60 多年，已难以得出一个精确数据。所以，此次抗战课题调研中，为避免统计口径繁多带来混乱，要求各地将蚕丝业直接纳入社会财产和居民财产统计，而未单独列项。有关浙江蚕丝业损失的研究，还有待进一步深入。

（倪清　执笔）

（三）抗战时期日军在宁波犯下的性侵犯
罪行调研报告

中共宁波市委党史研究室

一、主要调研情况

从 1941 年 4 月 19 日日军在镇海第二次登陆，到 1945 年 9 月 14 日驻宁波的日军代表在江东白鹤桥向国民政府第三十二集团军前进总指挥部签降，日军侵占宁波达四年五个月。在这段时间里，日军在宁波犯下了大量的性侵犯罪行。对此，日本侵略者供认不讳。据 1945 年 4 月 16 日《新浙东报》披露：日军慈溪联络官芝原平三郎在半浦（今属江北区慈城镇）的乡镇长会议上承认说："我士兵的强奸妇女实是没法的事，他们离开家乡已经六七年了。"

不过，抗日战争爆发至此已有 70 年，要对侵华日军在宁波实施性侵犯罪行情况进行调查非常困难。在抗战期间及战后，国民政府的全国性战争损失调查中，并未将各地妇女受强暴的情况专门加以调查，以致缺少可靠的档案材料。更由于中国妇女受传统观念的影响，许多当事人不愿将被日军强暴之事公之于众，因而，对日军性侵犯罪行进行专题调研难度很大。

为做好这项专题调研，从 2006 年 8 月开始，宁波市党史研究室首先开展档案文献资料的收集工作。但相关的资料非常少。依据这些资料，难以理清日军在宁波犯下的性侵犯罪行概貌。于是，把资料收集的重点转向了社会调查。在社会调查中，由于有些受害者还在世，很多人怕惹麻烦，不愿讲出受害者的真名；而有些受害者顾及子女的感受，也不愿讲述自己的受害经过。为此，也存在一定的难度。但经过调查人员的细心工作，调查工作还是取得了丰硕成果，大大弥补了档案文献资料的不足。

在这次专题调研中，共收集到有用资料 539 份，其中档案资料 6 份、图书资料 14 份、报刊资料 3 份、口述资料 522 份。在 522 份口述资料中，有 3 份是受害者本人的陈述材料，弥足珍贵。第一份是奉化市莼湖街道余某的陈述。余某生于 1921 年，1942 年 4 月 12 日日军进犯奉化楼隘村时，未及逃避的余某被日军强奸后，连同她的公公、婆婆和儿子被日军押到附近的金紫庙，在那里，她被剥光衣服倒挂起来，用火烛烧烫，现在她身上的疤痕还有80多处①。第二份是象山县新桥镇海台村张某的陈述。张某生于1912年，1943年春的一天下午日军进犯海台村时，她和另外6名妇女躲在一间柴草屋里，不幸被搜出，遭到强奸②。第三份是江北区庄桥街道杨某的陈述。杨某生于1931年，1943年10月15日那天，她在家里纺棉纱，被3个日本兵拖走轮奸，致使其下身破裂，严重影响日后生活，她结婚3次，两次婚变，至今晚年生活也并不幸福③。

　　根据收集到的资料统计，宁波市抗战期间遭到日军性侵犯的妇女共计1547人，其中"慰安妇"309人。在地域分布上，象山县最多。

抗战期间宁波市遭日军性侵犯妇女人数统计表④

县区＼人数	余姚市	慈溪市	宁海县	奉化市	象山县	海曙区	江北区	江东区	鄞州区	镇海区	北仑区	其他⑤	总计
被性侵犯者	94	73	95	220	383	54	189	5	334	2	56	42	1547
"慰安妇"		20	120	62	10	94			1		2		309
有姓名者	4	31	23	42	10	10	66	1	162	2	8		359

　　从调查得到的数据来看，应当小于实际数。这主要是因为年代久远，当事人、知情人大多已不在，调查难度很大。比如海曙区，据王景行调查，该区"慰安所"有两处，但调查到的"慰安妇"却只有10人，明显偏少。又如，余姚作为日军侵略的重灾区，在94名性侵犯受害者中，查出有名有姓的仅4人，也明显不足。从这个意义上说，此次调研在一定程度上理清了日军在宁波犯下性侵犯罪行的概况，留下了大量真实可靠的第一手材料，但距离全部搞清日军在宁波实施性侵犯这一史实，尚有差距，需进一步深入调研。

---

① 奉化市莼湖街道尹树民2006年10月8日采访，中共宁波市委党史研究室资料11—02—00—06，第155—156页。

② 象山县新桥镇林祥先2006年12月22日采访，中共宁波市委党史研究室资料11—02—00—06，第96—99页。

③ 江北区庄桥街道林亚立2006年10月30日采访，中共宁波市委党史研究室资料11—02—00—06，第100—101页。

④ 根据各县（市）区上报的资料汇总而成。

⑤ 据此次调查，镇海区和北仑区合计为58人；而《浙江抗战损失初步研究》（袁成毅著，陕西人民出版社2003年版，第221—222页）所引用的数据是：原"镇海县妇女被强奸有100余人"。袁书称所引材料都有档案依据，但未注明具体出处。在此我们采用袁书的说法，并将58人以外的42人放在"其他"一栏中。

二、日军在宁波犯下的性侵犯主要罪行

日军在宁波犯下的主要性侵犯罪行，其时间主要集中在日军侵占宁波不久，以 1941 年最多，其地点则主要集中在刚侵占地区或"扫荡"地区。

1941 年 4 月 19 日，象山石浦沦陷，日军挨户搜查，洗劫 3 天。40 余名妇女遭强奸、轮奸，最大的 60 多岁，最小的仅 13 岁[①]。

4 月 22 日下午，日军占领慈溪县城后纵使士兵捣毁县府，搜查商店、民家，侮辱妇女 13 人[②]。

5 月 7 日，日军占领鄞县凤岙后，强占行宫与涤源小学为指挥部。3 天后，日军队长德源纵令部下任意进村抢掠奸淫。凡年轻美貌女子来河埠洗涤，日军一旦看中，即尾随到家，入夜上门强行奸污，被害者众多。日军并强令广招"花姑娘" 40 余人，集中拘留在涤源小学楼上，供其泄欲[③]。

5 月 18 日，日军 70 余人乘小炮艇在象山砺港埠登陆，直入茅洋五狮山探矿，强奸、轮奸了 7 名 60 多岁妇女，并轮奸了到台头村探亲的 14 岁小姑娘，使其致伤[④]。

5 月 30 日，日军进犯鄞县大皎后，火烧大皎，强奸妇女 40 多人[⑤]。

6 月 3 日凌晨，日军小林部队 200 人分两路进犯象山县城。一路由溪口越行后岭过九顷、白石入城，一路由南堡过马岗经东陈、南庄入城。县城 3 门被封，20 余名妇女逃之不及，遭强奸[⑥]。

夏，日军侵占鄞（县）南通往奉化象山港渡口的要隘横溪，驻扎在王家上祠堂（原横溪小学），时常出外找"花姑娘"，糟蹋妇女数十人[⑦]。

9 月，日军田尾部队侵驻慈溪周巷镇，蹂躏了从外地抓来的 10 余名妇女，

---

① 象山县政协文史委员会：《灭绝人性惨不忍睹——日军暴行在象山》，见《浙东浩劫》（《宁波市文史资料》第 12 辑），第 37 页。

② 慈溪县政府：《慈溪沦陷之后》（1941 年 7 月），见浙江省档案馆、中共浙江省委党史研究室编：《日军侵略浙江实录》（1937—1945），中共党史出版社 1995 年版，第 79 页。

③ 鄞县政协文史委员会：《铁蹄下的鄞县惨象》，见《浙东浩劫》（《宁波市文史资料》第 12 辑），第 43 页。

④ 象山县政协文史委员会：《灭绝人性惨不忍睹——日军暴行在象山》，见《浙东浩劫》（《宁波市文史资料》第 12 辑），第 37 页。

⑤ 鄞县政协文史委员会：《铁蹄下的鄞县惨象》，见《浙东浩劫》（《宁波市文史资料》第 12 辑），第 44 页。

⑥ 象山县政协文史委员会：《灭绝人性惨不忍睹——日军暴行在象山》，见《浙东浩劫》（《宁波市文史资料》第 12 辑），第 37 页。

⑦ 鄞县政协文史委员会：《铁蹄下的鄞县惨象》，见《浙东浩劫》（《宁波市文史资料》第 12 辑），第 45 页。

并强奸镇内及过路妇女 20 余人。其中一名 15 岁少女被多次强奸，一名新媳妇被轮奸致死①。

同年，日军从鄞县五乡碶经过大涵山到东吴，正值该镇举行大庙会。日军强奸、轮奸了王传香戏文班子 18 名女演员②。

1942 年 3 月 10 日夜，日军 100 余人从柱岙登陆，连夜闯至钱仓，三五成群挨户搜索，强奸妇女多达 20 人。有一名青年妇女被 10 余名日军轮奸致伤，站立不起③。

10 月，日军侵入奉化方桥镇胡家塈村，集体强奸妇女 30 余名，并把路人当做靶子枪杀④。

12 月，驻扎在余姚丈亭的日军强奸民妇 20 余人⑤。

1943 年 12 月 8 日，日军"扫荡"余姚大岚山，实行"三光"政策，强奸妇女 40 多名，连五六十岁的老太太也未能幸免⑥。

三、日军在宁波实施性侵犯罪行情况分析

日军在宁波发动军事进攻及武装占领期间，实施性暴力的目的，除了满足其兽欲外，还以最野蛮最残酷的手段对妇女实施性虐待，以期从中得到一种畸形的心理满足。

（一）性侵犯不分对象

以现有材料看，遭受日军性侵犯的宁波妇女，小至十二三岁，老至 60 多岁都有，其中又以 30 岁左右的妇女居多。1941 年 5 月 23 日，日军侵入奉化吴家埠，构筑碉堡，强拉民夫，掠夺财物，强奸妇女，杀害民众。全村妇女提心吊胆，受辱的不仅仅是年青的，甚至有幼女、老妪。有个 60 多岁的老婆婆，平时吃素念佛，住在庵里，被破门而入的日军强行非礼。老婆婆虽苦苦哀求，最后仍未能幸免⑦。1942 年日军流窜至奉化排溪村，年仅 13 岁的沈某被日军抓去，遭

---

① 周莲生：《忆日寇侵占周巷的罪行》，见《慈溪抗战资料》，第 128—131 页。

② 鄞州区东吴镇钱诗健 2006 年 11 月采访，中共宁波市鄞州区委党史研究室资料 11—02—11—21，第 39 页。

③ 象山县政协文史委员会：《灭绝人性惨不忍睹——日军暴行在象山》，见《浙东浩劫》（《宁波市文史资料》第 12 辑），第 37 页。

④ 奉化市政协文史委员会：《日军在奉化的暴行》，见《浙东浩劫》（《宁波市文史资料》第 12 辑），第 66 页。

⑤ 《慈溪县政府十二月份当面敌军阴谋暴行调查表》，宁波市档案馆馆藏档案，档案号 171—1—28。

⑥ 沈明文：《日军四次"扫荡"大岚山》，见《姚江怒涛》，中国文化出版社 2005 年版，第 140 页。

⑦ 奉化市政协文史委员会：《日军在奉化的暴行》，见《浙东浩劫》（《宁波市文史资料》第 12 辑），第 66 页。

到强奸，身心受到严重伤害①。

遭受日军性侵犯的女性，除一般良家妇女外，也包括尼姑。江北区上报的80多份材料中，涉及日军对尼姑实施性侵犯的就有4份。其中提到，1941年5月4日，江北岸日本海军松本等3人乘小汽艇从下江湾渡头上岸，直入上赵村14号上庵内，留一人在门外放哨，另2人在庵内轮奸该庵尼姑长根②。

除本地妇女外，从外地到宁波避难的妇女也遭到日军性侵犯。宁海沦陷后，一名从上海回乡在岭南村避难的妇女，带着不足周岁的女儿，刚进村就被日军发现。日军兽性大发，剥光她衣服。伪军汉奸找来一条宽板凳，将她绑在上面。随后，一队日兵轮番奸淫，直至其死亡③。

（二）性侵犯不分场合

日军对宁波妇女实施性侵犯是不分地点和场合的。

入室强奸是日军对宁波妇女进行性侵犯的主要形式。从现有材料看，在有名有姓的被日军性侵犯的妇女名单中，在家里被日军强暴的超过一半。有的是在家里陪小孩睡觉，有的是在家中聊天，有的是在家里坐月子，有的是在外面被日军发现逃回家里。仅举一例，1941年5月，家住镇海洪家村的阮某的二姐在出门寻找刚会走路的小弟时，被一名日军发现。该名日军随即尾随跟至她家里，将其强奸。当时阮某的二姐只有14岁④。

除入室强奸外，日军经常拦路实施性侵犯。1941年秋季的一天，余姚市南黄村1名27岁的妇女回家路过南庙美女山下，被驻扎在山上的日军看见。该名妇女被日军强行拉上山腰，在光天化日之下被几个日本兵轮奸。蒙受侮辱的这名妇女身心受到严重摧残，没过几天就含恨而死⑤。当时，凡在美女山脚下路过的妇女，大多被辱。

宁波地处江南水乡，日军在水上犯下的性侵犯罪行也时有发生。其方式主要有两种，一是日军乘坐小汽艇出来寻欢作乐，发泄兽欲。1942年4月，裘某的

① 奉化市锦屏街道余满娣2006年11月29日采访，中共宁波市委党史研究室资料11—02—00—06，第103—104页。

② 此事既有档案材料记载，又有社会调查材料佐证。两者对主要事实的叙述基本吻合，但时间有所差别，在此以档案记载为准。中共宁波市委党史研究室资料11—02—00—06，第16—19、102页。

③ 宁海县跃龙街道许兆镇2007年4月19日采访，中共宁波市委党史研究室资料11—02—00—06，第206页。

④ 镇海区招宝山街道孙承明2007年4月18日采访，中共宁波市委党史研究室资料11—02—00—06，第107—109页。

⑤ 余姚市新四军研究会军史研究组：《日军在姚暴行录》，见余姚市新四军研究会、余姚市关心下一代工作委员会：《姚江怒涛》，中国文化出版社2005年版，第117页。

妹妹和妻子看见六名乘坐小汽艇的日本兵后，躲在菜子地里，但还是被发现，遭到强暴①。二是日军拦截过往船只，强奸船上的妇女。1941年的一天，日军在慈溪徐家江上看见一只船上坐着一男一女两人，就拦住船只，随后七名日本兵上船将船上的女人轮奸致死②。

当然，日军也在市集实施性侵犯。据现住慈城始平路2号的93岁老人周杏月回忆，慈城观音堂曾有1名外来的补鞋匠，身边带着衣衫残破的18岁女儿。1945年5月的一天，8名日本兵光天化日之下在补鞋摊前将补鞋匠的女儿轮奸。女孩被轮奸后，半天爬不起来，更无法行走③。

（三）手段极其野蛮残忍

日军对宁波妇女的性侵犯远远不能简单地用"犯罪"来界定，其对妇女的性侵犯简直到了没有人性的地步，是对人类文明史的粗暴践踏。

有的妇女在被日军强奸后生命垂危。1942年5月，日军进犯宁海县深甽村。胡某的母亲与胡某的妻子来不及躲避，被日军发现后遭轮奸，次数达十次，生命垂危。当地土郎中用尽各种办法才将她们救活④。

有的妇女甚至直接被日军强奸致死。在奉化市社会调查得到的70位受害者当中，被强奸致死的有18人，占25.6%，比例很高。1942年5月15日中午，日军由奉化县西岙进犯宁海县长洋村。郭某的妻子来不及躲避，被20余名日军轮奸。次日，郭某的妻子含恨而死⑤。这也是此次社会调查中发现的针对单个妇女实施性侵犯日军人数最多的案例。

有的妇女在遭日军强奸后又被日军刺死。1941年4月，在宁波市西门口，日军拦住一对母子，兽性大发，先用刺刀刺进小孩的肛门将其举起来，致使小孩惨死，然后在光天化日之下强奸小孩的母亲，奸后再用刺刀将其刺死，吓得周围居民胆战心惊⑥。

更有的妇女在死后还遭到日军的凌辱。1945年7月，一名齐姓年轻妇女被

① 江北区洪塘街道胡臣南、范创业2007年1月16日采访，中共宁波市委党史研究室资料11—02—00—06，第114页。
② 慈溪市逍林镇郑金君2006年12月19日采访，中共宁波市委党史研究室资料11—02—00—06，第110、111页。
③ 江北区慈城镇宋锡炯、朱兰芬2006年10月20日采访，中共宁波市委党史研究室资料11—02—00—06，第161页。
④ 宁海县深甽镇戴梦军2006年11月采访，中共宁波市委党史研究室资料11—02—00—06，第205页。
⑤ 宁海县深甽镇戴梦军2006年10月29日采访，中共宁波市委党史研究室资料11—02—00—06，第177页。
⑥ 海曙区汪弄社区杨大国、金丽珍2006年12月1日采访，中共宁波市委党史研究室资料11—02—00—06，第139—141页。

象山石浦日本警备队抓去。日本兵说她是中国兵的"暗探"，将其轮奸，加以凌辱，最后用木棍刺入阴部，弃尸路上①。

日军不仅对遭性侵犯的妇女实施暴行，即使对周边的无辜民众也肆意杀戮。据江北洪塘街道周老小老人讲述，1944 年 5 月，他在路过安山李村时发现母女两人被日本兵拦住。几个日本兵就地强奸女儿，她母亲羞愧，就将随身携带的雨伞打开遮挡一下。日本兵不知她搞什么名堂，不问青红皂白枪杀母亲。女儿看到后号啕大哭。日本兵暴怒，也用刺刀刺死其女儿②。

对于强奸不从的妇女，日军的手段更是毒辣。据庄桥姚家村孙文菊老人回忆，1941 年日本兵进村时，要强暴叫孙小妹的姑娘。孙小妹不从，后被日本兵割下双乳致死③。

日军进行性侵犯时，连病人、孕妇和坐产时的妇女也不放过。1944 年 8 月日军流窜到象山县大塘中站。生病在床的杨陈氏被日军强奸，致使其久病不愈④。1943 年象山县湖边村黄某的妻子正在坐产，被日军抓到后遭强奸。后来她为逃脱日军，伏在水沟里。但虚弱的身体经此一折腾，当年就得病死去⑤。

日军的性侵犯不仅是对妇女身体，而且是对中国人精神的摧残。1941 年，四个日本兵在海曙区邵家渡将一名男子绑在柱子上，让他亲眼目睹他们强奸他老婆的过程，并以此取乐⑥。

(四) 设立"慰安所"是日军实施性侵犯的一种特殊形式

日军在一些长期占领的地区大多设有"慰安所"、军妓院或"行乐所"等，或通过武力威逼，或通过诱骗等方法强行逼迫良家妇女充当"慰安妇"。"慰安妇"同样是日军性侵犯罪行的受害者。

关于宁波的"慰安所"问题，以前只有一些散见的材料。如研究中国"慰安妇"问题的华东师范大学教授苏智良曾提及，日军曾在鄞县大德会设立了

---

① 象山县政协文史委员会：《灭绝人性惨不忍睹——日军暴行在象山》，见《浙东浩劫》（《宁波市文史资料》第 12 辑），第 38 页。

② 江北区洪塘街道胡臣南、范创业 2007 年 1 月 16 日采访，中共宁波市委党史研究室资料 11—02—00—06，第 123 页。

③ 江北区庄桥街道潘佰绒 2006 年 10 月 12 日采访，中共宁波市委党史研究室资料 11—02—00—06，第 147 页。

④ 象山县大塘乡虞小春 2007 年 1 月 15 日采访，中共宁波市委党史研究室资料 11—02—00—06，第 201—202 页。

⑤ 象山县西周镇周先赞 2007 年 1 月 19 日采访，中共宁波市委党史研究室资料 11—02—00—06，第 159—160 页。

⑥ 海曙区联南社区王协芳、陈伟国、汤文嘉 2006 年 11 月 20 日采访，中共宁波市委党史研究室资料 11—02—00—06，第 152—153 页。

"俱乐部"。这实际上就是"慰安所"。日军侵入奉化后，在城内小路街开设有"清风庄"，在吴家埠设"慰安所"，供日军泄欲。1942 年 6 月，日军侵占象山县，也设立了军妓院、"行乐所"和"慰安所"①。

这次专题调研，又发现了许多"慰安所"。从地域上看，日军慰安所主要集中在已占领的城镇。一方面这是由于日军大多驻扎在集镇，集中建立"慰安所"可以为更多的日军提供性服务。另一方面，相对集中设立"慰安所"，也有利于其维护占领区的秩序。

据王景行近 10 年调查，宁波城区有四处"慰安所"，其中两处位于海曙区，两处位于江北区。海曙区的两处"慰安所"，一处为旗杆巷 47 号洋房（兴建天一广场时被拆毁）。这幢房子为洋务运动时期傅姓商人所建，宁波沦陷时被日军霸占，辟为"慰安所"，称"日军军官俱乐部"。俱乐部楼上有 30 多个房间。该房子附近的居民常常听到寻欢作乐的日军军官野兽般的嚎叫和"慰安妇"们压抑而哀怨的哭声。另一处为药行街护城巷的大型浴室。浴室里面专辟了为日本人提供按摩和性服务的场所。因该浴室早已拆除，更确切的情况已很难查询。江北区的两处"慰安所"，一处在玛瑙路 41 号。该房子为庄姓商人所有。房子还未造好就被日军霸占，并被装饰成日本人喜欢的风格，取名为"月の家"，在日语中有性服务所的含义。该地已保留下来并正在修缮，以作为日军在宁波犯下性侵犯罪行的罪证。还有一处为江北岸外滩的东亚旅社。它是日军高级军官的"慰安所"。令人惋惜的是有关东亚旅社的情况没有更确切的资料②。

设在城镇的日军"慰安所"，除了宁波城区外，在这次社会调查中，我们发现在奉化、象山、慈溪县城也有大量的"慰安所"存在。如奉化沦陷后，伪维持会筹划开办的"清风庄"或"慰安所"有七处。在象山，日军从各地掳掠许多妇女，在县城设立军妓院、"行乐所"、"安慰所"，供日军长期奸淫。江北区慈城（原慈溪县县城）有"慰安所"四处。

除了城镇外，通过调查我们还发现，在日军占领的比较偏僻的农村营地，也有"慰安所"。如象山延昌乡伪乡长郑邦华，绰号"铬铁头"，献媚日军，开设"行乐所"，逼令 10 余名青年妇女专供日军作乐。在茅洋上黄村，设有一个军妓院，专供日军军官作乐；设有两个"行乐所"，供日军士兵和工头作乐③。在宁

---

① 苏智良：《慰安所研究》，上海书店出版社 1999 年版，第 129—130 页。
② 吴海霞：《追寻侵华日军宁波慰安所罪证》，载《鄞州日报》2003 年 11 月 4 日。
③ 象山县政协文史委员会：《灭绝人性惨不忍睹——日军暴行在象山》，见《浙东浩劫》（《宁波市文史资料》第 12 辑），第 38 页。

波的上呇村和毛力村（今均属江北区），也设有"慰安所"。

关于"慰安妇"的来源问题，从社会调查所得材料分析，主要有三种情况：

第一种是侵华日军从日本和朝鲜带到宁波的"慰安妇"。这种"慰安妇"数量较少。日军在鄞州区鄞江镇鸡行弄开设的"慰安所"，持续1年有余，其中有26名身穿和服的韩国妇女。在鄞州区章水蜜岩的"慰安所"，除了被掳掠的中国妇女外，还有日本妇女在此处充当"慰安妇"。

第二种是由日军直接在本地抓捕妇女或由伪"维持会"拐骗当地妇女组成。这种情况占了大多数。据海曙区雄镇社区陈裕康陈述，1941年日军占领宁波后，在栎社机场附近的张家村驻扎一小队日军。有一次，10多名妇女被这队日军抓来做"慰安妇"，被凌辱10多天，后经"讨饭阿香"（日军小队长的情妇）向日军小队长求情才得以脱身。1945年日军投降后，阿香因有救人功劳未受当时政府处理。这是当地人都知道的①。另据北仑区大碶街道虞春华、胡志甫陈述，1943年至1944年，日军驻扎在算山村袁家峙，日军小队长通过伪政府叫各保出钱，强征妇女。当时保长袁宝根让算山村村民袁山宏等用摇篮把两名妇女送给日军小队长，充当"慰安妇"②。

第三种是由被拐骗的外地妇女组成的。从江北区慈城镇上报的社会调查材料看，据葛华昌、胡友生两位老人回忆，1943年4月日军进驻上呇村后，在钱家坟村开设"慰安所"。日军抓来20多名妇女（新昌嵊县口音）做"慰安妇"，由一名日本妇女负责管理③。

宁波"慰安妇"的构成，后两种情况居多。以奉化市7处"慰安所"为例，共有"慰安妇"120多人：（1）在市区小路街的"慰安所"，本地、外地妇女约20多人；（2）在市区北门陈传品洋房的"慰安所"，本地、外地妇女约20多人；（3）在溪口镇的"慰安所"，从外地抓来的妇女约20多人；（4）在江口镇的"慰安所"，本地、外地妇女约20多人；（5）在吴家埠的"慰安所"，从外地抓来的妇女约20多人；（6）在西坞的"慰安所"，妇女约10多人；（7）在畸山的"慰安所"，本地妇女10多人④。

① 海曙区雄镇社区王绥珠、项丽娜2006年11月27日采访，中共宁波市委党史研究室资料11—02—00—06，第124—125页。
② 北仑区大碶街王文通2007年1月15日采访，中共宁波市委党史研究室资料11—02—00—06，第133页。
③ 江北区慈城镇孙新根、韩新德2007年1月11日采访，中共宁波市委党史研究室资料11—02—00—06，第134页。
④ 中共宁波市委党史研究室资料11—02—00—06，第126—127页。

除固定场所的"慰安妇"外，这次社会调查中还发现了随军"慰安妇"。1945年8月15日，宁海日军陆续往奉化、宁波方向撤退。王有熙、汪章火被日军抓去当苦役。在行至奉化大桥镇时，他们发现马姓翻译带着20多名妇女为日军提供性服务。这些妇女被称为"娘娘"，大多为宁海人。王有熙、汪章火能叫出他们大部分人的名字①。

充当"慰安妇"的妇女过着悲惨的生活。在象山茅洋上黄村日军的军妓院和"行乐所"中，被掳掠来的妇女，白天给日军洗衣做工，夜里被日军轮奸，有的妇女一夜竟被奸污10来次，许多妇女因不堪日军虐待凌辱而惨死②。

抗战结束后，"慰安妇"的命运仍然很凄惨。据王竹轩回忆，一名以前住在桃渡路的妇女，她的丈夫做茶叶生意，在她做了"慰安妇"后，大家在街上碰到她都不愿和她打招呼。日军投降后，奉化"慰安所"的妇女大多数去向不明，只知道有两名妇女嫁到西圃村，已不能生育③。

四、日军性侵犯罪行的影响

（一）对当事人的影响

日军在抗战时期犯下的性侵犯罪行，给被侵犯者造成了严重的身体和精神伤害。

有的被侵犯者落下终身残疾甚至死亡。象山县茅洋村妇女鲍某，1941年8月在被日伪开办的华中公司工头强奸时，年仅16岁。之后她被工头霸占4年，身心受到严重伤害，丧失了生育能力。抗战胜利后，她虽然再嫁，但一直蒙受冤屈，郁郁而死④。

有的被侵犯者精神错乱。1941年冬，一名抱婴儿的妇女在宁波永宁桥下被日军强奸，她的婴儿也被日军用刺刀刺死，以致她精神错乱⑤。日军自占领宁海县城后，即挨户搜查，抢稻谷、草席、木板，并强奸妇女。一名逃避乡下的18岁姑娘，因潜回探望老父，在白石头沙朴树脚被日兵瞥见，被拉进屋里遭日军轮

① 宁海县跃龙街道许兆镇2007年3月23日采访，中共宁波市委党史研究室资料11—02—00—06，第137—138页。
② 象山县政协文史委员会：《灭绝人性惨不忍睹——日军暴行在象山》，见《浙东浩劫》（《宁波市文史资料》第12辑），第38页。
③ 奉化市锦屏街道俞满娣2006年11月23日采访，中共宁波市委党史研究室资料11—02—00—06，第131页。
④ 象山县茅洋乡杨善甩2006年11月16日采访，中共宁波市委党史研究室资料11—02—00—06，第174—176页。
⑤ 海曙区联南社区王协芬、陈伟国、汤文嘉2006年11月20日采访，中共宁波市委党史研究室资料11—02—00—06，第150—151页。

奸，至次日中午才放回。该姑娘此后精神失常①。

还有的被侵犯者发疯而死。1942 年，日军到镇海长石桥（乡）"扫荡"，强奸妇女三人。其中南街童姓妇女被日军奸污后，发疯十多年，最后病重而死②。同年 9 月，日军窜到象山大塘宁波站村，将悉某的妻子轮奸。此后悉某的妻子精神错乱，成为疯子，整天赤身裸体在外边乱跑，不到两年便离开人世③。1943 年12 月，怀有身孕的小彩遭两名日本兵轮奸后，身体和精神都遭受重创，待产期间每天大叫"吓死了"，后来生下女儿没几个月就去世了。她的女儿也被迫送到远房亲戚家中寄养④。

被日军性侵犯的妇女除了自身受到严重伤害外，因中国传统观念影响，她们还要承受不被周围人理解的痛苦。于是，有的被侵犯者只好远走他乡。在江北区社会调查中就发现四例。据当时住在杨家巷 4 号的洪雪莉回忆，1941 年日军进入杨家巷 5 号，当着丈夫的面，强奸了他的妻子。事后，这对夫妻感到羞愧，弃家到了上海⑤。1943 年春，赵某被日本兵强奸后，她的父母就将她送到上海亲戚家中，后来一直没有回来⑥。更有的妇女在被强奸后含恨自杀。1943 年农历正月十四，一股日军闯入象山县鹤洋村，将王姓孕妇强奸。不堪凌辱的王氏含恨跳河自尽⑦。1944 年 4 月，日军流窜到象山县大溪蒋村，适值一些妇女在黄溪看戏。日军遂对这些妇女进行奸污。其中一名黄姓妇女在遭日军强奸后，认为见不得人，当天就吊死在树上⑧。

（二）对当事人家庭的影响

日军犯下的性侵犯罪行不仅对被侵犯者本人造成严重伤害，也给受害者的家

① 宁海县政协文史委员会：《宁海沦陷前后的劫难》，见《浙东浩劫》（《宁波市文史资料》第 12 辑），第 70 页。

② 镇海区政协文史办：《镇海人民的血泪仇》，见《浙东浩劫》（《宁波市文史资料》第 12 辑），第 29页。

③ 象山县大唐乡虞小春 2007 年 1 月 21 日采访，中共宁波市委党史研究室资料 11—02—00—06，第178—179 页。

④ 江北区洪塘街道胡臣南、范创业 2006 年 12 月 15 日采访，中共宁波市委党史研究室资料 11—02—00—06，第 196 页。

⑤ 江北区中马街道张梅芬、沈惠芳、丁宗国 2006 年 11 月 22 日采访，中共宁波市委党史研究室资料11—02—00—06，第 172 页。

⑥ 江北区洪塘街道胡臣南、范创业 2006 年 12 月 7 日采访，中共宁波市委党史研究室资料 11—02—00—06，第 187 页。

⑦ 象山县晓唐乡陈俊珍 2007 年 3 月 18 日采访，中共宁波市委党史研究室资料 11—02—00—06，第 190页。

⑧ 象山县墙头镇欧吉庆 2007 年 1 月 23 日采访，中共宁波市委党史研究室资料 11—02—00—06，第200—201 页。

庭造成严重后果，有的甚至因此家破人亡。宁海县水角凌巷有一位外地流落至此的戏子，人称"小旦宋"。他有一位年约 30 岁的妻子。宁海县城沦陷后，躺在病床上的"小旦宋"妻子被日本兵轮奸致死。"小旦宋"回来后看见这一惨状，绝望中上吊自尽①。

许多性侵犯罪行中，都包含着日军残酷的杀人罪行。1941 年 4 月 19 日，严某和几个船老大从奉化大桥镇载了一船货经过宁波三江口时，被日军橡皮船拦住。日军跳上船把男人赶上岸，然后将严某的儿子刺死扔到江里，又开始强奸他的妻子。严某上去拼命，结果左眼被刺瞎，浑身伤痕累累②。同年 5 月，日军进犯奉化县六诏村。该村村民陈某看见自己的妻子被日军强奸，奋起救护，结果被日本兵围住，用石块活活砸死③。1945 年 6 月宁海县城沦陷后，住在县城南门外的妇女范某，在菜园拔草时被日本兵发现，就逃到后院的庄稼地里。日本兵进屋，看见范某的丈夫葛某，逼其交人。葛不从，被日军在肚子上刺了一刀。葛的惨叫使范某暴露了藏身地点，被日军发现后遭到强奸。等强奸结束，葛某已活活痛死④。

有的被侵犯者因此家庭破碎。据慈城山西村蔡阿增、陈阿年回忆，他们村的一名妇女在上山摘桃子时，因衣服被树枝勾住，未能逃过三名日本兵的追击，遭轮奸。回家后，这名妇女的丈夫怨她"不贞"，并将其暴打一顿⑤。象山县西周村妇女张某在婚前被日军强奸。婚后丈夫得知此事后，对张某残酷虐待，致其被折磨致疾，不久死去⑥。1944 年，象山县茅洋村一名妇女，第一次被日军军官抓住意欲强奸时，奋力摆脱，后去了宁波当女佣。过了一段时间，她丈夫让她返回。谁知当天即被日军军官发现。该日军军官尾随到她家中，将其奸污。当时她丈夫就躲在床下。日军军官离开后，愤怒的丈夫将她活活打死⑦。据白沙街道的

① 宁海县跃龙街道许兆镇 2007 年 4 月 19 日采访，中共宁波市委党史研究室资料 11—02—00—06，第 206—207 页。

② 《杀子奸妻之仇永世难忘》，载《浙江日报》1951 年 4 月 19 日。

③ 奉化市溪口镇竺尚义、孔振忠 2006 年 11 月 16 日采访，中共宁波市委党史研究室资料 11—02—00—06，第 148—149 页。

④ 宁海县跃龙街道潘志海 2006 年 11 月 22 日采访，中共宁波市委党史研究室资料 11—02—00—06，第 162—163 页。

⑤ 江北区山西村董善江 2006 年 11 月 6 日采访，中共宁波市委党史研究室资料 11—02—00—06，第 186 页。

⑥ 象山县西周镇赖才栋、周先赞 2007 年 1 月 10 日采访，中共宁波市委党史研究室资料 11—02—00—06，第 194—195 页。

⑦ 象山县西周镇赖才栋、周先赞 2007 年 1 月 9 日采访，中共宁波市委党史研究室资料 11—02—00—06，第 197—198 页。

范某陈述，1941 年她家隔壁的女邻居应氏在被三名日本兵轮奸后，即遭到她丈夫的遗弃，美满的家庭从此破裂①。

（朝泽江　执笔，韩小寅　审定）

---

① 江北区白沙社区张黎 2006 年 10 月 30 日采访，中共宁波市委党史研究室资料 11—02—00—06，第 165 页。

（四）抗战时期日伪对嘉兴的经济掠夺

中共嘉兴市委党史研究室

　　嘉兴是浙北历史名城和军事要冲，为沪杭咽喉、上海屏障。国民政府和军事当局非常重视嘉兴的军事地位。抗战爆发前两三年，国民政府先后修筑了苏（州）嘉（兴）铁路、国界桥飞机场，开通了嘉兴至乍浦的公路，并兴修自江苏常熟福山至平湖乍浦的防御工事。1937 年 11 月，日军在杭州湾北岸登陆，首先占领嘉善，12 月下旬嘉兴境内各县城全部沦陷，处于日军铁蹄蹂躏之下，长达八年之久。日军侵占嘉兴后，与汪伪政权互相勾结，对沦陷区人民实行残酷的绝对统治，不仅在政治上严厉控制沦陷区人民的居住、信仰、通信、集会、旅行等各种自由，在军事上进行野蛮的"清乡"、"扫荡"，大肆残杀抗日志士和无辜百姓，并在文化上强制进行奴化教育，还在经济上进行疯狂的搜刮性掠夺，使劫后余生的民众陷入更悲惨黑暗的深渊。

一、建立殖民地金融体系，垄断金融业

　　日本侵略者在沦陷区的经济掠夺，首先是建立殖民地金融体系，采取各种手段统治和垄断金融业。日方在嘉兴设立了台湾银行分行、白木公司、太平洋公司、太湖洋行等金融和工商业机构。汪伪国民政府成立后，日军为了便于对中国沦陷区的掠夺和搜刮，策动傀儡政府以整顿金融、稳定币制名义，于 1941 年 1 月 6 日成立所谓"中央储备银行"，10 月 7 日成立汪伪"中央储备银行嘉兴办事处"。随后由日方控制的华兴银行也在嘉兴成立分行。日伪金融机构控制了嘉兴境内的金融业务，对沦陷区的经济掠夺和财政极尽搜刮之能事。所有的中方银行、钱庄及合作社等金融机构，从机构的设立、行址的选择，到营业的规模、范围、具体内容等，无不在日军的严密操纵和监视之下。中方银行、钱庄创办时，均须先经日本特务机关申请批准方能开业。开业之后，还要随时受到特务机关的检查监督，业务上要完全听其指令和受其控制，没有任何自主权。

　　为控制金融、掠夺物资，日军在杭州湾北岸登陆后，即携带大量军用票，强迫沦陷区民众使用。日军规定，凡向洋行各厂购买货物，必须一律使用日本军用

抗战时期日伪在嘉兴设立（接收）的主要金融机构一览表①

名　　称	时　　间	地　　点	设立或接收
台湾银行嘉兴分行		嘉兴城内	设立
中央储备银行嘉兴办事处	1941 年 10 月 7 日	嘉兴望吴桥	设立
华兴银行嘉兴分行	1941 年	嘉兴城内	设立
浙民银行嘉兴分行	1941 年	嘉兴城内	设立
浙民银行硖石办事处	1941 年	硖石干涉巷	设立
中国银行嘉兴支行	1943 年		接收
交通银行嘉兴支行	1943 年		接收

票。日军并强制规定军用票与法币的比价，迅速贬低法币，抬升军用票。以平湖县为例：1939 年 8 月以前，100 元法币可换军用票 130 元；1939 年 8 月，日军规定军用票与法币同价；1940 年 5 月，100 元法币换军用票 77 元；1941 年，100 元法币只能换 18 元军用票；1942 年 5 月，更是降为 100 元法币换 8 元军用票。②

除了大量使用军用票外，日伪还想尽各种方法打击法币。比如，以法币上所印地方名称的不同、发行年份不同来分化法币。1940 年，日伪规定：民国二十五年后中国银行所印的钞券不能通用。这样就有相当一批法币退出了沦陷区金融流通领域，为军用票的推广使用获得了更大空间。汪伪"中央储备银行"成立后，在毫无金银准备的情况下，大量发行"储备券"，与法币同时流通，等价使用。1942 年 5 月 27 日，汪伪财政部发表声明，宣布禁止法币流通。30 日，"中央储备银行"公布收购法币办法，自 6 月 8 日至 21 日，在南京、上海、嘉兴等 11 个城市以 1 元"储备券"兑换 2 元法币的方式，收购全部法币；凡沦陷区人民持有法币的，必须在限定期日内进行兑换，过期禁止流通。其目的就是要彻底把法币赶出沦陷区金融市场，而在收购过程中又以 1∶2 的低兑换率，顺势豪夺沦陷区人民的财产。因此，该办法公布后，引起了各地物价暴涨。7 月 23 日，汪伪财政部宣布自 8 月 1 日起，杭州、嘉兴、镇江 3 城市一律禁止使用法币③。除了在城市强行禁止法币流通外，汪伪还在乡村市场强行推行"储备券"。日军

---

① 张振华：《浙西金融问题》，1944 年，第 8 页，浙江图书馆古籍部藏，951.084424.3214.V29；史念主编：《嘉兴市志》（中），中国书籍出版社 1997 年版，第 1599 页。

② 吴欣、谈建军：《抗战时期浙江金融研究》，见中共浙江省委党史研究室编：《浙江省纪念抗日战争胜利 50 周年论文集》，当代中国出版社 1997 年版，第 605 页。

③ 史念主编：《嘉兴市志》（上），中国书籍出版社 1997 年版，第 112 页。

操纵伪政权成立所谓"新券流通扩充委员会",强行推广"储备券",要求推广时"除经济实力外","须武力、政治实力并用"。日伪就是用这种野蛮的强制手段,以实现其彻底杜绝法币,使"储备券"流通地域由点扩大到面,从而控制整个沦陷区的金融市场,并维持其伪币价值目的的。为了满足日军越来越大的军费开支,"储备券"的发行量也越来越大,造成物价狂涨,经济出现恶性通货膨胀现象。"储备券"刚发行时,票面最高金额为10元,至1945年,其票面最高金额为10万元。抗战胜利后,国民政府曾以"储备券"200元折合1元法币收兑市场上的"储备券",结果仅嘉兴县就收兑了"储备券"2408.1万张,共计2616180万元,折合法币13080.9万元①;平湖县收兑了"储备券"207亿元②。

为彻底控制和垄断沦陷区的货币金融,日本侵略者还随心所欲地到汪伪汉奸银行强行借贷、透支或任意提取现金,并利用收兑来的法币到国民党统治区或游击区抢购、套购军需物资、土特产和原料,以发展日伪工商业,扩大军工生产,达到其"以战养战"的罪恶目的③。

二、大肆攫夺工厂、物资,摧毁民族工业

抗战期间,嘉兴工业遭受巨大劫难。除很少一部分工厂迁移到后方外,大部分工厂在日军轰炸、焚烧中被摧毁。即使幸存下来的,也被日伪控制,甚至被完全没收,改头换面。在嘉兴县,损失茧厂9家、茧站1家、茧行2家、丝厂2家、米厂2家、修船厂1家、染织厂2家,及大量厂房、设备、货品和生材等。嘉禾布厂的厂房和机织设备就因遭受日军轰炸,损失严重,工人也被解散回家。民丰造纸厂的大礼堂和部分职工住宅遭日机轰炸,仓库内物资也被日军炮火所毁,沦陷后更被日军直接占领。嘉善县战前有窑墩827座,战时窑墩绝大多数停烧破败,窑工失业人数52600人,整个窑业直接损失达90%。战时海盐土布织造手工业也深受其害,生产大幅度下降,年产土绸、布帛仅1625匹,比战前减少了141.5倍。沦陷后,嘉兴地区原来的百余家袜厂只存20余家。

沦陷期间,日本侵略者对民族工业的掠夺政策,前后有所不同。嘉兴刚沦陷时,日军采用"委托经营"方式,即由被委托的日本会社全权经营占领区各工

---

① 单丽蓉主编:《嘉兴市金融志》,中国金融出版社1996年版,第11页。

② 吴欣、谈建军:《抗战时期浙江金融研究》,见中共浙江省委党史研究室编:《浙江省纪念抗日战争胜利50周年论文集》,当代中国出版社1997年版,第607页。

③ 史念主编:《嘉兴市志》(上),中国书籍出版社1997年版,第102页。

厂。日军以这种方式，夺取了嘉兴差不多全部工厂。但日军这种强取豪夺的经营方式很快遇到困难。1938年10月武汉沦陷后，日军在工业掠夺方面采用"中日合办"方式，对各主要工业实行统制经营。1939年8月，民丰造纸厂被日商三岛制纸株式会社强占。在准备开工前，纸板机发生火灾，机器及厂房大部焚毁。1940年1月，日商王子制纸株式会社取得了原由三岛占据的民丰厂生产经营权，生产卷烟纸。汪伪政权成立嘉兴合作社后，利用嘉禾布厂仅存厂房和破旧机器，开设棉织工场，改名为利济布厂，有织布机40台、职工100余人。1942年10月日军强制收买纬成绢纺厂，并以钟渊公大实业株式会社公大第八厂名义开始经营，有纺锭5684锭。因战时绢纺原料紧缺，从1944年10月起，该厂以绿麻为原料制造麻绳，成为日本海军的附属制绳工场。

为战争需要，日军还大量搜刮沦陷区的钢铁，为其制造军火。如1940年7月，日伪在嘉善成立"献铁委员会"，向民间搜集废钢铁，规定每户2斤，仅魏塘、西塘两镇被搜刮去的就达12000余斤。日军并藉此拆毁嘉善火车站跨路天桥（此桥建于1917年），运走全部铁料[1]。1936年7月通车的苏（州）嘉（兴）铁路[2]在抗战初期遭到日军的疯狂轰炸。沦陷后，日军将苏嘉铁路据为己有，迫使数千中国民工将铁路修复，交给日本振兴株式会社与汪伪政权组成的"华中铁道株式会社"管理。从此，总投资360余万元的苏嘉铁路运营收入全部归日伪所有，而且铁路本身成为日军运送兵员、军火和物资的重要交通线。1944年3月，日军开始拆除苏嘉铁路，钢轨卸下运至苏州后立即外运。日军破坏、占有及拆除苏嘉铁路不仅对战时的嘉兴造成了很大的经济损失，而且也严重影响了战后嘉兴经济的恢复和发展。

日军对嘉兴沦陷区残破不全的邮电、航运、运输业也不手软。嘉兴原有的电灯公司、自来水公司，都为日本控制的华中水电公司所独占经营。苏（州）嘉（兴）湖（州）汽车公司被华中公司劫夺。水陆运输也为日军统制。日军在嘉兴北门外设华中汽船株式会社嘉兴出张所，控制嘉兴水运；在嘉兴东门火车站设日本通运运输公司，在塘湾街设城北出张所，控制陆路运输[3]。日军的疯狂掠夺和强行控制，完全操控了嘉兴地区的经济命脉，给民族工业的发展以致命打击。

---

① 朱念慈：《嘉善抗战八年记略》，见嘉兴市政协文史委员会编：《嘉兴市文史资料》第1辑，1986年出版，第72页。

② 《申报》1936年7月16日。

③ 史念主编：《嘉兴市志》（上），中国书籍出版社1997年版，第102页。

嘉兴电气业损失一览表①

名称	等级	地址	资本总额（元）	发电容量（千瓦）	损失情况
硖石电灯厂	三	海宁硖石	140330	180	被日伪控制
斜桥昌大电厂	四	海宁斜桥	4850	10	被日伪控制
袁化电气公司	四	海宁袁化	30404	35	被日伪控制
振新电气公司	四	海宁长安	23575	18	被日伪控制
泾明电灯厂	四	嘉兴王江泾	5387	8	被毁
明丰电灯厂	四	嘉兴新丰镇	8558	12	被日伪控制
明星电灯厂	四	嘉兴新篁镇	10670	20	被毁
振新电气公司	四	嘉兴新塍镇	15000	44	被毁
耀明电气公司	四	嘉兴王店镇	2700	15	被毁
永明电气公司	三	嘉兴	200000	308	被日伪控制
昌耀电气公司	四	嘉善	80000	91	被日伪控制
同仁电厂	四	嘉善杨庙		3.7	被毁
光耀电灯厂	四	嘉善干窑		10	被毁
天宁启明电厂	四	嘉善干窑		5	被日伪控制
有利电灯公司	四	嘉善陶庄	2500	6.5	?②
普益电气公司	四	嘉善西塘	1400	43	被毁
海盐电灯公司	四	海盐		44	被毁
沈家荡电气公司	四	海盐	700	17	被毁
永民电气公司	四	崇德	35000	32	被日伪控制
普益电气公司	四	崇德石湾镇	8000		被毁
溥利电气公司	四	崇德洲泉镇	7400	10.5	被毁
新光电灯厂	四	平湖	12000	16.5	被日伪控制
乍浦商办电气公司	四	平湖乍浦	15000	37	被日伪控制
明华电灯厂	三	平湖	80000	326	?
新华电灯厂	四	平湖	5000	12	?
公明电气公司	四	桐乡	20000		被毁
溥明电气公司	四	桐乡屠甸	4000	11	被毁
乌青镇电气公司	四	桐乡乌青镇	51000	75	被毁

---

① 温延龄：《浙西初期抗战史话》，1944年6月，第70—73页。表中"资本总额"为当年法币价值。

② 原文如此，下同。

三、掠夺蚕丝资源，统制蚕丝业

嘉兴气候温和，土质肥沃，栽桑养蚕，最为适宜，自古以来就是全国丝绸生产发达地区之一。战前嘉兴桑园面积112.6万亩，鲜茧最高年产量为21.45万公担，占杭嘉湖产茧量的56%，占全省产茧量的39.4%。抗战爆发后，嘉兴明明、新兴等蚕种场被烧毁，真如、栖王埭等茧站被劫，纬成鹤记、秀纶、福兴、厚生、源鑫等丝厂都遭到破坏，丝厂库存蚕丝被掠夺，蚕丝生产濒于绝境。秀纶丝厂及其茧行，房屋、生产工具、干茧等大部分被毁，共计损失59.63万元（法币，战前价值）[①]。1941年10月，日军为保障铁路安全，在铁路沿线建立无障碍区，下令一律清除海宁铁路两旁500米以内的房屋、树木[②]，嘉兴县铁路、河道边的桑园也同样被下令砍伐[③]。加上战争后期粮荒严重，农民扩大粮食种植，把桑园改种粮食等原因，造成桑园面积锐减。1943年，嘉兴桑园面积仅存58.26万亩，比战前下降了48.2%。至抗战结束，嘉兴产茧量降至2.28万公担[④]。

日本侵略者为了控制沦陷区的蚕丝业，于1938年8月在上海成立了"华中蚕丝股份有限公司（后简称'华中公司'）"，并规定蚕种、蚕茧、缫丝、销售等全部环节，全由华中蚕丝公司经营统制。该公司在嘉兴、长安、硖石设置出张所，在崇德、平湖、海盐设置驻在所，在嘉兴设置蚕业场，旨在以特权掠夺蚕丝资源。

在蚕种统制方面。日方规定：华中方面的蚕种，均归华中蚕丝公司统制配给，蚕种的生产、配给的数量及价格，也由该公司制定。1939年春，日军在嘉兴建立规模颇大的种场一所，在城郊侵占大批土地，扩种桑树，扩大蚕种制造，垄断蚕种发放，迫使民间蚕种场纷纷倒闭[⑤]。在产茧统制方面。日方规定：华中方面所产出之茧，经"维新政府"实业部茧价评定委员会公定价格后，统归华中蚕丝公司收买，以统制价格和配给；因治安及地方状态，华中蚕丝公司不能

① 根据褚凤章《嘉兴县秀纶丝厂战时直接遭受损毁情形报告表》（1947年1月5日）、褚凤章《嘉兴县秀纶茧行战时直接遭受损毁情形报告表》（1947年1月5日）、褚凤章《嘉兴县秀纶第二茧行战时直接遭受损毁情形报告表》（1947年2月6日）和褚凤章《嘉兴县秀纶第三茧行战时直接遭受损毁情形报告表》（1947年2月6日）所列数据汇总。存上海市档案馆，档案号S37—1—363。
② 汪伪政府行政院：《行政院密指令》（行字第5340号）（1941年10月1日），中国第二历史档案馆馆藏档案，档案号1001—4770。
③ 王掌福、张德昌、蒋宝勋的证词（2007年7月6日），嘉兴市抗战损失课题调研成果资料11—05—00—20，第124页。
④ 史念主编：《嘉兴市志》（中），中国书籍出版社1997年版，第1156、1168页。
⑤ 史念主编：《嘉兴市志》（上），中国书籍出版社1997年版，第102页。

实地收买之区域，才委托特约茧行代为收买；蚕茧运输，须以华中蚕丝公司的名义请求放行，以控制蚕茧外销。在嘉兴，蚕茧收购被华中蚕丝公司所垄断，境内民间私人茧行大多关闭。1940年，因国际生丝市场价格下跌，日军为保全自身利益，一面禁止蚕丝出境，一面降低蚕茧收购价格，春茧收购时每担价格仅250元，秋茧更跌至每担120元左右，而当时国统区春茧市场价格则为每担350元。

1939—1943 年日伪在嘉兴的收茧量①

年份	期别	干茧量（司马担）	期别	干茧量（司马担）	合计（司马担）
1939	春	5006	秋	1554	6560
1940	春	22363	秋	647	23010
1941	春	12860	秋	62	12922
1942	春	8877	秋	209	9086
1943	春	10465	秋		10465

日军在统制蚕种、蚕茧的同时，又先后占据了嘉兴各地的丝厂。1938年8月，华中蚕丝公司侵占了长安丝厂，改名为华中蚕丝公司第一丝厂；1939年，海宁合作制丝公司被侵占，由日商三男、高桥、曲田经营；1940年，崇德丝厂被华中公司侵占。被日军侵占的还有福兴丝厂、秀纶丝厂，硖石的双山丝厂，长安的第二丝厂等。除此，日军还限制设立机械丝厂。为避免被日军侵占和统制，民间私人厂商纷纷设立小型木机丝厂。日军又命令汪伪政府规定每家不得超过20部木制丝车，同时自用鲜茧经核准后，由各厂自购自用，但所有干茧、生丝不得运往外埠；如果因为事实需要必须运往外埠，也不得外销，并且必须事先向日军军部领取特许证。到1943年底，由于丝销停滞，日军丝厂一律停工②。

四、拉夫征丁、掠夺农产品，破坏农村经济

日军在侵占华北、华中地区大片领土后，提出了"中、日、满农业一元化"的方针。这个方针的实质是要把中国占领区的农业，变成日本经济的附庸，绑在日本的战车之上，为其侵略战争服务。为达到这一目的，日军在嘉兴大肆掠夺。

首先是对沦陷区农业劳动力的掠夺。日军为修筑工事、公路和运输等，经常

---

① 嘉兴市蚕桑志编纂委员会：《嘉兴市蚕桑志》，1998 年出版，第 285 页。
② 嘉兴市蚕桑志编纂委员会：《嘉兴市蚕桑志》，1998 年出版，第 285 页。

通过伪乡保长征发大量夫役。在日伪征派壮丁最多的年份，沦陷区农村平均每户每月要出夫役 6 天，也就是一个主要劳动力平均有五分之一的时间要为他们做苦工，而在最多月份，平均每户出夫竟达 51 个工。1939 年 6 月，日军在硖石、长安等地强征民工 300 余人修筑工事①。1940 年 3 月，日军在平湖城内天天拉夫，连 70 岁的老翁也被拉去搬运弹药②。1941 年，日军在崇德城内一次拉夫 100 余人，老的年过花甲，小的尚未成年。日军把他们押赴长安、诸暨，修铁路、运食盐，动辄毒打枪毙。这些人有的劳累病倒，有的被折磨致死③。1942 年 12 月，日伪在嘉兴成立"中国合作社两嘉特别区社"，下设"棉织工场"、"实验示范农场"和仓库各一处，大量吸收着沦陷区的人力和物力④。抗战胜利后，嘉兴县政府曾就抗战时期被日军征用劳工一事进行过调查，从现在仅存的档案资料来看，真如乡被征劳工约 2430 余人共 323922 工⑤，玉溪镇被征约 2500 工⑥，湘溪乡被征 237084 工⑦，东栅镇被征 30000 工以上⑧。由此可见，抗战期间，嘉兴县被日伪征工人数（次）极其巨大。尤为残酷的是，日军为了补充日本本土及东北劳动力的不足，经常在对抗日根据地、沦陷区农村进行"扫荡"时直接用武力抓捕壮丁，送往日本或关外做苦力。1942 年，仅桐乡县被日军掳送日本服劳役的苦力就达 20 余人，他们在日本受尽了苦难，至抗战胜利后，被遣返回国的仅 2人，其余下落不明⑨。嘉兴县新丰镇的黄金发在 1942 年日军"清乡"时被抓到日本北海道服苦役，受尽虐待，至抗战胜利后才被送回国⑩。嘉兴县王江泾镇的

---

① 史念主编：《嘉兴市志》（上），中国书籍出版社 1997 年版，第 100 页。

② 史念主编：《嘉兴市志》（上），中国书籍出版社 1997 年版，第 100 页。

③ 桐乡县政协文史委员会：《桐乡县八年抗战史实概述》，见嘉兴市政协文史委员会编：《嘉兴市文史资料》第 1 辑，1986 年出版，第 88 页。

④ 《嘉兴抗战八年记事》，见嘉兴市政协文史委员会编：《嘉兴市文史资料》第 2 辑，1988 年出版，第 87页。

⑤ 浙江省政府：《抗战期内被敌征工及调遣国外各地服役人数及苛待损失数字》（1946 年 8 月），嘉兴市档案馆馆藏档案，档案号 304—4—9，第 96 页。

⑥ 嘉兴县玉溪镇公所：《抗战期内被敌征工及苛待损失数字》（1946 年 10 月 5 日），嘉兴市档案馆馆藏档案，档案号 304—4—29，第 103 页。

⑦ 嘉兴县湘溪乡公所：《被敌强迫征工损失统计表》（1946 年 10 月），嘉兴市档案馆馆藏档案，档案号 304—4—29，第 104—105 页。

⑧ 嘉兴县东栅镇公所：《抗战期内被敌征工约数》（1946 年 10 月 9 日），嘉兴市档案馆馆藏档案，档案号 304—4—29，第 106 页。

⑨ 桐乡县政协文史资料工作委员会：《桐乡县近百年记事》，见桐乡县政协文史资料工作委员会：《桐乡文史资料》第 7 辑，1988 年出版，第 179 页。

⑩ 嘉兴县新丰镇公所：《新丰镇住民黄金发曾遭敌人俘虏服役》（1946 年 9 月 25 日），嘉兴市档案馆馆藏档案，档案号 304—4—29，第 100 页。

王龙生等 11 人被日军抓到台湾等地服苦役，后下落不明①。

嘉兴县湘溪乡被日军强迫征工损失统计表

工作地点	工作时间（工）	工作情况
沪杭线七星桥段	213120	七星桥段西至嘉兴，东至九里湾，每夜被征工60工，每日14工，巡守铁道8年，无间断。
沪杭线七星桥段	10368	电线下割草，每月2次，每次54工，共8年。
沪杭线七星桥段	50	架设电网
沪杭线七星桥段	2000	建筑碉堡
沪杭线七星桥段	846	打竹篱笆
嘉兴	8400	造炮台，每天280工，共1个月
苏嘉铁路	200	拆除轨道
杭善公路	2100	填塞该路洋桥河流

第二是大规模掠夺农产品。日军时常通过"扫荡"、"清乡"等野蛮手段，直接强行抢夺农产品。1940 年 1 月 4 日，入侵嘉兴日军 400 余人在风桥镇纵火掳掠，残杀平民 60 余人后，又劫去粮食 1000 余担。1941 年 10 月，驻浙日本海军陆战队四出"清乡"，途经桐乡乌镇北栅时，洗劫油坊及附近粮行，分装 53 船，运往嘉兴②。

日军除直接出动军队进行搜抢外，另外还有两种掠夺方式：一是征发，二是统制贸易。所谓"征发"，就是日本侵略者利用伪政权的县、乡、镇、保等组织对沦陷区民众的强行摊派，进行毫无代价的搜刮。其数量之巨足以使沦陷区农民破产。1940 年日军在嘉兴地区征派米粮，仅海宁县就被责令每月交出白米 5000 担，米价因之日趋上涨，由 10 余元涨至 20 余元，民众苦不堪言③。1943 年 11 月，汪伪嘉善县长胡弘现为日军效力，仅该县路北就被劫去白米 6700 余石④。

所谓"统制贸易"，就是压低价格强制收购。1941 年以后，日本侵略者利用汪伪政权对沦陷区物资实施统制，其方法是：凡某项物资一经宣布统制，就由统

---

① 嘉兴县真如乡公所：《抗战期内被敌征工及调遣国外各地服役人数及苛待损失数字》，嘉兴市档案馆藏档案，档案号 304—4—29，第 102 页。
② 桐乡县政协文史资料工作委员会：《桐乡县近百年记事》，见桐乡县政协文史资料工作委员会：《桐乡文史资料》第 7 辑，1988 年出版，第 179 页。
③ 嘉兴市政协文史委员会：《嘉兴抗战八年记事》，见嘉兴市政协文史委员会编：《嘉兴市文史资料》第 2 辑，1988 年出版，第 55 页。
④ 嘉兴市政协文史资料委员会编：《嘉兴市文史资料》第 2 辑，1988 年出版，第 94 页。

委会核定一个极低的价格，向生产者分头收购；物资集中后，先让日军提购军需品，再把剩余物资另定高价，向民间消费者分头销售。这个办法，可以使日军不费多大的人力、财力，就优先尽量获得军需品，又使汪伪统制机构能狠狠掠夺老百姓。太平洋战争爆发以后，日军划定嘉兴、平湖、嘉善3县为粮食采购区，规定生产者所有米粮除自用外，需全部出售，充作日军军粮。1942年日军成立"嘉兴军米采购商会"，委托嘉兴、平湖、嘉善的军米商划区强制收购，3县每年要缴大米60万石，若按田亩分摊的话，每亩田要缴纳5—6斗[1]。1943年12月，日军在新丰一区强购军米2400石，而价格仅及市价的一半[2]。即使日军支付的这部分购米款，还往往被吞没克扣，致使粮农分文无得。

除粮食外，日军还掠夺破坏棉花、牲畜、林木等几十种农产品。1940年6月15日，驻平湖日军抓扣民船多只，窜至嘉兴栖凰埭抢去中国商人干茧400担、生丝3担，附近居民的土丝、粮食、豆类也大量被抢[3]。在日本侵略期间，嘉兴农业经济遭受极其惨重的损失。以嘉善为例，抗战前，全县年产粮食1035000石，抗战后年产只755680石，减少了27%[4]。

五、把持商业市场，统制日常生活用品，强征赋税

日本侵略者凭借军事政治力量，对中国沦陷区的商业贸易实行严密的管制。据《嘉兴市志》记载：在嘉兴的日本商业机构有太平洋公司、太湖洋行、大司洋行、德盛洋行、林大洋行、大丸洋行、华兴洋行等。大中型商店有土桥物资交换所（后改称白木实业公司），这是一所兼收购、批发、零售于一体的大型百货、土特产商店（其址在原正春和布店内），还有新兴百货公司、三菱糖果公司、日本大药房、竹村时计店等。日本人还开设众多旅馆、饭店、茶馆、照相馆、理发店。南湖烟雨楼则被日本侵略者霸占为华中铁道会社旅馆，不准中国人入内[5]。据统计，沦陷期间，嘉兴城内共有日本人开设的商店100多家，把持着嘉兴的商业市场。

在"清乡"期间，日伪封锁物资，规定举凡日用必需物品，均须凭日军军部搬运出入证，始得运输。1941年11月，日军太田部队在嘉兴境内张贴告示，

① 史念主编：《嘉兴市志》（上），中国书籍出版社1997年版，第112页。
② 嘉兴市政协文史委员会：《嘉兴抗战八年记事》，见嘉兴市政协文史委员会编：《嘉兴市文史资料》第2辑，1988年出版，第87页。
③ 史念主编：《嘉兴市志》（上），中国书籍出版社1997年版，第102页。
④ 史念主编：《嘉兴市志》（中），中国书籍出版社1997年版，第1168页。
⑤ 史念主编：《嘉兴市志》（上），中国书籍出版社1997年版，第102页。

严禁对牛、羊、猪、大麦、棉花、麻、皮革、毛皮、羊毛的运输①。1942年日伪清乡委员会驻浙办事处规定：清乡区内物资除自用外，民众不得搬动粮食、棉花、丝麻、油类、蜡烛、肥皂、香烟、火柴等②。1943年秋日军设在嘉兴硖石火车站的大检问所，对来往旅客公然进行敲诈勒索，仅一班火车即可搜括到8000多元的钱物（该站每天有8班火车对开）③。在这样严厉管制之下，正常的商品销售根本无法进行。

日伪对粮食实行限量配给。老百姓吃粮，只能买配给的"户口米"。且配给的粮食量少、质差、价高。如1943年日伪在嘉兴配给的"户口米"，虽为10天一期，但事实上总是脱期，每月不能领到3次。后来，其配给量亦渐渐减少，每期由糙米1升半、面粉1斤半，减至糙米1升与面粉1斤。价格却一涨再涨，比如糙米，1943年7月以前，每升3元（"中储币"），至8月末涨至6元，到10月末又涨至8元④。因大米首先要满足日军的需要，老百姓只能用杂粮代替大米。当时崇德有句民谣："城门关出，六谷糊脱出"⑤，意思是城门一关，连配给的六谷粉也买不到了。日伪对民众需要的工业品和生活必需品，也严格控制，实行限量配给。1941年，第一批确定药品、棉布、玻璃等24种民用物资，由"华中输入配给组合"机构控制供应。接着又对金属品、石油、肥皂、火柴实行控制⑥。特别是火油、火柴，数量极少，因此，居民只能用菜油点灯，用火刀、火石取火。

日伪的苛捐杂税多如牛毛。1940年，日伪在嘉兴所谓有名有目的税收机关就有："田赋管理所"、"税务征收所"、"屠宰税牙税征收所"、"营业税征收所"、"印花税征收所"、"烟酒税征收所"、"消费特税征收所"、"竹木专税征收所"等几十个。税种除田赋、营业税、所得税外，更巧立名目，增加屠宰牙行税、消费税、盐务统制税、蚕丝改进税、干茧特捐、竹木捐、硝磺捐等近30种⑦。1944年，各种苛捐杂税更增加到约35种之多。不仅赋捐名目繁多，且征

---

① 史念主编：《嘉兴市志》（上），中国书籍出版社1997年版，第112页。

② 史念主编：《嘉兴市志》（上），中国书籍出版社1997年版，第112页。

③ 嘉兴市政协文史委员会：《嘉兴抗战八年记事》，见嘉兴市政协文史委员会编：《嘉兴市文史资料》第2辑，1988年出版，第94页。

④ 《解放日报》1943年11月17日。

⑤ 蔡一、朱近仁：《抗战时期的崇德》，见嘉兴市政协文史委员会编：《嘉兴市文史资料》第1辑，1986年出版，第116页。

⑥ 史念主编：《嘉兴市志》（上），中国书籍出版社1997年版，第112页。

⑦ 史念主编：《嘉兴市志》（上），中国书籍出版社1997年版，第113页。

收的数量也大。如 1939 年 11 月，崇德县伪杂税处每日收入均在 1400 余元左右①。1941 年至 1944 年间，嘉兴各县汪伪政权在势力控制区内强征田赋，并追征至 1938 年。如 1944 年田赋赋率：田亩征 52 元、56 元、60 元三等；地亩征 40 元、50 元二等；宅亩征 60 元、100 元、140 元三等；山、荡亩征 6 元。随赋代征的还有建设附捐、县附捐、水利费、征收费以及罚金等项目。1938 年至 1942 年，嘉兴各县（缺海盐县）征收数如下表。

1938 年至 1942 年日伪在嘉兴各县田赋征收数②

县别	1942 年		1941 年		1940 年		1939 年		1938 年	
	合计	内正税	合计	内正税	合计	内正税	合计	内正税	合计	内正税
嘉兴	96727	61738	54504	40602	78737	49613	82772	52109	9.3	6.0
嘉善	缺	缺	203486	93979	101336	49827	1867	1717		
海宁	128420	73119	45817	26056	6.5	3.7	缺	缺		
平湖	5000	3000	22473	16797	11335	7302	缺	缺		
崇德	9190	5201	32693	19559	9704	5797	8505	4525	6139	3445
桐乡	缺	缺	216	126	1930	1345	3118	2077	4933	3069

（注：计量单位为"中储币"元）

日伪疯狂掠夺，横征暴敛，物价飞涨。抗战前夕，米价仅 6 元至 7 元（法币）1 石，而至 1944 年，米价涨至 10 万元 1 石，至 1945 年 7 月，更涨至每石 50 万元（"中储币"）以上③。时隔 8 年，原来 10 石米的钱，到后来只能买 1 两米。其他物价也高得出奇。原仅 6—7 分法币 1 盒的火柴，到 1944 年 4 月每盒的零售价竟高达 25 元（"中储币"）。一般市民惶惶不可终日。

嘉兴地区沦陷 8 年，在日伪敲骨吸髓的掠夺下，经济遭到破坏损失之大，实是难以估算。金融业被垄断，工厂被占领，物资贸易被统制，田地被侵夺，苛捐杂税多如牛毛，各经济部门间的平衡被严重破坏，致使工人失业，农民破产，人民生活困苦，饱尝亡国之痛。据抗战时期嘉兴人口伤亡和财产损失调查统计，抗战时期嘉兴地区工业直接经济损失 4071054 元（1937 年 7 月法币价值，下同），农业直接经济损失 12848285 元，商业直接经济损失 5210457 元；全市居民房屋、

① 《财政部关于敌伪掠夺浙江经济致四行联合总处函》（1939 年 11 月 11 日），见浙江省档案馆、中共浙江省委党史研究室编：《日军侵略浙江实录》（1937—1945），中共党史出版社 1995 年版，第 421 页。
② 吴德宏主编：《嘉兴市财税志》，中国书籍出版社 1996 年版，第 171 页。
③ 《嘉兴人报》1945 年 7 月 15 日。

家具、禽畜等各类直接经济损失共 52773407 元①。至于因战争引起的工厂停产、商店倒闭、居民失业、土地荒废、救济救灾等各类间接经济损失则一时难以统计，有待于用科学的方法进行估算。

（史晴、胡建凤　执笔）

---

① 中共嘉兴市委党史研究室：《嘉兴市抗战时期社会财产损失统计表》（2008 年 6 月），嘉兴市抗战损失课题调研成果资料 11—05—00—01，第 176 页。

（五）抗战时期日军掠夺金华地区莹石资源的
调查报告

中共金华市委党史研究室

1942 年 5 月，日军发动了旨在彻底摧毁衢州、玉山、丽水等地机场，打通浙赣铁路线的浙赣战役，历时三个月。浙赣战役后，因战争形势发展，日军退守金华、兰溪一线，占据了金华地区大部分区域。自此，日军侵占金华地区长达三年之久。这期间，日军大肆疯狂掠夺武义、义乌、金华等地的莹石资源，并残忍迫害矿区劳工。

一、金华地区莹石矿藏及抗战前开采情况

金华地区矿产资源比较贫乏，有工业意义的矿产只 10 余种，且以非金属居多。莹石矿是其中最丰富的矿产资源，而且分布成群成带，具有可开采性。莹石又名氟石，在冶金工业上用作助溶剂，在化学工业上是制作氢氟酸的原料。金华地区的莹石矿主要分布在武义、义乌、永康、东阳、金华等县，是浙江的主要莹石产区。据《重修浙江通志稿》对浙江省莹石储量的记载：武义第一（967117 吨）、义乌第二（704820 吨），象山第三（630000 吨），杭县第四（453600 吨）[1]。

义乌县莹石矿藏最早发现于 1917 年，地点是南乡廿四都马面山，次年动工开采。后来又陆续在南山坑、白殿山、岩坑山等地发现莹石资源，并进行小规模开采。1928 年至 1929 年，义乌莹石出产量极大，仅佛堂一处莹石年运输量就高达数千吨[2]。1930 年底，全县各矿商依法设矿场 23 处。经营规模较大的有 3 家：龚炳如的集成公司、杨成章的开源公司、童雪联的南华公司。义乌莹石矿分布于该县东南部的云黄山、天公山、岩坑山、南山坑、芙蓉山一线的南北两麓和毛店至尚阳的北侧两翼，呈北东向展开。矿区大致可分为南山坑矿区、青岩傅矿区、岩坑矿区和塔山矿区。南山矿区开采山名为白殿山，矿体最厚处达 4 米左右，平

---

① 浙江省通志馆修，余绍宗、凌士钧等编纂：《重修浙江通志稿》（1948 年 3 月），第 23 卷。
② 义乌县志编纂委员会编：《义乌县志·地质》，浙江人民出版社 1987 年版，第 30 页。

均 0.8 米。品位较高，平均氟化钙含量为 80% 左右，多呈绿色，少量为紫色。青岩傅矿区开采山名为牛脚迹，矿体厚度平均 0.75 米左右，平均氟化钙含量在 85% 以上，呈绿色。岩坑矿区开采山名从南至北为冷水孔、石脚桶、岩坑山，矿体厚度平均 0.95 米，矿石品位较低。塔山矿区开采山名为云黄山、马面山等，分布面积较广，品质较优。

据《重修浙江通志稿》记载，武义莹石矿区呈环绕分布，有产地 40 余处，莹石产区均属流纹岩的侵蚀区域，因此，流纹岩形成的矿山山势都不高，易于开采。矿区分布甚广，随处可见，分布范围不下 500 平方公里。20 世纪初，主要的矿区及储量有：石龙岗 53335 吨，陈范山 34906 吨，指山 28045 吨，五尾龙山 135216 吨，犬形山 15042 吨，屋基山 907700 吨，伏刀山 13246 吨，大通寺 26292 吨，蒋马洞 150240 吨。其中，五尾龙山、屋基山、鱼鳞角和饭钵山等地的矿石品质优良，成分（氟化钙）在 90% 以上，甚至超过 96%，全县普遍在 80% 左右。[1]

武义县莹石开发，始于 1921 年，先由武义北乡范村人范乃藩组建"物华砩矿公司"领证开采。同年，武义商人楼宝丰（永康人）成立"久华弗矿公司"。1924 年，何绍韩的"璋华砩石公司"从金华迁入武义。1927 年，童子照成立"南华莹石公司"[2]。据《重修浙江通志稿》记载，"民国 17 年武义莹石开采年产量 7000 吨左右，占全省总产量 12000 吨的 58%。采矿坑口 40 多处，占全省 80 处的 50%"[3]。抗战爆发前几年，武义所采莹石全由日商设在上海的三义、黑木、小林三家洋行收购，转卖给日本八幡制铁所，用作炼钢助熔剂。1931 年九一八事变爆发后，武义采矿商和全省各地一起停止了莹石开发，从而断绝了日本钢铁工业所需的莹石供应。1932 年，为保证完成收购任务，日商提高了价格，但全省只有何绍韩的"璋华砩石公司"在武义重新开始开采营业，年供莹石 4000—5000 吨，后减少供应至 2700 吨左右。在汹涌澎湃的抵制日货和与日断绝通商的学生运动中，武义各界悉皆指责何绍韩把军用物资拱手敌国的卖国行径。1937 年抗战全面爆发后，国民政府最高军事当局下令拘捕何绍韩，迫使"璋华砩石公司"歇业。

二、日军掠夺金华地区莹石资源的预谋

日军在金华地区进行经济资源掠夺是有计划有预谋的。日军在浙赣战役前的

① 浙江省通志馆修，余绍宗、凌士钧等编纂：《重修浙江通志稿》（1948 年 3 月），第 23 卷，第 24—28 页。
② 日军登集团司令部：《浙江省矿业调查表》（1942 年 10 月 15 日），武义县档案馆馆藏档案，档案号临 1—4—171。
③ 浙江省通志馆修，余绍宗、凌士钧等编纂：《重修浙江通志稿》（1948 年 3 月），第 23 卷，第 20 页。

战斗准备中，就做好了如何掠夺经济资源的计划，对金华各地的经济资源进行过勘察。在日军浙赣战役的作战计划和总结中，多次提及金华地区的萤石矿藏资源和迫切开采的愿望。

日本"中国派遣军第十三军"作战命令甲第184号要旨称："据小薗江旅团所得情报，第七十师团曾多次周密调查，在金华、武义、义乌、诸暨、嵊县，萤石埋藏量达350万吨，武义附近占90%，品位80%，诚可谓亚洲第一，计划从昭和十九年起，每年可向日本国内提供15万吨矿石"，"这次作战，取得的最大战果是在我军确保的永久占领地区（预定为金华、义乌以北地区），发现了我国重工业发展中所需的重要的资源——萤石。此地的萤石质量优良，产量丰富。我军把守了矿脉地带"。又称，"按既定方案，在预定永久占领金华——武义区内，确保萤石等丰富优良的矿藏，对我国（日本）重工业是个重大贡献"，还称，"萤石是我国（日本）重工业绝对必需资源，通过这次作战，去占领萤石优良丰富的矿脉地带，是本战役最伟大战果"①。

第十三军在《第四期作战——关于浙江省方面作战后的态势》里认为，"金华地区储藏着丰富的萤石，这是我国（日本）发展制铝业和制铁业所必需的重要资源。这个地区的占领对于物资动员具有重要意义，除了以前的占领地区外，要确保占领新的地区——金华。一定要确保占领埋藏着丰富的萤石资源地区，同时要节约占领所需要的兵力"②。

在日军第十三军司令官泽田茂的《泽田记录》中写道："早上大城户中将来了，正午时分山内中将、井出中将也来了。于是就把武内中将也叫来了，大家共同举杯祝贺胜利，一起共进了午餐。大城户中将报告说，他们师团已经减员了一半。50%的兵力6000人在杭州，现在身边只有6000人了。他们师团要考虑到金华附近的阵地占领和与第七十师团的交接，还有增加杭州的兵力等问题。而且要计划开发武义附近的萤石，这方面同样要求有一定的兵力配备。"③

另外，关于占领区的地域描述如下：从进攻作战开始，即使撤收了兵力，日军也应该保持对第三战区再次攻击的态势，同时，确保资源丰富的金华地区。新

---

① ［日］防卫厅防卫研修所战史室著：《昭和十七、八年的支那派遣军》，朝云新闻社1972年版，第212页。

② ［日］防卫厅防卫研修所战史室著：《昭和十七、八年的支那派遣军》，朝云新闻社1972年版，第238页。

③ ［日］防卫厅防卫研修所战史室著：《昭和十七、八年的支那派遣军》，朝云新闻社1972年版，第240页。

占领的地区包括诸暨、浦江、兰溪、金华、武义、义乌、嵊县附近，特别是重要矿物质——莹石的主要产地武义和义乌附近[1]。

为了达到蓄谋已久的掠夺武义和义乌莹石资源的目的，日本政府多次从其国内征调强有力的地质队伍，对武义、义乌的莹石矿藏进行勘探。以日本自然科学研究员中东秀雄为首的"从军调查队"，对金华境内的多处莹石矿床展开了地质调查，并撰写出《武义—义乌两地区主要莹石矿产地精查报告》[2]。报告的第一章"总括"（分"要旨"、"储矿状况及之处理"和"综合判断"3节）和第二章"各地区主要莹石矿产地精查报告"（分"武义地区"、"义乌地区"、"金华南地区"、"诸暨南万月山庙地区"4节），对武义、义乌、金华、诸暨、新昌、嵊昌6个县的莹石矿床分布、储量、开采价值等作了详细的论述。报告图文并茂，附有根据掠夺难易程度罗列的莹石矿产地调查一览表和各地区主要莹石矿产地精查报告附图数十张，描述详细具体，意图明显，完全暴露了日军的阴谋。报告认为，武义、义乌的莹石矿品位良好、采掘容易、运输方便、警备不难，是满足日军需要的最佳地区。报告中提到，通过测量得知，武义石龙岗莹石储量63万吨，塘里29万吨，蒋马洞29万吨，木杓山86万吨，虎影山11.5万吨。同时还对陈岗、犬形山、衣山头、包大坑、郭头弄、四百坎、石龙头、桃溪滩等处莹石矿床都作了储量计算。报告认为，"从莹石资源调查实施结果看，就武义为东方第一。武义莹石产地的开发，对于发展我国轻金属（制铝）工业，是不可缺少的重要矿物。而完全可以在昭和十九年（1944年）前，建成年供15万吨的莹石基地，以保障制铝工业的急需"。报告还进一步提出，"被认为东方第一的莹石产地，最好的是武义城附近的石龙岗矿区，质优，开采条件好。但运输不便，武义码头水源不充分，必须敷设一条轻便铁道，从金华到武义，仅需40公里左右，同时还要解决电力"。

1942年7月31日上午8时许，驻义乌佛堂的日军30余人分别到吴溪叶、下市、季村等村里抓捕民夫70余人，集中到佛堂搬运采矿设备、行李物资。同时有测量人员8人，从驻义乌的日军警备司令部出发，背着测量仪器，经义亭乘汽车到佛堂镇，陆续到塔山矿区勘测砩石矿藏，绘制矿区地图。

①　［日］防卫厅防卫研修所战史室著：《昭和十七、八年的支那派遣军》，朝云新闻社1972年版，第246页。

②　［日］登集团司令部：《武义—义乌两地区主要莹石矿产地精查报告》（昭和十七年），存华东地质局1043第36号。

三、日军强行掠夺金华地区的莹石资源

（一）日军的主要掠夺机构

浙赣战役结束后，日军完成对武义、义乌、兰溪等地的占领，分别对武义、义乌两地的莹石矿资源进行调查，并着手开采。为实施掠夺莹石资源的计划，日军分别在武义和义乌成立了华中矿业公司"武义矿业所"和"佛堂矿务所"（即佛堂友龙公司），华中矿业公司是日军在中国成立的一个大规模的掠夺中国自然矿产资源的组织，它还包括马鞍山、淮南煤矿等矿业公司。

华中矿业公司武义矿业所强行把武义县城东门脚到大桥巷、大南门以及沿城脚周围的一片民房划为该所驻地。武义矿业所设在东门脚的一家当铺中，设有两课12系。一为矿务课，分测量、建筑、采矿、机电、买矿、运输、警备7个系；二为总务课，分会计、劳务、庶务、用品、医务5个系。正式职员107人，加上临时雇员共有400多人，内有工程师、办事员、技工等。所长、课长、系长和队长均系日本人。矿业所负责人为大西舌雄，矿务课长品中四郎，总务课长一赖泰，采矿系课长山本清，建筑系课长小西，买矿系课长松野稔，医务系课长森岛力夫，矿里采矿点警备队长兴里化，杨家采矿点警备队长竺田显山，矿警队长能松，教官森口松田，均从日军中调派而来。日军还在占领地区筑碉堡，修工事，架设铁丝网。在武义西门外壶山顶、西乡岩山、南郊梅廊山、东乡立华山、上菱道与杨家坑等山头的制高点和交通要道，都修筑了大炮楼和炮台①。

华中矿业公司佛堂矿务所驻义乌县佛堂镇云山村，驻警60余人。云黄山共有11个矿点20多个矿井。日军首先在云黄山上筑了两个碉堡，一个在云黄寺塔边，并配有仓库，供存放炸药、雷管等物资用；一个在云黄山后的台背（雄鹅头），直接控制矿区安全。部分日军驻在丁氏宗祠，墙壁四周挖有步枪眼孔。在外围的环院村驻有日军1个排兵力，在老鼠山、照山、东洞构筑3个炮台，在坑口村殿口自然村后山（灯盏形尖）修筑1个炮台，作为保护掠夺莹石资源的外防②。

日军除在义乌云山村驻军外，还在义乌的南山坑等多个矿区驻军。南山坑山口村驻扎有南山矿务所和日军采矿总部，有日军100多人。其中采矿总部筑有高、低碉堡2个，有日军30多人，并设有大会堂，旁边有七八座营房和工房，是日军官兵和工头住处，还有单独的伙房。山口村的日军头目叫中村，他住在山口村里最好的一幢房子内。该幢房子里半幢为他的卧室，外半幢为日军医院，有

---

① 武义县政府：《收复武义报告》（1945年10月31日），武义县档案馆馆藏档案，档案号1—5—759。
② 丁松法、丁志伦、丁廷彬等口述材料，义乌市抗战损失课题调研资料11—07—05—33，第67页。

军医 2 名。在该村边的西山头也筑有碉堡，建有营房四五间。矿区日军的粮食和蔬菜由驻义乌城内的日军警备司令部专门安排供应，由保长派民夫肩挑补给，公路修通后由汽车运输补给。

（二）日军掠夺莹石资源的主要罪行

1. 摧残农业，滥砍林木

日军占领金华期间，不断在金华地区抓夫拉丁、砍伐树木、损毁稻田，用于修矿柱、修道路，以便于运输掠夺到的莹石。

为开采莹石，日军在义乌县云黄山强征劳工，修建了一条从塔山脚下枫塘里壁到佛堂镇浮桥头的临时公路，全长 4.7 公里，路面宽 6 米余。为修筑该公路，计毁坏农田约 210 余亩。从矿区开采出来的莹石，运抵佛堂浮桥头后，再用船渡到对岸，然后装上汽车，拉到义亭火车站，用火车运往上海港口，最后运往日本。日军还盗伐云黄山上 200 余亩马尾松林，用以做矿井的矿柱、支架和日常薪柴，材积共计 3000 余立方米。据初步统计，日军在义乌开采莹石，前后修筑公路 20 多公里，毁坏农田 460 余亩，砍伐了白殿山、乌雅山、山口村、云黄山等地方近 600 余亩马尾松林，材积计 9000 余立方米，还拆毁大元村民房"七间头"，建造了单层营房 9 间[①]。

出于同样目的，日军也在武义修建了一条从下菱道到武义县城的铁路，沿路经过杨家矿区、白阳、仙洞、白洋渡等地，此条铁路里程长 23 公里。此外，还在各莹石矿点建数条支线铁路连接这条主铁路。日军为修建铁路，砍伐林木，毁坏田地。1942 年，日军在陈宅、杨宅园等地砍林木 1900 立方米。1943 年，日军在清塘村砍林木 1500 立方米、毛竹 2400 担，砍伐横露乡孙里坞村林木 2000 立方米。

2. 强行掠夺莹石矿藏

从浙赣战役结束到日军战败投降，日军从义乌和武义两县掠夺的莹石矿超过 53 万吨。据抗战胜利后武义县政府统计，日军在武义县掠夺的莹石有：蒋马洞、新塘里、杨家坑计 10.08 万吨，五尾龙、施茂山计 7.56 万吨，塘里、山坑寺 7.56 万吨，石龙岗 5.04 万吨，郭塘山 2.52 万吨，菱塘 2.52 吨，虎影山 2.27 万吨，东吴东寺三矿 2.02 万吨，白洋山脚 1.25 万吨，中央王 0.3 万吨，郭塘、真元殿、石龙头矿区 0.21 万吨，犬形、人形、长蛇形矿区 0.09 万吨，总计被掠夺莹石达 41.42 万吨（见表一）[②]。1947 年 12 月，资源委员会华中矿务局复查日军

---

① 吴厚喜、吴厚福、吴菊仙等口述材料，义乌市抗战损失课题调研资料 11—07—05—12，第 132 页。
② 《武义县敌伪开采碌石地点及人工分布调查表》（1946 年），武义县档案馆民国档案，档案号 109—3—8—113。

遗留各矿山莹石为 36627 吨①。

表一　抗战期间日军在武义县掠夺莹石数量一览表

矿区	被掠夺莹石（万吨）	所占比例
蒋马洞、新塘里、杨家坑	10.08	24.34%
五尾龙、施茂山	7.56	18.25%
塘里、山坑寺	7.56	18.25%
石龙岗	5.04	12.17%
郭塘山	2.52	6.08%
菱塘	2.52	6.08%
虎影山	2.27	5.48%
东吴东寺三矿	2.02	4.88%
白洋山脚	1.25	3.02%
中央王	0.30	0.72%
郭塘、真元殿、石龙头	0.21	0.51%
犬形、人形、长蛇形	0.09	0.22%
合计	41.42	100%

　　日军在义乌开采莹石矿资源的主要是塔山、青岩傅和南山坑矿区 3 个地方。1943 年上半年，日军在归属塔山矿区的坑口村也设了一个采矿点，名叫洪头莹石矿。据现已 93 岁的坑口村妇女盛海珠回忆，该矿年采莹石千吨左右，所有开采到的矿石用人工挑到塔山下或用竹筏通过南江水运到佛堂后外运。南山坑矿区的 25 口矿井每天开采莹石 70 吨左右。原南山林场场长李光辉老人对日军掠夺莹石的暴行记忆犹新。他说，每天有 100 多个民工被迫开矿、选矿、挑矿。据 86 岁高龄的矿工吴高登、吴维新回忆，白殿山上开采莹石矿井有 5 口，最高处的矿井，每天有 6 人至 7 人挑莹石，每人每天要担莹石 28 担②。义乌市抗战损失课题调研小组经过调查统计得出，抗战期间日军从义乌掠夺了 11.6 万吨莹石，其中塔山矿区被日军掠夺的莹石约计 3.1 万吨，南山坑矿区 2.15 万吨，青岩傅矿区 6.35 万吨。

① 《武义县敌伪开采碌石地点及人工分布调查表》（1946 年），武义县档案馆民国档案，档案号 109—3—8—112，第 34—35 页。
② 吴高登、吴维新等口述材料，义乌市抗战损失课题调研资料 11—07—05—41，第 28 页。

3. 抓丁拉夫，残害劳工

　　日军自身没有足够的人力开采矿产，就通过抓夫充当劳工，强迫他们采矿。在武义县的大部分采矿工人是从安徽省五河县、苏北宿迁县、山东省枣庄以及安徽省马鞍山铁矿、南京凤凰山铁矿等处掳来的，共计约 1200 多人。日军后来又从杭州、宁波、诸暨、绍兴等地掳来 500 多人。杨家坑矿区劳工最多，有 400 余人，五尾龙、施茂山矿区和塘里矿区也都达到 300 余人①。

　　驻义乌的日军也在当地大量抓夫。云黄山坑矿区劳工主要来自义乌云山、塔山两村的农民，也有从其他各村抓来的民夫。当时矿区有矿工（民工）650 余人，最多时达 800 余人。矿工最多的是南山坑矿区，当年有矿工 1000 多人。他们大多来自江苏省南京，也有约 100 人来自东阳县，义乌县大元村也有 20 余人②。

　　日军为了掠夺武义、义乌等地的萤石资源，或从外地，或从本地抓夫充当矿工共计 3500 余人。对这些矿工，日军不仅限制他们的人身自由，强迫他们日夜采矿，还对他们进行人身迫害，甚至将他们伤害致残致死，手段极其残忍。

　　矿工平时吃的是发了霉、掺有糠沙的米饭加咸菜。每餐每人一瓢饭，有碗的用碗盛，没碗的就用进洞干活的盔帽接，既当安全帽，又当饭碗。有的人吃饭找不到筷子，就用手抓着吃，每顿饭都吃不饱。这些矿工被抓来时，穿的衣服还是较好的，但都被工头以"保管"名义抢走了，发给一身破旧的所谓"工作服"。"工作服"破了，就用包装机器的麻袋片，缝缝补补当衣服穿。到了冬天，实在冷得没办法时，就把自己的破棉被，当中挖个窟窿套在脖子上，拦腰用绳子一系，白天当棉衣，晚上当棉被③。矿工住的是阴暗潮湿的工棚。竹编泥浆糊墙，泥巴铺地，一幢有六间，两头有门，中间是通道，两边是并连着的统铺。每幢工棚有监工监视，棚外有矿警巡逻。矿工进了采矿区，就像鸟被关进了笼子，从矿工住的工棚到矿区外围，都有铁丝网拦着，门口有矿警把守，各山头上和交通要道，都筑有炮楼或碉堡，有日军警备队驻扎监视。矿工必须佩戴编号证件，不准随便走动。矿工睡觉还必须朝一个方向，不许东张西望，不许吭声。谁若违反这些规定，就被拖起，逼着他们面对面跪在通道上打"协和嘴巴"④。

　　当时采矿全凭手工，所以劳动强度很高。每天都是日军警备队、矿警手持

---

①　盛三虎口述材料，武义县抗战损失课题调研资料 11—07—08—20，第 35 页。
②　中共义乌市委党史研究室：《侵华日军掠夺义乌萤石资源纪实》（2008 年 5 月），义乌市抗战损失课题调研资料 11—07—05—41，第 1 页。
③　盛三虎口述材料，武义县抗战损失课题调研资料 11—07—08—20，第 35 页。
④　指两个人相互用巴掌打对方的脸，是一种体罚。

枪支、刺刀，汉奸、工头手提皮鞭、榔头，逼迫矿工上班干活。如果有矿工在劳动中稍有怠慢和违抗，即遭毒打或杀害。在此列举一些日军迫害矿工的暴行。

1943 年 10 月，武义县杨家坑矿区矿工胡其（40 来岁，山东省枣庄人），身染重病发高烧，不能出工。工头王锦土硬逼他爬着去干活。胡其爬到南山嘴矿洞边爬不动了，结果被打死①。12 月，矿工候双喜（30 岁，山东人），在杨家矿区马四山 130 地段搬运矿石，因身体虚弱，搬不动一块大矿石，反而被压在矿石下。日军看见后，夺过工头的榔头，把他当场砸死②。

1944 年 5 月，矿工张益明（30 岁，江苏省宿迁人），在武义五尾龙矿区采矿，因为干活干得慢，被训斥，并被日军推下 10 多米深的坑中摔死。同时还有矿工朱建奎（53 岁，河南省睢县人），因身体有病，时常站着休息，也被日军推入坑中摔死③。7 月，有三名矿工在武义塘里岗楼里面做工，其中一名张姓矿工拿走了站岗日军遗忘在那里的一只手表后逃走。日军发现后，抓不到张姓矿工，就把李姓矿工（江苏省南京人）抓去刺死④。8 月，武义杨家矿区矿工朱小奶（20 多岁，诸暨人），夜里逃跑，被日军巡逻警备队抓回后，绑在小溪边一棵松树上。警备队员把他当活靶子刺杀，用火焚烧，然后剖腹挖心，放狼狗撕咬，最终折磨至死⑤。

矿工生病，就意味着死亡。1944 年 3 月，在武义塘里矿区，因水土不服、营养不良，有些北方来的矿工出现双目失明。日军不让他们回家，却又不给治疗。结果有八名矿工投塘自尽。从 4 月起的半年多时间内，武义塘里、杨家等采矿区出现伤寒、霍乱、斑疹等传染疾病，暴发瘟疫。日军发现后，就把大批病伤矿工进行隔离，关进惨无人道的"隔离所"。杨家采矿区的病伤矿工被关进杨家祠堂，塘里采矿区的病伤矿工被关进北石龙岗的两幢工棚里。"隔离所"里既无医生又无药品，甚至连喝的水都没有，任由这些矿工被病饿折磨至死。这样，出现矿工大批死亡现象，多时每天几十个。日军专门组织了"拖尸队"，负责埋葬尸体。有些矿工甚至还没有断气，就被拖出去埋了。刚开始死亡的矿工尸体，还装在薄木板、竹箩筐里再埋入土中，后来死亡的矿工越来越多，就一排排放着，

① 赵炳林、周祖华口述材料，武义县抗战损失课题调研资料 11—07—08—20，第 38 页。
② 阮关涛口述材料，武义县抗战损失课题调研资料 11—07—08—20，第 43 页。
③ 王昌祥口述材料，武义县抗战损失课题调研资料 11—07—08—20，第 39 页。
④ 叶三虎口述材料，武义县抗战损失课题调研资料 11—07—08—20，第 50 页。
⑤ 王国志、姚炳唐、章法溪等口述材料，武义县抗战损失课题调研资料 11—07—08—20，第 71 页。

露天抛掷，任凭狼狗咬、乌鸦啄。漫山遍野，尽是矿工的尸骨[1]。

根据武义县此次调研统计，杨家、蒋马洞、东寺山、郭塘山等矿区最多时有工人850多人（其中采掘矿工580多人），被残害死亡的317人；塘里、石龙岗、祝茂山、山坑寺、周岭等矿区有工人1350人（其中采掘矿工1130人），被残害致死达五六百人。日军在武义县掠夺莹石时期，共有工人2200多人（包括矿工和杂役），被残害奴役死亡的有885人，其中直接被杀害的有23人。

当时，义乌南山坑矿区有30多名民夫专门砍伐松树，供日军作柴火用。日军还在矿区附近路口设卡，凡上山砍柴的农民，每人必须交出毛柴1捆；若不交"买路柴"，不但整担柴没收，还要挨毒打。一名东阳民工在和尚山上砍伐松树，不知何故惹恼了日军。日军用三八步枪枪托敲打他，竟把枪托打断了。这位民工被活活打死在山上。山口村村民黄朱森上山砍松枝，也被日军杀害[2]。

经过金华市抗战损失课题组3年努力，基本收集了抗战时期全市开采莹石的相关资料，掌握了抗战时期日军在金华地区掠夺莹石资源的大概情况。据不完全统计，日军在占领金华期间，为了修建运输莹石铁路，毁坏田地近千亩，砍伐林木近15000立方米，毛竹2000担；日军在武义、义乌等地总共掠夺开采莹石矿石53万余吨，奴役矿工3500余人。日军还残忍迫害致死数百劳工以及许多无辜百姓。

（陈澜涛　执笔）

---

① 施世远、陈子法、卢培照等口述材料，武义县抗战损失课题调研资料11—07—08—20，第60—70页。
② 丁松法、丁志伦、丁廷彬等口述材料，义乌市抗战损失课题调研资料11—07—05—33，第67页。

（六）丽水大轰炸

中共丽水市委党史研究室

抗日战争时期，丽水地区是浙江省遭受日军飞机轰炸的重灾区。据档案文献记载，仅丽水县遭受日机轰炸次数就达 365 次[①]，占全省被炸 1156 次的 31.57%，超过国民政府战时陪都重庆被轰炸次数[②]。日机在丽水地区的狂轰滥炸，酿成许多惨案，给丽水人民带来深重的灾难。

从此次调研收集到的档案文献资料来看，有关丽水地区遭日机轰炸的内容比较丰富，像抗战期间丽水、青田、云和、缙云、松阳 5 县的防空档案材料都具有比较重要的史料价值。但是，防空档案材料的缺点也很明显，就是不完整，只记录至 1940 年为止，且只有青田、云和两县的防空档案材料记录了主要轰炸事件。随着调研的深入，在浙江省档案馆发现一份 1944 年日军轰炸丽水的完整记录。这是一份图表式的档案，史料价值较高。2007 年 4 月，调研人员在台北"国史馆"新发现了有关日机轰炸丽水的一批史料。这批史料不仅反映了轰炸丽水日机的来路和方向，还记载了丽水县城 100 多家商号被日机轰炸而遭受财产损失的详细情况和统计数据。《东南日报》是调研中所查阅的主要文献资料。抗战期间，《东南日报》社迁驻丽水多年，对丽水当地发生的大事均有详细报道。其他还参阅了《浙江日报》的部分内容。文献资料在一定程度上弥补了档案资料的不足。此次调研除查阅档案、文献资料外，还花了极大精力，组织队伍，精心指导，开展了大规模的社会调查，对每一轰炸事件，深入实地，深入老百姓中走访、了解，寻找亲历者、知情人，收集了大量第一手的口述资料。对于少量档案没有记载，社会调查也无法取证的轰炸事件，局部仍采用了各县市区地方志和政协文史资料的说法。

根据目前掌握的资料汇总统计，日机第一次轰炸丽水地区是 1938 年 2 月 6 日，最后一次是 1945 年 4 月 15 日，其间共实施轰炸 454 次。除景宁、庆元两县外，其他 7 县均遭轰炸。其中，丽水县 365 次，龙泉县 9 次，青田县 7 次，云和

---

① 丽水县政府：《丽水县政治经济概况报告》（1947 年 4 月），丽水市莲都区档案馆民国档案第 129 卷。

② 陈史英：《警报声中》，第 7 页，存中共丽水市委党史研究室。

县 23 次，缙云县 34 次，遂昌县 6 次，松阳县 10 次。

一、丽水大轰炸的主要情况

根据调研中收集到的资料，整理出日机对丽水实施轰炸事件 76 起。按事件发生的时间、地点和特点进行分析研究，日机对丽水实施大轰炸可分为三个阶段。

（一）第一阶段——1938 年 2 月至 1941 年底

抗战全面爆发前后，浙江省政府即在丽水进行备战工作。从 1934 年 9 月开始，丽水机场开始分期建设，至 1936 年冬竣工。日军侵入浙江后，包括浙江省会杭州在内的浙西、浙北地区沦陷，省政府主要机构迁至永康方岩，军事机构迁至金华，教育、建设、农业等机构迁至丽水。省政府除了加强在丽水的后方建设，支援前线抗战外，丽水还是进一步南迁的首选之地。

日军在占领浙西、浙北地区后，主要重心转向武汉作战，因而一度与国民政府军形成隔钱塘江而对峙的局面。1940 年春天，日军越过钱塘江，占领萧山，随后窜扰诸暨、绍兴，而后退回萧山县城。1941 年，日军封锁浙江沿海，在局部地区实施登陆作战，掠夺物资。总的来看，这期间日军尚未在浙江发动大规模战事。为此，日军经常采用狂轰滥炸的方式，以摧毁浙江人民的抗战力量和信心。丽水地区因其具有的战略意义，自然成为日军轰炸的重点。

1938 年 2 月 6 日上午 10 时左右，3 架日机飞临丽水飞机场实施轰炸，投下炸弹 6 枚，炸死一批修机场的民工。其中 1 名民工是黑桥村人，名叫二宝[1]。3 月 28 日，8 架日机在丽水县城丽阳门投弹数十枚，炸毁五宅底兵工厂[2]。5 月 26 日上午 10 时，3 架日机轰炸九区（丽水）专署、交通机关和劳工区，炸死 19 人，炸伤 14 人，炸毁民房 50 余间。5 月 30 日上午，15 架日机轰炸丽水城劳工区、贫民区，具体伤亡人数不详[3]。

1939 年 8 月 9 日上午 7 时许，7 架日机由温州方向飞往青田，在县城上空投下炸弹 18 枚，炸死 16 人，炸伤 12 人，炸毁房屋 21 间，炸毁航船 4 艘；在县城大街及中心小学操场各投燃烧弹 1 枚，烧毁街上房屋 11 间[4]。21 日，3 架日机飞至丽水县城上空，投弹 6 枚。处州中学理化实验室、大礼堂被炸，实验室所有仪

---

① 马长友口述材料，丽水市莲都区社会调查资料第 841 号。
② 姚国华、戴细美口述材料，丽水市莲都区社会调查资料第 714 号。
③ 《浙瓯日报》1938 年 5 月 27 日。
④ 青田县政府：《日机轰炸青田县县城财产损失情况》，青田县档案馆馆藏档案，档案号 1—9—6，第 81、98 页。

器和化学药品全部损坏①，学校师生被迫迁至水阁五洞殿上课。24 日，日机继续轰炸丽水，炸死 30 余人，炸伤 40 人，炸毁房屋 100 余间②。25 日，11 架日机分 2 批飞至丽水县城，投弹 50 余枚，内有燃烧弹 7 枚。丽水城被大火延烧 8 小时，1000 多户遭难，烧毁房屋 2344 间③。

同年 9 月 23 日，日机炸毁丽水县溪口的浙江省公路管理处。25 日上午 8 时左右，2 架日机在云和县兰溪会馆（县电话局所在地）和王姓弄堂各投下 1 枚炸弹。电话局被击中炸毁，旁边民房也被震毁。电话局正在值班的话务员陈希正（女）被倒塌的房屋压死，局长蔡痒被炸断手臂，因流血过多死亡。电话局旁边居民也遭殃。柳学金的二儿子被弹片削去半个脑袋，死在堂前；施客家正在修造房子，房柱被弹片削去半根，一块大石板从电话局炸飞后跌落到施客家天井里，吓得木工、泥工师傅扑在地上半天爬不起来。此次轰炸造成 3 人死亡、2 人受伤，损毁房屋 18 间、电话机 2 部及一批电信器材，震倒泥墙 2 处④。10 月 25 日上午 12 时 50 分，5 架日机由温州方向飞到青田县温溪镇（当时属永嘉县）上空，投下炸弹 6 枚、燃烧弹 2 枚，炸死 1 人，炸毁房屋 79 间，震倒房屋 9 间⑤。下午 2 时许，日机又在青田县城投下炸弹 4 枚、燃烧弹 1 枚，炸死 2 人，炸伤 1 人，炸毁房屋 4 间，震塌房屋 10 间⑥。

1940 年 2 月 9 日，11 架日机分两次轰炸丽水县郊区的厦河、坑口等地，投弹 48 枚，炸毁房屋 100 间⑦。4 月 15 日晚至 16 日早晨，30 余架日机轰炸丽水县，投弹 60 余枚。丽水飞机场、仓前、太平坊、崔公祠监狱等处遭轰炸，27 人被炸死，25 人被炸伤⑧。

同年 5 月 15 日上午 8 时许，3 架日机从龙泉以东飞往大白岸，投弹 3 枚（其中 2 枚落入水中未爆炸），民房受震损，无人员伤亡。同日下午 2 时许，3 架日机入侵龙泉城区，盘旋数圈，散发传单，并投弹 6 枚，其中 3 枚落入大溪中，炸伤船工 1 人；2 枚落入南大桥，炸毁桥屋 7 间；1 枚落在南边山脚。同日下午

① 陈史英：《警报声中》，第 11 页，存中共丽水市委党史研究室。
② 《缙云报》1939 年 8 月 28 日。
③ 《缙云报》1939 年 8 月 28 日。
④ 云和县婺州会馆：《呈报 9 月 25 日县电话局被敌机轰炸赐核拨建筑费由》（1939 年），云和县档案馆馆藏档案，档案号 L04—1—115，第 65 页。
⑤ 《云和县防护团简要防空史料》（1940 年），浙江省档案馆馆藏档案，档案号 17—49—10，第 77 页。
⑥ 张国勇：《青田县防护团轰炸破坏情形及损失调查表》（1939 年 10 月 25 日），青田县档案馆馆藏档案，档案号 1—9—6，第 89、99 页。
⑦ 《东南日报》1940 年 2 月 10 日。
⑧ 《东南日报》1940 年 4 月 16 日。

3 时 50 分，3 架日军飞机自丽水方向飞往青田，在海口镇上空盘旋两圈后，在渡船埠头附近投下炸弹 1 枚。因船只早已疏散，没有造成人员伤害和船只损坏。四五分钟后，日机又在海口镇对岸溪滩上投下炸弹 1 枚。18 日上午，1 架日机在龙泉宝溪乡地域，投下橡皮球 1 只。同日下午，3 架日机自丽水方向飞往青田，在石溪乡石溪口投下炸弹 4 枚，炸毁房屋 1 间，炸毁民船 2 艘，船上损失食盐数百斤、洋油 3 箱①。21 日 13 时 30 分，3 架日机轰炸云和县局村（今属云和镇），投弹 5 枚，炸毁民房 56 间。同时，日机也轰炸云和县西郊，投弹 6 枚，其中燃烧弹 2 枚，炸伤 1 人。14 时 50 分，5 架日机轰炸云和县石塘坑（今属石塘镇），投弹 15 枚，炸毁民房 87 间②。5 月 20 日、23 日，7 架日机先后由丽水方向窜入缙云县城五云镇上空，投弹数枚，炸毁了仙都中学三部的厨房和饭厅③。

同年 9 月 18 日，2 架日机轰炸丽水城郊桃山植物油料厂，投弹 8 枚。机房、仓库被炸后燃烧，油桶爆炸声如巨雷，烧毁桐油 388985 公担④。21 日，日机轰炸设于丽水的中国茶叶公司仓库，炸毁、烧毁茶叶 35105 箱⑤。10 月 3 日上午 7 时许，4 架日机在丽水城低空盘旋实施轰炸。1 名工人被炸死，8 岁女孩雪花被炸倒的房屋压死，1 名宪兵面部受伤，另有房屋 49 间被炸毁⑥。

1941 年 1 月 11 日，34 架日机分 4 次轰炸丽水县城，投弹 45 枚，炸毁房屋 80 多间，炸死炸伤 20 余人⑦。丽水城郊、碧湖等地亦遭轰炸，英士大学、卫生院、碧湖小学、儿童保育院等处均遭滥炸。3 月 15 日，日机轰炸丽水城。酱园弄口张姓一家被炸死 7 人⑧。

同年 4 月 8 日下午，日机 1 架飞经遂昌县城上空，投下炸弹 1 枚，炸死 1 人⑨。15 日下午 2 时许，日机 27 架次在龙泉县城投弹 31 枚，炸伤 7 人（其中有龙泉简师教师、会计 2 人），炸死 4 人，炸毁房屋 101 间，震坏房屋 38 间⑩。17 日上午 8 时 18 分，3 架日机由永嘉方向窜入青田县城上空，投下爆炸弹 1 枚、

① 青田县政府：《日机轰炸石溪村民财产损失情况》（1946 年 4 月 12 日），青田县档案馆馆藏档案，档案号 1—9—6，第 221 页。
② 云和县志编纂委员会编：《云和县志》，浙江人民出版社 1996 年版，第 9 页。
③ 缙云县志编纂委员会编：《缙云县志》，浙江人民出版社 1996 年版，第 465 页。
④ 陈史英：《警报声中》，第 12 页，存中共丽水市委党史研究室。
⑤ 陈史英：《警报声中》，第 12 页，存中共丽水市委党史研究室。
⑥ 《民生日报》1940 年 10 月 4 日。
⑦ 丽水市档案馆馆藏档案，档案号 K105—242。
⑧ 陈史英：《警报声中》，第 14 页，存中共丽水市委党史研究室。
⑨ 遂昌县志编纂委员会编：《遂昌县志》，浙江人民出版社 1996 年版，第 752 页。
⑩ 浙江省防空司令部：《浙江省敌机空袭统计表》（1938—1945），浙江省档案馆馆藏档案，档案号 L017—000—0063。

燃烧弹 2 枚,炸死 2 人,炸伤 7 人,烧毁房屋 24 间,震倒房屋 16 间①。18 日下午 4 时,9 架日机飞经距离遂昌县城 43 华里的大柘镇陈家塘上空,投下炸弹 1 枚,所幸未命中人群,落入陈家塘田中,仅炸断柏树 1 棵、震落一些房屋瓦片②。22 日上午 8 时 50 分,1 架日机由永嘉方向窜入青田县城区上空,投下爆炸弹 2 枚,震倒房屋 5 间③。26 日上午 8 时 33 分,2 架日机由永嘉方向窜入青田县城上空,投下爆炸弹 3 枚、燃烧弹 1 枚,烧毁房屋 2 间,震倒房屋 47 间④。

同年 5 月 20 日,8 架日机分 2 次轰炸缙云县城,投弹 20 余枚,炸毁房屋数十间⑤。21 日上午,27 架日机滥炸丽水县城,投弹逾百枚,炸死炸伤 40 余人,炸毁房屋 600 余间。其中:烧毁小水门房屋 300 余间,死伤各 3 人;烧毁中正街房屋 200 余间;烧毁三坊口房屋 40 余间;烧毁同庆寺房屋 10 余间;育婴堂医院伤 3 人;炸毁卢镗街庙宇 1 座;毁坏白塔头房屋 10 余间;毁坏医院房屋 10 间,伤 1 人;毁坏某弄房屋 5 间;毁坏太保庙大部分,死 2 人,伤 8 人;毁坏地方银行、利运公司、城隍庙房屋 10 余间;毁坏溪口房屋六七间,伤 1 人⑥。

同年 6 月 2 日 7 时 10 分,1 架日机飞经遂昌县湖山镇上空,投下炸弹 2 枚。所幸炸弹落入附近江中,未造成直接损失⑦。3 日 6 时 30 分,1 架日机飞经遂昌县城上空,向位于妙高山的遂昌简易师范学校、县城内华家祠堂附近投下炸弹 6 枚,所幸未造成人员伤亡和财产损失⑧。9 日 13 时 41 分,1 架日机飞经遂昌县川溪乡金岸上空,投下炸弹 4 枚,炸弹在金岸附近公路上爆炸,炸死 1 人,炸伤 2 人⑨。同年秋的一天,1 架日机空袭云和县城,投弹并机枪扫射,造成一些民房损坏。

这一时期日机轰炸的主要特点是:

(1) 日机轰炸范围广泛。这一阶段日机轰炸有记录的共有 36 个事件,涉及

---

① 青田县政府:《为电呈本县城厢本月十七日被炸死亡损失调查表》(1941 年 5 月 14 日),青田县档案馆馆藏档案,档案号 1—9—6,第 247、248、249 页。

② 遂昌县防护团:《为填报本县大柘镇轰炸破坏情形及损失调查表仰祈核备由》(1941 年 4 月),遂昌县档案馆馆藏档案,档案号 413—4—26 卷,第 5—6 页。

③ 青田县政府:《为电呈本县城厢本月廿二日被炸死亡损失调查表》(1941 年 5 月 14 日),青田县档案馆馆藏档案,档案号 1—9—6,第 250—252 页。

④ 青田县政府:《为电呈本县城厢本月廿六日被炸死亡损失调查表》(1941 年 5 月 14 日),青田县档案馆馆藏档案,档案号 1—9—6,第 253—255 页。

⑤ 《东南日报》1941 年 5 月 21 日。

⑥ 《东南日报》1941 年 5 月 22 日。

⑦⑧⑨ 《1941 年 6 月 2 日日机轰炸湖山和 1941 年 6 月 9 日日机轰炸金岸的有关情况》,浙江省档案馆馆藏档案,档案号 L29—6—483,第 1726、1728、1733、1734 页。

丽水地区 9 个县中的丽水、缙云、青田、云和、龙泉、遂昌 6 个县，其中丽水 17 次，缙云 2 次，青田 6 次，云和 3 次，龙泉 3 次，遂昌 5 次。

（2）日机轰炸重点区域是丽水县城。丽水县城是浙江省第九区政治、经济、文化中心，与其他各县相比，城市建设比较完善，规模较大。在日机轰炸中，丽水县飞机场、九区行政公署署衙、交通单位、兵工厂等，因地位重要、目标较大，都直接遭到轰炸。如交通单位即于 1938 年 5 月 26 日上午和 1939 年 9 月 23 日两次被炸。

（3）日机曾将丽水飞机场作为其重要轰炸目标。在轰炸初期，日机对飞机场的空袭次数应该是比较多的，但此次调研只收录到 1938 年 2 月 6 日这一次。《警报声中》一文这样认为，"起初敌机也常向机场投弹，后来大概由于潜伏的汉奸向他们提供了情报，敌机便很少向机场投弹，把目标集中到市区来了"。丽水飞机场是个小型机场，工程质量不佳，使用的次数不多，日军飞机在经过几次轰炸之后即将目标转移了。

（4）日机轰炸频率很高。刚开始时，日机对丽水地区的轰炸次数并不多，从 1940 年后，频率明显加大，有时一月数次。如 1940 年 5 月，从 15 日至 23 日，日机轰炸达 7 次之多；又如 1941 年 4 月，从 8 日至 26 日，日机轰炸也达 6 次之多。

（二）第二阶段——浙赣战役期间及其前后

太平洋战争爆发后，美国飞机奉命轰炸日本本土。完成任务后，美机降落在中国大陆东部机场，这使第三战区在中国抗战中的地位顿显重要。日军为此发动旨在破坏浙赣两省机场的浙赣战役，并从国内调来两个轰炸机中队配合地面部队作战[1]。丽水机场是此次日军要彻底破坏的重要战略目标之一。5 月，浙赣战役爆发，浙江省政府机关驻地从永康迁至松阳县，又迅速迁至云和县，并一度于 6 月 29 日前后向更边远的景宁、龙泉、庆元等县疏散。抗战期间，浙江省各地有 400 多个单位近 20 万人迁入丽水[2]。其中大部分是在浙赣战役前后迁入的。因此，丽水作为浙江抗战的大后方，更直接地成为日本飞机轰炸的首要目标。在浙赣战役期间及前后，丽水遭受日机轰炸的次数、密度和惨烈程度，都更甚于前一时期。

---

① ［日］防卫厅防卫研修所战史室著：《昭和十七、八年的中国派遣军》，朝云新闻社 1972 年版，第 110 页。

② 蔡德邻：《抗日战争时期国民党浙江省党政军机关迁丽始末及其对驻地的影响》，见丽水市政协文史委员会编：《大迁移》，中国文史出版社 2008 年版，第 14 页。

1942 年 3 月 26 日清晨，11 架日机窜入丽水县城，投弹 30 多枚，其中燃烧弹 5 枚。大水门、小水门、壕头街、万象山脚、白塔头等地平民被炸死 70 多人。小水门一带的粮食加工厂、桐油厂、码头被炸毁，若干民宅和几十艘木船被烧毁。居住在白塔头的吴政伟一家，连同母亲、姐妹、女儿在内祖孙三代被炸死 11 人①。4 月 21 日下午 3 时，1 架日机飞经遂昌县城上空，投下炸弹 4 枚，炸死 1 人②。23 日早晨，8 架日机在丽水县城投弹 8 枚，其中燃烧弹 3 枚，炸死 121 人，炸毁房屋 2282 间③。其中 1 枚炸弹落在姜山背，震塌邮政局防空洞，洞口被封闭，自邮政局长朱家堡以下职工、家属及其他群众共 80 余人被闷死洞中。这是丽水遭日机轰炸中，平民死难人数最多的一次。23 日下午 1 时 23 分，日机 1 架在遂昌县城投下炸弹 4 枚，分别落在浙江省第 14 独立防空监视哨（黄塘殿，今公园路遂昌县中医院对面）附近的毛氏居民菜园门前、夫人殿、积庆山周氏坟圈内和君子山山脚李氏居民菜园内，炸死 1 人、炸伤 6 人、炸毁房屋 7 间，被炸塌房屋压伤 5 人④。

　　5 月 6 日，浙江省战时第一儿童保育院 200 多名师生正从丽水县碧湖紧急转移到云和县西郊河上村（省第二儿童保育院院址），遭到日机轰炸，院童沈才林、王阿囡被当场炸死，孙明标被炸伤⑤。同日，日机轰炸云和县箬溪镇，炸毁戴其昌家房屋 2 间、器具用品 15 件及谷子等农产品⑥。18 日，日机在缙云县新建镇投弹 6 枚，炸死赵兰仙与朱碧庄 2 人，炸伤李德凤⑦。22 日，日机轰炸设立于松阳县古市镇广因寺的湘湖师范学校，投弹 19 枚，炸死学生 7 人、工友 1 人，炸毁房屋 6 间⑧。同日，日机再次侵犯缙云县新建镇上空，投下炸弹 10 多枚，孙勇奎妻与楼彩方妻两人当场被炸身亡⑨。23、24 日，9 架日机飞抵丽水，对浙江铁工厂设在大港头、玉溪、砩头咀 3 地的总厂和分厂实施轰炸，投弹 42 枚，炸毁厂房，严重影响工厂生产。轰炸过后，玉溪分厂试验室工人在拆卸日机投下

①　陈史英：《警报声中》，第 14 页，存中共丽水市委党史研究室。
②　遂昌县志编纂委员会编：《遂昌县志》，浙江人民出版社 1996 年版，第 752 页。
③　景宁县邮政局：《四二三丽水空袭遇难会员及家属追悼会启事》（1943 年 4 月），景宁县档案馆馆藏档案，档案号 261—8—90。
④　遂昌防护团：《1942 年 4 月 23 日日机轰炸遂昌县城的具体记述》（1942 年 4 月 24 日），遂昌县档案馆馆藏档案，档案号 413—4—26，第 7—15 页。
⑤　云和县史志办：《云和党史资料通讯》1990 年第 20 期，第 55、56 页。
⑥　云和县箬溪镇住民戴其昌：《人民团体机关公司行业合作社及私人通用财产损失汇报表》（1942 年 5 月 6 日），云和县档案馆馆藏档案，档案号 L04—1—301，第 93 页。
⑦　丁立宪：《日军侵犯缙云罪行录》，见《丽水文史集粹》（上卷），第 168 页。
⑧　松阳县志编纂委员会编：《松阳县志》，浙江人民出版社 1996 年版，第 16 页。
⑨　丁立宪：《日军侵犯缙云罪行录》，见《丽水文史集粹》（上卷），第 168 页。

的哑弹时，不幸发生爆炸，炸死17人，重伤1人，厂房、民房140多间被炸毁①。从26日至次月8日，日机还先后4次轰炸松阳，炸死9人，炸伤12人，炸毁房屋12幢②。27日，日机13架次在缙云县城五云镇连续投弹10多枚，炸死2名士兵，炸毁部分公路桥梁。接着，日机又轰炸缙云县水南、七里经堂、今古塘、外堰、桂溪等村，炸死8人，炸伤2人，炸毁房屋56间③。

6月10日上午7时24分，1架日机自东北飞临遂昌东部上空，沿公路侦察后，在蕉溪乡蕉川村投下炸弹1枚，在三民乡苍畈村投下炸弹1枚，在川溪乡金岸村投下炸弹3枚。正在收割小麦的蕉川村村民周维藩被炸成重伤，苍畈村、金岸村各有1名村民被炸死④。19日上午10时13分，1架日机在螺岩乡祥川村和三民乡陈坳村各投下炸弹2枚，所幸未造成人员伤亡，仅炸毁祥川村姜四田家房屋及家具，震坏叶松元家房屋⑤。20日，日机分3批共12架次空袭云和县城区、小顺、规溪（今石塘镇）一带，投弹13枚，并一路机枪扫射。其中，日机在规溪亭投弹4枚，王稷香等3家7间店屋及家中谷米豆麦器具物件均被炸毁无存，民妇王陈氏被弹片击伤头部和腹部而死，联合中学学生1名、挑夫1名被炸死，同时还有10余名士兵被炸伤⑥。23日，2架日机空袭云和县规溪亭，投弹6枚（其中燃烧弹3枚），损毁两座店屋等，室内财物全毁⑦。

7月15日上午7时48分，1架日机自西北方向飞临遂昌县湖山镇上空，投下炸弹2枚，震倒房屋1间⑧。26日，3架日机在云和县芝石乡龙门一带投弹4枚，炸死居民周舍客，炸毁房屋8间⑨。29日，日机空袭新溪乡官溪村，投弹4枚，所幸炸弹在山中爆炸，无人员伤亡⑩。30日，日军地面部队从遂昌北界向大

---

① 郑康林、樊寿康调查整理：《浙江铁工厂遭日机轰炸损失巨大》（2007年9月），丽水市莲都区抗战损失课题调研资料11—11—01—50，第44页。

② 松阳县志编纂委员会编：《松阳县志》，浙江人民出版社1996年版，第16页。

③ 丁立宪：《日军侵犯缙云罪行录》，见《丽水文史集粹》（上卷），第168页。

④ 遂昌县防护团：《遂昌县轰炸破坏情形及损失调查表》（1942年10月31日），遂昌县档案馆藏档案，档案号413—4—26卷，第16页。

⑤ 遂昌县防护团：《遂昌县轰炸破坏情形及损失调查表》（1942年10月31日），遂昌县档案馆藏档案，档案号413—4—26卷，第16页。

⑥ 《被敌人罪行侵害之事实陈述》，云和县档案馆馆藏档案，档案号L04—1—199，第161页。

⑦ 云和县双金乡第五保保长方大仪：《为报规溪亭地方被敌机轰炸房屋由》（1942年11月27日），云和县档案馆馆藏档案，档案号L04—1—199，第19页。

⑧ 遂昌县防护团：《遂昌县轰炸破坏情形及损失调查表》（1942年10月31日）、《1942年7月15日日机轰炸湖山的具体记述》，遂昌县档案馆馆藏档案，档案号413—4—26卷，第16、19—21页。

⑨ 云和县芝石乡：《芝石乡敌机轰炸损失调查表》（1942年12月）和《云和县赤石芝石乡人民军事损失调查表》，云和县档案馆馆藏档案，档案号L04—1—199、268，第53、75页。

⑩ 廖关如等证词，遂昌县抗战损失课题调研资料口述材料第10号。

谷岭入侵，以飞机为掩护，空袭北界乡小谷岭，投下炸弹 2 枚①。30 日，日机对松阳县城东面的草场圩投下燃烧弹，烧毁省保安处营房②。31 日，1 架日机向位于松阳县城西南的河头村边投下燃烧弹，烧毁浙江省储盐称放处（盐库）1 座③。同日，日机 10 架次轰炸云和县，投弹 100 余枚，炸毁炸坏县城房屋 168 间、局村房屋 67 间、小顺房屋 33 间④。

7 月 31 日、8 月 1 日，日机连续两天轰炸松阳古市镇，投下炸弹 9 枚，其中燃烧弹 6 枚，炸死炸伤 66 人，烧毁该镇房屋 445 间和庙宇等文物古迹 4 处⑤。全镇数千人流离失所、无家可归。7 月 31 日、8 月 1 日、8 月 2 日，日机先后 63 架次疯狂空袭云和县城区、局村、小顺、石塘等地，共投弹 145 枚。城区被投百余枚，调查出有姓名的死难者就有 19 人，另 4 人被炸伤；农业合作社、箬溪救济院、"三一"印刷厂等房屋 40 幢被炸毁，民房 102 间被炸毁、45 间被震坏。在小顺镇（长汀村等），有平民 10 人被炸死，3 人被炸伤，41 间房屋被炸毁⑥。

8 月 1 日上午 8 时许，日机 27 架次轰炸龙泉县城，投弹 17 枚。其中同裕丰布店贤良坊库房、五粒砹、石板弄各投下炸弹 1 枚；槐坡社、西街头投下炸弹和燃烧弹各 1 枚。轰炸过后，大火持续了 3 小时。从中正街（现新华街）北边的三思桥，至南边十井头华楼街一带的店铺全部被烧毁，共计 86 家 385 间，烧毁居民房屋 513 间，炸死 4 人，炸伤 1 人⑦。3 日上午 6 时许，日机 2 架次又轰炸龙泉县城，投弹 5 枚，炸死 2 人，炸伤 2 人，毁房 48 间⑧。在此同时，日机 3 架轰炸龙泉县小梅镇，投弹 2 枚，炸毁汽车 1 辆⑨。4 日，3 架日机轰炸云和县

① 华德荣等证词，遂昌县抗战损失课题调研资料口述材料第 4 号。
② 对何为松的调查笔录，松阳县抗战损失课题调研资料口述材料第 221 号。
③ 对张邦华的调查笔录，松阳县抗战损失课题调研资料口述材料第 235 号。
④ 云和县赤石区署：《云和县市区受敌机轰炸之民房损失》（1942 年 1 月），云和县档案馆藏档案，档案号 L04—1—199，第 45 页。
⑤ 据浙江省情报处《五月战情》（浙江省档案馆藏档案，档案号 24—1—69）记载，此次轰炸共炸死 91 人，伤 12 人，毁屋 12 间。经社会调查，除古市镇外的其他被炸地点死伤 37 人，因而推定古市镇死伤人数为 66 人。
⑥ 根据蓝俊《亲见敌人罪行侵害之事实陈述——1942 年 8 月 2 日轰炸规溪长汀》（云和县档案馆藏档案，档案号 L04—1—199）和云和县规溪住民叶守先《亲见敌人轰炸伤亡王氏、张仁珠、钱安民、徐希业、何根鹤之罪行》（1945 年 6 月 29 日）（云和县档案馆藏档案，档案号 L04—1—301）中数据整理汇总而成。
⑦ 《新华日报》记者报道：《龙泉遭狂炸毁屋千余间》，载《新华日报》1942 年 8 月 3 日。
⑧ 浙江省防空司令部：《浙江省敌机空袭统计表》（1938—1945），浙江省档案馆藏档案，档案号 L017—000—0063。
⑨ 浙江省防空司令部：《浙江省敌机空袭统计表》（1938—1945），浙江省档案馆藏档案，档案号 L017—000—0063。

城、汤候门（今属紧水滩）一带，炸毁县城房屋 25 间，震坏 17 间。日机还在云和县渡蛟村等地投弹 3 枚，炸毁民房 1 座。6 岁小孩汤阿玛与其母匆匆钻到附近一棵松树下躲避，不幸被日机机枪击中脑袋而死[①]。6 日，驻云和县局村溪口的国民政府军第二十一师 1 个步兵连遭日机轰炸，炊事员被炸弹掀上屋顶，横卧瓦檐，另有 6 名士兵负重伤而死。连长关品山（四川人）闻讯从野外训练地赶回，刚至驻地营房门前，被倒塌下来的大门击中头部而身亡[②]。8 日上午 6 时半许，1 架日机在龙泉县城投弹 2 枚，炸毁汽车 2 辆。8 时半许，3 架日机在龙泉县小梅镇投弹 3 枚，炸伤村民 1 人[③]。11 日，日机轰炸松阳县吴弄村，炸毁房屋8 幢，炸死小孩 1 人[④]。14 日中午时分，日机在遂昌县保仁乡投弹 4 枚。其中 1枚落在判川村附近的黄山塘，3 枚落在排前村附近的竹山上，所幸未造成人员伤亡[⑤]。在此前后，日军数次入侵遂昌县判川村、资口村，以空袭行动配合地面部队入侵。19 日晨，日机在龙泉县八都至本岱口之间，投弹 7 枚，伤村民 1 人。21 日、23 日，日机数架在云和县城投弹数十枚，造成民营工业企业房屋损毁多幢，箬溪中心学校被炸房屋 25 间（其中震坏 10 间），另有 27 间民房被炸毁[⑥]。23 日上午 8 时 38 分，6 架日机自北飞临遂昌县城上空，盘旋侦察后向县城东街、南街、西街、北街、后坑路等地投下炸弹 17 枚、燃烧弹 24 枚，炸死 2 人，炸伤1 人，炸毁烧毁房屋共计 752.5 间[⑦]。26 日、27 日，日机 3 架一批轮番轰炸云和县，以县城为重点，同时也对城郊、石塘、小顺等地实施轰炸，共投弹 176 枚。由于警报准确，民众及时疏散，但仍有 3 人被炸死，数人被炸伤，20 间房屋被炸毁（其中震坏 1 间）。有 1 枚炸弹落在县城上桥弄 4 号天井里未爆炸，后经当

---

① 云和县防护团：《1942 年 8 月 4 日市区遭受轰炸之民房损失调查表》，云和县档案馆馆藏档案，档案号 L04—1—384，第 8 页；《1942 年 8 月 4 日箬溪镇王金氏房屋财产遭受轰炸财产损失报告单》，云和县档案馆馆藏档案，档案号 L08—1—187，第 30 页。

② 云和县政协文史委员会：《云和县文史资料》第 2 辑，1986 年出版，第 70 页。

③ 李世坤证明材料，龙泉市抗战损失课题调研资料社会调查材料第 3 号。

④ 对王关来的调查笔录，松阳县抗战损失课题调研资料社会调查材料第 1026 号。

⑤ 黄观根、兰德松等证词，遂昌县抗战损失课题调研资料第 68—70 号。

⑥ 根据云和镇《民营工业财产直接损失汇报表——1942 年 8 月 20 日日机轰炸城区等》（云和县档案馆馆藏档案，档案号 L08—1—187，第 22 页）、《1942 年 8 月 21 日箬溪镇赵有乾等 6 户遭轰炸财产损失报告单》（云和县档案馆馆藏档案，档案号 L01—2—275，第 61—66、73—78 页）和《8 月 23 日日机轰炸城区叶子羽户财产损失汇报表》（云和县档案馆馆藏档案，档案号 L04—1—301，第 92—93 页）整理汇总而成。

⑦ 遂昌县防护团：《1942 年 8 月 23 日日机轰炸遂昌城的具体记述》，遂昌县档案馆馆藏档案，档案号 413—4—26，第 31—50 页。

地防护人员检验为细菌弹，云和鼠疫随之暴发①。27 日上午，日机 7 架轰炸松阳县山下阳村，投弹 3 枚，炸死炸伤各 1 人，炸毁房屋 27 间；日机又轰炸西岕村，投弹 6 枚，炸死 4 人，炸伤 1 人，炸毁房屋 6 幢②。28 日上午 10 时，1 架日机从龙游方向飞往遂昌县，在县城东边史公祠上空投下炸弹 4 枚，所幸俱入河中未造成损失③。

这一时期日机轰炸也有一些显著特点：

（1）日机轰炸的密度和强度空前增加。这主要是因为日军发动了浙赣作战，对浙赣沿线各县及浙江抗战大后方实施了地面入侵与空袭相结合的进攻方式。为配合地面作战，日机对丽水地区狂轰滥炸。从 2 月至 8 月这 6 个月时间里，日机对丽水地区的轰炸次数，超过了第一阶段近 4 年时间的轰炸次数之和，可见密度之大。7 月份日机轰炸丽水 7 次，8 月份轰炸 12 次。在强度方面，日机每次投弹数明显增加，造成破坏增大。其中 5 月 23、24 日，日机轰炸浙江铁工厂，投弹42 枚；7 月 31 日，日机轰炸云和县，投弹 100 余枚；8 月 26、27 日，日机又在云和县投弹 176 枚。

（2）日机轰炸的目标主要集中在遂昌、松阳、龙泉、云和 4 县。这主要是由日军侵入路线决定的。浙赣战役期间，日军分东、西两路侵入丽水地区。东路日军小薗江旅团经缙云县，于 6 月 24 日占领丽水县城，后经青田入侵温州地区。由于日军已占领丽水县城，且又进攻温州，所以对丽、温沿线的缙云、丽水、青田等县轰炸较少。西路日军原田旅团在飞机配合之下，从西部强攻进入丽水地区，于 7 月 31 日攻破遂昌县城，并南犯松阳县古市镇，矛头指向浙江省政府所在地云和县以及龙泉县等后方地区。但是，西路日军一直受到国民政府军强烈抵抗，不得不止步于松阳、遂昌一线。为击垮国民政府军后方，夺取战场优势，日军便在遂昌、松阳、龙泉和云和等县实施大规模轰炸。

（三）第三阶段——1943 年至抗战结束

浙赣战役后，日军虽然撤出丽水地区，但仍占据着浙中要冲金华地区。因与金华相接，丽水由此成为抗战前线，直接处于日军地面部队的威胁之下。经过日机多次轰炸及地面部队的入侵摧残，丽水地区已是百业凋零。另外，1944 年日军海上交通线遭受美军沉重打击后，在陆上发动"大陆交通线战役"。为配合这

---

① 云和县防护团：《8 月 27 日敌机轰炸云和县市区市民死伤人数清单》（1942 年 9 月 2 日），云和县档案馆馆藏档案，档案号 L04—1—384，第 24、36、45、71 页。

② 对张义金的调查笔录，松阳县抗战损失课题调研资料社会调查材料第 809 号。

③ 《毛飞就日军入侵遂昌有关情况的回忆》，遂昌县抗战损失课题调研资料社会调查材料第 100 号。

次行动，日军自 8 月 26 日至 9 月 16 日，又占领丽水县城 22 天。

1943 年 3 月 30 日至 4 月 1 日，日机对丽水县城进行连续 3 天的大规模轰炸。其中 4 月 1 日，日军出动大批飞机对丽水轮番轰炸 8 次，投弹 80 余枚，其中燃烧弹 16 枚。城内三坊口、四牌楼、府前街、仓前、大水门、万象山、救济院、育婴所、城隍庙，以及城外的洞清寺均遭到滥炸，炸死群众数十人；地方银行、民教馆、天主教堂、专员公署周围、县政府直至丽阳门、酱园弄一带，均遭炸毁，地方法院被烧毁，总计被炸毁的房屋有 1000 余间①。

1944 年 6 月 17 日，9 架日机在丽水投弹 30 多枚，多数落在城郊。29 日上午 10 时 36 分，10 余架日机分两批自温州瓯海窜入青田县。其中一批 6 架飞机在青田县城投下炸弹 25 枚，分别投向县政府、地方法院、县党部、农林场等处，炸死 12 人，炸伤 15 人，炸毁房屋 38 间，震坏 153 间②。9 月 16 日早晨，日机 3 架从永康沿公路飞向缙云，对东渡、官店、沐白、梅宅等村进行轰炸，炸死刘炉升妻、麻德设、麻子焕、施配红、梅爱珠、梅宝珍、梅宝奇、梅美杏、田桂凤等村民，另重伤 8 人，炸毁房屋 51 间，炸死耕牛 5 头，炸死猪 1 头③。

1945 年 4 月 14、15 日，日机 9 架次空袭云和县城、城郊及石塘等地，投弹多枚，其中部分炸弹未爆炸。有 1 枚炸弹落在古竹村社殿角的水田里，内有粉状物抛出。弹壳后来被一个叫"后山人"的耕田人捞出。此弹投下来不久，距离社殿最近的廖玉龙家在短短的 46 天内，先后有 11 人感染鼠疫，死亡 10 人④。

这一时期日机轰炸主要特点为：

（1）日机轰炸次数明显减少。此次调研只收录到有五次轰炸事件。主要轰炸事件发生在 1944 年 8 月日军地面部队入侵丽水前后，可视为配合地面入侵的轰炸行动。

（2）日机轰炸区域相对集中。在 1944 年战役中，日机对丽水地区的轰炸，主要集中在缙云、丽水、青田一线，这和日军地面入侵的方向是一致的。其余几次日机轰炸的主要目标，是当时浙江省临时省会云和县以及九区行署所在地丽水县城。

（3）日机轰炸的强度依然很大。特别是 1943 年 3 月 30 日至 4 月 1 日的这次

---

① 九区专员公署：《浙江省第九区行政督察专员公署兼保安公署工作报告》（1943 年），浙江省档案馆馆藏档案，档案号 29—1—965，第 24 页。
② 青田县政府：《为电呈六月廿九日敌机轰炸情形及损失调查表等乞核备由》（1944 年 7 月 11 日），青田县档案馆馆藏档案，档案号 1—9—6，第 279、282 页。
③ 丁立宪：《日军侵犯缙云罪行录》，见《丽水文史集粹》（上卷），第 168 页。
④ 云和县志编纂委员会编：《云和县志》，浙江人民出版社 1996 年版，第 9 页。

轰炸。"日机大炸丽水，自早晨到黄昏，连续轰炸了五次"，"十多里外就见到烛天的火光"①。《东南日报》则称："离城5里之内均被光顾，范围极大，损失非常大"②。

（4）日机轰炸与细菌战攻击关联性越来越高。在收录的五次轰炸事件中，2次即与细菌战有关。这是日军在丽水地区利用飞机进行的局部细菌攻击。此时日军细菌战技术已经成熟，且已两次在浙江实施了大规模的细菌战攻击。由于连年战争，国力不支，日军希望以较小的成本换取最大的效益。为掩人耳目，日机采用轰炸方式投放细菌弹。1942年后，丽水地区曾大规模暴发细菌疫情，人员伤亡惨重。这种细菌攻击具有很强的隐蔽性，调查难度很大。

二、大轰炸给丽水人民带来了深重的灾难

日军在丽水地区实施的大轰炸，给丽水人民造成了重大的人员伤亡和财产损失，对丽水地区经济与社会的发展造成极大破坏。

日机轰炸造成了许多的人间惨剧。丽水县白塔头蔡兵之妻被炸死后，头盖骨黏到树上；有个黄包车夫被炸死后，肚肠悬挂在树枝上。松阳县湘湖师范被炸的7名死难者中，仅2人全尸，其余皆血肉纷飞、缺肢断腿。云和县小顺兵工厂一名被炸的死难者，只剩一双大腿，身体其余部分已四分五裂，散落在附近稻田里，把田水染得通红。云和县吴庆章、张均两家和其他不知名的多人被炸死在一起，有的只剩一张皮，有的只剩一条腿。

日机轰炸不知造成了多少家庭妻离子散、家破人亡。1941年3月15日，丽水县酱园弄口张某一家大小被炸死7人。1942年3月26日，丽水县向塔头吴政伟一家三代被炸死11人。日机轰炸丽水北郭桥时，有个名叫玉满的青田人，一家10口正往防空洞里逃，还没进洞，他的儿子就被飞机炸死了。待飞机离去后，一家人扑在儿子身上号啕大哭。正是伤心欲绝之际，日机第二次袭来，又有5人被炸死。

日机的轰炸同时给丽水社会经济造成极大破坏。1939年8月25日晨，日机在丽水县城及郊区奚渡一带，倾泻了54枚炸弹，其中燃烧弹7枚。以府前为中心的商铺民房燃烧起火，火势猖炽，浓烟蔽日，几十里外都可看到烟柱。城内各消防队和群众组织临时救火队，冒着滚滚硝烟，投入救援工作，但迟迟不能扑灭。最后浙江省政府消防队从永康赶来支援，经全城人协同奋战，至晚始将大火扑灭。但自府前东边虎啸门，直到王衙弄，西至太平坊，丽水城最繁华商业中心

---

① 《黄绍竑回忆录》，广西人民出版社1991年版，第389页。
② 《东南日报》1943年4月1日。

的所有房屋及建筑物全部化为灰烬。

1942年8月1日，日机对丽水各地进行全面轰炸，同时，日军地面部队也入侵丽水，缙云、丽水、青田、遂昌等地相继沦陷。日军铁蹄继续推进，攻陷松阳。当时龙泉、云和、松阳等县，遍遭日机狂轰滥炸，到处是燃烧的城镇和逃难的人群。

抗战时期，丽水县城被毁房屋达11280间，其中大部分毁于轰炸，许多地方是两次三次，甚至四次以上被炸毁。毁了重建，建了又被炸，直至百姓无力再建，流离失所，无处安身。在如此频繁的狂轰滥炸中，公私财产的损失很难统计。民国时期档案记录的只是一般大宗公有财产，而因年代久远，社会调查所了解到的私人损失也主要集中在房屋损失这一类。

根据此次调研汇总数据统计①，在日机的轰炸中，丽水地区共有1308人被炸死，610人被炸伤，16788.5间又有160幢房屋被炸毁或烧毁，另外，还损失营房、盐库各1处，民船6艘，汽车3辆（见下表）。

丽水市抗战时期遭日机轰炸人口伤亡和财产损失情况统计表

项目 县市区	死亡 （人）	受伤 （人）	被毁房屋	其他损失
莲都	1043	280	12237 间	
缙云	47	213	1175 间	
青田	33	35	420 间	炸毁民船6艘
松阳	113	27	473 间又20幢	营房、盐库各1处
遂昌	8	15	773.5 间	
云和	53	28	969 间又140幢	
龙泉	11	12	741 间	汽车3辆
合计	1308	610	16788.5 间又160幢	营房、盐库各1处，民船6艘，汽车3辆

需要说明的是，由于当年许多有关抗战时期财产损失的上报材料未作日机轰炸与地面入侵的区分，所以很难全部将日机轰炸造成的损失从抗战时期总的财产损失中剥离出来，因而，上表中所列的物资损失，只是日机轰炸造成的大件物品损失，其他小件或杂件在此不作统计。因而统计数据应当小于实际损失

---

① 因景宁、庆元两县未有轰炸损失，此次调研数据由7个县市区党史部门上报的抗战时期人口伤亡和财产损失统计表汇总而成。

数据。比如，1938年5月30日上午，日机15架轰炸丽水县城劳工区、贫民区，死伤很多，但因缺乏具体伤亡数据，所以这次调研未作统计。另外，抗战时期，大量外地单位和难民涌入丽水，许多单位和难民在迁移过程中，一路遭日机轰炸。像东南日报社在浙赣战役期间从金华开始迁移，经衢州、丽水、云和，最后至福建省南平等地，一路颠沛流离，数次遭遇日机轰炸，全社700多人中死亡169人，失踪70余人，但能确定在丽水死亡的只有1人①，这显然与实际情况相差甚远。同样的原因，对外来单位及外来人员财产损失的调查统计也很不充分。也以东南日报社为例，当时东南日报社在撤退过程中，几乎散失了全部员工的私人财产及大部分器材②，但缺乏具体数据，因此这次调研就未能统计东南日报社的财产损失。所以，对于丽水大轰炸的调查与研究还有待继续深入。

日机轰炸除了造成重大直接财产损失外，还造成巨大的间接损失。像工业、农业、交通、文化等方面的间接损失暂且不计，仅从公用事业来看，以防空名义造成的间接损失就已相当巨大。防空主要可以分为监视、避难、救护三方面。为防空袭，丽水地区设置了大量的防空监视哨。各哨所配备望远镜、定向仪、电话线、寒暑表及陆空通信之器材。各哨所建设及8年常年费用超过135603.29元（1937年7月法币币值）。抗战期间，丽水地区防空洞、防空壕达上千所，包括主要机关、普通家庭，都建有各类防空设施。这都消耗了大量的经济资源。在日机轰炸后，政府或社会组织防空救护，亦为一项重要的财政支出。因相关数据过于琐碎，不一一罗列。此外，为防止日军把地标物作为空袭指引目标，政府还拆毁了许多建筑物，如1942年云和县政府就下令拆除了云和县城的标志性建筑——明代元培塔。

丽水大轰炸除了造成人口伤亡和财产损失外，还给丽水人民造成了极大的精神伤害。日机轰炸的巨大破坏力和惨状，给老百姓带来极大的恐惧心理。有的因为家人、邻居、朋友被炸死或炸伤，惨不忍睹而被吓疯，精神错乱。这样的例子数不胜数，而最令人痛心的还是由于心理崩溃造成的人生悲剧。比如龙泉县的一名农妇抱着婴儿在防空洞里躲避日机轰炸，因害怕婴儿的哭声引来日机，就用手捂住婴儿的嘴巴，结果致使婴儿窒息死亡。日机大轰炸给丽水人民带来了永远无法愈合的伤痛。

（诸葛蓉、孙瑛、刘勇　执笔）

---

① 《东南日报》1943年8月21日。
② 《东南日报》1943年8月21日。

（七）日军在杭州湾北岸登陆及其对平湖造成的人口伤亡和财产损失

平湖市史志办公室

抗战初期，日本政府和军部于淞沪会战时组建了一支拥有 3 个师团和 1 个旅团，总兵力达 11 万人的主力兵团——第十军，在原先已在淞沪战场作战的上海派遣军和海军第三舰队的协同下，于 1937 年 11 月在杭州湾北岸江浙交界的平湖和金山沿海一带实行登陆，进攻浙江的杭（州）嘉（兴）湖（州）地区和江苏的松江地区（今属上海市）。这是日军采取的一个重大军事行动，其目的是从南北两翼对淞沪地区进行战略迂回，企图围歼淞沪战场的中国军队，尽快攻占上海，进而进击中国首都南京，逼迫中国政府接受城下之盟。日军第十军在杭州湾北岸登陆后，打开了侵略浙江的大门，给平湖县造成了大量的人口伤亡和财产损失，严重影响了平湖县社会经济的发展。

一、日军登陆杭州湾北岸地区的因由和经过

日军第十军之所以选择在杭州湾北岸登陆，这是由淞沪会战的战局发展和杭州湾北岸在军事战略上的重要地位所决定的。

1937 年 8 月 15 日，日军组成了以松井石根为司令官的上海派遣军，加上原先在中国东南海上活动的海军第三舰队和常驻上海的海军特别陆战队等部队，对上海发动全面进攻。8 月下旬至 10 月上旬，日本又先后两次大规模增兵淞沪战场，此时，日军仅地面部队总兵力就达 12 万人以上。日军以长江和黄浦江沿岸登陆场为基地，由北而南向中国守军连连发动进攻，企图首先攻占上海苏州河以北地区。然而，日军的进攻遭到了中国军民的强有力抗击。淞沪抗战后，在中国共产党抗日民族统一战线政策的指引和影响下，第二次国共合作正式形成，以蒋介石为首的国民政府终于走上了联共抗日的道路，全国各党各派各军以及各界民众在抗日御侮、共赴国难的旗帜下，一致奋起，汇成了空前的抗日救亡斗争的高潮。南京最高统帅机关为保卫大上海、保卫首都南京、守卫长江三角洲，在近 2 个月时间里，调集 60

个师上下的部队和海空军的全部主力前来淞沪参战。中国军队士气高昂，英勇奋战，前赴后继，寸土必争，进行节节抗击，其规模之巨大，战斗之激烈，在中国反侵略战争史上是空前的。日军为此付出了惨重的伤亡代价，进展极为缓慢。日本军部对于淞沪之战僵持不决万分焦虑，着手准备在杭州湾北岸实施登陆。

（一）杭州湾北岸的战略地位

就区位而言，杭州湾北岸地区地跨江浙两省，但主要仍为浙北杭嘉湖平原。自西而东，依次为浙江省的海宁、海盐、平湖等县，其北面为桐乡、嘉兴、嘉善等县，太湖南岸为长兴、吴兴（湖州）；平湖、嘉善以东，为当时江苏省的金山、奉贤、松江3县。这一地区区位冲要，距上海、杭州、苏州、无锡均不足百公里，相互之间彼此关联、唇齿相依。全境隔杭州湾与南岸之宁波、镇海、慈溪、余姚、绍兴相呼应。杭州湾北岸岸线长达121公里，其中平湖境内海岸线长为29.5公里。平湖县境内的乍浦，历来为浙北著名海港。

从对日抗战的军事层面而言，杭州湾北岸地区在战略上和战役上的意义和价值极为重要。第一，从杭州湾到长江口，是中国东南沿海最重要的对日作战防御地带，是抗击从海上入侵之敌的大门。日军要进攻长江，必然也要进攻杭州湾；要攻占上海，控制太湖，进击南京，也必定无疑地要攻略杭州湾北岸地区，特别是要占领杭嘉湖地区。第二，杭州湾北岸和长江口南岸，是上海和淞沪战场的南北两翼，从右左两个方面拱卫着上海市和整个淞沪地区的安全。日军图谋迅速攻占上海，除了要在长江南岸登陆和发动进攻，也必定要在杭州湾北岸发动进攻，以实现南北两翼合围。第三，杭嘉湖地区为太湖南走廊之所在，与苏州、无锡、常州一带之太湖北走廊遥相呼应，共同构成从上海和淞沪地区通往南京和浙苏皖边境腹地的东西向大通道。日军第十军登陆杭嘉湖地区的一个重要目的就在于从这里突破阵线，会同上海派遣军尽快攻占南京。第四，日军进占杭州湾北岸也是为了控制沪杭铁路，占领杭州，进而控制浙赣铁路东段，以造成而后沿此线西进的战略态势。这已为以后日军的行动所证明。第五，日军第十军将登陆地域选定在金山卫、全公亭一带，是日本参谋本部和上海派遣军经过多次周密侦察，确认这一地带具备适宜于大兵团登陆的各项基本条件而作出的选择。从军事、地理、交通等诸方面条件而言，首先，金山卫、全公亭、白沙湾这一带具有可供大兵团登陆的地形条件，是日军最可能登陆之处。其次，日军在这一地带登陆后，便于向纵深推进，实施战役展开。这里既有通向上海、杭州、苏州的公路，又有控制沪杭铁路中段，进击苏嘉铁路南段，以及北上切断沪宁铁路之便利。再次，极有利于实施日军惯用的"两翼迂回"战略。日军从这里登陆，东北方向可包抄上海市区西南边缘，合围淞沪战场，西向可沿太湖西南地区前出苏浙皖边境，从西南方面迂回南京，与上海派遣军共同进攻南京。最后，日军情报机关早已查明，杭州湾北岸是淞沪会战中国军队防线最薄弱的环节，而且又一直被南京统帅机关所忽视，疏于防范，从这里实施登陆，可收击其弱点、攻其不备之效，而稳操胜券。

（二）日军在杭州湾北岸登陆的谋划

日本军部为了顺利实现在杭州湾北岸登陆，着手进行了一系列的准备工作。一方面，指令在中国东北待机的第十八师团进行登陆演习，另一方面，由参谋本部从东京派出铃木中佐等人至上海，会同上海派遣军少将田尻、参谋芳村等人，秘密在金山卫、全公亭一带进行详细的实地侦察。10月20日，日本参谋本部正式下达组建第十军、在杭州湾北岸登陆、会同上海派遣军攻略上海的命令。"命令"特任柳川平助为第十军司令官。该军下辖第六师团、第十八师团、第一一四师团和国崎支队（相当于1个旅团），以及独立山炮兵第二联队、野战重炮兵第六旅团，第一、第二后备步兵团等部队，还有大量特种部队，包括装甲兵、防空兵、工兵、通信兵、架桥队、渡河队、化学部队、瓦斯毒气部队、辎重部队、筑城部队和兵站部队，全军总兵力约11万人。为统一指挥上海派遣军和第十军，日本军部决定将所有在华东、华中作战的地面部队及其所属航空部队，合编为华中方面军，下辖上海派遣军和第十军两大作战集团，任命松井石根为方面军司令官兼上海派遣军司令官。

日本参谋本部在发出关于组建第十军的"大命"后，立即制订了《第十军作战要领方案》，对作战方针、作战行动计划，特别是兵力配备等作了具体部署。这时，淞沪战场上以大场为中心的苏州河以北会战正处于高潮，日本参谋本部焦急万分，要求第十军迅速出动，但由于部队集结未成，武器装备和给养的运输尚需时日，以及海洋与气候等因素，登陆时间一再推迟。直至10月25日，才最后决定从11月5日起，发动杭州湾北岸登陆作战。

（三）日军在杭州湾北岸实施登陆

1937年11月2日，日军第十军第一梯队的第六师团主力和第十八师团分别由日本八口浦和五岛列岛出发，由第四舰队输送，至朝鲜济州岛附近海面集结。4日晚，部队进入杭州湾大小金山海域，当夜在金山卫和漕泾海面换乘登陆船艇。5日凌晨，杭州湾沿岸小雨濛濛，大潮汹涌，海浪拍岸，洋面与陆上大雾弥漫。日军舰炮和航空兵率先开火，连续轰击达4小时之久。凌晨4时许，日军大规模登陆行动开始。为虚张声势，日军在海岸上空升起所谓"百万日军登陆杭州湾北岸"的宣传气球。登陆部队分乘150余艘船只，编列为3个登陆船队，在金山卫至全公亭一带东西近15公里的沿岸地带实行登陆。日军分别从3个登陆点上岸。第一登陆点在江苏金山县金山卫城以东之金山嘴、戚家墩海滩一带，主要为第六师团主力和国崎支队。第二登陆点在江浙交界处浙江平湖之全公亭、白沙湾、裴家弄沿海一线，主要为第十八师团主力。第三登陆点在金山与奉贤两县交界处的奉贤漴缺和金山塔港沿海一带，为第十八师团一部。

11月5日6时许，大批日军陆续登岸。6时半左右，日军全线登陆，兵分三路向内陆推进。右路为第十八师团主力一部，从漕泾越亭林、叶榭，经奉贤直指黄浦江南岸，攻击矛头指向闵行。中路为第六师团主力，由金山卫北上，经张堰、松隐，直指黄浦江米市渡，其企图是渡江夺占松江和青浦。左路为第十八师团主力，由全公亭直攻金山县城关（朱泾），攻击矛头指向枫泾和嘉善、嘉兴。松井石根因第十军顺利登陆而自鸣得意，在当天的《阵中日记》中写道："今晨5时30分，第十军的第六师团和第十八师团的一支部队在金山卫城南侧海岸强行登陆了……海岸几乎没有守卫兵力，因此，几乎没有遇到敌军的任何抵抗。第一线部队就这样顺利登陆了。当天9时，登陆部队占领了金山卫城。傍晚，部分部队又占领了离该城北部约8公里的张堰镇。"①

5日上午，在全公亭登陆的日军占领平湖县金丝娘桥、衙前等地；中午，又占领新仓。日军第十军的第二梯队为第一一四师团，因为海上运输船队运力不足等原因，这支部队到了11月9日才开始在全公亭和白沙湾一带登陆，至10日和11日，其步兵、工兵之大部分登陆完毕。从12日开始，第一一四师团把进攻方向指向平湖城和嘉兴。14日，日军侵占平湖县泗里桥。17日，日军侵占平湖县广陈镇。18日，新埭陷于敌手；下午，平湖县城陷落。23日，乍浦亦陷于日军铁蹄之下。

日军第十军登陆后，淞沪战场的中国军队为挽救右翼战线的危局，保卫杭嘉湖地区，维护沪杭线和苏嘉线的安全，奋起进行杭州湾北岸地区阻击战。但是，由于上层指挥机关的失误，这场抗日阻击战既无战前准备动员，更无统一的作战计划和部署，是中国军队在部队数量、质量、装备等各方面均处于劣势，又完全没有海空军配合的条件下展开的一场战斗，也是在淞沪战场国民政府军阵线已呈现全面瓦解、大规模退却势所必至的背景下进行的一场殊死之战。战斗是由驻守在最前沿的个别连营一级部队首先打响，驻守金山、奉贤沿海的第六十二师留守部队，驻平湖的第六十三师一部、炮兵第二团第二营，以及平湖、金山、奉贤、松江等当地军警，奋起阻击，揭开了杭州湾沿岸抗日之战的序幕。第三战区和以张发奎为首的右翼作战军司令部获悉日军登陆后，随即下令调集部队增援杭州湾

---

① ［日］松井石根：《阵中日记》，1937年11月5日，见王卫星编：《南京大屠杀史料集》，江苏人民出版社2010年版，第8册，第121页。

前线，除下令原担任杭州湾沿岸守备的第六十二师、第六十三师和独立第四十五旅等部迅即投入战斗外，从 11 月 5 日起，先后增援这一战场的有第七十九师、第一二八师、暂编第十一师、第一〇九师和由吴克仁为军长的第六十七军等各部。

从 11 月 5 日沿岸各处分散的战斗开始，至 19 日嘉兴陷落，这场阻击战前后历时半个月左右，零星的战斗规模不大。首先是奉贤漴缺抗击战、漕泾塔港战斗、平湖白沙湾东司城和裴家弄海月庵阻击战、平湖全公亭炮兵第六连阻击战、金丝娘桥抗击战、陆家堰和金山卫城阻击战；其次是叶榭和亭林战斗、松隐战斗、朱泾战斗；最后是沪杭线中段地区保卫战，包括枫泾保卫战、嘉善保卫战、松江保卫战、嘉兴保卫战、平湖保卫战等。参战的广大官兵，在敌军兵力火力占着绝对优势的情况下，不怕强敌，奋勇拼搏，作出了极大的牺牲，5000 余名官兵拼死疆场，为国捐躯。这场可歌可泣的阻击战，给了入侵日军以一部分杀伤，一定程度上延缓和阻滞了日军进攻的势头，对淞沪主战场中国主力部队的西撤起到了一定的掩护作用。

（四）日军在杭州湾登陆后对战局的影响

在淞沪战场，日本上海派遣军虽说这时已处在全面进攻态势，然而两个多月来也付出了重大的代价，各个师团都已极为疲劳且战力下降。这个局面在 11 月 5 日后的 1 周多时日里从根本上改变过来了。日本第十军的 3 个师团和 1 个支队（相当于 1 个旅团）在金山卫、全公亭一带登陆，另外又 1 个师团在长江白茆口登陆，由此淞沪战场上日军新增了 4 个半师团的兵力。其结果，连同上海派遣军已在参战的 5 个师团多的兵力，总兵力达到 9 个半师团多。"这样，华中方面兵力为两个军的九个师团，华北方面为两个军的七个师团。主战场显然转移到华中，敌我的主力形成对峙。"[①]

日军第十军杭州湾北岸登陆后，迅速出现在淞沪战场南翼，由南向北发动进攻，与上海派遣军在北翼由北向南进击相呼应。11 月 7 日起，日军第十军第六师团主力一部和国崎支队向松江发起进攻，同时，第十八师团也出击枫泾和嘉善，9 日凌晨陷松江，截断沪杭铁路，14 日傍晚陷嘉善。接着，第十八师团与第一一四师团合力进犯嘉兴。18 日，第一一四师团侵占平湖城厢，19 日，第十八师团攻占嘉兴。20 日，海盐陷落。23 日，日军侵入桐乡县城。

抗日战局急转直下，南京统帅机关决定淞沪战场全军西撤。11 月 8 日晚，蒋介石批准第三战区副司令长官顾祝同和前敌总指挥陈诚关于组织实施向吴福线、乍嘉线既设国防阵线撤退的决定。9 日凌晨开始，左翼和右翼两大作战集团共 60 个师上下的大军，从北起长江南岸太仓、浏河一带，南至乍平嘉线以东地

① ［日］防卫厅战史室编：《大本营陆军部》，中文摘译本上册，第 376 页。

区，展开了一场大规模的西撤行动。中国军队淞沪大撤退，决策过迟，事起仓促，缺乏准备，指挥失灵，部队失控，以致演变成为一场大溃退。

日军第十军在杭州湾北岸登陆，造成从太湖东南到西南地区直通苏浙皖边境的太湖南走廊被攻破。为了切断苏嘉铁路，割裂中国左右两大作战集团之间的联系，开辟太湖南走廊，日军第六师团于11月14日向位于太湖东南岸、苏嘉铁路中段的平望发起进攻，国崎支队亦在16日进占平望。11月17日，日军向太湖东南岸的南浔镇发动进攻。19日，第十军以太湖南岸的吴兴及其以西的长兴为目标，发动新一轮攻势。20日，日军第一一四师团由嘉兴及其东北前出平望，第六师团和国崎支队进至南浔镇以西地区。这时，国民政府军右翼军总司令张发奎到吴兴，部署第七军第一七〇师和第一七二师在吴兴东西一带阻击西犯日军。第七军两个师在南浔、吴兴、长兴进行了近10天的阻击战，伤亡大半，24日吴兴陷落。27日和28日，日军第一一四师团攻占长兴和宜兴。29日，第七军余部向泗安、孝丰方向西撤。至此，日军第十军遂打通了太湖南走廊，将攻势推向到了苏浙皖边境。

攻占南京为松井石根一贯坚持的主张，也是其既定计划。松井石根在10月22日的《阵中日记》中写道："必须迅速整顿军容，于12月中旬以后开始攻打南京。估计最迟也要在两个月内达到目的。"[①] 而日军第十军在杭州湾北岸登陆后，只用了半个月时间，就达到了上述目标。

由于第十军参战，加上中国军队在西撤过程中出乎意料的大溃退，日军进逼南京的势头极快。11月28日，东京参谋本部正式向上海派遣军和第十军下达进攻南京的命令。从12月初开始，第十军分兵三路，从南面和西面迂回南京。第一一四师团为右路，从长兴、宜兴一带北上，准备从南面进攻南京。第十八师团和国崎支队为左路，从湖州向广德西进，准备从西面包抄南京。第六师团为中路，从广德经郎溪进犯江宁，从南京城西面实行进攻。12月10日，松井石根下令总攻南京城。12月13日晨，第一一四师团、第六师团分别攻破南京中华门和水西门。当天下午，上海派遣军的第十六师团和第三师团也攻入南京。

南京战役一结束，松井石根和柳川平助立即决定夺占杭州。其计划是以第十军第一一四师团为主力，从南京循京杭国道南下，越苏浙皖边境进袭杭州。另以上海派遣军第一〇一师团从松江、嘉兴沿沪杭线西进予以配合。12月17日，第一一四师团从南京出发，22日抵武康，24日与第一〇一师团会合后向杭州进逼。这时，国民政府军第十集团军从淞沪战场撤到杭州和钱塘江两岸的部队，不足5

---

① ［日］松井石根：《阵中日记》，1937年11月22日，见王卫星编：《南京大屠杀史料集》，江苏人民出版社2010年版，第8册，第135页。

个师的兵力，势单力薄，不得不放弃守城计划，改为退守浙东绍兴至宁波一带杭州湾南岸。为切断浙赣铁路，阻敌利用该路深入华中腹地，中国军事当局决定下令炸毁钱塘江大桥。12月23日黄昏，才建成通车不到4个月的一座现代化大桥，在一声巨响中轰然断开。12月24日，日军占领杭州。至此，我国最富饶的宁沪杭地区的大好河山，沦陷于日本法西斯的铁蹄之下。

二、日军入侵给平湖造成的军民伤亡情况

第十军司令官柳川平助是一个侵略成性的军国主义悍将，他曾经向其部下鼓动实行广泛的屠杀和镇压，说"中国的山川草木都是敌人！"① 在淞沪会战时担任日本同盟通讯社上海分社社长，与日本军方保持密切联系的松本重治，在回忆录《上海时代》中也说出了一句真话："柳川兵团（第十军）的进击之所以迅速，可以说是由于在官兵中间有一种'可以随意进行掠夺和强奸的默契'。"② 其实，日军的屠杀、劫掠、强奸、焚毁等暴行，又何止军内之"默契"呢？而是在日军"给养就地征发"军令之下有组织进行的。日军在杭州湾北岸登陆后，东京参谋总长向第十军发出指令："部队为求得补给，应尽量利用现地物资。"③于是，杀烧淫掠等暴行就在这一军令之下展开了。

（一）抗日军队、警察和地方保安团队人员的伤亡

日军在平湖登陆时，尽管平湖境内无任何一支中国的主力部队，但驻守于县境的几个连队和地方警保人员仍积极投入战斗，英勇阻击日军。

11月5日早晨，驻守白沙湾东司城的第六十二师留守连队首先进行阻击。"守在司城的六十二师一连官兵发现（日军）登陆，奋起抗击，因寡不敌众，大部分壮烈殉国，突围而出者仅28人。守在裴家弄海月庵一个连的哨兵，忽听到西南方向枪炮声响，在晨雾中望见前面有大批敌军匍匐而来，急忙鸣枪报警。该连连长在工事里亲自把住重机枪向前猛扫，日军大量伤亡。激战至6时左右，枪筒发热爆裂，无法再战。此刻，日军机枪已封锁我军工事，一连兵力只剩20人左右，突围北撤至张堰、钱家圩一带。"④ 在新仓，日军也遭到阻击。据1938年8月编撰的《沦陷前后之平湖》一书记述，"5日上午10时许，六十二师补充连

---

① ［日］高梨正树：《目击者叙述的日中战争》，新人物往来社1989年版，第69页。
② ［日］松本重治：《上海时代》，中央公论社1975年版，第210页。
③ ［日］吉田裕：《天皇的军队与南京事件》，青木书店1985年版，第67—80页。
④ 张亚萍：《白沙湾东司城抵抗》（2007年5月23日），平湖市抗战损失课题调研资料社会调查第62卷，第148—149页。

会同该镇镇长，统率武装壮丁，予以有力之抵抗"①。同时，驻当地的盐政机关的缉私营1个小队，在新庙以北也奋起抗击，队长和盐警共15人全部阵亡②。

　　布防于全公亭、金丝娘桥间的炮兵第二旅第二团第二营也奋不顾身地阻击登陆之敌。该营辖3个炮兵连：第四连驻守于海盐县澉浦，第五连驻守于平湖县乍浦，第六连驻守于全公亭与金山卫之间。11月5日晨，第六连在连长郭文河指挥下，打响阻击战。郭文河在战后回忆道："当时日军人数众多，从多个地点登陆，先闻枪声，后见海上火光（发炮火光），继闻炮声，我一面向步兵联系，派人奔赴前线进一步了解情况，一面指挥全连迅速射击。此时，日本飞机蜂拥而至，俯冲轰炸前线及炮兵阵地。我炮兵即向日军登陆点猛烈射击，颇见成效，但因敌登陆点多势强，虽遭我炮兵猛烈轰击而迟滞不前，可两翼敌人仍进展迅速。我步兵因人员大量伤亡，寡不敌众，初现动摇，继则受到两翼迂回敌人威胁，随向炮兵阵地两侧溃退，形势危殆。我一面令所有榴霰弹统用零线子母弹发射，一面组织勤杂人员用马、手枪掩护炮兵阵地，延缓敌之进攻。但由于两翼空虚，援兵不至，缺乏步兵掩护，炮兵终不能持久。在敌海陆空协同猛力攻击下，炮连人员死伤过半，我也负伤，被士兵挟着撤出，阵地遂失。"③

　　在10多天的分散战斗中，平湖县境的国民政府正规部队和地方团队警员大部分阵亡，小部分负伤，伤亡总数约400多人，各次战斗的具体状况见下表：

平湖境内阻击战官兵伤亡概况表④

部队名称	作战地点	作战时日	参战人数	伤亡情况
六十二师留守连	白沙湾东司城、裴家弄	1937年11月5日	100余名	大部阵亡
炮兵第二团第二营第六连	全公亭海天寺	11月5日早晨	100余名	大部阵亡
乡公所人员	金丝娘桥	11月5日早晨	10余名	全部阵亡
六十二师补充连	新仓	11月5日中午	近200名	大部阵亡
平湖缉私营盐警	新庙	11月5日午后	15名	全部阵亡

① 平湖县政府：《沦陷前后之平湖》（1938年8月），平湖市档案馆馆藏档案，档案号298—1—71，第6页。
② 平湖县政府：《沦陷前后之平湖》（1938年8月），平湖市档案馆馆藏档案，档案号298—1—71，第6页。
③ 孙志平：《日军金山卫登陆与浦东炮兵的撤退》，见刘则刚主编：《文史资料存稿选编》第6卷，中国文史出版社2004年版，第559页。
④ 根据庄文生主编《平湖县志》、史念主编《嘉兴市志》、刘则刚主编《文史资料存稿选编》等有关篇目材料编制。

（二）各界民众大量伤亡或失踪

血腥屠杀平民，是侵华日军对中国民众实施恐怖威慑，并消灭中国人民抵抗意志的重要手段。日军第十军一经登陆，犹如一架巨大的屠杀机器，立即开始运转而一路不停。"凡敌所经处，其首要任务为杀人、放火、奸淫。男无论老幼，非强迫充当伙子，即为杀死。女不论年龄，胥被奸淫，或被奸后杀毙。"[①] 平湖县全塘、新仓、新埭、城关镇、广陈、黄姑等地都遭受日军血腥屠杀，居民死伤和失踪为数极巨。兹根据现有史料分述于下。

全塘镇。11 月 5 日晨，日军从金丝娘桥、白沙湾、全公亭等处登陆，"对手无寸铁的老百姓施展了枪击、刺杀、砍头、肢解、剖腹、水淹、火烤、活埋等极其残忍手段，制造了骇人听闻的'十月初三惨案'"[②]。在金丝娘桥北面金桥村，日军登陆当天上午就杀害 9 人。农民周小弟（周夫山）在其家屋后被 1 名日兵抓捕，周反抗夺枪，被当场刺杀。农民周阿金年届花甲，日军强制他仰卧在地，身下垫稻草，被当作练习刺杀的活靶，用刺刀当胸穿刺而过；其 50 岁的妻子张爱珍当晨逃难离家，放不下心，返家探望丈夫，在半路也被日军枪杀。张姓婆婆因开门放走了被日军关捕的几名妇女，以致她和身边的 4 岁小孩张龙秀都被日军刺死。当天，住在金丝娘桥镇陈雪林家中的 20 名盐警向北逃离，被日军发现后枪杀，其中 10 人枪杀在金沙河东，10 人枪杀在小界河北[③]。同日，渔业村纪家河蔡阿补、蔡阿四等 18 名村民被日军用一条绳子连着，有的被枪杀，有的被砍头，有的被刺死，有的被烧死，纪家河成了血河。在渔业村大头浜，日军将从各地抓来的老百姓 50 多人全部杀害，当时浜里的水都染成了红色[④]。前进村程家宅基的金阿六、俞阿三、俞月如、俞月和、俞阿二、俞阿二妻子、程保生、程伯华父亲也被日军枪杀。另据《沦陷前后之平湖》一书记述："全公亭大小营乡、衙前、白沙湾对面街、烂缺口等处，屠杀更烈。对面街附近居民，当敌犯境，年壮者相率暂避，所留看守之老弱无一存矣。其尸体后在该处池塘内觅得 72 具。

① 平湖县政府：《沦陷前后之平湖》（1938 年 8 月），平湖市档案馆馆藏档案，档案号 298—1—71，第 7 页。

② 项四龙：《全塘镇抗战时期人口伤亡和财产损失调研报告》（2007 年 5 月 25 日），平湖市抗战损失课题调研资料社会调查第 62 卷，第 77 页。11 月 5 日为农历十月初三。

③ 全塘镇金桥村周宪 2007 年 3 月 28 日口述材料，平湖市抗战损失课题调研资料社会调查第 60 卷，第 122 页。

④ 全塘镇白沙湾渔业村沈进法 2007 年 3 月 28 日口述材料，平湖市抗战损失课题调研资料社会调查第 61 卷，第 19 页。

全公亭有陆镜心暨吴振士者，年俱逾不惑亦难幸免，并惨被剖腹而死。"[1]

11月5日日军登陆当天，全塘镇被杀平民288人，见下表。

村名	金沙村	金桥村	三八村	优胜村	前进村	星华村	穗轮村	渔业村	小计
男	6	46	30	3	32	20	2	11	150
女	3	28	5	1	6	8	1	3	55
童		7	3		2	3			15
不明								68	68
合计	9	81	38	4	40	31	3	82	288

在11月内，全塘镇死亡、受伤、失踪共计516人[2]，其中死亡460人（男277人，女94人，儿童21人，性别不明68人）；受伤21人（男8人，女12人，儿童1人）；失踪35人（男34人，女1人）。另外还有1人被俘，17人被强行做劳工。

新仓镇。11月5日上午，从全公亭、白沙湾登陆的日军分两路入侵新仓。一个小小的石路村，这一天被杀害的村民就有13人。宋家宅基黄关荣、黄来荣父子俩在家里同遭枪杀，宋杏生被日军从床底下拖出枪击而死，宋富荣眼见住屋被烧，向日军求情，却被日军用刺刀直捅胸脯而死。在秦沙村张家埭，年仅5岁的张金秀、3岁的张文秀、60岁的银和婆均遭惨杀，45岁的张五宝被日军斩断双臂后又遭惨杀。法华庵19名和尚中有18人丧生于日军机枪扫射之下。赵裕盛百货店7人被杀。当天，日军乘小汽艇沿放港河由南向北，到达杨盛村的涂家宅基旁边，与新仓区保卫队的船相遇。保卫队长陶小大被日军开枪打死，队员王保良被日军击中后泅水到港滩，出血过多而死。日军停船上岸后又枪杀涂仁福等4人，还用机枪射杀逃难在新仓讲演厅防空洞里的30名群众。《沦陷前后之平湖》一书记述，当日，"新仓镇附近被杀民众逾200人。事后无尸属认领，经该镇唐百和收敛者86具"[3]。尤为惨烈的是，这天日军到三叉河乡（今新星村），对当地手无寸铁的百姓大肆屠杀，杀死陈阿毛、周祥生等82人，其中包括宋阿秀等妇女19人及干阿美、庄大姐等儿童8人。"三叉河北横桥

---

① 平湖县政府：《沦陷前后之平湖》（1938年8月），平湖市档案馆馆藏档案，档案号298—1—71，第8页。

② 根据平湖市抗战损失课题调研资料社会调查第62卷材料汇总统计。

③ 平湖县政府：《沦陷前后之平湖》（1938年8月），平湖市档案馆馆藏档案，档案号298—1—71，第8页。

有农民 16 人匿居墓穴，被敌搜出，缚住两手，令排队站立，依次枪杀，仅最后一人伺险脱逃。"[1] 自 11 月 5 日至 10 日不到 1 周的时间内，新仓镇新星村被日军残杀 111 人，见下表[2]。

时间	男	女	童	小计
11 月 5 日	55	19	8	82
11 月 6 日	8		1	9
11 月 8 日	11	1	1	13
11 月 9 日	1		2	3
11 月 10 日	2	2		4
合计	77	22	12	111

11 月 6 日，日军来到新仓月桥小学，刺死郭孝慈等 6 名教师。8 日，日军接连到三叉河乡将村民陆阿补、俞义观等 13 人刺死，死难中的小女孩李小宝只有 4 岁。

在 11 月内，日军入侵共造成新仓镇人口伤亡 383 人[3]，其中死亡 318 人，伤残 29 人，失踪 36 人。另外还有 20 人被俘，4 人被强行做劳工。

广陈镇。11 月 5 日，日军途径广陈三兴村半路桥南的孙家宅基、陆家桥、陆家浜时，滥杀民众，刺死孙阿九等 6 人。6 日，日军在泗泾村金家浜跳板桥刺死曹阿大、曹阿荣、曹阿补等 9 人，刺伤杨永金和曹富元。7 日，日军把前港村沈德明家作为宿营地，第二天临走前，将他家中 18 个人全部杀害，妇女先遭强奸再枪杀，小孩子活活烧死，男人则刺死或枪杀。[4] 13 日，一队日军路经广陈镇高新村，枪杀了杨春荣、顾和尚等 7 人。16 日，盘踞在高新村的日军，无故刺死钱其梅、钱永全等 5 人。

黄姑镇。11 月 5 日，渡船桥村西横泾王保根一家在场上打稻，被日军炮弹击中，炸死 12 人。日军侵入赵家桥村，开枪打死正在天主堂里的张大宝、盛平娟和张来根母亲，刺死盛小弟、盛阿荣妻子及吃奶的小孩 5 人。当天，在赵家桥村陆家

① 平湖县政府：《沦陷前后之平湖》（1938 年 8 月），平湖市档案馆馆藏档案，档案号 298—1—71，第 8 页。
② 根据平湖市抗战损失课题调研资料 11—05—02—38，第 2—38 页材料编制。
③ 根据平湖市抗战损失课题调研资料 11—05—02—38，第 2—69 页材料汇总统计。
④ 广陈镇前港村张阿四、张阿补 2007 年 4 月 4 日口述材料，平湖市抗战损失课题调研资料社会调查第 63 卷，第 188 页。

沼，日军枪杀了郭阿寿一家3口、郭阿生、郭小姑娘和3个孩子，以及郭奎仁的母亲、姐姐。在虎啸桥，日军枪杀了顾秉贤的外公和万富祥。[①] 10日，日军侵入秀平桥村朱家浜，杀害沈仁德、江阿二、王桂生、顾保生。11日，日军侵入小营头村，在西面田里发现许阿根一家6口，或枪杀，或刺死，不留一个活口。

平湖县城。日军对平湖县城进行多次空袭。11月初，平湖袜厂20名女工隐藏在老东门口避难，正遇日机轰炸，被当场炸死。进城农民顾大宝、顾进德、顾阿二、顾玉兴、顾二宝、顾五宝、顾付昌7人，也在老东门城门洞被日机扔下的炸弹炸死。11月6日，城南河头南水门居民沈吉修媳妇和张厚本夫妇等5男5女均被炸死。城南河头张姓、陈姓两家乘船欲到乡下逃难，行至石晖漾河中间时，遭日机轰炸，船上8人全被炸死。城内一富户为避难，雇农民刘祥把其家人和家具用网船运往乡下，行至南水门桥边时，也被日机炸弹击中，船上5人全被炸死。当天，县城遭日机空袭，死伤百余人[②]。据《当湖蒙难录》记载，11月19日，在县城西门至万程桥一段路上，日军还杀死了13人。

新埭镇。11月15日，日军北渡广陈塘入侵，至新埭镇石桥村，杀死于家埭村民金照福等7人。日军至萧家浜后，又刺杀4人，烧死1人。村民胡海梅被日军绑在竹子上，刀劈其颈，当场昏厥，醒来后爬回家中，发现自己身上7件衣服的衣领全部被砍断，只因穿衣多而没被砍死。日军在于家坟坟洞里发现5名村民，就地枪杀。在张家埭，日军将来不及逃走的村民张留根等12人围在1户农家中用火烧死。在李家坟，日军枪杀村民叶小大等6人。陆阿三因反抗夺枪，被日军连刺数十刀而死。在曹家浜，日军刺死村民8人，枪杀17人。在走马塘，日军杀死计阿全等10人。当天，日军因遭国民政府军第六十二师顽强抵抗，被击毙1名军官。次日，日军疯狂报复，在于家坟、曹家浜、张家埭杀害村民金阿夫、张阿金等31人[③]。

日军在平湖登陆的11月内，就造成平湖县死亡2318人，其中当湖296人，乍浦10人，新埭206人，新仓318人，黄姑127人，全塘460人，广陈198人，林埭6人，钟埭13人，曹桥6人，还有678人所属乡镇不明。

（三）大批妇女惨遭人身凌辱和摧残

登陆日军除血腥屠杀外，还丧心病狂地对妇女实施性侵犯。日军入侵时，平

---

① 黄姑镇虎啸桥社区顾秉贤2007年4月6日口述材料，平湖市抗战损失课题调研资料社会调查第54卷，第2页。

② 当湖街道园乐新村王龙弟2007年3月26日口述材料，平湖市抗战损失课题调研资料社会调查第8卷，第1898页。

③ 新埭镇石桥村张金余、叶连奎、张龙根2007年3月28日口述材料，平湖市抗战损失课题调研资料社会调查第32卷，第36页。

湖境内"妇女之被蹂躏者，为数更多。敌每三五成群，四出寻觅，不幸被遇，即在室外，并被露天就地奸淫"[1]。

11月5日，日军经过新仓王家宅基，剥光农妇朱某全身衣服，强迫给日军拉夫的薛姓男子与她发生关系。薛不从，想逃跑，被日军当场击毙。日军并用铲刀柄玩弄朱某下身。朱某横遭摧残，久病不起[2]。同日，在新仓芦湾村，日军强奸了两名从海边逃难过来的妇女。在新仓双红村纪家宅基，日军公然调戏3名妇女时遭反抗，日军随即枪杀2人、刺死1人，其中两人有身孕，怀里还抱着小孩。更有甚者，日军连精神失常的女子也不放过。双红村顾家堰顾杏宝患有精神病，头发蓬乱在外面游荡，被8个日本兵拖去轮奸[3]。在新仓集镇，日军抢掠了西当铺，还强奸了账房马伯寿的女儿，最后将父女俩残杀。15日，日军侵入新埭镇石桥村曹家浜时，强奸1名妇女，并在其乳房上刺了一刀，所幸衣服穿得多幸免于难。同日，日军侵入石桥村尖角泾，轮奸村民吴某，逼她光着身子在场上边拍手边兜圈跑，日军则围睹浪笑，最后用刺刀捅进了吴某私处，致其惨死[4]。在泖口镇，日军轮奸了陆某的祖母。她撕心裂肺的叫喊声，即使躲得很远的村民都能听到。待日本兵走后，邻居及家人回来一看，陆某的祖母不仅被日本兵剥光衣服强奸，还被刺死在血泊中[5]。

三、日军入侵给平湖造成的财产损失情况

（一）损毁城镇公共设施及盐业渔业

（1）城镇市街遭到毁灭性破坏。从11月6日起，平湖县城迭遭日机轰炸，恒泰祥、源丰盛、义顺昌、老鼎元、新鼎元5家绸布呢绒店和裕大茂、元太恒、昇泰顺3家南货店被炸毁，楼房201间化为灰烬。西小街、东小街、西孟家桥、臭弄、水洞埭等地房屋被炸毁焚烧，沿街开设的烟纸店、米店、绸布店、茶馆店等全部被毁。同裕增记钱庄、同裕赓记钱庄、志成钱庄也同时被炸。县城主要街

---

① 平湖县政府：《沦陷前后之平湖》（1938年8月），平湖市档案馆馆藏档案，档案号298—1—71，第8页。
② 新仓镇双红村马友明2007年3月30日口述材料，平湖市抗战损失课题调研资料社会调查第37卷，第16页。
③ 新仓镇双红村马士明、朱杏宝2007年4月1日口述材料，平湖市抗战损失课题调研资料社会调查第37卷，第22页。
④ 新埭镇石桥村胡珍宝2007年3月30日口述材料，平湖市抗战损失课题调研资料社会调查第32卷，第49页。
⑤ 新埭镇泖口村黄佰琴2007年4月3日口述材料，平湖市抗战损失课题调研资料社会调查第30卷，第106页。

道和建筑俱被夷为一片废墟，仅 6 日当天被毁房屋多达五六百幢。"县城东门内大小街最为繁荣，兹已全部化为焦土，一片瓦砾之场。"[①] 10 日，日军侵入黄姑镇秀平桥，大肆焚烧，整个集镇仅 2 户幸免于难。新仓镇街东西俗称长三里，店宅林立，商业鼎盛，自东至西，被日军先后纵火延烧达 4 昼夜，烧毁房屋 1233 间，整个集镇仅余 6 幢房屋未被焚毁。全公亭、衙前，都为沿海集镇，商业繁荣，但都在日军入侵中横遭蹂躏，除遮蔽风雨之草屋数间外，无一完整之房屋者[②]。

（2）教育文化等公共设施惨遭损毁。学校破坏损毁十分普遍。无论是平湖县城，还是各乡镇，日军所到之处，校舍无不被焚，设施无不捣毁。11 月 5 日，日军烧毁新仓镇三叉河下桥南的三叉河小学，平房 13 间、教学设备 158 件悉数被毁。接着，日军又烧毁新仓区中心小学平房 5 间、楼房 3 间、教学设备 191 件。日军登陆全塘镇时，该镇 3 所小学悉数被毁，全公亭小学被毁房屋 16 间、课桌 96 套；衙前小学被毁房屋 6 间、课桌 90 套；金桥小学被毁房屋 4 间、课桌 49 套[③]。宗教文化、图书文物也是日军毁坏的重要目标。11 月 5 日，日军烧毁了新仓镇友联村天主堂平房 2 间、楼房 6 间。之后，黄姑运港村姚家廊下的天主堂 10 间平房也被日军炸毁。6 日，日机炸毁了设有 984 个座位的新民戏院，以及快乐园书场三楼三底房屋 20 间及附属物。县城松风台东南面北寺的观音殿也遭日机轰炸，大殿 3 间、偏殿 6 间、两厢房殿 18 间被炸毁。23 日，日军见"稚川学堂"门外墙上贴有反日标语，即将这所创办于光绪廿八年（1902 年）的私立学校"稚川初中"付之一炬，烧毁教室 9 间、办公室 6 间和一大批教学仪器。同时烧损建于（清）同治年间的"守先阁"藏书楼。不久，再次纵火，将藏书楼 40 万余册图书、各种方志及大批宋元以来历代珍贵名家字画等焚烧殆尽[④]。

（3）盐业、渔业遭受严重损失。平湖濒临海湾，内陆河港密布，盐、渔两业为居民收入之重要来源。日军入侵，盐业和渔业同遭毁灭性打击，损失惨重。这里仅就全塘镇的初步调查材料略作记述。11 月 5 日日军登陆时，全塘镇沿海盐田成为战场，盐场制盐设施全部受损，存盐全毁。其中星华盐业损失 1500 担，朝红盐业损失 2700 担，三八（白沙湾）盐业损失 50 担，友谊盐业损失 1360 担。

① 平湖县政府：《沦陷前后之平湖》（1938 年 8 月），平湖市档案馆藏档案，档案号 298—1—71，第 8 页。

② 平湖县政府：《沦陷前后之平湖》（1938 年 8 月），平湖市档案馆藏档案，档案号 298—1—71，第 8 页。

③ 根据全塘镇全公亭村蒋玉麟、何庚华、朱如玉，建中村钱文祥、江子祥和金桥村潘阿勇、周宪、冯全根等人口述材料汇总而成，平湖市抗战损失课题调研资料社会调查第 75 卷，第 179、184、189 页。

④ 当湖街道朝阳社区城南新村葛余观 2007 年 3 月 23 日口述材料，平湖市抗战损失课题调研资料社会调查第 76 卷，第 249—285 页。

抗战初期 4 年，全塘盐业平均每年损失 12522.5 担，见下表①。

历年数量（担）	星华	朝红	三八	友谊	小计
正常年产量	4800	8000	480	7200	20480
1937 年损失量	1500	2700	50	1360	5610
1938 年损失量	2400	8000	480	3600	14480
1939 年损失量	1920	4640	400	3600	10560
1940 年损失量	4320	8000	480	6640	19440
年平均损失量	2535	5835	352.5	3800	12522.5

日军登陆造成的渔业损失也甚为惨重。日军在登陆时遭到国民政府军顽强抵抗，以致伤亡惨重，便纵火焚烧渔船以泄恨。经战后（1946 年）"浙江省平湖县渔业调查统计表"反映，仅 11 月 5 日这一天，全塘镇白沙湾、西港湾损失长 5.5 丈、宽 1.2 丈、载重量为 15 吨的渔船 17 艘和舢板 17 条。按当时渔船渔具价值 200 石米每艘计算，共计损失渔船价值 3400 石米，按每年每艘捕鱼 300 担计算，以马鲛鱼、海蜇、杂鱼为主，一年即损失 5100 担。另外，从舢板船、渔网、篙子、铁锚、网轮等渔具来看，当年即损失 1160 件，绳索损失 1050 米②，以致全塘沿海渔业生产陷于停顿。

（二）损毁城乡民房、居民生产工具和生活用品

日军在平湖登陆时，"民房之被焚毁最烈，仅存百分之一、二者，为全公亭、新兴镇、方家埭堰、长安桥、叉路桥、乍浦之西巷及南河头、包家埭、虹霓堰、秀平桥、虎啸桥、衙前、新仓、泗里桥、四顾桥，沪杭、平乍、平嘉三公路两旁二三里内乡村，存十之三四者，为广陈、赵家桥、对面街、大小营头、水口、西年浜、高地上、三里桥、南褚巷浜、十人家浜等处"③。据 1938 年 8 月不完全统计，仅在日军登陆的半个月上下，平湖境内"被焚民房在万幢以上，值国币二三百万元。其他财产之损失，当十百倍于此"④。居民生产工具和生活用

① 宋志龙：《全塘镇抗战时期沿海各村盐产损失调查列表》（2007 年 5 月 20 日），平湖市抗战损失课题调研资料社会调查第 62 卷，第 76 页。
② 宋志龙：《全塘镇抗战时期人口伤亡和财产损失调研报告》（2007 年 5 月 20 日），平湖市抗战损失课题调研资料社会调查第 62 卷，第 78—79 页。
③ 平湖县政府：《沦陷前后之平湖》（1938 年 8 月），平湖市档案馆馆藏档案，档案号 298—1—71，第 8 页。
④ 平湖县政府：《沦陷前后之平湖》（1938 年 8 月），平湖市档案馆馆藏档案，档案号 298—1—71，第 9 页。

品损失也十分惨重。日军所到之处，烧杀抢掠无所不用其极，居民的生产工具、生活用品、粮食、禽畜等概难幸免，不是被损毁，就是被劫掠。其祸害之广、数量之大，极难统计。以下仅就全塘镇社会调查所得材料作些记述。

兹将 11 月 5 日日军在全塘镇损毁居民财产摘要如下：在星华村，日军焚毁林家宅基唐根和等 12 户村民房屋 83 间、树木 22 棵、服饰 128 件、生产生活用品 56 件，焚毁史家埭张来生、史阿补等 15 户村民房屋 58 间、耕牛 6 头、树木 19 棵、禽畜 52 只、粮食 26 石、服饰 136 件；在新华村江门潭，日军焚烧方长根等 29 户村民房屋 74 间、树木 25 棵、禽畜 82 只、粮食 53 石、服饰 221 件、生产生活用品 97 件；在白沙湾、黄家浜，日军烧毁许月月等 8 户村民房屋 86 间、树木 53 棵、禽畜 125 只、粮食 34 石、生产生活用品 386 件；在全公亭、金丝娘桥，日军烧毁陆志坚等 160 户平房 360 间、楼房 34 间、粮食 224 石、服饰 554 件、生产工具和生活用品 971 件、树木 242 棵，并毁坏土地 9 亩；在金桥村，日军焚烧姚阿四、王文魁等 22 户村民房屋 96 间、耕牛 13 头、粮食 85 石、服饰 171 件、生产工具和生活用品 450 件、猪 11 头；在金沙村，日军烧毁陆祥云等 17 户村民房屋 95 间、树木 32 棵、禽畜 56 只、粮食 73 石、生产生活工具 93 件。[①]

新仓镇也难逃厄运。登陆当天，"全镇被烧房屋，平房 400.5 间，草房 46 间"[②]。其他乡镇如黄姑、城关镇、新埭等居民财产也遭到巨大毁损。据平湖市抗战课题调研材料汇总统计，日军登陆的 1937 年，全县居民财产损失折算成当年 7 月币值为 1429928.6 元，包括损毁土地 562.5 亩、房屋 11535 间、树木 2130 株、禽畜 5649 头（只）、粮食 7540.9 石、服饰 33110 件、生产工具 13376 件（艘、套）、生活用品 27874 件、其他 2574 件。

据《沦陷前后之平湖》一书记载，日军第十军从平湖上陆和"先后过境者（日军），当在五万左右"[③]，即占了第十军兵力总数的一半左右。第十军从登陆的那一刻起，就对平湖人民犯下了大量的、极端丑恶的、灭绝人性的、令人发指的血腥罪行，给平湖经济社会带来了严重倒退的巨大而深远的影响。

（1）造成大量人口伤亡。第十军入侵平湖后，极其残忍和野蛮地对无辜平民和非战斗人员进行杀戮。据统计，抗战期间平湖县共伤亡 7292 人（不包括国

---

① 根据平湖市抗战损失课题调研资料 11—05—02—39，第 1—24 页材料汇总统计。

② 新仓镇抗战课题调研小组：《1937 年 11 月 5 日日军入侵我镇纪实》（2007 年 6 月 10 日），平湖市抗战损失课题调研资料社会调查第 38 卷，第 263—266 页。

③ 平湖县政府：《沦陷前后之平湖》（1938 年 8 月），平湖市档案馆馆藏档案，档案号 298—1—71，第 5 页。

民政府军、伪军汉奸和平湖籍在外地伤亡人员），其中1937年人口伤亡2436人，占总数的33.41%，主要是由日军登陆白沙湾后一路上烧杀造成的。从人口伤亡地点来看，以全塘、新仓和当湖为主，而全塘、新仓正是日军登陆时与国民政府军激战之地，导致周边群众伤亡甚众。

（2）社会财富损失惨重。日军自登陆后就大肆抢烧，导致平湖县大量房屋被毁，大批物资被抢，许多珍贵文物被烧，无数居民世代积累的家产横遭洗劫。据统计，抗战期间平湖县共损失财产值6920399元（1937年7月法币币值），为1937年县政府财政总收入的15倍之多。其中，日军登陆的两个月内就造成财产损失3952281元（1937年法币币值），占8年损失总数的57.11%，是当年县政府财政总收入的8.4倍。

（3）社会风气日益恶化。由于日伪占据了几个大集镇，临时县政府署呈地下状态，致使许多僻远乡村处于政权真空地带，盗贼四起，社会秩序严重混乱，人民群众生活在乱世之中，大量平民在死亡线上挣扎。还有，日军对群众进行奴化教育，麻痹人民的意志。广大民众目睹亲人惨死，财产受损，日伪专横跋扈，国民政府软弱无能，看不到希望，精神颓废，国民素质日趋下降，社会风气严重恶化。

（4）经济社会发展遭受严重影响。大量人口伤亡，使社会生产力受到严重破坏；为应付战争，消耗了巨大的财力、物力，使平湖工业、农业、财政、金融、商业、文化、教育、交通、水利、海塘等社会各方面陷入深深的危机，加上日、伪军的横征暴敛和巧取豪夺，使社会再生产条件遭到严重摧残。

（余子道[①]、沈岚　执笔，顾利鹤、金在良　审定）

---

① 复旦大学历史系教授，为平湖市史志办公室特约执笔人。

三、资　　料

（一）档案资料①

1. 浙赣战役敌军使用毒气调查表

（1942 年 9 月 20 日）

月日	地点	毒气种类	数量	施用方法	中毒状态	战役	备考
五·二五	白沙		四枚	飞机投掷，以掩护其部队渡河	我守兵一连中毒，三分之一腹痛、呕吐、两目发肿，轻者四五小时复原，重者死二名	四十师一一〇团，白沙（寿□）之役	
五·二七	兰溪	催泪性	廿余枚	放射筒飞机投掷，以掩护其部队攻击	中毒官兵感觉眼鼻刺痛，流泪约五分钟即愈	六三师，兰溪之役	
五·二七	金华	喷嚏性			中毒之一排，顿失战斗力，致全部牺牲	七九师二三七团，金华之役	
六·三、六	衢州	催泪性喷嚏性窒息性	施放六次	炮弹发射五十二发	中毒者二百余人	六七师、十六师，衢州之役	毒气种类及数量、中毒状态待查

---

① 以下档案资料中，涉及财产损失的货币统计数据，凡未标明币种者均为法币（亦称为国币），凡未标明货币单位者以"元"为单位。特此说明。

月日	地点	毒气种类	数量	施用方法	中毒状态	战役	备考
六·二	江山			放射筒		五七师, 江山之役	同右
七·五	上饶皂头	催泪性喷嚏性	廿余罐	抛射	中毒士兵三五名, 所起生理作用为流泪、呼吸气管刺辣、胸闷、呕吐, 重者两手痉挛, 耳根疼痛, 不思饮食	四八师, 皂头（上饶南）之役	
八·八·九	保安街附近	催泪剂喷嚏剂	百余发	断续炮射	刺激眼喉鼻腔流泪、打喷嚏	一○五师, 保安街附近之战	

（中国第二历史档案馆馆藏档案，档案号七八七·4579）

2. 浙江省收复地区抚慰团第二团工作报告

(1942 年 11 月)

一、绪言

三十一年五月，倭寇窜扰浙东，分道进犯，阅时四月，被兵达三十余县。兽骑所经，焚杀淫掠，恣意破坏，其凶狠残暴、灭绝人理，笔难状述。

旋以我军反攻沦陷各地，次第收复，而田园已荒，庐舍邱墟，劫后哀鸿，倍感流离。又事变以来，我前线将士及团警官兵执行命令，同仇敌忾、溽暑转战，劳苦功高，与夫地方党政及各级自治公职人员，或奋不顾身杀敌御辱，或毁家纾难保卫地方，或坚守岗位克尽厥职。凡此种种，均堪敬佩。本省党政及民意机关轸念及此，特拨省库余款四百万元，并由省党部、省政府、省临时参议会，会同组织"浙江省收复地区抚慰团"，分一、二、三、四团出发各地，施放急赈，救死扶伤，并对前线将士、地方团警官兵以及党政及各级自治公职人员，宣达慰劳之忱。

各团设团长副团长各一人，由省党部、省政府、省参议会会同推定，团员每团七人，均有省党政及民意机关遴派高级人员担任。卿云①奉命主持第二团事，原定工作区域为龙游、衢县、江山、常山、汤溪等五县。后为工作便利计，临时划入原属第三团之松阳、遂昌二县。本团抵达三衢，适五区鲁专员视察灾区归来，告以所属之开化华埠，此次亦经倭寇窜扰，所有房屋全部被焚，灾情惨重，实不次于江、常，要求前往察勘，并望列赈款；更为谋全区赈款集中分配起见，请求将寿昌一并划入本团范围。当即需陈省方请示。在未奉复前，本团抵达常山时，即派团员三人先赴开化华埠调查灾情，慰问民众，用申敬忱而慰□□□。寿昌一县，原系列入第四团工作范围之内。本团于返省以前，未及奉准，故未前往。

本团自九月十二日由省出发，十月十六日返省复命，为时三十五日，步行千余里，历经松阳、遂昌、衢县、江山、常山、开化、龙游、汤溪等八县。谨将此次分赴各该县调查慰问赈济各项工作经遇各种情形分别叙述，藉供鉴证。惟调查

---

① 即吴卿云，第二团团长。

数字及忠勇事迹，因地方变乱甫定，各级机关尚未完全恢复，加以时间促迫，挂一漏万，在所难免，尚待各方采访校正耳。

二、本团人员名单（略）

三、工作路线图（略）

四、工作日记（略）

五、工作方式（略）

六、赈济对象（略）

七、各县概况

本团所经各县，计松阳、遂昌、衢县、江山、常山、开化、龙游、汤溪等八县。所有各该县份，此次遭敌流窜经过情形，受灾损害之调查，赈款之分配，特殊情事之奖恤，忠勇壮烈之事迹以及其他足供参考之资料。为便于参阅，计分别列表，附图于后（图略）。

（甲）敌寇流窜经过

（1）松阳县

敌寇于八月二日占领松阳，至二十九日撤退，盘踞期间计共二十八日，流窜区域及所经路线附图于后（图略）。

（2）遂昌县

该县经敌流窜，先后凡二次。第一次于八月一日上午六时入城，至二日下午三时退出；第二次于十五日上午六时入城，至十九日上午八时退出。盘踞期间先后共计七天，流窜区域及所经路线附图于后（图略）。

（3）衢县

敌寇于六月六日占领城区，至八月二十七日退出，盘踞期间计八十一天，流窜区域及所经路线附图于后（图略）。

（4）江山县

该县于六月十日沦陷敌手，八月二十三日退出，盘踞期间计共七十五天，流窜区域及所经［路线］附图于后（图略）。

（5）常山

该县经敌两度窜扰。第一次于六月八日晨陷城，至十一日晚收复；第二次于七月十二日沦陷，至八月廿三日收复。盘踞期间先后共计四十七天。流窜区域及所经路线附图于后（图略）。

（6）开化

该县被敌寇窜扰者计有华埠、巧成、同有等三乡镇，于八月九日入境，至十一日退出（图缺）。

（7）龙游县

该县于五月二十七日沦陷，至八月二十九日收复。敌人盘踞期间共计九十五天。该县全县遍遭蹂躏。附该县县图于后（图略）。

（8）汤溪

该县经敌寇两度流窜。第一次于五月廿五日入境，廿六日陷城，至八月三十日退出；第二次于九月十二日入城，即日退出。盘踞期间前后计共九十八天，流窜所经及受灾区域附图于后（图略）。

（乙）灾情调查

（一）各县灾情比较表

县别	遭灾区域		死亡人数	现有灾民	房屋损失	耕牛损失	备注
	全县乡镇	遭灾乡镇					
衢县	32	28	10246	27466	62146 间	7602 只	
龙游	23	23	702	17030	6971 间	1012 只	
江山	25	24	4812	6500	69605 间	3672 只	
常山	21	18	582	6032	14600 间	238 只	
开化	17	3	33	3	912 家	1 只	
松阳	42	15	1086		3208 间	500 只	
遂昌	40	13	118	17130	4907 间	65 只	
汤溪	70	17	463		7040 间		

（二）各县灾情概况

（1）松阳

该县全县乡镇四十二，遭敌蹂躏者十五，敌溃退之际，于城之东南西各设刑场，举凡被掳男女及安置收容所之难民，莫不押赴刑场，加以惨杀。总计一千数百人，房屋被毁三千余所，物资损失四千万元以上。

附：松阳灾情调查表

人口损失	男	死亡		受伤		备注
		952				
	女	134				

房屋损失	捣毁	民房	官 署			祠庙
			党部	政府	其他	
		1145 所			20 所	25 所
	焚毁	2000 所		全毁	3 所	15 所

物资损失	数量或价值	粮食	牲畜	农具	其他
		谷 65000 担	耕牛 500 只		原料货品 4000000 元

交通损失	数量或价值	船只	车辆	电讯	道路
			被毁汽车一辆， 手车七十辆	各路杆线 全毁	

文化损失	数量或价值	学校	印刷	图籍	其他
		中学一所被焚毁，小学七所被捣毁	被毁印刷机十副		

（2）遂昌

该县全县乡镇四十，遭敌蹂躏者十三。人民被杀一百余人，被掳失踪二百三十余人，房屋被毁四千间，物资损失一千五百余万元。

附：遂昌灾情调查表

人口损失	男	死亡		受伤		备注
		101				
	女	17				

房屋损失	捣毁	民房	官 署			祠庙
			党部	政府	其他	
		3319 间				21 间
	焚毁	1527 间				40 间

物资损失	数量或价值	粮食	牲畜	农具	其他	
		谷	耕牛	价值	货品原料	
		20000 担	60 只	90000 元	损失约值 13000000 元	
交通损失	数量或价值	船只	车辆	电讯	道路	
				杆线多损毁，话机损失二具		
文化损失	数量或价值	学校	印刷	图籍	其他	
		校舍校具损失价值 244000 元	印刷机件损失价值 5000 元	价值 5000 元		

（3）衢县

该县全县三十二乡镇，遭敌蹂躏者二十八。以地区冲要，我敌争夺激烈，故民众死伤特多，计男女被掳失踪者一千四百余人，被杀死亡者一万余人，房屋被毁一万余间，物资之损失三万万元，灾情至为惨重。

附：衢县灾情调查表

人口损失	男女	死亡	受伤			备注
		10246				
房屋损失	捣毁	民房	官署			祠庙
			党部	政府	其他	
		6026 间	30 间	1215 间		289 间
	焚毁					344 间
物资损失	数量或价值	粮食	牲畜	农具	其他	
		谷 74850 担	耕牛 7602 只		货品原料 145674000 元	
交通损失	数量或价值	船只	车辆	电讯	道路	
		1262 只	汽车 56 辆，人力车 95 辆，手车 1705 辆			
文化损失	数量或价值	学校	印刷	图籍	其他	
		被毁 144 所	被毁 9 家	损失十万册以上		

（4）江山

该县全县廿五乡镇，遭敌蹂躏者廿四。该县民性强悍，不甘屈服，时予敌以袭击。敌毒施报复，故烧杀益烈，男女死亡四千余人，房屋被毁六万余间。事变中，金、兰巨商相率疏散来县，商货充塞城乡，敌至不及再迁，故物资之损失尤为重大。

附：江山灾情调查表

人口损失	男女	死亡		受伤		备注
		4812				

房屋损失	捣毁	民房	官署			祠庙	
			党部	政府	其他		
		67945 间			137 所		
	焚毁	全毁					

物资损失	数量或价值	粮食	牲畜	农具	其他
		谷 50000 担，杂粮 30000 担	耕牛 3632 只		商品原料五万万元

交通损失	数量或价值	船只	车辆	电讯	其他
		2000 只	手车 300 辆，人力车 20 辆		

文化损失	数量或价值	学校	印刷	图籍	其他
		中小学校被毁二百余所	印刷所四家全毁	被毁十万册以上	

（5）常山

该县全县二十一乡镇，遭敌蹂躏者十八，男女死亡五百余人，房屋被毁一万四千余间，物资损失数千万元。

附：常山灾情调查表

人口损失	男女	死亡	受伤		备注
		582			

房屋损失	捣毁	民房	官署			祠庙
			党部	政府	其他	
		14039 间			100 间	163 间
	焚毁				54 间	175 间

物资损失	数量或价值	粮食	牲畜	农具	其他
		谷 86000 石，杂粮 53000 石	耕牛 238 只		货品原料 16000000 元

交通损失	数量或价值	船只	车辆	电讯	其他
		公 20 只，私 600 只	汽车 1 辆，手车 40 辆	杆线全毁	破坏公路 110 公里

文化损失	数量或价值	学校	印刷	图籍	其他
		被毁中心小学 16 所，保国民学校 62 所，私立小学 14 所，合计 92 所	被毁印刷机 20 副，铅字 1 副，石印 1 副	被毁万有文库 1，其他图书约五万册	

（6）开化

敌于八月九日由常山分三路窜入该县华埠、巧成、同有数乡镇。我驻军分头堵击。至八月十一［日］晨，敌不支溃退。故县城尚未遭陷，然其间相去仅十里也。敌寇所过，庐舍为墟。华埠绾毂浙赣皖，为三省通衢市里，节比商业繁盛，全县精华所在，被付一炬。全市千余户，仅存数十家，尤为惨重，总计物资一项之损失在千万元以上。

附：开化灾情调查表

人口损失	男女	死亡		受伤			备注
		33					

房屋损失	捣毁	民房	官署			祠庙	
			党部	政府	其他		
		912 家					
	焚毁					76 间	

物资损失	数量或价值	粮食	牲畜	农具	其他
		10000 担	耕牛 1 只		货品原料一千万元

交通损失	数量或价值	船只	车辆	电讯	其他
		150 只	汽车 1 辆手车 60 辆	被毁杆线 12 公里，话机 15 架	破坏公路 98 公里，乡道 174 公里

文化损失	数量或价值	学校	印刷	图籍	其他
		中心小学一所，保国民学校二所被毁	印刷所一家全毁		

（7）龙游

该县全县二十三乡镇，遍遭蹂躏，人民被杀者七百余人，被掳失踪者二百七十余人，房屋被毁六千间，物资损失六千万元以上。

附：龙游灾情调查表

人口损失	男	死亡		受伤		备注
		555		63		
	女	147		12		

房屋损失	捣毁	民房	官署			祠庙	
			党部	政府	其他		
						32 所	
	焚毁	5760 间	全部被毁		地方银行警察所全毁	23 所	

物资损失	数量或价值	粮食	牲畜	农具	其他
		95090 担	耕牛 1012 只		约值 63308937 元

交通损失	数量或价值	船只	车辆	电讯	道路
					衢兰公路及浙赣铁路器材及用具全毁

文化损失	数量或价值	学校	印刷	图籍	其他
		县立中学各乡镇中心小学□□□□□校具损失尤重	各印刷所印刷机件□□□□□	县立图书馆图书损失颇多，其中□本被毁是为可惜	

（8）汤溪

该县县城于五月廿六日沦陷，至八月三十日克复，计被盘踞三月。全县乡镇二十，遭敌蹂躏者十七，人民伤亡一千余人，房屋被毁七千余间，公私物资损失不可胜数。

附：汤溪灾情调查表

人口损失	男	死亡		受伤		备注
		356		339		
	女	106		188		

房屋损失	捣毁	民房	官署			祠庙
			党部	政府	其他	
	焚毁	3011 间				
		4029 间				

物资损失	数量或价值	粮食	牲畜	农具	其他	
交通损失	数量或价值	船只	车辆	电讯	道路	
文化损失	数量或价值	学校	印刷	图籍	其他	

（丙）赈款分配

本团关于各县赈款之分配，均由各县党政机关团体代表及地方士绅乡镇长于座谈会中会商决定，依赈抚对象范围，就实际情形分配之。其有灾情特重而原定赈款数觉微者，乃有本团临时就特种准备金项下酌量增拨。兹将各县配赈情形列表如下：

浙江省收复地区抚慰团第二团工作各县赈款分配一览表

项目 县　别	赈款定额	增拨数额	赈款分配								备考
			死难	毁家	施医药	施粥	施米	施材	民众抗敌奖金	准备金	
松阳	170000		75000	40000	15000	10000				20000	死难者每名五元，如毁家者每名百元
遂昌	80000		27500	27500	15000	10000					该县□□办□□松阳办法办理
衢县	170000	20000	50000	50000	30000	50000		10000			死难者每名十元，毁家者按户每口□□元，以五人为限
江山	160000	20000	45000	45000	30000	50000			10000		死难者每名二十元，毁家者按户每口五元
常山	80000		30000	30000	20000						死难者每名二十元，毁家者按户每口十元
龙游	120000		35000	35000	40000		10000				死难者每名五十元，毁家者按户每口十元

项目\县别	赈款定额	增拨数额	赈款分配								备考
			死难	毁家	施医药	施粥	施米	施材	民众抗敌奖金	准备金	
汤溪	80000	10000	20000	20000	30000		10000			10000	死难者每名三十元，毁家者按户每口十元
开化	70000										该县赈款于本团返省后核定经由银行汇寄
总计	930000	50000	282500	247500	180000	120000	20000	10000	10000	30000	

附注：一、赈款定额数由省政府委员会决定；

二、增拨数额系由本团就实际情形临时决定，于特种准备金内拨发。

（丁）慰劳团警部分

慰劳地方团队军警亦为本团工作项目之一，赈款定额之外，并列有军事慰劳款一项，规定慰劳各县团警，每人以三元为准。本团所经各县即依据定数按名发给。兹将各县所获慰劳费数额列表于后。再此次衢县沦陷时，有未及撤退被敌俘虏之国军三千余人，除因病及被敌残杀死亡者外，尚存一百零五名，现由县府收容，予以善宿。本团遇衢时，特于特种赈款项下拨给三百元，略表慰劳之意。

附：各县团警慰劳费一览表

县别	数额	备考
松阳	五七六元	
遂昌	一、一五八	
衢县	一、九〇五	内伤病兵慰劳费三百元
江山	二、六二二	
常山	一、〇三五	
龙游	一、一九七	
汤溪	九七二	
总计	九、四六五	

（戊）特种奖恤部分（略）

八、结论

各地被灾情形，及本团调查慰问赈济工作经过，略如上述。此次卿云等奉命出发各地，抚慰劫后灾黎，虽疮痍满目、禾黍兴悲，及观各县政府工作同人均能紧蹑敌后，迅速推进安抚人民，而地方士绅自治人员，亦均能协助政府迅筹善后，加以一般人民都已深刻认识倭寇之残暴，敌忾同仇之心予以坚定，民气予以大涨，则又弥觉感佩鼓舞。只以时间短促，地区辽广，调查赈济均难周详，深以为憾。鉴夫，赈济抚慰，原为一时治标工作，不足以云。救死扶伤，而收复各地区善后问题，则经纬万端，实为当前之急务。顾元气大伤，恢复非易，各县自应因地因时制宜，轻重缓急，标本兼施。而省方尤应贯注全力督策提携，以竟其功。谨约举最切要之数大端如次，以当东刍荛之献。

（一）抚辑流亡

兵燹之后，流离载道，饥寒交迫，情殊可悯。地方政府应速筹救济，如举办施粥、施医、施药等，万不可徘徊迟缓。过境者，应设法照料，无家可归者，应设法安顿，万不可视同秦越。

（二）防疫卫生

收复地区痢瘧流行，既极猖獗，而人民流离颠沛，体气亏弱，颓垣残烬，井塞河污，冬春之间，疫疠交滋。目前不惟西医西药难得，并国医国药亦难觅获。省县卫生机关应速组织防疫队、消毒队，调派卫生技术人员驰赴各地，实行注射疫苗或消毒，俾早扑灭，免致蔓延，并应不分畛域，同时集合国医研究医治流行病症之验方与土产药物，以期普遍利济，尤其灾后人民经济能力，殊无法希冀价格奇昂之西药救治其疾病也。

（三）修复破坏地方秩序

敌寇流窜之区，地痞流氓相率为匪，商旅裹足，奸伪从中捣乱，破坏地方秩序，散兵游勇藉端滋扰，应速严行剿办，限期肃清，以靖地方。

（四）恢复电讯交通

经敌盘踞地区，虽已收复，但电报、电话、车辆、船只等破坏无余，交通机关应即指派干员加紧修复，并恢复电讯交通机构。且散弃之材料，目前多尚在路旁，收集至易，拖延一日，即多增一份损失，至可痛惜也。

（五）恢复各级学校

各地各级学校虽多恢复，但中学以上莘莘学子仍有逗留各地尚未入学者，应速饬各级学校立予次容充，使辍学各县公私立小学及教育机构尤亟应恢复。

（六）恢复金融机构

各县金融机构大多迁移后方，汇兑不通，商旅困难，加之敌寇扫荡之后，资金被劫，百业停顿，应饬各地金融机关从速迁回复业，以接济工商，并举办各种小本贷款，流通金融而兴市面。此不惟金融界之责任，亦同人应有之义气，万不可徘徊观望，趑趄不前。

（七）复兴农村

此次敌骑所及，农村邱墟，田亩荒芜，堤塘破坏，耕牛屠杀，农具种子亦多损失，加以六月上旬及下旬，洪水为灾，田庐冲毁，尤难数计，均须亟待设法恢复。如何补给种子、农具及耕牛，如何修复堤塘庐舍，如何供给及补助办理以上各事之人力、物资及金融，均为当务之急，不可稍缓。

（八）纾缓民力

此次敌寇流窜浙东，蹂躏几遍，灾区之广，灾民之多，区区数百万赈款，不无令人有杯水车薪之感，惟抗战孔迫，支出浩繁，财政困乏，各地灾民亦多能仰体时艰，不敢做逾分之要求。然而创痛之余，自当以生养为先，宜使稍获喘息之机，以事恢复。具体言之，灾区民众征工征科征实等负担，中央似宜斟酌，予以纾缓，而地方不必要之支出，苛杂摊派，尤应蠲免，以重民生而利抗建。

末复有进者，此次道路所闻，咨访所及，众口同声，金以为"此次敌寇流窜，本在意料中，军事当局久已筹有对策，民众亦曾尽其资力，如果军事动作咸能符合极峰意志，政治党务设施以及军民联系又完美无缺，则尽有许多可以减少或避免之损害，更有许多可以守御或保全之地方，不图今乃若此！痛定思痛，来日更难！"其意切而言哀，盖深有望于各方负责者之不怙过失，痛自检讨，严加纠绳，以善其后焉。

（浙江省档案馆馆藏档案，档案号 29—1—102）

3. 日军在鄞县暴行调查①

（1）李子瑜遭惨刑调查（1943 年 9 月 15 日）

暴行人	姓名	芝原平三郎 吉野			官职或职业		情报课长 宪兵军曹		
	所属部队或机关	名称		宁波特务机关、宪兵队					
		官长姓名	泉秋羽 村田		官职或职业		机关长、队长		
被害人	姓名	李子瑜	性别	男	年龄	三十七岁	籍贯		浙江 鄞县
	职业	警							
	住所	宁波孝闻街一一五号							
暴行事实	日期	民国三十年五月二十二日、三十一年四月二十八日		地点	宁波伪侦缉队、宁波宪兵队				
	被害情形	身体	铁木棍打、火烫下部三小时，电刑二次，臂肉被刀削去二大〔块〕，灌水五次，赤身遍体被警犬猛咬一次。						
		财产							
证据	人证（目击者）	姓名	应梦	性别	男	年龄	二十一岁	籍贯	浙江 鄞县
		职业	学						
		住所	宁波碶闸街二二三号						
	物证								
备注	该李子瑜为宁波警察总队派驻陷区联络员，因牵连被捕，除惨受非刑外，并禁押十八月。								

---

① 选编自鄞县上报的《日寇在华暴行调查表》，分级标题为编者所加。

（2）毛文德被焚毙调查（1943 年 10 月 1 日）

暴行人	姓名		木村		官职或职业			大尉队长		
	所属部队或机关	名称		慈溪大隐警备队						
		官长姓名	野村懋	官职或职业			枪七三二四部队长			
被害人	姓名		毛文德	性别		男	年龄	三十六岁	籍贯	浙江鄞县
	职业		商							
	住所		鄞西翁岩村							
暴行事实	日期		民国三十年十月（农历八月二十八日）		地点		鄞西翁岩村			
	被害情形	身体		抛入火中焚毙						
		财产		房屋被敌纵火焚毁十一间，全部家具损失无遗。						
证据	人证（目击者）	姓名	吕破万	性别		男	年龄	二十四岁	籍贯	浙江鄞县
		职业		警						
		住所		浙江宁海冠庄						
	物证									
备注			被敌抄获鄞县县政府田赋底册							

（3）胡顺庆被咬毙调查（1943 年 11 月 1 日）

暴行人	姓名		宇藤		官职或职业			警备队长		
	所属部队或机关	名称		宁波中区警备队						
		官长姓名	坂本	官职或职业			枪七三二二部队长			
被害人	姓名		胡顺庆	性别		男	年龄	三十二岁	籍贯	浙江省台州
	职业		流动商							
	住所		台州城东							
暴行事实	日期		民国三十年十月（农历九月初八日）		地点		永丰路华美医院对面竹篱内空地			
	被害情形	身体		被警犬咬毙						
		财产								
证据	人证（目击者）	姓名	汤姆司、李子瑜	性别		男	年龄	四十七三十七岁	籍贯	美国浙江鄞县
		职业		华美医院院长，永耀电灯公司翻译						
		住所		北郊路一号，孝闻街一一五号						
	物证									
备注			是日同时被警犬咬毙者有胡顺庆等，共有五人。因所带红色中国银行法币千余元，被敌抄获，强指为我方情报人员，致遭惨杀。该案经过，除上述证明人外，华美医院医师护士，均所目睹。							

（4）林至然被杀调查（1943年11月5日）

暴行人	姓名		松本		官职或职业		中尉队长			
	所属部队或机关	名称		东区警备队长						
		官长姓名	池上猛彦		官职或职业		枪七三二五部队长			
被害人	姓名	林至然		性别	男	年龄	三十一岁	籍贯	浙江鄞县	
	职业	警								
	住所	宁波宫前林源泰席庄								
暴行事实	日期	民国三十一年一月八日			地点	鄞县南乡三圣庙				
	被害情形	身体	先用刀刺，后再用火焚毙，尸身弃投河中							
		财产								
证据	人证（目击者）	姓名	虞中翰	性别	男	年龄	二十六岁	籍贯	浙江鄞县	
		职业	警							
		住所	宁海冠庄							
	物证									
备注	该林至然出任鄞县政府警备队长被捕，当场惨毙。									

（浙江省档案馆馆藏档案，档案号 L029—006—0575）

4. 宣平县陈三进等 15 人被杀调查 [①]

（1943 年 11 月）

暴行人	姓名		武内		官职或职业			师团长		
	所属部队或机关	名称	一一五师团一七八联队及独十一旅团四七大队							
		长官	姓名	武内	官职或职业			师团长		
被害人	姓名	陈三进、王子兴等十五人			性别	男	年龄	不等	籍贯	浙江宣平
	职业	自耕农或教员								
	住所	城内、郑草弄、江山、河湾、陶村、樊岭脚、塘后、郑廻等处								
暴行事实	日期	民国三十一年八月廿八、廿九、三十，三日			地点	塘后、城内、江山、冲真观、陶村、吴宅、俞源等处				
	被害情形	身体	查此次被害人等十五人中，有十三人用刀刺杀，如陈三进、陈鑫魁、雷监木、王子兴、叶章成、吴金诸等；用枪打死如王定水、周聚家等。							
		财产	财物被劫，不能枚举。房屋被焚有起春庙、胡公庙及谢章森、陈洪君、陈树林、俞襄卿等家一百六十余间，约值二百余万元。							
证据	人证（目击者）	姓名	郑贤君、谢正福等		性别	男	年龄	不等	籍贯	浙江宣平
		职业	自耕农							
		住所								
	物证									
备注	1. 查此次暴行系集团行动； 2. 被害人数系指一一五师团窜宣当日所残杀者，被俘充役致死者，未经列入。									

（浙江省档案馆馆藏档案，档案号 L029—006—0575）

[①] 选编自宣平县(今属武义县)上报的《日寇在华暴行调查表》，标题为编者所加。

5. 苕溪、华纶两丝厂被拆毁后经过情形

（1943 年 7 月 15 日）

苕溪丝厂、华纶丝厂开设在德清大麻区花港漾、杭县塘栖镇王家漾，均装置优良、机件设备完整之大规模缫丝厂。因受事变影响，宣告停工。本年四月上旬得到报告，谓有人已将厂内缫丝车以及一切铁器拆卸出运云云。商人等当即自申赴杭调查真相。据此项机件尚在临平，旋即转赴该处，果见一部分堆置警察所附近。之日，商津下本洋行门首并承所长王（逸民）告知详情，且认明此种机件式样确是商厂之物。当即备文请求王所长紧急处置，先行扣留，一面备文呈请大日本领事请求迅赐查究，以维丝业而保产权（时在四月十七日）。同时，备文呈请德清县长关、杭县县长朱。候至五月十八日，商人再至日领事署面请办法，由董锡麟（翻译）介绍，与岩本会谈。问明确定产主后，即出示津下本之报告，称华纶是孙河才出卖，中人胡阿狗，有卖契；苕溪是胡凤祥出卖，并未见有卖契。商人以出卖人并非产主，显系津下本洋行勾串无赖藉以为口，岂足为凭，当时未得要领而返。临行由岩本约于四天后再谈。直至五月廿六日，得岩本电话相召，再至领署见。津下本洋行日人中野忠男已先在。由岩本发言，谓此事不妨双方和平解决，免得悬案，并谓津下本洋行得此废铁亦费去重大代价，今再由津下本酌给产价与产主如何？商人意为此种完整机件并非废铁，即有被损，尚可修理，主张收回自备复业之用，不是为谈买卖而来。继由津下本洋行中野拒绝收回原物。据云已献给军部。军部要随时装去。并言费用其部队已化〔花〕四万元及搬运船只，人工二万三千元。共计临平之铁约五十吨，军部给价八万元弱，除其费用六万三千元外，只找给商人壹万余了事。商人闻言大为不服，以千万元之整个机件，岂能如此压迫诈取，乃兴辞而出。复备文请求领事主持正义（时在五月卅一日），并请傅主席保障人权暨国家元气（时在六月二日）。尚有大部分机件装往何处，或藏匿何地，津下本洋行一味推托不知。旋查其出运地点，有嘉兴、许村、杭州、长安、小林、乔司等处。后接临平王所长报告云：存在临平之机件，已由军部派人公然装去（时在六月九日）。而傅主席呈文已批交建设厅办理，迄今尚无彻底解决办法。

华纶代表王樨泉、苕溪代表钮者香谨 述

（上海市档案馆馆藏档案，档案号 S37—1—364）

6. 关于敌修建宁波庄桥机场侵占土地的报告

（1944 年 10 月 20 日）

（一）敌军突于九月上旬派建军协力会，至属乡建筑飞行场、滑走路、飞机库。侵占田亩按其图样面积，红线计一至八保（即穆家、马径、姚家、童家），田亩六千余亩；蓝线计九至十二保（即田胡、朱口钱、芦头），田亩三千余亩。全乡面积完全划入红蓝二线。至今为止已被割去，行将待割之晚稻，计（四、五、六保）三千余亩，拆毁房屋坟墓一保以上，以致居民顿告流离失所，农民生计恶遭口产。为此恳请钧长速示救济。

（二）敌军自在属乡建筑飞行场以来，业将第五保全部人民驱逐出境。所有民房，除大部拆毁外，其余全为敌军及工人占据。据查，确悉敌军常驻四十名至百余名，工人约计八千名之数。

灵汉乡事务员郑子平　具

（宁波市档案馆馆藏档案，档案号 171—1—14）

7. 大纶缫丝厂被敌伪损害统计表

（1945 年 11 月 6 日）

损害情形开列下：

	损害品名	数量	损害年份	敌伪部队番号	备注
（一）炉子间部分	多管拔柏葛炉	一只	三十年	日本守备队	
	双胆大管子炉	一只	同上	同上	附属器具全部
	水柜	九只	同上	同上	附属器具全部
	打水薰干	六只	同上	同上	
	砖筑烟囱（高十丈五尺）	一座	同上	同上	
（二）引擎间部分	大小引擎	三部	同上	同上	附属器具全部
	水汀管皮带	全部	同上	同上	
	修理机器家具	全部	同上	同上	
（三）车间部分	铁义式丝车	四百六十八部	同上	同上	附属盆锅等用具全部
（四）煮茧部分	煮茧机	二座	同上	同上	附属器具全部
（五）丝间部分	黑板车	一部	同上	同上	
	黑板	八块	同上	同上	
	绞丝车	十部	同上	同上	
	摇丝车	廿四部	同上	同上	
	打包箱	八只	同上	同上	
	倒丝车	一部	同上	同上	
	挂丝橱	三座	同上	同上	
	丝橱	二个	同上	同上	
	书橱	四座	同上	同上	
	钱柜	八只	同上	同上	

	大小箅篮	一万二千余只	同上	同上	
	麻缯布丝袋	六百余只	同上	同上	
	茧袋	一万一千余只	同上	同上	布制
	大磅秤	四只	同上	同上	
	大小秤	四十支	同上	同上	
	灭火机	五十只	同上	同上	
	水枪	廿支	同上	同上	
	救火皮带	六十丈	同上	同上	
（六） 栈房部分	电风扇	二把	同上	同上	
	磁器席面	十二桌	同上	同上	
	铜锡盆碗	四桌	同上	同上	
	挂灯	四堂	同上	同上	
	点铜满堂红	一堂	同上	同上	
	电话机	二架	同上	同上	
	时钟	十五只	同上	同上	
	茧包木架	一百十只	同上	同上	
	拉力表	一只	同上	同上	
	大小丝磅秤	五只	同上	同上	
	办公桌	廿四只	同上	同上	
	方桌	十六只	同上	同上	
	半桌、板桌	四十只	同上	同上	
	搁几	一只	同上	同上	
	长供桌	一只	同上	同上	
	大小圆桌	二只	同上	同上	
（七） 木器部分	长桌	四十只	同上	同上	
	双靠椅	三堂	同上	同上	
	太史椅 （紫檀木）	四堂	同上	同上	
	小靠椅	四十只	同上	同上	
	大小方凳	六十八只	同上	同上	
	大小长凳	一百廿只	同上	同上	

（七）木器部分	坑榻	二只	同上	同上	
	工人坐凳	九百余只	同上	同上	
	床铺	五十副	同上	同上	
	藤椅	十二只	同上	同上	
	抄间桌板	十六副	同上	同上	
	衣橱	二个	同上	同上	
（八）杂务部分	铁火盆	廿二只	同上	同上	
	铁火炉	八只	同上	同上	
	汽船	二只	同上	同上	
	火砖	四百余块	同上	同上	
	松板	五十余丈	同上	同上	
	蚕蛾间用具	全部	同上	同上	
	客堂账房用具	全部	同上	同上	
	橱户用具	全部	同上	同上	
	洋磁浴盆	全部	同上	同上	
	发电机	一部	同上	同上	
（九）房屋部分	炉间平屋	一间	同上	同上	
	工房楼屋	十六间	同上	同上	
	工人膳堂	十二间	同上	同上	
	厨房楼屋	二间	同上	同上	
	抄间平屋	八间	同上	同上	
	小楼屋	二间	同上	同上	
	栈房、剥间地板	四十四间	同上	同上	
	河埠帮岸	十二丈	同上	同上	
	栈房楼顶白铁	全部	同上	同上	
	栈房楼板	二间	三十四年	伪三十六师	
	全厂电灯	三百四十盏	同上	日本守备队	
	车间楼房	十六间	卅四年九月廿五日下午三时	伪三十六师	焚
	火表	一只	同上	同上	

	塘楼茧厂砖瓦	五万余块	三十年	日本守备队	
	方桌	八只	三十三年	伪保安第四中队	
	长桌	十一只	同上	同上	
	长凳	五十六只	同上	同上	
	楼板	九丈	同上	同上	
	松板	四十丈	同上	同上	
	木	五十三根	同上	同上	
	旧门	廿六扇	同上	同上	
	洋松	十九根	同上	同上	
	砖	二万余块	同上	同上	
	木	五十九根	三十四年	伪三十六师	
	楼板	六丈	同上	同上	
	砖	一万五千块	同上	同上	
	白铁隔漏	十余丈	同上	同上	
	大小铁镬	五只	同上	同上	
	蚕架	二百四十余只	同上	同上	
（十）茧厂部分	茧格板	一千余副	同上	同上	
	韶村茧厂平屋	廿五间	同上	同上	敌拆
	双杜	十八副	同上	同上	同上
	茧厂用生财	全部	同上	同上	同上
	安古茧厂楼房	十五间	同上	同上	敌炸
	双杜	二十副	同上	同上	同上
	茧厂用生财	全部	同上	同上	同上
	附设改良果园白沙枇杷	五十四株	同上	日本守备队	
	水蜜桃	二十六株	同上	同上	
	美国种黄金桃	八株	同上	同上	
	美国种樱桃	廿四株	同上	同上	
	美国梨	八株	同上	同上	
	携李	四株	同上	同上	
	无花果	八株	同上	同上	

附注：敌军自占据本厂后，禁人出入，其陆续搬运出境及拆毁各物。外人可见者，尚可记其年份。其他不可得见者，无从填注。

厂中预备添换各种材料，为数甚巨，不能悉载。

（杭州市余杭区档案馆馆藏档案，档案号91—3—400）

8. 兰溪县敌人罪行调查统计

（1945 年 12 月）

一、敌人罪行种类表

（一）谋杀屠杀及有组织有计划之恐怖行为

（二）对平民施以酷刑

（三）强奸

（四）拐劫妇女强迫为娼

（五）拘留人民予以不人道之待遇

（六）施行集体刑罪

（七）发布尽杀无赦之命令

（八）虐待俘虏与病伤人员

（九）使用毒气及撒播其他毒物

（十）未发警告且不顾旅客与水手之安全而击毁商船与客船

（十一）击毁渔船与救济船

（十二）故意轰炸医院

（十三）肆意毁坏宗教慈善教育历史建筑物及纪念物

（十四）制造贩卖运输毒品、强迫栽种罂粟、开设烟馆供人吸食及其他毒化行为

（十五）对占领区居民强迫征募兵役

（十六）贬抑货币与发行伪钞

（十七）抢劫

（十八）没收财产

（十九）勒索非法或过度之捐款及征发

（二十）肆意破坏财产

（二十一）故意轰炸不设防地区

（二十二）破坏其他有关红十字会之规则

（二十三）其他罪行

敌人罪行种类不止上述。此表列举其重要者，备调查时参考之用。

二、统计表（三十四年十二月）（见下表）

乡镇别	合计	罪行种类																	损失（元）
		一	二	三	四	五	七	八	九	十	十三	十四	十五	十七	十八	十九	二十	二三	
总计	1469	251	28	27	1	1	27	3	59	2	398	1	1	1	508	148	5	8	1669406900
城中镇	45	4							1	1	8				11	20			42560000
城南镇	138	5									17				42	73		1	34250000
城北镇	39	1									6				21	10	1		46520000
水亭乡	1			1															18100000
仁湖乡	5	4									1								18149000
金湖乡	44	10							2		11				21				15420000
游埠乡	45		18			1			1		1				21				18650000
永昌乡	21	3							4				1		6	7			11220000
环卫乡	39	2									25				7	5			17616000
诸葛乡	20	1							2		11				2	4			8860000
砚峰乡																			14280000
汪高乡	128	15	2						11		61				39				37786000
溪西乡	121	5	3								7				105	1			86423600
赤溪乡																			254680000
马涧乡	23	9		1					5		5				3				1780000
石渠乡	41	13							15						13				16000
百社乡	23	7													15		1		7830000

乡镇别	合计	罪行种类																	损失（元）
		一	二	三	四	五	七	八	九	十	十三	十四	十五	十七	十八	十九	二十	二三	
嵩麓乡	8	7							1										1540000
华峰乡	80	28		4			2	1	13		14				16			2	1890000
大源乡	3	2																	1780000
梅岩乡	10	8					2								1				1600000
岩山乡	32	17		1											9	2		3	2500000
洞源乡	209	66		2					1		32				105	3			45300000
板桥乡	59	12	3	9					3		5	7			16	1			44000000
甘溪乡	111	11					7	2			89			1	13			2	200000
三峰乡	10	3									7								6600
华南乡	6	6																	23000
厚仁乡	15	11		1						1									370000
殿山乡	88	4									62				19		1		69576000
女埠乡	55	3	5	3			2				22				3	20			24600000
白露乡	6	3			1						3								2990000
洛溪乡	16	1					14												2800000
莲花乡	28										11				17				19480000
马达乡																			15000000
雅滩乡																			25000000

（兰溪市档案馆馆藏档案，档案号 019—1—41）

9. 浙江省善后救济资料调查报告

（1945 年 12 月）

一、绪言

　　吾浙向称文物富庶之区，自廿六年战事发生，不五月省会及浙西各县即告沦陷，其后继以历年敌人之迭次窜扰与侵占，总计八年来，为敌侵占盘踞较久者，有杭州市杭县等三十八市县，县境为敌一次或数次窜扰者，有临安新登等三十县，县境未受扰及者，仅龙泉庆元景宁泰顺淳安遂安仙居等数县而已。此外遭敌机空袭者一一五六次，投弹一七四八三枚，即龙泉云和景宁淳安等县，亦遭损失，敌军在本省流窜次数特多，故损失亦特重，其中生命财产以及交通农工各业之损害，分别略举：计房屋毁损估计约七三二、九〇〇间，农业方面，耕作面积损失一三四、四〇〇、〇〇〇元，耕牛十万头。工业方面，计纤维工业手工业以及其他工业损失三九、二四〇、八〇五、〇〇〇元。交通方面，陆运破坏公路二七七〇公里，县道破坏二〇、八三〇公里，各种公私汽车损失五二三辆，手车九九一三辆；水运损失水船二九、二四六只，汽船六〇只。粮食方面，损失公有粮食二四五万石，民有粮食二、五〇〇万石，至因灾害而减少产量其数当在五六、〇〇〇万石。医药卫生方面，遭受破坏之公私医院卫生材料厂卫生试验所共计一九二单位，病床三、四〇〇张，被迫停办者九七单位，病床一、五〇〇张。其他渔业损失，渔船一六、〇〇〇艘，桑园损失约一百万亩，水利海塘工程之损失尤为巨大。综上各种损失，其数字已属可观。而文化教育事业，及机关团体之损失，尚未可及。至民间之直接损失，几于无法以数字计算。而难民之急待救济者，最低人数当有一、七五七、五二五人，因此本省战后地方凋敝，创巨痛深，促成普遍之困苦与饥饿，其迫切需要救济，自无待言。

　　圣战结束，迄今又逾四月，本省除于规复之初，拨款两千五百万元，办理光复区之振抚外，并分令各县招抚流亡，及办理收容老弱残废难童等救济工作。终以限于财力，收效难宏，因此各方咸期待善后救济总署，对于本省各项救济能提前开始实施，庶几倒悬得解，咸庆来苏。顾救济之道，一方固宜解救千万贫困，恢复其生活常态；一方尤宜配合复员计划，使各种农工交通运输社会福利等事业，奠立基础。以期促进生产，疏通运输，使人人有生业可循，实为根本之图。吾浙地邻京沪，在东南所处之文化经济地位，至为重要。如何配合救济工作，以谋经济建设，尤与国家复兴大业，密切相关。爰就总署善后救济计划所定粮食、衣服、房屋、医药卫生、交通运输、农业善后、工业善后、社会福利、难民、暨渔业水利等各项，汇集损失材料，拟定方案，提请配拨救济物资与所需经费，辑为本省善后救济资料调查报告一册，其内容就各部门分别以文字说明，或列表详举，用备善后救济总署及浙闽分署之参考；并供社会热心救济人士之研讨焉。

二、粮食

（一）损失情形

自抗战以来，本省粮食迭遭敌伪抢掠，各县禾田因受战事影响，民不聊生，无可耕作；即有耕耘，辄遇窜扰，民须远避，任其荒芜，枯蒿遍野；且以连年水旱成灾，遂致歉收，人民以糠麸树皮草根充饥，饿莩随见，不忍目睹。而田赋一项，原属国家主要收入之一，因战时军事需要，自三十年度起，改征实物，人民应纳赋谷；又以壮丁出征，粮食产量锐减，财源渐行枯蹶，受损实非浅鲜。此外，并以田赋征谷，需建仓廒，凡遇敌伪扫荡各县，所有粮仓，什九遭受毁损，（统计被损毁之仓容，约有一百五十万石），机关公物及户理册籍契据等项，亦因敌扰搬移损失，或以战事发生中止兴办，故敌灾损失，为数颇巨。兹就各类直接间接所受损害者，分别列表如后：

（甲）直接损失部分

1. 粮食遭劫损失

年份 \ 数量 \ 项目	公有粮食 （各县征存赋谷）	民有粮食	总　计
二十六年	五〇万石	陷区三十三县，每县平均损失谷一〇万石，每年计三百余万石，抗战八年来被敌抢掠民间私有粮食约计数	
二十七年	二〇万石		
二十八年	一〇万石		
二十九年	三〇万石		
三十年	三〇万石		
三十一年	六〇万石		
三十二年	二〇万石		
三十三年	一五万石		
三十四年	一〇万石		
合计	二四五万石	二五〇〇万石	二七四五万石

2. 粮仓毁坏损失

项目 \ 损毁情形	损毁仓库容量（石）	修建工程费 每石价格（元）	毁坏损失费	备注
各县粮仓	一五〇万	一五〇	二一、五〇〇万元	

（乙）间接损失部分

粮食遭受敌灾生产减少

项　目	原　因	逐年减量	期　间	合　计
粮食产量减少	田地沦陷 人力减少	全省约计 稻谷七〇〇〇万石	抗战八年	五六〇〇〇万石

（二）申请救济事项

本省粮食，在战前已属不敷；依土地完整时统计，粮食生产与消费量相抵，计短缺谷四百万石，全赖邻省及海外粮食接济。尤以本省军糈供应频繁，公粮民食亦须兼筹并顾，再经八年来敌灾之损害，其粮食之缺乏，已成捉襟见肘之势，勉力维持现状。而就本省粮食需要论，嗣后更形竭蹶，依据最近之调查，各县盈虚实况，全省七十七县市，每年不敷粮食总计约两千四百三十五万石（包括杂粮），应即运拨大宗实物，以济急需，并须积极放赈，务使遭受敌灾民众，得免饥饿。或平价供应市场，藉得实惠，此为善后救济治标之主要者。

现值胜利，秩序渐定，粮食应力谋增产，务请增派农业技术人员，配拨优良种籽，新式农具。又佃农历受敌劫损害特重，应迅办农贷，使其不受高利贷剥削，而乐事生产，此则为复员治本之法。

以上善后救济事项，治标治本两端，允宜兼顾并进，粮食得有救济，庶致民安而乐业也。

三、衣服

（一）损失情形

战后救济难民，除粮食问题外，其次感觉严重者，当为衣被一项。即公教人员，亦以俸给微薄无力购置为困。

衣被材料，以棉花与棉布为主。关于棉花一项，本省向以余姚、萧山、平湖、慈溪、杭县、绍兴等县产量为大宗，战前（二十五年）调查全省产量一五八四〇〇〇担，勉能自给。抗战以后，以上各县，均遭沦陷，棉产逐年减低；迄至三十三年，计出产三二四五四担，减少百分之八七．三，自属不敷需用。至棉布生产，因本省接近上海、无锡等地，棉纺织工业，原极脆弱，据二十三年调查，全省大小工厂三十二所，布疋产量共计六四三六二〇疋；大部分衣料，皆赖外省与外国供应。至三十四年九月，调查本省布疋产量七七五七二疋，益形减少。今圣战虽已结束，然棉业生产，与纺织工厂之复员，及外来布疋之进口，则皆未可骤至，一般难民，姑无论置备衣被不易；即有力置办，而材料来源亦成问题，故必须就国际物资，予以配发。

（二）申请救济事项

据本省最近调查七十二县难民总数一六四三四三七人，尚有绍兴及其他之五县正在续报中，如以此数求得每县平均数为二二八二五人，则估计全省难民当有一七五七五二五之数。如冬夏季衣服每人各一套，棉被两人一条计算，则冬夏两季衣服各需一七五七五二五套，棉被八七八七六四条（详表附后）。此项衣被，拟请总署免费发给十分之五，约计冬夏两季衣服各需八七八七四套，棉被四三九三八二条。至本省省级公教人员约为五一〇〇人，县级当有一六一〇〇人，亦请平价发售每人冬夏衣服各一套。

关于缝纫机一项，请求免费配给或平价发售五〇〇〇具，俾便增设成衣厂所，以应本省当前之需要。

浙江省各县衣被缺乏状况（七十二市县）

县 市 别	难民人数	冬季衣服	夏季衣服	棉被
每县平均数	22825	22825	22825	11412
全省估计数	1757525	1757525	1757525	878764
杭 州 市	43738	43738	43738	218669
杭 县	17470	17470	17470	8735
余 杭	39206	39206	39206	19603
新 登	4164	4164	4164	2082
分 水	8000	8000	8000	4000
临 安	13931	13931	13931	6966
於 潜	2137	2137	2137	1068
昌 化	37074	37074	37074	18537
安 吉	23679	23679	23679	11839
孝 丰	10200	10200	10200	5100

吴	兴	12808	12808	12808	6404
长	兴	28238	28238	28238	14119
德	清	11457	11457	11457	5728
武	康	5941	5941	5941	2970
绍	兴				
萧	山	70900	70900	70900	36843
诸	暨	70402	70402	70402	35201
嵊	县	61739	61739	61739	30869
余	姚	73686	73686	73686	35201
上	虞	51068	51068	51068	25534
新	昌				
东	阳	11690	11690	11690	5845
义	乌	44040	44040	44040	22020
磐	安	1082	1082	1082	541
金	华	46705	46705	46705	23352
兰	溪	66856	66856	66856	33428
永	康	18330	18330	18330	9165
汤	溪	12430	12430	12430	6265
武	义				
宣	平	545	545	545	278
衢	县				
龙	游	15691	15691	15691	7845
常	山	21749	21749	21749	10847
江	山	21630	21630	21630	10815
遂	安	18554	18554	18554	9277
开	化	1497	1497	1497	749
鄞	县				
慈	溪	25700	25700	25700	12850
镇	海	10728	10728	10728	5364
定	海	16350	16350	16350	8175
奉	化	33796	33796	33796	16898

象 山	12759	12759	12759	6878
宁 海	2019	2019	2019	1009
天 台	5209	5209	5209	2605
三 门	1106	1106	1106	553
黄 岩	19117	19117	19117	9509
临 海	40357	40357	40357	20178
仙 居	4500	4500	4500	2250
温 岭	4835	4835	4835	2418
永 嘉	21342	21342	21342	15716
乐 清	12708	12708	12708	6854
瑞 安	6571	6571	6571	3285
平 阳	39413	39413	39413	19706
玉 环	5250	5250	5250	2625
泰 顺	2972	2972	2972	1486
丽 水	24006	24006	24006	12003
云 和	25714	25714	25714	12857
松 阳	16857	16857	16857	84289①
缙 云	8881	8881	8881	4440
青 田	10243	10243	10243	5122
景 宁	29838	29838	29838	14919
遂 昌	6771	6771	6771	3285
龙 泉	17493	17493	17493	87697
庆 元	750	750	750	375
嘉 兴	31189	31189	31189	15599
嘉 善	5000	5000	5000	2500
平 湖	5028	5028	5028	2514
海 盐	9644	9644	9644	4822
崇 德	24944	24944	24944	12472
桐 乡	7817	7817	7817	3909
海 宁	23842	23842	23842	11921

① 应为8428。原文如此。

浦　江	24716	24716	24716	12358
富　阳	83850	83850	83850	41925
桐　庐	12316	12316	12316	6158
建　德	43063	43063	43063	21532
寿　昌	28275	28275	28275	14138
淳　安	1103	1103	1103	556

本表每县平均数，系依据已报七十二县总平均数所得；至全省估计数，以每县平均数乘全省市县总数（七十七市县）。

四、房屋

（一）损失情形

本省频年遭敌寇轰炸拆毁，房屋损失，为数甚巨。据本省目前七十县调查所得数字计毁屋六六二、一七四间，（其他各县尚在催报中）平均每县约在九七五二间，估计全省以七十五市县计算，（因遂安、庆元二县无毁损）约在七三一、四〇〇间。而最低添建亦需七二五、一七五间[1]。

（二）申请救济事项

建筑平民住宅，计分都市与乡村两种，前者为适应工商业社会之需要，后者为适应农业社会之需要。其形式：属于前者，如每间长四公尺，阔五公尺，以普通地板瓦屋面玻璃窗单层竹层灰壁内外墙等之结构。后者可减省地板与玻璃窗等之设备，但须增加牧畜及农产品之储藏处所。依目前（三十四年十二月）物价估计，平均每所约需工费十万元，材料费十五万元，如本省按照被毁房屋添建七十万间，所需工费七百亿元，材料费一千零五十亿元。拟请总署拨款（或物资）添建三十万间计需工料费七百五十亿元。

建筑材料如竹木一项，本省在战前尚能勉强自给，自此次抗战以后，各县竹木损耗甚多，产量不继，今后当不敷用，如联合国总署有木材以及造屋所需之洋丁洋灰等，希尽可能配给实物。

浙江省各县房屋毁损状况（七十二县）

县　市　别	毁损房屋	最低添建房屋数
各县平均数	9772 间	9691 间

---

[1]　以上 4 个数据与后文表格中数据不能契合。原文如此。

全省估计数		732900	716825
杭　州　市		28018	24251
杭　　　县		32555	23275
余　　　杭		2033	2033
新　　　登		4755	3516
分　　　水		354	354
临　　　安		13821	6592
於　　　潜		815	815
昌　　　化		22	22
安　　　吉		26200	26200
孝　　　丰		6000	6000
吴　　　兴		54439	23509
长　　　兴		29312	16680
德　　　清		3343	1905
武　　　康		12536	7557
绍　　　兴			
萧　　　山		38424	27090
诸　　　暨		50535	48600
嵊　　　县		19228	19228
余　　　姚		1250	1250
上　　　虞		6192	6100
新　　　昌			
东　　　阳			5415
义　　　乌		14995	11998
磐　　　安		2592	2539
金　　　华		33576	33576
兰　　　溪		9188	7435
永　　　康		19464	19464
汤　　　溪		7768	4973
武　　　义			
宣　　　平		1141	1141

·193·

衢	县		
龙	游	6184	5346
常	山	8185	8185
江	山	32145	9070
遂	安	—	—
开	化	7353	7353
鄞	县		
慈	溪	2220	1536
镇	海	10084	7671
定	海	6540	6540
奉	化	18047	16670
象	山	1463	1290
宁	海	449	449
天	台	1389	1389
三	门	6257	6257
黄	岩	1720	1720
临	海	8288	8288
仙	居	14	14
温	岭	4288	3690
永	嘉	2232	2232
乐	清	2077	2077
瑞	安	857	857
平	阳	1120	520
玉	环	780	780
泰	顺	32	32
丽	水	5138	3903
云	和	210	210
松	阳	1779	1180
缙	云	1407	1407
青	田	1694	1694
景	宁	5	5

遂	昌	2081	1913
龙	泉	633	320
庆	元	—	—
嘉	兴	8713	8713
嘉	善	80580	80580
平	湖	8710	4810
海	盐	37744	15940
崇	德	18675	18675
桐	乡	10090	10090
海	宁	38346	35852
浦	江	5870	5817
富	阳	26262	23773
桐	庐	7711	7711
建	德	655	325
寿	昌	804	804
淳	安	544	544

附记

遂安、庆元二县，据报房屋未经毁损，故每县平均数以已报七十县总数平均所得；至全省估计数，系将每县平均数乘七十五市县。

五、医药卫生

（一）损失情形

本省有关医药卫生之设施，在战前已粗〔初〕具雏形；其发达情形，且堪为全国冠，惟自军兴以后，以地处东战场前哨，沦陷地区逐年扩大，截至胜利前夕为止，即非沦陷之区域，亦以敌人历次流窜及轰炸之结果，损失奇重。本省行政当局，难〔即〕在抗战困难环境中，仍力求挣扎，对于省办卫生业务及县卫生机构之树立，均不惮余力以赴，但一经建设，即遭破坏，随折随举，屡兴屡废，其创痛更深，医药卫生部门所受敌灾之损害程度，可区别为被迫停办，及遭受破坏与损失二项。

（甲）被迫停办者

1. 省立传染病医院 　　　　　　　　　　　　一所

2. 市立医院	一所
3. 省办卫生所（设置于绍兴安昌）	一所
4. 省办治血吸虫病工作队	一队
5. 县卫生院	九所
6. 地方公立及教会主办医院	八所
7. 私人医院及诊所	七六所
8. 病床床位估计	一五〇〇张

（乙）遭受破坏与损失者

1. 省卫生试验所	一所
2. 省卫生材料厂	一所
3. 省立医院	三所
4. 省办卫生事务所（现已改组为省立医院）	二所
5. 省医疗防疫队	二所
6. 省办辅助医院（现已改组为省立医院）	一所
7. 县卫生院	六〇所
8. 地方公立及教会主办医院	三七所
9. 私人医院及诊所	八四所
10. 病床床位估计	三四〇〇张

（二）申请救济事项

观乎以上本省医药卫生部门所受敌灾之损失情形，恐非后方任何省份所可比拟。再者本省抗战八年以来，每年均有一次大战事，至与敌人之小接触，则无日无之。敌骑所至，间舍为墟，军旅频繁，人口流动率增大，一般之人民生活水准，又趋低下。兵燹之余，遂构成疫疬之流行。是故善后救济卫生医药方面之规划，实不能徒视补偿损害得恢复原状为已足；应值此复员伊始，加强一部分基础之设施，以宏救济之实效。故申请可分二端：

（甲）因敌灾损害所需救济者

（子）提供措施原则

1. 选派高级技术人员，协导工作，使恢复原有状态，能趋于迅速。

2. 省（市）立医院，予以病床为单位之全部配备拨助之。

3. 县卫生院及县地方公立医院等，酌予病床为单位之全部配备拨助之。务期每县能有一设备较为完全之医疗机构，所拨助床位之多寡，可视地方实际情形勘定。

4. 省卫生试验所，省卫生材料厂，省医疗防疫队等，予以器材药品之拨助。

5. 民众医院诊所，予以医药器材药品或经费之拨助。

（丑）申请实施项目

1. 制药专家，细菌学专家，流行病学专家，理学治疗专家，希能各派一人，来浙协导工作。

2. 拨助二百张床位全部配备之医院六所，（为现有之省立医院所需）一百张床位之医院十所，（一所为市立医院所需，九所为较大县份之县医院所需）四十张床位之医院六七所。（为县医院所需）

3. 拨助器材药品二、八〇〇公吨。

4. 拨助经费五〇、〇〇〇、〇〇〇元，作为民众医院诊所救济之用。

（乙）因办理复员所需协助者

（子）提供措施原则

1. 选派高级技术人员，协导训练工作，以利干部人才之造就。

2. 充实省立医院六所，协助增设省立医院五所，充实省医疗防疫队二队，协助增设省医疗防疫队九队，使本省每一旧府属均有一省立医院及一省立医疗防疫队之设置，以补救各县设施之不足。

3. 协助原有省卫生试验所及省卫生材料厂等机构业务之扩充。

4. 协助设置本省地方病研究所结核疗养医院各一所。

5. 协助推广妇婴卫生工作，普遍设置各县产院。

6. 协助办理本省各重要县份（暂定二十县）之环境卫生工程。

（丑）申请实施项目

1. 制药专家，细菌学专家，流行病学专家，理学治疗专家各增派一人。外科专门医师，病理学专家，营养学专家，环境卫生工程专家，寄生虫学专家，各派两人来浙，协导训练及工作。

2. 增拨两百张床位全部配备之医院六所。（五所为增设省立医院所需，一所为增设结核疗养院所需）

3. 拨助四〇张床位全部配备之产院一六所，二〇张床位六〇所。

4. 增拨器材药品一二、〇〇〇公吨。

5. 拨助增设及补充省立医院，省医疗防疫队，添设地方病研究所，结核疗养院，扩充省卫生试验所，省卫生材料厂等所需院舍建筑费，普通设备费，以及增加人员薪给等经费。并办理各冲要县份环境卫生工程所需经费，合计二〇、〇〇〇、〇〇〇、〇〇〇元。

6. 拨助救护车二十二辆，小型救护汽艇十艘，分配于每省立医院及医疗防疫队。

7. 拨助大量营养品，俾得救济全省儿童，因抗战而起营养不良现象。

依照计划卫生设施分布图。（略）

六、交通运输

（一）损害情形

浙省交通，战前尚称发达。尤以公路方面，十数年来，经当局之苦心经营，已完成公路三七一七公里。全省路线，除孤立海屿之定海、玉环，以及庆元、泰顺、仙居数县，因丛山环抱，工程过于艰巨，尚待兴筑外，其余各县，均已互相贯通，各项设备，亦已逐步充实。前公路局，有客货汽车三百余辆，诸如修车设备，在杭州设有汽车修造厂，规模宏大，各重要路线，设有修车停车材料厂所二十余处，规模亦大致完备。自二十六年抗战开始，京沪各地，相继沦陷，前公路局，奉命迁移衢州，浙西各公路，次第被破坏，杭州修造厂一应设备，及浙西各路储存器材、油料，大部分遭毁，各种车辆，因军事之征用损失，撤至浙东金华者，仅一百五十辆。是年年底，浙东沿海公路，因军事之变化，实施破坏、损失之重，实甚巨大。迨三十一年，敌寇深入浙东腹地，所余路线，破坏殆尽，所有在金华、丽水，一应交通器材设备，亦均全部损失。本省交通，经此之后，元气全失，恢复已难。谨将路线设备，车辆器材等各项损失，分别列表于后：

浙江省船舶、手车运输货物损失数量及现值估计表

类别	损失数量	平均每船（车）载重量	损失总量	平均物价（每吨）	损失总值	说明
船	三八二四六只	八〇〇公斤	三〇五九七吨	一〇万元	三〇五九七万元	
手车	九九一三辆	一五〇公斤	一四八七吨	一〇万元	一四八七〇万元	
共计			三二〇八四吨		三二〇八四〇万元	
附记	一、上项损失包括各江及浙东各地在内； 二、上项损失包括粮盐在内。					

浙江省汽车损失数量及现值估计表

厂牌	数量	新车每辆估价（单位万元）	损失时平均成份	损失时每辆估价（单位万元）	总值（单位万元）	说明
贝特福特福特	五五	三〇〇	四	一二〇	六、六〇〇	
司帝倍克	三〇	三〇〇	七	二一〇	六、三〇〇	
道奇	一八	三〇〇	六	一八〇	三、二四〇	
利和	三〇	三〇〇	三	九〇〇	二、七〇〇	
雪弗莱	三八	三〇〇	九	三〇〇	一三、二〇〇	
	一二		五	一五〇		
大蒙天	五	三〇〇	五	一五〇	七五〇	
朋驰克虏伯	二〇	三六〇	五	一八〇	三、六〇〇	
福特	五	二二〇	五	一一〇	五五〇	小客车
道奇	三	二二〇	六	一三二	三九六	小客车
雪弗莱	二	二二〇	六	一三二	二六四	小客车
合计	二一八				三七六〇〇	
附记	一、本表所列损失系照现值估计； 二、二十六年杭州撤退时止损失车辆九十辆； 三、三十年第一次浙东事变时止损失四十辆； 四、三十一年第二次浙东事变时止损失车辆一百五十辆。					

浙江省交通工程器材损失数量及现值表

材料名称	单位	数量	单价（万元）	总价（万元）	说明
测量仪器	副	一〇	一〇〇	一〇〇〇	
钢筋	吨	二〇〇	一〇〇	二〇〇〇①	
压路机	副	三	一〇〇〇	三〇〇〇	
开山机	副	一	五〇〇〇	五〇〇〇	
抽水机	副	一〇	二〇〇	二〇〇〇	
轧石机	副	一	五〇〇〇	五〇〇〇	
电话机	副	八〇	二	一六〇②	
工程料车	辆	五	二〇〇	一〇〇〇	
总计				三八六〇〇	
附记	本表所列损失系按照现值估计，修复时若物价不高涨，亦与此数同，否则比例增加。				

---

① 应为二〇〇〇〇。
② 根据总计数据推算，应为一六〇〇。估计数量或单价上有错误。

浙江省汽车油料损失数量及现值估计表

名　　　称	现值损失估计（单位万元）	说　　　明
杭州油料总库	一五〇〇	
县头油料厂库	三〇〇〇	
丽水油料分库	一〇〇〇	
淤头油料分库	一五〇〇	
永康油料分库	一〇〇〇	
湖州油料分库	一〇〇〇	
嘉兴油料分库	八〇〇	
乍浦油料分库	五〇〇	
海宁油料分库	五〇〇	
宁波油料分库	一〇〇〇	
建德油料分库	二五〇	
华埠油料分库	三〇〇	
峡口油料分库	二五〇	
合　　　计	一二六〇〇	
附　　记	一、二十六年杭州撤退时止约占至全部损失至百分之四十； 二、三十年第一次浙东事变时止约占全部损失百分之十； 三、三十一年第二次浙东事变止约占全部损失百分之四八； 四、至抗战结束止约占全部损失百分之二。	

浙江省修理汽车机械工具损失数量及现值估计表

名　　　称	现值损失估计（单位万元）	说　　　明
杭州西大街修造厂	一〇〇〇	
县头修车总厂	五〇〇〇	
淤头修车分厂	一〇〇〇	
永康修车分厂	一〇〇〇	
建德修车场	二〇〇	
乍浦修车场	二〇〇	
海宁修车场	二〇〇	

名　称	现值损失估计（单位万元）	说　明
东阳修车场	二〇〇	
金华修车场	二〇〇	
兰溪修车场	二〇〇	
华埠修车场	二〇〇	
衢州修车场	二〇〇	
丽水修车场	二〇〇	
湖州修车场	二〇〇	
合　计	一〇〇〇〇	
附　记	一、二十六年杭州撤退时止约占全部损失百分之十六； 二、三十年第一次浙东事变时止约占全部损失百分之十； 三、三十一年第二次浙东事变时止约占全部损失百分之七四。	

浙江省船舶损失数量及现值估计表

船舶种类	江别	数量	平均造价		说明
			单价	总价	
木船	富春江	七、六五〇	六万元	四五、九〇〇	
	灵江	三、六二〇	六万元	二一、七二〇	
	曹娥江	六、六五八	六万元	三九、九四八	
	甬江	八、八九〇	六万元	五三、三四〇	
	瓯江	二、四二八	六万元	六八、五六八	
输汽船	（内河）	五〇	一五〇	七、五〇〇	上列系杭湖杭嘉杭桐各线内河商输估计损失数量
汽轮	钱江轮渡	一〇	一五〇	一、五〇〇	
共计				二三八、四七六	
附记	一、损失所列系逐年损失数量统计并包括公有民有在内； 二、单价照时价计算，如物价高涨，须比例增加，单位为万元； 三、浙西各县船舶尚未查明，无从估计，未列在内。				

浙江省手车损失数量及现值估计表

区　域	数　量	平均造价		说明
		单价	总价	
浙东各地	九九一三	二万元	一九八二六万元	
附记	一、损失栏所列系逐年损失数量并包括公有民有在内； 二、单位照时价计算，若物价高涨，则须比例增加，单位为一万元。			

浙江省商营汽车损失数量及现值估计表

数量	单价 （单位万元）	总价 （单位万元）	说　明
三〇〇辆	一二〇	三六〇〇〇	本省商车前由汽车总队部征调时损失，现正设法调查损失详情，本表系估计数，至牌号各式不一，未能一一详注。

浙江省公路破坏损失数量及现值估计表

项目\路别	里程(公里)	路基 路面 单位	数量	单价(万元)	总价(万元)	桥梁 涵洞 单位	数量	单价(万元)	总价(万元)	电讯设备 单位	数量	单价(万元)	总价(万元)	渡口设备 单位	数量	单价(万元)	总价(万元)	站屋设备 单位	数量	单价(万元)	总价(万元)	总计(万元)	备考
丽长路	283	公里	283	90	25470	座	276	150	41400	公里	226	15	3390	处	4	500	2000	所	28	50	1400	73660	包括义东金武永宣武支线
丽温路	128	公里	128	150	19200	座	112	150	16800	公里	128	15	1920	处	2	500	1000	所	10	50	500	39420	
丽游路	200	公里	200	80	16000	座	180	90	16200	公里	140	15	2100	处	1	300	300	所	12	30	360	34960	包括遂湖支线
衢寿白路	160	公里	160	80	10800	座	145	90	13050	公里	160	15	2400	处	3	300	900	所	8	30	240	27390	
杭淳路	198	公里	198	90	17820	座	178	150	26700	公里	86	15	1290	处	2	300	600	所	15	50	750	47160	
杭徽路	223	公里	223	90	20070	座	184	150	27600	公里	184	15	2760	处				所	20	50	1000	51430	包括长广及黄湖支线
杭长路	223	公里	223	60	13380	座	196	150	29400	公里	200	15	3000	处				所	20	100	2000	47780	
杭平嘉路	158	公里	158	60	9480	座	124	120	14980	公里	158	15	2370	处				所	14	100	1400	28230	
杭善路	133	公里	133	80	10640	座	115	120	13800	公里	45	15	675	处				所	10	100	1000	26115	包括临塘支线
嘉湖路	112	公里	112	80	8960	座	89	150	13350	公里	112	15	1680	处				所	10	100	1000	24990	包括平吴支线
新永路	303	公里	303	90	27270	座	224	120	24880	公里	165	15	2475	处	2	300	600	所	20	50	1000	56225	
永瑞平路	93	公里	93	80	7440	座	78	90	7020	公里	40	15	600	处	3	500	1500	所	5	50	250	16810	
鄞曹路	93	公里	93	60	5580	座	65	120	7800	公里	93	15	1895	处	1	300	300	所	6	100	600	16175	包括奉海宁穿支线
鄞嵊路	228	公里	228	60	13680	座	178	150	26700	公里	120	15	1800	处				所	16	100	1600	43780	
萧长路	155	公里	155	60	9300	座	142	150	21600	公里	100	15	1500	处	1	300	300	所	12	100	1200	33900	
衢江路	80	公里	80	80	6400	座	54	90	4860	公里	80	15	1200	处	2	300	600	所	4	50	200	13260	包括衢常支线
总计	2770	公里	2770		221490	座	2340		306140	公里	2037		31055	处	21		8100	所	210		14500	581285	

1. 本表所列损失系按照现值估计，修复值若物价不高涨，亦与此数同，否则须比例增加；
2. 本表项目相同而单价各异，系按照损失轻重及各路原设施不同故加以分别。

· 203 ·

浙江省各县县道破坏损失数量及现值估算表

县别	单位	里程	单价(万元)	总价	附记	县别	单位	里程	单价(万元)	总价	附记	县别	单位	里程	单价(万元)	总价	附记
杭县	公里	230	10	2300		奉化	公里	310	10	3100		分水	公里	100	10	1000	
萧山	公里	240	10	2400		象山	公里	360	10	3600		淳安	公里	310	10	3100	
海宁	公里	320	10	3200		定海	公里	200	10	2000		遂安	公里	370	10	3700	
余杭	公里	200	10	2000		绍兴	公里	320	10	3200		寿昌	公里	240	10	2400	
临安	公里	420	10	4200		上虞	公里	240	10	2400		永嘉	公里	350	10	3500	
於潜	公里	360	10	3600		余姚	公里	310	10	3100		瑞安	公里	240	10	2400	
昌化	公里	280	10	2800		嵊县	公里	250	10	2500		平阳	公里	200	10	2000	
富阳	公里	510	10	5100		新昌	公里	310	10	3100		乐清	公里	150	10	1500	
新登	公里	450	10	4500		诸暨	公里	280	10	2800		玉环	公里	140	10	1400	
嘉兴	公里	280	10	2800		金华	公里	440	10	4400		临海	公里	210	10	2100	
嘉善	公里	240	10	2400		兰溪	公里	320	10	3200		天台	公里	250	10	2500	
桐乡	公里	250	10	2500		东阳	公里	330	10	3300		宁海	公里	190	10	1900	
平湖	公里	280	10	2800		义乌	公里	350	10	3500		黄岩	公里	250	10	2500	

县别	单位	里程	单价（万元）	总价	附记
海盐	公里	280	10	2800	
崇德	公里	200	10	2000	
吴兴	公里	400	10	4000	
长兴	公里	180	10	1800	
武康	公里	550	10	5500	
德清	公里	330	10	3300	
安吉	公里	380	10	3800	
孝丰	公里	260	10	2600	
鄞县	公里	360	10	3600	
慈溪	公里	240	10	2400	
镇海	公里	430	10	4300	

县别	单位	里程	单价（万元）	总价	附记
永康	公里	220	10	2200	
武义	公里	380	10	3800	
汤溪	公里	410	10	4100	
浦江	公里	330	10	3300	
衢县	公里	670	10	6700	
龙游	公里	640	10	6400	
江山	公里	320	10	3500	
常山	公里	250	10	2500	
开化	公里	250	10	2500	
建德	公里	300	10	3000	
桐庐	公里	430	10	4300	
总 计					

县别	单位	里程	单价（万元）	总价	附记
温岭	公里	130	10	1300	
三门	公里	170	10	1700	
丽水	公里	300	10	3000	
缙云	公里	260	10	2600	
青田	公里	240	10	2400	
云和	公里	160	10	1600	
龙泉	公里	100	10	1000	
松阳	公里	150	10	1500	
遂昌	公里	250	10	2500	
宣平	公里	180	10	1800	
				214300	万元

尚有泰顺庆元景宁文成仙居磐安等县未经流审，无损失；附记：本表所列损失系系按照现值估计，修复时若物价不高涨，亦与此数同，否则须比例增加。

（二）申请救济事项

战后复员，交通第一，本省交通各项损失之重，已如上述，今后欲迅速复员，所需经费器材，为数过巨，似非国库短期内，所能筹拨，地方政府，更属无法筹集，应请善后救济总署，大量救济，始克有济，如能以工赈方式修复公路尤为且要，谨将本省交通方面，因敌灾损失所需救济银额，及因办理复员所需配给器材物资，分别列表于后。

浙江省战时交通请求救济银额

类　　别	现　时　价　值	说　　明
公路修复费	五八一二八五万元	
各县县道修复费	二一四三〇〇万元	
工程器材补充费	三八六〇〇万元	
汽车油料工具补充费	九六二〇〇万元	
船舶手车补充救济费	二五八三〇二万元	
总　　计	一一八八六八七万元	
附　　记		

浙江省办理复原请求配给交通器材物资名称数量表

类　　别	名　　称	数　　量	说　　明
车辆	大客车	一五〇辆	全省约计四千五百公里平均每三〇公里分配一辆
	大卡车	一二〇辆	平均每三七公里分配一辆
	小客车马达卡	三〇辆	平均每一百五十公里分配一辆
修理汽车机械工具设备	汽车修造厂设备	一所	汽车修理及另〔零〕件改造机械工具全部设备
	汽车修理分厂设备	三所	汽车大修工具机械全部设备
	汽车修理场设备	十七所	汽车小修修理工具设备
车胎	32×6 车胎	五四〇套	
	600－16 车胎	三〇套	
油料	汽油	一〇一五二〇加仑	
	机油	一四四〇〇加仑	
	汽车配件材料	三〇〇辆	储备三〇〇车二个月之修配材料

类　别	名　称	数　量	说　明
工程器材	新式开山机	四具	
	十吨压路机	二具	
	滚筒	二〇只	
	筑路机	二具	
	工程料车	一二辆	
	电话机	一〇〇具	
	喷水机	一〇辆	
	打桩机	二〇具	
	抽水机	四具	
	经纬仪	一〇副	
	水准仪	一〇副	
	绘图仪	四〇副	
	望远镜	五只	
	钢筋	一〇〇吨	
	水泥	二万桶	
	工字钢	一千吨	
	洋松	三百万板尺	公路一百五十万板尺，县道一五〇［万］板尺
	洋钉	两千桶	公路及县道各半
附　记			

七、农业善后

（一）损失情形

1. 耕牛损失　五二亿元（本省农户估计为四十万甲，八年间先后受敌蹂躏者达四分之三以上即三十万甲，估计耕牛损失以三分之一计，即全省损失耕牛达十万头，每头以最低市价五万二千元计，总计损失如上数）。

2. 耕作面积损失　一三四、四〇〇、〇〇〇、〇〇〇元（全省耕作面积二千八百万亩，八年间先后受敌蹂躏及因劳力缺乏而荒废者，估计为百分之十，计二百八十万亩，每亩春秋两季平均生产三市担，每担以二千元市值计，八年总计损失如上数）。

3. 桑园损失　约一百万亩，每亩作三万元，计三〇、〇〇〇、〇〇〇、〇〇〇元。

4. 茧行损失　约一百五十家，每家作一百万元①，计三〇〇、〇〇〇、〇〇〇元。

5. 蚕种业损失　约九十家，每家作两千万元，计一、八〇〇、〇〇〇、〇〇〇元。

6. 蚕户蚕具损失　约一百万户，每户五万元，计五〇、〇〇〇、〇〇〇、〇〇〇元。

（二）申请救济事项

甲、所需救济之物资（请就左开物资酌予配给）

名　　称	数　　量
（1）农具类	
牵引机	二架
戽水机	二、五〇〇具
中耕器	二五、〇〇〇具
圆碟耙	一二〇具
轧花机	二〇〇架
制茶用具	六套
榨油炼油用具	一五套
割谷机	一三〇具
打稻机	二五、〇〇〇架
播种机	二五、〇〇〇具
洋齿耙	一三〇具
玉米脱粒器	五〇〇具
缫丝用具	一〇套
（2）种子类	
德字棉种	五〇吨
珂字棉种	二吨
玉蜀黍种	每种三〇〇斤
脱字棉种	二〇吨

---

① 可能为 200 万元之误。

早熟小麦种   每种三百斤

春秋播优良菜种   每种一〇〇斤

（3）蚕丝

普通改良蚕种   五〇〇、〇〇〇张

自动烘蚕机   五〇〇座

多条缫丝车   二、〇〇〇台

（4）肥料

硫酸亚   一五万包

过磷酸石灰   一万包

（5）仪器药品

用途分类	名　称	数　量	备　注
农艺化学	化学天秤	一具	载重二〇〇gn，感度 1% mgn
	显微镜	一具	二、〇〇〇倍油镜连
	Adde 氏曲折计	一具	
	高压蒸汽釜	一具	五汽压
	电器定温器	一架	
	远心分离器	一副	
	Soxhlet 油脂浸出器	六副	连冷却器蒸溜瓶十二只
	白金坩埚 ptcrucible	一只	连盖
	白金丝	一尺	
	比轻比重计	一副	
	B 氏比轻比重计	各一枝	
	比重瓶 Pycnometer	二只	内容五〇cc.
	防止逆流管 Liebig	六副	
	Hofnann's 冷却装置水分测定器	一副	
	典化瓶	一〇只	
	Bullet 滴定管	各二枝	内容五〇cc. 及二五cc.
	Schrodter 氏碳酸定量器	一副	
	Gooch 氏坩埚	二只	
	Gooch 氏 Funnel	二只	
	氯化白金	一20.①	
	过气酸 Hclod	二磅	

① 原文如此。

用途 分类	名 称	数 量	备 注
清血 制造	高倍显微镜	二具	35—2400X
	细菌养成器	二具	大小各一具
	干燥消毒器	一具	
	蒸汽压力消毒器	一具	
	安氏消毒器	一具	
	煮沸消毒器	一具	
	单盘天秤	一具	
	分析天秤	一具	
	煤油水箱	二具	大小各一具
	手摇分离器	一具	
	温度计	五四支	内 0°—300°C 三支；0°—150°C 三支；32°—43°C 卅六支；又 23°—43°C（Hkmcr）十二支
病虫 防治	高倍显微镜	二具	
	双管扩大镜	二具	
	解剖镜	五具	
	波氏比重计	二副	
	最高最低温度计	二副	
	喷雾器	一〇具	
	喷纷〔粉〕器	一〇具	
	砒酸铅	一百磅	
	硫酸烟精	五十磅	
	硫酸铜	五十磅	
	炭酸铜	一百磅	
	硫磺华	一百磅	
	Formaldehydel	五十磅	
	Mercuric Fhloridl	十磅	
	Carbon Disalphidl	十磅	
	Uspulum	十磅	
	Tillatiae	十磅	

乙、所需救济之经费

耕牛繁殖	二〇亿元
繁殖桑苗及整顿桑园	五亿元
培育原蚕种及制造普通蚕种	三亿元
产蚕处理	二亿元
指导栽桑育蚕	二亿元
改进蚕丝工具	二亿元
添置丝绸机械	五亿元
培育茶苗费	三亿元
垦殖茶园经费	五亿元
揉捻机及酸酵器经费	三亿元
制茶设备	五亿元
训练茶叶技术人员经费	一亿元
共　　计	五六亿元

八、工业善后

（一）损失情形

工业类别	厂商家数	战前资本	抗战估计损失
1. 纤维工业			
纺纱工业	三家	三、九五〇、〇〇〇元	三、九五〇、〇〇〇、〇〇〇元
棉线工业	五八	二、五五五、〇〇〇	二、五五五、〇〇〇、〇〇〇
缫丝工业	一九	四、五〇五、〇〇〇	四、五〇五、〇〇〇、〇〇〇
丝线工业	四一	五七〇、〇〇〇	五七〇、〇〇〇、〇〇〇
针线工业	一七二	三五七、〇〇〇	三五七、〇〇〇、〇〇〇
小计	二九三	一一、九三七、〇〇〇	一一、九三七、〇〇〇、〇〇〇
2. 手工业			
花边工业	一六	四〇、〇〇〇	四〇、〇〇〇、〇〇〇
草线工业	五一	二四七、五〇〇	二四七、五〇〇、〇〇〇
爆竹工业	二一	七、九〇〇	七、九〇〇、〇〇〇
藤竹器工业	六一	一二二、〇〇〇	一二二、〇〇〇、〇〇〇
木器工业	一七三	一九二、五二〇	一九二、五二〇、〇〇〇

工业类别	厂商家数	战前资本	抗战估计损失
桶钵工业	一〇四	二九、〇〇〇	二九、〇〇〇、〇〇〇
制伞工业	一八四	八九、六〇〇	八九、六〇〇、〇〇〇
纸扇工业	一四	二六、〇〇〇	二六、〇〇〇、〇〇〇
香粉工业	一五	三〇、〇〇〇	三〇、〇〇〇、〇〇〇
锡箔工业	一〇六	三五、五〇〇	三五、五〇〇、〇〇〇
小计	七四五	八二〇、〇二〇	八二〇、〇二〇、〇〇〇
3. 其他工业			
碾米工业	四四八	一、〇一八、〇〇〇	一、〇一八、〇〇〇、〇〇〇
酿造工业	二七七〇	二〇、五九五、〇〇〇	二〇、五九五、〇〇〇、〇〇〇
水泥厂			二五、〇〇〇、〇〇〇
面粉工业	四	一六〇、〇〇〇	一六〇、〇〇〇、〇〇〇
罐头食品工业	一八	一七九、六〇〇	一七九、六〇〇、〇〇〇
炼乳工业	一	一七〇、〇〇〇	一七〇、〇〇〇、〇〇〇
玻璃工业	七	一二七、〇〇〇	一二七、〇〇〇、〇〇〇
机器造纸工业	二	一、〇〇〇、〇〇〇	一、〇〇〇、〇〇〇、〇〇〇
手工造纸工业	六八一五	一、一二三、六五〇	一、一二三、六五〇、〇〇〇
制皂工业	二七	一四四、七〇〇	一四四、七〇〇、〇〇〇
制漆工业	二九	四三、九〇〇	四三、九〇〇、〇〇〇
漂染印花工业	二〇九	一八九、五五〇	一八九、五五〇、〇〇〇
制革工业	五二	一〇〇、〇〇〇	一〇〇、〇〇〇、〇〇〇
火柴工业	六	七三〇、〇〇〇	七三〇、〇〇〇、〇〇〇
铁工厂	三〇	三二五、八〇〇	三二五、八〇〇、〇〇〇
铜锡工业	二七三	一九九、八〇〇	一九九、八〇〇、〇〇〇
锯板工业	一九	九六、七〇〇	九六、七〇〇、〇〇〇
印刷工业	一一六	一九七、五八五	一九七、五八五、〇〇〇
制冰工业	二六	七二、〇〇〇	七二、〇〇〇、〇〇〇
电池工业	九	一〇、四五〇	一〇、四五〇、〇〇〇
茶业			一八、〇〇〇、〇〇〇、〇〇〇
蚕丝			二二、〇〇〇、〇〇〇、〇〇〇
小计	一〇、八六二	二六、四八三、七八五	六六、五〇八、七八五、〇〇〇

工业损失汇计

类别	家数	战前资本额	抗战估计损失
纤维工业	二九三	一一、九三七、〇〇〇元	一一、九三七、〇〇〇元
手工业	七四五	八二〇、〇二〇	八二〇、〇二〇、〇〇〇
其他工业	一〇、八六一	二六、四八三、七八五元	二六、四八三、七八五、〇〇〇
总计	一一、八九九	三九、二四〇、八〇五元	三九、二四〇、八〇五、〇〇〇

附注：右表所列损失数字，悉系陷区工业之损失，其他自由区各地工业，因战时间接之损失，并未计入。

（二）申请救济事项

本省工业，向称发达；战时迭经摧毁，现仅有之处属另〔零〕星工业，除一、二设备较佳者外，大多为临时设置。因陋就简，实不足以应战后建国之需要。兹拟具战后本省工业建设所需自经费及机械如左：

（甲）公营工业部分

1. 完成建德炼铁厂设备，将现在丽水大港头开工之省营铁工厂迁设该处，合并设置，并扩大至原有设备至少三倍以上，大量产制各式工作母机及生产机械，负起工厂之母之责任，以应战后社会之需要。

2. 创办平阳明矾精炼厂，利用其新式设备，集中土产明矾，加以提炼成铝，以应国防之需要，并就其副产物中提制硫酸钾，以充肥料之用。

3. 于富春江流域，龙游至建德间，利用其水位差度，创办水动力厂两所，每小时发力至少在三千基罗瓦特以上，以供应沿江两岸工业动力之需要。

4. 扩大现在松阳之化学工厂之设备，至每日产制硫酸三吨盐酸一吨及硝酸半吨，以应战后一般化学工业之急切需要。

（乙）民营工业部分

除公营各厂由政府投资直接经营者外，其他工业，应鼓励人民经营，于行政上技术上资金上交通上予以便利，扶助其发展。前列公营各厂，大都为基本工业，并应以低价及实物，贷放方式，大量供售，以应各种新兴工业之需要。

以上全省工业建设，需费五一三、〇四六、五〇〇元。

并需要下列各项机械，应请予以配济。

名称	数量	备考
棉纺机	六万锭	另织机一万台
桐油精炼机	二副	一机每日二十四小时炼油一千担，一机每日二十四小时炼油五百担
推进式水涡轮	20. 24. 26. 30. 32. 40. 16. 各四具	
织绸机	一千台	
小型矾石采矿机	十具	
交流电机	KVA40，60，80，100，120，140，160，200，240 各四具	
交流马达	5KVA10，15，20，25，30，35，40，45，50 各五具	

九、渔业善后

（一）损失情形

渔业损失　计渔船一六〇〇〇艘，计值一六〇亿元。每年淡水鱼五〇万担，八年计值四〇〇亿元。每年海产物损失四〇〇〇担，八年计值四〇〇〇亿元。总计四五六〇亿元。

（二）申请救济事项

一、所需救济之经费

要　项	金　额	备　考
渔港及渔业码头修建费	五亿元	修筑渔港及码头二十处
渔业救济费	五亿元	
合　计	一〇亿元	

二、所需救济之物资

器物名称	件数	备考
新式捕鱼汽船	二〇〇艘	内英式拖网（Jrawl）六艘，日式发动机手缲网船五十对，美式拖网船（Pursal Seine）及陷阱网（Trap Net）船四十艘，改良流网（Gill Net）船二〇艘，子母钓船二〇艘，工船一四艘以上，各船均附渔具。
机帆两用渔船	一〇〇〇艘	附渔具二〇〇〇组
冷藏汽车	一辆	
冷藏火车	五节	

器物名称	件数	备考
冷藏运输船	二〇〇艘	
冷藏机器	一〇组	包括容纳一万吨之冷藏库所用之自来水塔机件，阿莫泥亚管压缩机，冷却机，起重机，发动机及柴油机，冷气管，石棉软硬木网管等。
织网机	二〇〇架	
新式罐头制造机器	一〇组	包括二十匹马力以上电动机或发动机，柴油机，蒸汽锅炉，蒸汽压力计，真空计，高压釜，二重釜，脱气釜等。
贝扣机器	一〇组	
制革机器	一〇组	
水产养殖上必需仪器	一〇组	显微镜，扩大镜，解剖器，水温计，比重计，水色计，透明计，浮游生物采集器及沉淀器等各一〇份。
测候仪器	一〇组	包括最高最低温度计，风力计，干湿球，无线电收发报机，自计晴雨计，水银气压计，空盒气压计，自计温度计等。

十、水利善后

（一）损失情形

甲、钱塘江海塘工程破坏状况

1. 全毁条石塘及斜坡石塘计五、三七六公尺。

2. 局部损坏石塘计长二、八二五公尺。

3. 局部损坏石坦水护塘工程三、九〇四公尺。

4. 被毁土塘护石工程计长一〇、一一五公尺。

5. 局部毁坏泄水闸七座。

乙、沦陷区各县旧有水利工程破坏状况

本省经敌陷或遭流窜，凡被敌破坏之水利工程，包括闸坝堤堰蓄水库等水利设备，或正在兴筑工程，被敌破坏损失者，约四十余县，平均姑照每县五百万元计算，合计（现时币值）二亿元。

丙、测量仪器等损失状况

损失经纬仪九架，水平仪八架，及其他水准尺平板仪等。

丁、气象测验器材及设备等损失状况

水银气压表，自计风向风速计，湿度计，电讯设备等，共计大小六五五套。

（二）申请救济事项

1. 所需救济之经费

项 目	估计全部需要（元）	拟请救济总署拨补部分（元）
钱塘江海塘工程	三、五二八、七七一、五〇〇	一八亿元
沦陷县份水利善后工程	二〇〇、〇〇〇、〇〇〇	六亿元
合计	三、七二八、七七一、五〇〇	二四亿元

附注：拟请善后救济总署补助部分占全部需要三分之一。

2. 所需救济之物资

项目	名称	单位	数量	备考
工具机械	二吨起重机连钢缆	副	四	
	各种新式巨型水力发动机	具	五	
	蒸汽打椿机	副	六	
	内河挖泥机船	只	四	
	抽水机连铁管	副	四	
	水泥灌浆机	副	四	
	运料卡车	辆	六	
	混凝土混合机连引擎	副	三	
	16#轻便铁轨连钢垫	吨	五〇〇	
	V形铁板土斗车	辆	五〇	
	拖轮	只	五	
	洋镐	把	五〇〇	
	洋铲	把	五〇〇	
	驳船	只	二〇	
气象测候仪器设备	无线电收发报机	具	二	
	标准时辰钟	具	二	
	标准水银气压表	具	二	
	寇乌式水银气压表	具	三〇	
	自记空盒气压计	具	一〇	
	最高最低温度计	具	三〇	
	干湿球温度表	具	三〇	
	自计干湿球温度计	具	二	

项目	名称	单位	数量	备考
气象测候仪器设备	自计温度计	具	一〇	
	地面温度表	具	三〇	
	地中温度表	具	一〇	
	最低单温表	只	三〇	
	毛发湿度表	具	五	
	自计毛发湿度计	具	一〇	
	代因自计风向风速计	具	三	
	电传自记风速计	具	三	
	风向计	具	三〇	
	鲁滨孙风速计	具	三〇	
	标准雨量计	套	八〇	
	自记雨量计	套	三	
	蒸发器	套	八〇	
	日照计	具	三	
	玻璃量杯	只	一〇〇	
	时钟	具	三〇	
	指南针	付	三〇	
	日晷	付	三〇	
	百叶箱	具	三〇	

十一、社会福利

（一）童婴教育——估计收复区，每人口十万，最低限度，须有童婴教养机构一所，以便收容因战事关系而无人养护之十二岁以下孤贫儿童。全省约计一百所，平均每所收容三百名，计共收容三万名。估计共需单衣三万套，棉衣三万套，棉被每二人一条，计一万五千条，鞋子三万双，袜子每人二双，计六万双。食米每名每日一市斤，（如发麦粉则需一斤四两，保姆之食粮，包括如〔在〕婴孩人数内计算）。年需一千零九十五万斤。

此外，拟于重要城市设托儿所，共十一所，每所设备费以一千万元计，共需一亿一千万元，每所准备平均托儿二百名，每年每名所需费用，以二万五千元计，共需五百万元。再本省原设之贫儿院，收容名额现拟扩充至六百名，第一儿童教养院扩充至三百名，第二儿童教养院扩充至两百名，第三儿童教养院一千名，共为两千一百名，合计需单衣四千二百套，棉衣两千一百套，棉被一千零五十条，鞋子四千二百双，袜子四千二百双，食米每名每日一市斤，年需七十六万六千五百斤。

（二）残废老弱救济——本省人民，除军人外，因战争而残废暨老弱无以为生者，为数亦复不少，各县原设有救济院，经常收容老弱残废，但多因战事遭受破坏与停顿，兹拟怿〔择〕要设置规模较大之残废职业训练所三所，每所需设备费两千万元，共需一亿元①。又全省七十七县市，计已设立之四十八所救济院，每所需扩充费四百万元，共为一亿九千二百万元。须恢复之二十八所，每所须恢复费八百万元，共为二亿二千四百万元。须添置之一所，计须设备费两千万元。合共四亿三千六百万元。收容老弱残废，估计每所平均收容二百五十人，共可收容一万九千二百五十人，每年每人给养费以二万元计，每年约共需三亿八千五百万元。

此外，在杭州原有省区救济院一所，其附属之安老残废两所，各准备扩充收容二百人，育幼所收容五百人，习艺所收容二百人，育婴所收容四百人，妇女教养所收容三百人，共计一千八百人②。就必须要部分配给单衣三千二百套，棉衣一千六百套，棉被一千条，袜三千二百双，鞋三千二百双，每日每名食米一市斤，（如发麦粉则需一斤四两）。除最幼婴孩二百名外共需米五十八万四千斤，其习艺所方面，为使被救济者，获得生产技能，便于就业起见，更需配发新式纺织、印刷、缝纫等机器，并请总署派专家训练指导，期使成为社会生产之一员。又该院遵照社会部指示，即将改为实验救济院，惟房屋有待整修，设备有待补充，其原有之平民住宅三百间，与平民新村一百二十间，坍毁败坏，修建更切，估计共需修建及扩充费一亿元，使能成为一比较完备之救济机构。

以上各种救济机构，对于收容人员之医疗问题，至感重要。医生尚可专用，或就地聘请公私医院之医生予以协助。药品及医药器材，则以价格昂贵，置办困难，皆有待于总署之配给。就过去一般收容情形而论，所易发生之疾病，多为疥疮、白癣、黄癣、蛔虫病、薑片虫病、蛲虫病、沙眼、疟疾、痢疾，此外，营养不良，所需鱼肝油、维他命 ABC 以及外科所用之烂脚药、皮肤病药、暨绷带、纱布、棉花、绊疮胶等，更期按照各救济机构收容人数，充分配给。

（三）家庭救济及工匠复业救济——估计全省需要家庭救济品、器皿工具及工匠工具等之救济者，最低限度不下十万家。每家平均最低所需是项物资，以现

---

① 原文如此。"三所"或为"五所"之误。

② 应为一千六百人。原文如此。

值国币五万元计，共需五十亿元。

（四）工厂失业工人救济——全省工厂约在八十家左右，每家工人平均二百人计，全省工人一万六千人，因受战事，工厂停顿，而失业工人不下万人，均予以临时救济，以现时生活水准，暂以维持其三个月生活，计每人所需救济费为四万五千元，共需四亿五千万元。

（五）小本贷款——为使一般难民获得生计，并促进社会各业之恢复计，拟委托各市县金融机关，代放免息小本贷款，定期收回。其数额视市县工商业情形，人口密度，灾情轻重定其标准，平均每一市县三百万元，全省需款二亿三千一百万元。此项贷款，拟请总署拨借，由省于收回后归还。

所需救济之经费

要　　项	金　　额	备　　考
童婴救济费	一亿一千五百万元	托儿所设备费及临时费
残疾老弱救济费及救济院设备费扩充费等	九亿二千一百万元	
家庭救济及工匠复业救济费	五十亿元	
小本贷款	二亿三千一百万元	此款贷款仍予收回归还
工厂失业工人救济	四亿五千万元	
共　　计	六十七亿一千七百万元	

所需救济之物资

品　　名	数　　额	备　　考
单衣	三万八千八百套	
棉衣	三万五千一百套	
棉被	一万七千零五十条	上项衣被仍包括于第三章衣服申请总数内配拨
鞋	三万七千四百双	
袜	六万七千四百双	
食米	一千二百三十万零五百斤	上项食米仍包括于第二章粮食申请总数内配拨
药品及医药器材		上项药品就救济机构收容人员所需量配拨
纺织印刷缝纫等机器		省区救济院之习艺所申请酌拨纺织印刷缝纫等机器，以为习艺与生产之工具

十二、难民

（一）难民人数调查

本省寇祸连年，全省各县市三分之二均沦敌手，未遭沦陷者亦皆迭经窜扰，其能免于寇患者，仅龙泉、云和、庆元、景宁、泰顺、淳安、遂安、磐安等数县而已。敌骑所至，肆意烧杀，灾区人民，或避难他乡，或迁移内地，千万灾黎，颠沛流离，历经冻馁。即留居陷区人民，亦多被搜刮劫掠，无法维持生活。

本省人口密度原占全国第二，而此次灾区之广，与灾情之重，亦为他省所罕见。在战事期间，调查难民总数，已达五百万以上。至胜利以后，陷区解放，各地难民一部分已相率还乡，重获其生活所依据之田庐。据最近七十二县表报，较前减少三分之二，但以极苦难待救之人数统计亦达一、七五七、五二五人。（详见附表）

（二）申请救济事项

关于是项难民之衣服房屋贷款等之救济，已另有所列；惟估计流落在外，一时无力还乡者，尚有六十五万人之数。各县对于协助难民还乡工作，虽经依照省政府指示，开始办理；但以限于财力，几无法应付。为适应是项需要计，拟在本省龙泉、衢县、淳安、丽水、永嘉、鄞县、绍兴、杭州、金华、嘉兴、吴兴等冲要地区，各设服务站一所，每站可容二百五十人之住宿，每站需棉被一百二十五条，其他设备费五百万元，十一站共需棉被一千三百七十五条，其他设备费五千五百万元。每站每日平均供应五百人，膳食每日共需米五百市斤，十一所共需食米每日五千五百市斤。所有是项设备，一俟工作结束后，全部移归本省原设各社会服务处站应用。

浙江省各县县难民人数调查表（七十二县）

县市别	合计	本地难民				外来难民							
		外县籍难民								外省籍难民			
		成人		儿童		成人		儿童		成人		儿童	
		男	女	男	女	男	女	男	女	男	女	男	女
平均数	22825												
全省估计数	1757525												
杭州市	43738	10876	10556	6610	7642	3040	1158	1298	944	656	480	264	214
杭县	17470	2400	2200	1800	1750	1400	900	950	800	1800	1700	920	850
余杭	39206	14300	11354	7155	5843	173	61	59					
新登	4164	824	692	921	753	242	185	216	175	83	71	12	8
分水	8000	2128	1872	2082	1818								
临安	13931	4670	3452	1336	962	1297	980	556	407	93	63	72	44
於潜	2137	·450	230	530	780	44	27	24	18	12	8	6	8
昌化	37074	6224	5394	4838	4137	2522	1904	1432	1675	2452	3365	1666	1465
安吉	23679	4278	7722	4157	7722								
孝丰	10200	3192	2808	2011	1989	100	50	20	10	10	1	5	4
吴兴	12808	2572	2328	2536	1708	424	336	884	1124	228	192	268	208
长兴	28238	11550	10454	1143	1217	1234	1018	615	516	158	234	64	35
德清	11457	3609	3244	2384	2194	8	8	6	4				
武康	5941	2152	1340	741	565	341	208	93	105	162	150	51	33

县市别	合计	本地难民 成人 男	本地难民 成人 女	本地难民 儿童 男	本地难民 儿童 女	外来难民 外县籍难民 成人 男	外来难民 外县籍难民 成人 女	外来难民 外县籍难民 儿童 男	外来难民 外县籍难民 儿童 女	外来难民 外省籍难民 成人 男	外来难民 外省籍难民 成人 女	外来难民 外省籍难民 儿童 男	外来难民 外省籍难民 儿童 女
绍兴													
萧山	70900	21280	28720	14561	5639	191	109	98	52	187	113	97	53
诸暨	70402	31440	26705	6342	5178	304	216	103	64	18	15	12	5
嵊县													
余姚	73686	15300	16700	4600	3500	14900	7200	8406	2844	105	73	43	15
上虞	51068	17230	16246	8635	8242	327	219	84	75	5	2	1	2
新昌													
东阳	11690	3357	3276	2435	2327	86	58	45	33	26	18	15	13
义乌	44040	8754	6478	11360	12185	897	754	1360	1058	452	296	249	197
磐安	1082	98	79	68	57	190	220	181	189				
金华	46705	11923	11577	5298	5252	3707	3693	2180	2130	466	334	80	65
兰溪	66856	23469	21365	11113	10421	155	146	87	79	14	7		
永康	18330	2337	2763	3146	3854	1610	1380	502	1998	150	180	232	268
汤溪	12430	450	1978	5100	4810	5	7	10	9				
武义													
宣平	545	90	95	76	57	61	22	29	8	5	2		

县市别	合计	本地难民 成 人 男	本地难民 成 人 女	本地难民 儿童 男	本地难民 儿童 女	外来难民 外县籍难民 成 男	外来难民 外县籍难民 人 女	外来难民 外县籍难民 儿 男	外来难民 外县籍难民 童 女	外来难民 外省籍难民 成 男	外来难民 外省籍难民 人 女	外来难民 外省籍难民 儿 男	外来难民 外省籍难民 童 女
衢县													
龙游	15691	5318	4144	2867	2591	250	240	148	116	5	3	5	4
常山	21749	623	548	1720	154	2860	2076	1473	625	4587	4386	1842	865
江山	21630	4000	2500	6600	6400	1000	190	200	160	350	100	80	60
遂安	18554	5800	7000	900	700	1240	1135	564	630	198	230	52	105
开化	1497	250	340	400	340	45	30	60	15	8	3	4	2
鄞县													
慈溪	25700	1788	4297	7212	8203	850	380	1480	1382	50	20	20	18
镇海	10728	3827	3307	1438	1248	368	263	150	104	11	2	3	7
定海	16350	3350	3900	4750	4350								
奉化	33796	10142	9549	6462	6129	398	347	334	250	61	37	31	29
象山	12759	3550	3396	2783	2975	16	16	11	12	2			
宁海	2019	410	713	64	817	7	3		2	2	1		
天台	5209	834	712	432	314	1047	883	340	281	230	74	35	27
三门	1106	45	409	89	86	116	241	59	51	4	1	4	1
黄岩	19117	6591	5812	3137	2906	158	105	130	89	86	41	31	30

县市别	合计	本地难民 成男	本地难民 成女	本地难民 儿男	本地难民 儿女	外县籍难民 成男	外县籍难民 成女	外县籍难民 儿男	外县籍难民 儿女	外省籍难民 成男	外省籍难民 成女	外省籍难民 儿男	外省籍难民 儿女
临海	40357	11884	9248	5218	3124	2818	1632	1247	962	1538	1518	806	362
仙居	4500	1000	1000	400	400	500	500	50	50	300	200	60	40
温岭	4835	1359	2045	860	580								
永嘉	21342	5703	4175	4369	3083	807	918	1265	1011	3	3	2	3
乐清	12708	4541	3315	2372	2472	3	2	2	1				
瑞安	6571	5150	1301	40	80								
平阳	39413	12000	8000	6000	10000	1000	800	800	500	120	85	58	50
玉环	5250	1400	1040	1500	750	310	110	100	50				
泰顺	2972	709	596	506	384	322	152	45	53	104	28	45	28
丽水	24006	4576	4485	3240	4760	1230	896	2520	2030	58	50	87	74
云和	25714	10000	5000	7000	3000	350	180	95	50	32	2	3	2
松阳	16857	3500	3200	4200	5400	104	91	43	34	102	104	41	38
缙云	8881	3565	3674	189	265	232	241	185	218	92	84	65	71
青田	10243	2563	1984	535	328	1850	1300	100	50	1257	148	94	34
景宁	29838	11580	12505	2963	2252	263	242	156	196	52	27	32	52
遂昌	6771	2247	2225	1001	838	171	159	80	50				

县市别	合计	本地难民				外来难民							
		成人		儿童		外县籍难民				外省籍难民			
						成人		儿童		成人		儿童	
		男	女	男	女	男	女	男	女	男	女	男	女
龙泉	17493	1512	2412	1271	2120	3109	1973	943	984	1070	1006	748	345
庆元	750	127	173	102	203	50	31	30	34				
嘉兴	31198	12090	7538	7925	3645								
嘉善	5000	997	1003	468	517	532	483	525	475				
平湖	5028	1011	989	587	413	534	495	466	505	17	3	3	5
海盐	9644	2763	3420	2147	1275	13	5	19	2				
崇德	24944	8721	7004	5030	4038	30	23	68	30				
桐乡	7817	3040	1782	1210	804	320	154	205	94	82	64	35	27
海宁	23842	8290	7090	4198	3663	137	80	45	35	122	82	62	38
浦江	24716	8432	7216	5312	3187	237	125	114	93				
富阳	83850	36000	15000	12500	8500	3500	2200	1800	600	1500	750	850	650
桐庐	12316	2500	2000	2600	2400	770	980	422	490	45	39	30	40
建德	43063	12336	11402	8641	10076	112	96	145	129	39	42	18	27
寿昌	28275	4217	5670	3500	4950	3164	2699	1884	1578	93	146	195	189
淳安	1103					210	203	105	140	120	95	97	133

附注 本表每县平均数系依据已报七十二县总数平均所及，至全省估计数以每县平均数乘全省县数（七十七）

· 225 ·

浙江省各县年老及残废难民人数表（七十一县）

县市别	合 计	年 老		残 废	
		男	女	男	女
每县平均数	6297				
全省估计数	478572				
杭 州 市	7052	3102	2846	684	400
杭 县	4650	1600	1250	1000	800
余 杭	28282	11766	7364	4033	5119
新 登	865	227	272	197	169
分 水	1300	300	300	600	100
临 安	2306	1241	317	453	295
於 潜	523	183	201	70	69
昌 化	19650	9012	8038	1979	621
安 吉	600	237	102	163	98
孝 丰	4015	1106	906	1321	682
吴 兴	3672	896	1020	948	808
长 兴	4512	1385	2185	543	426
德 清	196	41	137	12	6
武 康	3337	1362	621	873	481
绍 兴					
萧 山	35680	10100	20040	5020	520
诸 暨	19261	6348	5413	4331	3169
嵊 县					
余 姚	21040	11315	9207	413	105
上 虞	2311	1185	1044	74	8
新 昌					
东 阳	106	58	37	6	5
义 乌	8818	3030	1507	2185	2096
磐 安	139	52	50	18	19
金 华	83	32	22	23	6
兰 溪	5444	1227	873	2612	736

县市别	合 计	年 老		残 废	
		男	女	男	女
永 康	7749	2070	1981	1796	1902
汤 溪	3230	1155	1656	205	214
武 义					
宣 平	179	118	53	7	1
衢 县					
龙 游	1414	820	495	66	33
常 山	2230	1441	650	115	24
江 山	3612	2230	1350	30	2
遂 安	2838	1630	834	252	122
开 化	121	51	48	17	5
鄞 县					
慈 溪	2009	1286	1230	328	165
镇 海	1004	570	307	90	35
定 海	4350	2500	1500	200	150
奉 化	9256	3409	3203	1451	1193
象 山	4093	1566	1344	109	74
宁 海	346	121	198	10	17
天 台	1266	529	336	248	153
三 门	253	118	123	11	1
黄 岩	8210	3236	3964	723	287
临 海	11955	5488	5046	839	582
仙 居	4300	350	3650	140	160
温 岭	2338	957	722	449	210
永 嘉	3807	1707	1303	551	246
乐 清	644	175	183	144	142
瑞 安	6451	1000	300	4150	1001
平 阳	531	204	155	120	62
玉 环	5640	1700	1140	1600	1200

县市别	合计	年老		残废	
		男	女	男	女
泰 顺	585	197	165	125	98
丽 水	5555	2466	2580	320	189
云 和	3113	1026	1012	641	434
松 阳	7442	2360	2843	1152	1087
缙 云	657	215	272	86	84
青 田	509	162	167	93	87
景 宁	4442	2080	1702	505	155
遂 昌	1596	102	33	1316	145
龙 泉	14286	5406	4334	2158	2388
庆 元	65	10	35	15	5
嘉 兴	5560	3450	1500	460	150
嘉 善	1000	376	260	164	200
平 湖	1026	324	276	215	211
海 盐	7903	1953	3122	1890	938
崇 德	6349	2960	2187	766	436
桐 乡	2151	820	466	583	282
海 宁	7711	3187	2875	947	711
浦 江	722	341	206	132	43
富 阳	61200	22150	9450	19200	10400
桐 庐	3207	1520	1530	87	70
建 德	9553	2214	3302	1994	2043
寿 昌	9866	1147	3037	2108	3574
淳 安	91	39	43	9	
附注	本表每县平均数系依据已报七十一县总数平均所得，至全省估计数以每县平均数乘全省市县数（七十七）。				

申请总署拨发本省善后救济所需经费及物资一览表

项　　目	经　　费	物　　资
粮　　食		米二四三五〇〇〇〇石
衣　　服		冬季衣服、夏季衣服各八七八七六四套，棉被四三九三八二条，鞋三六四〇〇双，袜六六四〇〇双
房　　屋	七五〇〇〇〇万元	所需物资详见报告文内
医药卫生	二〇〇〇〇〇万元	所需物资详见报告文内
交通运输	一一八八六八七万元	所需物资详见报告文内
农业善后	五六〇〇〇〇万元	所需物资详见报告文内
工业善后	五一三〇五万元	所需物资详见报告文内
渔业善后	一〇〇〇〇〇万元	所需物资详见报告文内
水　　利	二四〇〇〇〇万元	所需物资详见报告文内
社会福利	六七一七〇〇万元	所需粮食衣被，在"粮食""衣服"两项内拨用，不另列
难　　民	五五〇〇万元	所需粮食衣被，在"粮食""衣服"两项内拨用，不另列
合　　计	一二三一七一九二	
附　　注	本报告内有关工业农业渔业水利以及交通医药卫生社会福利等，所需之物资名目繁多，不易列举，请参考本文所附各表。	

（中国第二历史档案馆馆藏档案，档案号廿一·276）

10. 浙江省各县市战时损失情形及复员建设计划书

（1945 年）

本省自二十六年抗战初起，全省最繁华富庶之杭嘉湖地区首遭敌骑蹂躏，其后浙东浙西相继沦陷者达三十五县市之多，所能保全者均系荒僻小邑，地瘠民贫，然其间亦数度被敌流窜或曾盘踞，一时损毁至巨。复加敌机肆虐轰炸遍于全省。抗战八年，本省损失之大可谓全国之冠。兹将损失情形及复员建设计划分列于后：

甲、教育方面

一、损失情形

沦陷县份中小学校一部分曾随政府后迁，继续开学，一部分因迁移困难，或不及撤退，沦在敌手。胜利后，各校原有校舍、田产、内部设备以及图书仪器等，几百不存一。

二、复员建设计划

修葺校舍，置办设备及图书仪器等，俾遭敌摧残之各县市小学校及早开学。

乙、建设方面

一、损失情形

本省有农田水利工程，战前已粗〔初〕具规模，战时被敌滥砍林木，而未加培植，河渠壅塞，未能疏浚，堤坝塌毁，未能修葺，余如家具耕牛种籽等，亦复损失无算。后方各县，在我政府保护之下，情况虽稍胜一筹，然终因战事影响，配合军事设施，在交通方面，各县道路、桥梁、渡口、码头，均奉令彻底自动破坏。其先破坏者为铁路公路，次则及于各县际间之大道，迨后即乡僻小径，山间岭路亦多严令掘毁。此等县乡道路，原为我国广大农村运输往来上之重要凭藉，而码头之损毁，则复影响工商业之发展。再，战前本省各乡村电话已渐发达，兹则亦遭破坏殆尽，亟待修复。在公共建筑方面，除学校外，各县府及所属局所机关，以及其他公共房屋，遭破坏者尤多，战后多僦借民居祠庙，破落偪仄，不惟观瞻，上有失威仪，尤于公务上关防难周，亟待兴建修葺。

二、复员建设计划

（1）修理堤塘堰坝，以免水患。

（2）整理河渠，以灌溉农田。

（3）修复县乡道路、桥梁、渡口、码头，以利交通。

（4）修复乡村电话，以收行政上联络迅速之效。

（5）修建县府及公共机关房屋，以重公务。

丙、卫生方面

一、损失情形

战前本省卫生机构已遍设各县，并已向乡村推展，较大城市，医院林立，内亦不乏设备完善之所，而各种公共卫生设施，亦复次第举办。战时陷敌，各县原有卫生设备，或毁于兵燹，或被敌摧残，凡公立之医院、诊所，殆已荡然无存，属于私人者，有迁移后方惨淡经营，有仍设原处，亦徒具表面而无内容。至若各城镇公共卫生之不加管理，收复后，但见垃圾遍地，水沟淤塞，秽气四溢，疫疠猖獗，此种损失为害尤烈。

二、复员建设计划

（1）清除颓垣断壁及垃圾。

（2）整理下水道。

（3）实施环境消毒。

（4）添置防疫及医疗设备。

丁、救济方面

一、损失情形

战时本省大半地区遭敌侵陷，故流离失所之难民特多，民房毁于轰炸者，被焚于作战及流窜时者，又于敌伪盘踞时被拆毁者，约在半数以上。田园乏人耕种，亦多荒芜。胜利后，逃难人民纷纷还乡，但故居已成瓦砾，田园或为人占，流浪街头，无家可归，其情形仍与逃难无异。其有无力还乡之客籍难民，遥望涕泣，状益可悲。黠悍者，难免流为盗匪，贻害乡里。自当急予救济，以恤灾黎而靖地方。

二、复员建设计划

（1）资助难民还乡。

（2）收容无家可归之难童难民。

（3）恢复并充实各县救济机构。

以上所述损失情形，仅举其荦荦大者而言，而复员建设计划，亦先择其紧急重要者举办，惟估计用款实至浩大。战后各县财力凋疲，虽睹此惨状深戚，无力急救，是以转请中央拨款补助，藉使地方元气，早谋恢复。建国前途，实利赖焉。

（中国第二历史档案馆馆藏档案，档案号二（1）·5026）

11. 浙江省敌机空袭统计表

（1937—1945 年）

年月	房屋炸毁（间）	房屋震倒（间）	人口死亡（人）	人口受伤（人）
民国 26 年 8 月— 民国 27 年 4 月	/	/	2326	2685
民国 27 年 5 月— 民国 27 年 12 月	2067	776	458	578
民国 28 年	8614	3560	942	1695
民国 29 年	7034	3115	834	1184
民国 30 年	27461	4329	1345	1489
民国 31 年	3967	2142	516	532
民国 32 年	360	1048	29	60
民国 33 年	98	163	22	64
民国 34 年	/	/	/	3
合计	49601	15133	6472	8290

（浙江省档案馆馆藏档案，档案号 L017—000—0063）

12. 浙江省第四区战时损失调查表①

（1946 年 1 月）

项 \ 目 \ 县别	金华	兰溪	东阳	永康	义乌	武义	汤溪	宣平	总计
全县人口数	288100 人	286160	460851	268286	326454	92877	116998	74549	1914175 人
伤亡及被掳者	4154 人	1091	966	2550	3316	3579	1141	2070	18867 人
受救济难民数 外籍难民	13050 人	9010	8800	9800	4500	500	200	300	46160 人
受救济难民数 本地难民	33655	19606	35445	8580	39540	16594	12230	7875	173525 人
受救济难民数 总　计	46705	28616	44245	18380	44040	17094	12430	8175	219685 人
损失 夏季衣	150000 套	70000	200000	50000	150000	50000	20000	80000	770000 套
损失 冬季衣	160000 套	80000	250000	60000	160000	60000	30000	10000	810000 套
损失 棉被	30000 条	10000	30000	10000	20000	10000	6000	1000	117000 条
损失 耕地面积	530504 亩	619158	712208	475619	851633	301275	399761	210424	4100582 亩

① 根据浙江省第四区行政督察专员兼保安司令公署调制的《浙江第四区战时损失调查及需要救济物资估计表》整理。原表共有八表，但第七张表（工商矿业及公用事业）已佚。收入本书时，对该七张表进行归并，同时去除丁救济部分。

项目		金华	兰溪	东阳	永康	义乌	武义	汤溪	宣平	总计
正粮		9008160担	142000	2475639	250000	647787	267035	178073	35000	13003994担
杂粮		2352000担	884000	1500000	30000	100000	33312	43581	23535	4966428担
猪		1800只	700	2000	1000	2100	1350	800	520	10070只
耕牛		1500只	650	1800	900	2000	1229	770	500	9349只
水利	航道疏塞	2000公尺	3000	500	1200	400	300	700	500	8600公尺
	口堤坝圯毁	1000公尺	1200	800	700	500	800	500	700	6200公尺
	灌溉建筑物冲毁	8座	12	8	7	12	11	6	4	68座
损失	农具（估算值）	200000000元	65000000	200000000	59000000	50000000	94000000	30000000	50000000	748000000元
	林木	300000株	200000	400000	100000	300000	100000	80000	30000	1510000株
	民房	71700间	14870	7876	19470	14995	23587	4973	1182	158653间
	医院及卫生院	120间	80	40	120	40	40	40	40	520间
	工厂	7所	6	4	5	3	1	1		27所
		300间	150	100	250	150	50	40		1040间

项目 县别	金华	兰溪	东阳	永康	义乌	武义	汤溪	宣平	总计
家具	700000 件	100000	400000	100000	400000	200000	40000	20000	1960000 件
汽车路	73 公里	80	60	90	45	35	44	25	542 公里①
乡村道路	900 公里	700	800	800	500	400	500	600	5200 公里
桥梁 座	21 座	14	19	18	14	9	11	17	123 座
桥梁 长度	600 公尺	350	400	177	151	145	157	144	2127 公尺
汽车	5 辆			5		5			15 辆
自由车	300 辆	100	200	300	100	50	100	20	1370 辆
手车（橡皮轮车及人力车胎）	1000 副	160	300	900	400	200	200	100	3260 副
船	650 艘	860	5	10	80	5	40		1650 艘
竹筏	200 对	94	350	50	80	40	62		896 对
乡村电话 话机	15 架	20	15	15	10	5	10	2	92 架
乡村电话 话线	20000 码	25000	20000	20000	15000	10000	14000	10000	134000 码
医院及卫生院	3 所	2	1	3	1	1	1	1	13 所

（损失）

① 应为 452 公里。

项目 县别		金华	兰溪	东阳	永康	义乌	武义	汤溪	宣平	总计
损失	器械	20病床医院2套，诊所1套	20病床医院1套，诊所1套	20病床医院1套	20病床医院2套，诊所1套	20病床医院1套	诊所1套	诊所1套	诊所1套	13套
	药品	20病床医院2套，诊所1套	20病床医院1套，诊所1套	20病床医院1套	20病床医院2套，诊所1套	20病床医院1套	诊所1套	诊所1套	诊所1套	13套
	小学校数	255所	157	449	139	265	152	110	19	1546所
	中学校数	6所	2	1	5	2	1	1	0	18所
	社教机关	2所	2	2	2	2	1	1	1	13所
	学校房舍	1400间	700	2500	700	1400	800	700	80	8280间
	图书	20000册	20000	15000	15000	10000	10000	5000	5000	100000册
	校具	430班校具	300班校具	500班校具	250班校具	560班校具	300班校具	200班校具	40班校具	2580班校具
	仪器	20套	15	15	15	9	4	3	1	82套

（武义县档案馆馆藏档案，档案号 105—4—219）

13. 浙江丝厂茧行损失报告

(1946 年)

呈为浙江丝厂茧行横被摧残，损失浩大，造表汇呈，吁请照数向日本提出赔偿，以资复兴事。窃蚕丝事业为我国大利所在，不特农村经济有关，即出口贸易亦居重要位置。自江浙沦陷后，蚕桑地区，日寇铁蹄所在，摧毁不遗余力，凡非其据点内之丝厂茧行，或焚毁，或变白地，或拆毁劫掠机械。其据点内则与伪组织订一现物出资契约，竟行占用。迨商人援纱厂例收回产权，强迫租赁者有之；恶意以征用废铁为题，拆取铁器者又有之。种种狠毒手段，几欲消灭我蚕丝事业。幸抗胜迅速，略有残余。残余之各厂各行产，在〔再〕修理〈动〉须三亿元外，或数千万元不等，恢复原状已无能力，更谈不到营业。

属会等为复兴计，几次集议，佥以蚕丝事业关系国计民生，至要且大，当为政府所注重。爰议决两点，请求如下：

一、（略）①

二、照数赔偿也。日本为蚕丝最发达之国，每年生产数量数倍于我国，其占据江浙后，对于蚕丝事业毫不放松，非利用以图攫夺，即破坏以冀毁灭。商人之损失，关于有形者尚可计数填报，关于无形者，八年利益剥削迨尽，含苦茹辛，未由计算。今姑舍无形，而言有形。此项损失，非向日本索取赔偿不可。查中国蚕丝公司所接收之资产，仅属胜〔剩〕余部分。其历年搜括于蚕丝事业者，何止千百倍。我丝茧商，元气斫丧，能独力再事经营者，目前已百无一二。据各丝厂、各茧行报告，有全部被毁者，有局部被毁者，有无可修理者，有无力修理者，有修理需费浩大者。种种情形，陷于困境，不得不辟一途径，别招新股，创设公司，事极可怜。且其中公司，甫经成立，所收股款，大部即消耗于修理一项。为国家计，为民生计，欲谋复兴，大非易事。

属会等再四商议，日寇榨取我蚕丝事业所获之利，虽如表照数赔偿，仍属不足。盖列表报告属会者不过十分之七。无论浙东，即浙西，亦有遗漏。值此流离时代，厂主未尽还乡，诚为遗憾。属会查悉，日本桑苗也、蚕种也、茧货也、机

---

① 原文已省略，非编者删去。

件也，产量尚丰，不拘何项，均听由政府作主；迅予设法以无代价取得，抵作赔偿我丝厂茧行之损失。此请求向日本照数索取赔偿，为原有丝厂茧行复业地〔也〕。理由二。基上二理由，谨汇集各丝厂、各茧行损毁报告表各一册，属会等总表一册，备文呈送，仰祈钧院鉴核。总计浙江丝厂茧行损失数目以民国二十六年价值计，共法币九百六十二万二千三百九十五元。以现在物价比例推算，有已超过三四千倍数者，姑退一步，概作二千倍计，实须一百九十二亿四千四百七十九万元。伏祈钧座俯念商人创巨痛深、艰困万状，准予（略）尽向日本提出照数赔偿，以恤商艰而资复兴，毋任迫切待命之至。谨呈行政院院长宋。

（上海市档案馆馆藏档案，档案号 S37—1—362）

14. 浙赣铁路抗战期间遭受破坏损失向日要求赔偿数量表

（1948 年 1 月 19 日）

会计科目	资产数量建筑时期实支金额	破坏说明	残余资产		应请赔偿金额	备考
			数量	估值		
资—1	3743665.06					
资—2	357371.71	仅存极少数测量器具外，全部损失。修复工作，重行筹办。	1%	3574 元	353797.71	仅残余经纬仪六付，水平仪八付，及少数另〔零〕星用具。
资—4	7655008.02	上饶株洲间，破坏修重，有几处已无痕迹可寻。	70%	5358506	2296502.02	此次修复工程土石方估需 800 万公方。
资—5	0					
资—6—1	10522658.31	桥梁全部破坏，但底层基础尚有可用者，但全部清理工作艰巨。即杭州诸暨间木便桥亦全部腐烂，均须重建。	10%	1052266	9470392.31	全线涵管一部分完整。
资—6—2						
资—7	94741.68	全部破坏无存。	0	0	9474 1.68	
资—8	937994.33					

会计科目	资产数量	建筑时期实支金额	破坏说明	残余资产 数量	残余资产 估值	应请赔偿金额	备考
资—9		19219930.14	轨枕——全线枕木完全损失，即杭暨段通车路线之轨枕，办已全部腐朽，均须更换，衢饶段早由本路重铺。	0	0		杭暨段 37kg/m，轨 34 公里；30kg/m，轨 39 公里，轨 90 公里；衢饶段 31.16kg/m，轨 45 公里，轨；17kg/m，杭暨段正侧线 76 公里，每公里平均存 300 公方。
资—10		541311.98	钢轨——全线仅存杭暨段旧轨5000公吨，衢饶段7000公吨。	12000公吨；（a）60 元	720000	18486250.14	
资—11		1829790.89	铺轨——杭暨段路线仍须整理及更换，江饶段亦由本路重铺。	0	0		
资—12		487915.88	道碴——除杭暨段存少许外，其余或随路基同毁，或多压入泥中。	22800；（a）0.60	13680		
资—13		279578.43					
资—14							
资—15		7593125.85					
资—16		1096779.14	全线工具遗失殆尽，仅杭暨段移存少许。	2%	21935	1074844.14	
资—17		73172.24	全部破坏	0	0	73172.24	
资—18		32746.21	全部破坏	0	0	32746.21	
材料损失		3591898.83					
合计		58057688.70					

附注：本表各栏所列金额，均系按建筑时期（民国）27 年底止之币值填入合并注明。

（中国第二历史档案馆馆藏档案，档案号四五三·731）

浙赣铁路局局长侯家源

15. 战时浙江渔民伤亡渔船损失调查^①

（1949 年 3 月）

渔民损失调查经过——经依照本会战时渔民损害调查办法规定，凡本省沿海及淡水渔区县份渔民在战时遭受重大损失或伤害者，均在调查之列，以作分配物资之报据。为便于调查计，并经划分为：浙西、钱江、鄞象、舟山、台州、温州等六个调查区，其中浙西、钱江、台州等三区由本会派员调查。鄞象、舟山、温州等三区由渔业局派员调查。在前项区域以外之县份，委托当地县政府代为调查。于卅七年十二月十四日起开始，截至本月廿三日止，除三门、建德两县调查表件尚未送会外，其余各县均已调查竣事，其损失数字已制成《战时渔民伤亡渔船损失调查统计表》。

战时渔民伤亡渔船损失调查统计表

区别	县别	渔船损失总担数（市担）	渔船损失总艘数	渔具损失总数	渔民死亡总数	备考
鄞象区	鄞县	43607	330	渔网 15700 方丈 钓钩 23800 只	34 人	
	镇海	400	2	渔网 84 方丈		
	宁海	42790	285	渔网 43597 方丈	96 人	
	奉化	2733	136	渔网 19650 方丈 钓钩 65000 只	174 人	
	象山	12640	47	渔网 3055 方丈 钓钩 122 篮	63 人	
温州市	瑞安	15300	75	渔网 7170 方丈	30 人	
	永嘉	13960	55	渔网 70392 方丈	48 人	
	平阳	7970	67	渔网 3438 方丈	137 人	
	玉环	30520	202	渔网 5527.2 方丈 钓钩 400000 只 钓线 400 篮	52 人	
	乐清	7845	98	渔网 4454.5 方丈 钓钩 29520 只	27 人	

---

① 本文节录自浙江区渔业救济物资处理委员会 1949 年 3 月 25 日救济物资分配会议记录。

区别	县别	渔船损失总担数（市担）	渔船损失总艘数	渔具损失总数	渔民死亡总数	备考
台州区	临海	28900	173	渔网 6898.5 方丈	28 人	
	黄岩	3052	56	渔网 6495.4 方丈	6 人	
				钓线 3500 尺		
				竹笼 29000 只		
	温岭	30870	240	渔网 1527 方丈	81 人	
	三门	20000	150			
舟山区	定海	22200	114	渔网 24225 方丈	42 人	
浙西区	长兴	7255	75	渔网 9386.7 方丈	4 人	
				鸬鹚 131 只		
	吴兴	4320	311	渔网 2814 方丈	57 人	
				钓钩 100800 只		
				鸬鹚 35 只		
	海盐	352	22	渔网 196 方丈	6 人	
	德清	60	3	鸬鹚 36 只	16 人	
	平湖	880	29	渔网 5880 方丈	4 人	
钱江区	绍兴	20020	152	渔网 5230.46 方丈	3 人	
	诸暨	655	7	渔网 240 方丈		
				钓钩 600 只		
	富阳	625	14	渔网 74 方丈	10 人	
				钓钩 113000 只		
				鸬鹚 5 只		
	桐庐	9700	40	渔网 1634.5 方丈		
				钓钩 2900 只		
	上虞	670	7	约值当时价格 2000 万元		
	建德	600	26			
	杭县	1788	32	渔网 2738.72 方丈		
				钓钩 31000 只		
				钓线 123 斤		
	嵊县	110	11	渔网 3278 方丈	2 人	
	武康	84	4	渔网 221 方丈	2 人	
				钓钩 1200 只		
				鸬鹚 4 只		
	余杭	75	5	钓钩 690000 只		

（浙江省档案馆馆藏档案，档案号 L33—2—428）

（二）文献资料

1. 劫后江南

一、长兴

长兴城于十一月廿四日上午二时失陷，市房被炸约百分之九十以上，住宅被毁约二分之一。立在城内砖桥上四顾，则四城门皆已在望矣，居民大都避在八都九都，市面亦集中该处。居民平时仅三四千人，现则增为三万余。城内已有"维持会"，伪会长昔为孙棣三，现则改为孙影臣任伪正会长，金如城任伪副会长，会址设小东门龙头湾米行附近。长兴附近各镇，如泗安、虹星桥、和平、梅溪，闻皆焚毁将十分之九，虹星桥、和平被杀者各百余人，长兴城内及泗安被杀约四五百人，李家巷镇上房屋焚毁十之四五，大中兴三石矿俱遭焚毁。各地群盗如毛，八都九都因为自卫组织，故未被劫。（1938 年 2 月 13 日）

二、濮院

濮院为禾西重镇，自八一三作战以来，日机频在嘉兴轰炸，于是县城内之居民纷纷逃避该镇。禾城失陷后，该镇大见吃紧，因北市近杭嘉公路，西乡三里许是桐乡飞机场，在军事上是必争之地。幸居民事先早已他避，故牺牲尚少，四栅总计有四十余人。至于房屋，则东河头有二十余间已成焦土，其他则损失尚少。一月十三日敌军抵该镇后，约有二旬光景，即有"维持会"出现，主持者即任保卫团团长之夏葆文，该镇市况，现以蜡烛街以东为最盛，如同福园茶楼、王盛记酒铺、张复兴羊肉店等，均已开市，惟北河头至停船桥止，及东市祥云观一带仍冷落异常。至于交通，目下尚称便利，有快班船可北通新塍，南至王店，东南可抵碳石等地。（1938 年 2 月 15 日）

三、余杭

余杭自横街大桥城门口起，至葫芦桥止，直街观音弄起，奇面至宏裕布庄止偶面至盛种德堂药号止，又圣殿起，至久行弄兆佳弄止，及西南部尹家霸一带，城内天桥城门起，北至育婴堂止，西至孔庙止，全部房屋均成瓦砾场。全县城市店铺住宅未毁者，仅存空屋，货物抢劫殆尽，"维持会"会长王东乐、朱玉泉、梅仲常、盛楚溪、陈厚增等，为保全房产计，亦列为委员。商市全无，入夜黑暗无灯。（1938年2月15日）

四、海宁

海宁地临海滨，东接海盐，西连杭州，县属各镇，为沪杭线大镇。自沦陷后，海宁东门沿城脚一带，于敌军进犯时为炮火所毁。现由朱某组"维持会"。县属袁花为敌机投弹二十余枚，新仓海盗横行，日有抢劫，马桥亦为敌机轰炸，新丰桥东首均被毁，旧仓沈锦康宅，为盗匪焚毁，硖石河东街河西街一带房屋，大半毁于炮火，东山街干河均受损失，敌军进驻后，于东山西山重筑炮台，现由吴某出组"维持会"。县属各地，以该处损失为最巨。长安遭敌机轰炸，工厂均受损失，斜桥、周王庙、祝桥、丁桥、诸桥一带，亦有敌军过境，居民均迁避一空。（1938年2月16日）

五、孝丰

孝丰于十二月二十二日突然紧张，港口镇被纵火，敌军过境时，北门南门大火，尤以南门受灾最甚，北门章宅以墙高，得独存，邻近市房已焚毁。（1938年2月17日）

六、杭州

昨有难民自杭脱险来金华，对记者谈敌军盘剥下之惨状颇详，据云：杭垣多商店，经敌劫掠后，内部已空无所有，即门窗板壁，亦被拆毁，生火取暖，未熄之火，则任其延烧，故隔邻店屋咸遭焚毁。伪维持会诸汉奸，为取媚敌人，乃组织新市场商业复兴委员会，由张镜如任伪常委，朱日阳、钟韵玉、闻立仁、邵力东、陈铁文、高师和等逆亦参加。大世界已被迫开继，供敌娱乐，并在大亚、大陆、东方、清泰第二旅馆原址，多设妓寮，强迫良家妇女，供敌淫乐。每次售票一张，纳资两元，门首站有敌宪兵。各银行多被占用，梅园小吃馆改为料理店，协兴改为东方料理店。各米店俱勒开业，由敌宪兵统制设一米店。在龙翔桥设小菜场，卖价甚昂，猪肉每斤洋四角半。敌在沪因嫖妓，染花柳病者甚众，抵杭后即捣毁药房，劫去六〇六、九一四等药品。兽欲依然，每以强奸良家妇女为快，丰禾巷有某姓妙龄女郎，为敌瞥见，欲行非礼，女见状急向惠兰中学收容所逃避，卒被追获，女坚持不从，敌竟以刺刀猛劈，立时惨毙。敌为麻醉信仰佛教之徒，已组织日华佛教会杭州支会，至于各机关多已遭毁损，教育会房屋拆毁更甚，仅省党部及省政府内无变动。东南日报大厦，亦尚未毁，敌宪兵司令部驻扎于此。汉奸报纸新浙江日报，仍继续出版，已停版说不确。（1938 年 2 月 22 日）

七、富阳

东战场富阳血战，我军奋勇前进，迭克要地，二月十四日起我军猛烈反攻，虎啸杏得失者屡。记者骑马过青云桥，见镇上庐闾成墟，一片焦土，二百余民居，竟无一户整存，焦骨碎骸，约百余具，过桥西潘村，累累白骨，触目皆是，草堆中发现女尸，半色枯干，而髻发犹在，压有下层者尚有皮肉，皆无衣裤，人间惨事，宁有胜于此者？据由该处逃出难民谈述，知敌于十二月廿八日窜至青云桥，首先屠杀奸淫，青年妇女，逼令裸卧床上，任供轮污，继则焚烧，致富阳西纵横七里所以夷为原野也。余杭留下、瓶窑、闲林、凌家场、虎啸杏、高桥、新桥，富阳太平桥一带，皆人无雌类，屋无完栋，罹难者共五千人。（1938 年 3 月 10 日）

（摘编自 1938 年 2 月、3 月《申报》连载的《劫后江南》，文中序号为编者所加）

2. 血债—— 一年来敌人在浙暴行

一年来，我们浙江，也够受敌人的践踏和侮辱了！

八一三揭启了全面抗战的序幕，浙江开始直接的受到威胁，敌人的飞机，不时掠过沿海各县，在每个同敌忾同仇的愤怒中都有些惶然了！

待到去年十一月五日敌人在金山卫金丝娘桥登陆之后，野兽的铁蹄使〔便〕踏进了浙江的土地，屠杀奸淫，掳掠，焚烧，一幕一幕都展开在我们眼前，在沦陷区域里面，不知多少同胞是牺牲了，活的也都在过着非人的生活！在后方，似乎可以安全些，可是轧轧的敌机袭来，不管你设防与否，轰轰的投下炸弹，房屋焚毁，血肉横飞，惨剧也演得不少。

在后方，一年来受到敌机轰炸而牺牲惨重的是萧山、宁波、金华，以及黄岩、海门、临海、诸暨、兰溪、衢县、桐庐、富阳、丽水、镇海等地。

萧山地临前线，敌机的过境与丢下几颗小型炸弹是常有的事，可是去年十一月三十日，确乎十分惨重！那次据一个萧山朋友于轰炸后赶去视察回来的报告："当敌机侵入，时在上午十时左右，斯时正系市场最热闹的时候，他就开始轰炸，敌机二十七架，掷弹一百余发，历时二小时之久，素称纯厚模实的萧山，顷刻间即成一片焦土场。抵萧山下车时，就见无家可归的父老，丛集站中，流连〔离〕失所的妇女围坐烤火，长呼短叹，啼饥号寒声浪深入耳鼓，遥望萧山城内，犹似鬼域，鸡犬无声，行人绝迹，入西门，至善政桥一带，店铺尚称完好，过善政桥脚蹑着软绵绵的物件，原来是一段炸坏了的腹部，前面断墙残壁下，躺着四五个惨〔残〕肢尸体，这时胆破心惊，无以形容。从瓦砾上前进，不数武〔步〕，瞧见我的家，已剩了几根柱子，平地上增加了小山似的瓦砾，唏嘘之下，复有何言！复经仓桥至东门，沿路无一完整之住宅，甚至乡村中之九华桥，亦吃到两枚烧夷弹，死十余人。折至市街，以陈家弄相近一带毁店最多，及凤堰桥两岸，亦不在少数；天主堂和福音堂均毁，湘湖饭店，旅客死伤达五六十人，至大弄相近，县政府只剩半间办公厅还屹立其间，法院和看守所及监狱署则一无所有，至南门，城隍庙尚在燃烧，折至西河下，在此一华里之内，损失的重大更不能统计，焚毁者有五处之多，炸毁者更达十余处。总之，此次萧山受炸损失计房屋焚毁者百余间，炸毁四百余间，受震而倒约七八百间，死者千余人，轻伤者七八百人，重伤者无医院，难于查问，其数必可惊人也。"看了这段报告，也可以知道被炸的惨重，敌人太无人道了。

在宁波，受到敌机的轰炸也不是一次二次，其最惨重的是去年火车站的被炸，近来小沙泥街与后市巷〈的〉先后受到几颗小型炸弹，死伤的人数也不少！火车站被炸的时候我正在宁波，曾亲身去看过被炸的惨状，真是叫人触目心伤的！房子烧的还在烧，震倒的震倒了，支离破碎歪歪斜斜的更不计其数的！那时伤的人都由救护队抬到医院里，而死了的人却是断头残肢，血肉模糊，横躺遍地，父哭其子，儿啼其母，这幕惨状，就是叫铁石心肠的人见了也要滚下热泪！

自从省会——杭州——沦陷之后，金华就成为本省政治重心。当然，敌人的飞机又不会放过这个地点的。可是叠次的被炸，除了九月十六日那次外，受灾均轻，前月十一、十三的两次大轰炸，却有些凄惨！据东南日报和正报的登载，十一日上午十一时半至午后〇时三刻，有敌机五十四架，先后分批发现于龙山及临浦，经由宁波临海永嘉方面在沿海一带窥察，第一批十八架，第二批第三批各十二架，第四批三架，飞经慈溪、奉化、象山、海门、松门、玉环、宁波、宁海、黄岩、温岭、临海、乐清、永嘉、寺前、瑞安、平阳等县，分向东北西南及南方逸去，第五批敌机九架，于上午十二时四十五分，在临浦发现，经富阳、建德、兰溪、汤溪，于下午一时十三分，侵入金华上空，先后投弹滥肆轰炸，并以机枪扫射，计共投弹达六十余枚，毁损房屋一百余间，民众惨遭殃及者六十余人。死伤最惨者在沿江沙滩一带，有杭县上泗乡农民邬春林夫妇，年约五旬，以在金无法谋生，乃偕六十七岁之老母及十七龄子桂荣等，拟赴义乌，祖母与孙，同伏树林间，同时炸毙，祖母则弹片穿入腰部，孙则腹部肠肺外流，夫妻两人捶胸顿足，抱尸伏地而哭，痛不欲生；又皖人梁姓，原在吉安操木业，近以赣省战事吃紧，挈母妻子女等七人，由南昌抵金，讵其妻为弹片穿嘴致死，梁暨老母及稚龄儿女六人，环绕尸体号淘悲泣，旁观垂泪；又永修老妇余项氏，年六十六岁，因该地沦陷，老夫妇偕其姪仓皇来浙，身居西林寺难民收容处，以敌机猝至，避入沙滩间，夫姪同时遇难，老妇孑然一身，号泣不止；又有一遭难者，见炸弹下投时，匆促间由沙滩爬上，不料炸弹已随之而至，被炸最惨，除颈部外，余已成血肉一团，令人不忍卒睹！又闻某绍人来金收取酒帐，得款数百元，候车返绍，因此亦同时炸死。（节录东南）

"十三日上午九时许，防空部队据报有敌重轰炸机九架，自杭州方面经新登、桐庐、浦江、义乌、东阳、金华、兰溪、汤溪，再折回金华，约十时十二分侵入金华上空，初似过境，不数分钟后，遂又折返，在火车站及西林寺一带，滥施轰炸，总计此次（一）所投炸弹，共计五十八枚，均系一百磅以上之重磅爆炸弹；（二）落弹地区，均在车站附近一带，约在铁路以北路轨及站房左近，无烧夷弹，铁路以南自应万祥等栈小商店至西林寺一带，爆炸弹与烧夷弹夹杂投掷，故起火处亦散在该一带地区；（三）该区之火势，以西林寺旁近为最烈，至晚未熄，火势之猛与被波及之广，为有空袭后所未有，亦为八年前四牌楼大火以来所仅见，计毁屋一百八十余间，损失（据估计）在二百万元以上云。"（节录正报）

黄岩、海门、临海等地同日受到轰炸，确是出于意外的事，那里既非前线战区，更非军事重要的所在，然而终于受到轰炸了，而且又是那么惨：各地炸倒了许多的房屋，同时死伤的人也都在百十以上，我们就看一看黄岩的：

"九月二十四日敌机轰炸黄岩，事后据各方统计，这次敌机共投二十余弹，受难而死者数达四十余人，伤者亦如之，伤重不治络〔陆〕续丧命的截至今日为止，已达十五人。内中死得最惨者是天长街一家石匠，共计六口竟死其五；老石匠死体已成肉酱，四壁均有血迹及肉窬；又在东祥巷丝线店一家四口而死其三，最可怜的一个已怀六月身孕的妇人被压倒墙下，肠与胎儿破体而出；外科名医师汤祝三在空袭时正在吃梨，曾幽默的说：敌机如果投弹，我就投梨与之抵抗，言未竟而弹片已齐膝飞至，惨遭非命。"

其他如诸暨、兰溪、衢州、桐庐、富阳、丽水、镇海等地，或则地临前敌，或则为交通要点，敌机的侵袭轰炸，当然是平常的事情，在那里被炸损害，更是无法计数。

敌人在沦陷区域的残暴行为，那更是阴险狠毒，无所不用其极了：这里先就敌人在浙西沦陷各县中所施行的侵略政策，略述如下：（节录大路周刊钱万镒君作之《暴敌蹂躏下的浙西》一文。）

（一）收买土匪——敌人在金山卫未登陆之前，早与湖匪出身的徐逆朴诚取得连〔联〕络，自占据吴兴后，即委徐逆为江浙第一二区绥靖司令，副司令员为张逆有生。（即领导敌军在金山卫登陆之汉奸）徐逆现可称为横行杭嘉湖一带之最大汉奸，号称拥有匪军三千人。六月间传徐逆朴诚为敌所杀，实属不确，不过被敌拘禁于上海北四川路之新雅酒店达一星期之久，则属事实。自今年三月底周逆凤歧在沪被刺身死后，周逆部下在太湖边境之一部土匪，亦归其统率，得此声势较前更浩大。常往返于沪杭间，奴颜婢膝向敌献媚，以博取敌军部之欢心与信任。最近敌又命其收买土匪，训练伪军；例知〔如〕八月间敌军之攻袭花海盐，即命徐逆朴诚之伪军与土匪，作为先锋；又如湖属一带之匪军（杂有日、鲜浪人）冒充我游击队，骚扰民间，奸淫掳掠，无所不为，使民众不察，含恨我游击队；又在嘉属一带土匪之烧杀行为，亦冒充我军及游击队。敌此种收买土匪政策，纵匪冒名肆虐，其毒辣可知。

（二）毒化政策——现在浙西沦陷各县中非但雅〔鸦〕片流行，即红丸白面，亦极普遍。所谓"土膏店"者，各乡各镇咸有开设；并有雇烟灯妓女者，为吸客装烟取乐，以诱引青年入彀，例如乌镇、新塍、南浔、新市、西塘、乍浦、硖石、塘栖等较为富庶闹热之市镇，则"土膏店"开设更多。若日间徘徊街道，到处可闻得浓烈之罂粟香味，烟具亦陈列各地摊贩，公开出售，价甚便宜。主持推销毒物人员，全属日、鲜浪人，且间有在沪经商过年者。故此辈浪人，亦有能讲中国话者，且对中国风土人情，颇为熟悉。平时此辈浪人除推销毒物外，并兼任敌军之间谍情报工作，专刺探我游击队之行踪消息，及当地抗日分子之活动组织等。

（三）经济侵略——敌国政府因侵华军费浩繁，国内经济日趋崩溃，工商业一蹶不振，全持公债支撑度日，故对我沦陷区域之经济侵略，无微不至。先于本年三月间，敌宣抚班主任高田与军部接洽，在嘉兴、新塍开设"东方贸易公司"，将仇货货糖、布匹、香烟（仙女牌）等由沪源源运输来塍，再饬各地伪组织强迫推销各乡镇商店。此种推销方法，完全用强迫手段，违则认为抗日分子，即遭逮捕，故商民咸敢怒而不敢言。该东方贸易公司，复将各地粮食商店所有之米粮，尽数掳掠运沪出售，（名义上则为强制捐助伪组织经费）当时沪上米价有时高涨至十六七元，共计自三月间至六月底止，敌运沪之米粮不下三十万担，（浙西各县称石）因此今年浙西各县民食，均陷恐慌，饿殍之增多，实受敌人之赐。现东方贸易公司，已大加扩充，（杭市已有同样之贸易公司设立）一切仇货均由沪源源运来，甚至牙粉手巾之数，莫不尽属仇货。今年初夏，敌又在吴兴嘉兴等处，统制蚕丝，以强暴胁迫手段收买蚕茧，再运沪高价出售，或运往敌国。对桐乡出产之烟叶，亦用此种强迫手段收买。对长兴之煤矿公司，则利用敌技师，并强迫贫苦工人开掘煤块，或运沪出售，或供敌用。

（四）奴化教育——敌人的奴化政策，是有数年的经验，并朝鲜，吞台湾，以及侵占东北四省，往往于军事告一段落后，使〔便〕加紧实施他的奴化政策。奴化政策的方式运用有几种：一、设立日本语小学，强迫沦陷区中儿童入学，校长为中国人，敌宣抚班中日人教日语。在枫泾的日本语小学学生共一百九十余人，于今年五月间全数被敌掳往倭国。因该校学生于入学前早经敌检验，选择体格健全者入学，不数日后即用小火轮载往上海，扬言为参观上海日本小学校，迄今一去不返。现在此种奴化式小学在杭州已有十二所之多（但学生寥寥），在嘉兴城区有三所，其他各乡镇均有设立。现浙西各县奴化教育政策是受杭州伪浙江省政府教育厅之管辖，但事实上伪组织之教育行政权，全操在日人手中。二、设立奴化团体如"新民会"，灌输"皇道"精神，实在可称为"顺民会"。并创办一种汉奸刊物，名《新中国》，内容荒谬绝伦，令人不忍卒读。加入"新民会"者，大多为各地汉奸及穷苦小学教员、无知商民。其他光怪陆离之变化团体，如"东亚佛教会"、"东亚道教会"等。东亚佛教会乃吸收从前在各地佛教研究会及佛教会中之一辈落伍人物，入会者有地方腐化绅士、无知男女、寺庙中僧尼及念佛老太婆之类；道教会则专门收罗从前"同善社"中人物及下流社会中人物（同善社从前在江浙一带曾盛行一时）。三、汉奸之奴化宣传。敌人为实行奴化政策起见，特命汉奸走狗潘起凤在杭办《新浙江日报》一种，有日人中村任该报之顾问，捏造新闻皆由其供给，交潘逆发表报端，并宣传伪组织及做"顺民"应如何顺从伪组织，间亦有宣传"皇道乐土者"，读之令人发指。此外浙西各地宣抚班宣传奴化之五彩标语图画，到处可能〔见〕，但常为我同胞所恨而撕去。其次笔者在嘉兴之新丰镇上见有敌〔宣〕抚班班员拘捕一青年，谓其乃常在夜间派儿童撕去墙壁上之奴化招贴，加其罪名曰抗日分子。可见吾同胞在地狱中生活之惨痛。

（五）成立伪组织——敌在浙西各限制伪组织往往经三个阶段：由"伪维持会"而至"伪自治筹备委员会"，（简称自治会）再由伪自治会而至"伪县政府"之成立，组织经过悉由敌宣抚班所监视决定。现伪浙江省政府已于八月二十七日发表浙西各县伪知事名单如下：杭县江濂，嘉兴沈翰卿，嘉善沈济人，吴兴颜叔周，海宁谭裕卿，平湖胡树芬，德清稽少梅，武康宋复，桐乡金启云，皆丧心病狂，无耻之徒。实际伪县政府之权力，只限于城区一隅，各乡镇则仍在我游击队及我国军控制之下。且各县伪组织，均有敌人任顾问，伪知事不过乃一傀儡而已。现敌人又在上海江湾前复旦大学旧址设立伪建国大学一所，专制造伪组织汉奸走狗，学生前由伪自治会及敌宣抚班之保荐，二个月毕业。第一期早已毕业，充任各地伪组织中科长等职，实际上并负暗中监视责任，第二期为三个月毕业，亦由各地伪组织保送入学。闻现伪建国大学校长即伪内政部长陈逆群。该伪"建国大学"之造就汉奸人物，目的在加强伪组织，但实际却相反，适足以增加伪组织之贪污与不法行为。盖伪"建国大学"之学生，全属平日之腐恶堕落青年，为地方人士所不齿者。

（六）武装殖民政策——敌国自九一八侵占东北四省后，即大批移民满洲各地。民国二十五年八月二十五日日本阁已决定二十年对"满"武装移民五百万，预算为二十亿元（日元），可见敌之武装移民乃大陆侵略政策之一贯计划。最近敌坂垣军阀拟介绍少矶长"拓省",乃敌进一步侵华之计划。我们只要看沿苏州无锡铁路的日本式木板小屋,就可知道敌人把日本、朝鲜、台湾的浪人,已经移植到我们美丽的江南故乡来了。于七八月间,在我浙西嘉兴、嘉善、硖石沿铁路一带,此种日、鲜浪人移乡间的已有二千五百人左右。此种日、鲜浪人在国内均为流氓乞丐之无业游民,移殖来华后,更有恃无恐,无恶不作。我农民同胞无辜被惨杀者,时有所闻,农民为"死里求生",均已纷纷加入游击队,揭竿而起,与暴敌拼命。敌此种武装移民有四种目的,一、保护铁路恐为游击队所破坏;二、抢夺中国农民土地;三、解决敌国内失业问题;四、于军事,因武装移民稍有组织上有辅助之作用。

(七)组织汉奸间谍网——敌特务机关在杭州办了一所间谍学校,专收男女汉奸加以训练,短期内即可毕业,毕业后即分派浙西各地担任汉奸间谍工作,刺探游击队及民间抗日分子等。本年五月间在平湖乡间,我军捕获女汉奸四人,穿着男装,探我军情,四女汉奸为张蕙英、张美丽、潘秀英及高铁华之妾,闻均受过杭特务机关之间谍训练。

(八)其他——敌在浙西各县尚有其他以华制华的阴毒政策,如抽调壮丁训练伪军伪警等是。最近在浙西各地发现暴敌汉奸的一种掳掠妇女方法,就是由汉奸冒充沪上某某大工厂招女工,于是一辈乡间贫苦无知妇女,为生活所迫,纷纷前往应募。敌先唆汉奸选择稍有姿色者录取,旋即用轮运往上海虹口,贩售于日、鲜浪人所组织之妓寮为娼,从此永陷火坑,供敌泻欲。该乡女家属等因一去杳无音信,因此起疑,始悉个中情形,而痛哭爱女,不能生还,徒呼奈何,亦有因此家属自杀者。此种掳拐女子方法,最先发现于上海租界及苏州无锡一带,继则嘉兴、杭州、吴兴一带各地乡镇亦续有发现。其欺骗我国无知妇女手段之恶毒,使人切齿难忘。

其次要谈到敌兵的残暴行为了!敌兵,真是一群野兽,没有人道,没有理性,所到之处,奸淫掳掠,无所不为,在浙西沦陷区域之中,多少同胞是在水深火热之下辗转呻吟。

(作者翁北溟,原载《胜利》第 7 期,1938 年 12 月 24 日)

3. 二年来敌机投在三区①的血债

一、残酷的轰炸政策

自从抗战开始，随着敌人在沦陷区域内疯狂的大屠杀，便是敌机到处滥施轰炸；前线固然不必说，就是没有军事设备的后方城市，也同样横遭轰袭。在三区，是两年前的八一四，敌机的第一颗炸弹投掷在绍兴诸暨的领土上，接着萧山、余姚、嵊县、上虞、海盐、富阳等县，都留下了敌机蹂躏后的血迹，一直到现在，这笔血债仍在一天天增加起来。

三区各县在地理上，虽是接近前线，但实际上仍然是不设防的城市，敌机所以要接二连三不断的滥炸，其目的是：

（一）摧毁我们的教育文化

我们一贯的反日反侵略的教育方针敌人是最顾忌的。所以不惜破坏国际公法，一再轰炸来摧毁我们的教育文化：萧山的仓桥小学和民国日报，绍兴县立三小，诸暨的教育馆全部被毁，特别是省立绍兴中学及稽山中学一再被炸，更是敌寇摧毁我们教育文化的真凭实据。

（二）破坏我们的交通

通过了第三区的浙赣路，杭甬路和萧绍、嵩新、曹嵊、观曹等公路，差不多都遭到敌机的轰炸，尤其是浙赣路通过的诸暨各车站，轰炸得更是残酷。因而萧山县城大部化为瓦砾，诸暨县城多变成焦土了。甚至很小的市镇，如沥海、龛山、头蓬、义桥等处，同样的遭受蹂躏。

（三）摧毁我们的商业市场

商业市场是我们经济的资源，敌人要打击我们的经济命脉，便蓄意用轰炸来摧毁我们的商业市场，萧山诸暨两县的商业市场，已在敌机的不断轰炸中全部被毁，所剩者只是一片瓦砾而已。此外新近绍兴、余姚也遭受敌机的滥炸，绍兴的大善寺，余姚的府前街，至今还遗留着轰炸后的痕迹。

（四）打击我们的抗战精神

我们在持久战，长期战的决策下，敌人用种种方法来分化我们，破坏我们，打击我们的抗战精神，轰炸也是敌人运用的方式之一。所以凡是三区各县的贫民

---

① 三区,指当时浙江省第三区,包括绍兴、萧山、诸暨、余姚、上虞、嵊县、新昌、东阳、义乌、磐安等十个县。

窟，同样遭受到敌机轰炸的厄运。总裁在《防止及报复敌机轰炸之道》一文中，指出敌机之所以狂炸我们平民者，其目的不外乎三点：1、欲以不断的轰炸，威胁吾全国民众抗战之精神，希冀吾同胞向之屈膝求降。2、欲以猛烈的轰炸，断绝我同胞之生活，企图吾同胞于流离失所之中，减少生产，影响我抗战之前途。3、欲以集中的轰炸，妨害我社会之安宁，妄想扰乱吾后方之秩序。

二、血的统计

血债是应该记住的。

两年来，第三区各县受敌机轰炸的损失和死伤的数字，以诸暨、绍兴、萧山等三县为最惨重；富阳余姚次之，海盐上虞嵊县又次之，新昌因为地理上的关系，没有被害。兹将战斗两年来，本区各县遭敌机轰炸损失详情统计于后，以供参考。

三区各县两年来遭敌机轰炸损失调查表
（民国二十六年七月七日至民国二十八年七月七日止）

县别	轰炸次数	被炸地点	投弹数量	死伤人数	房屋损失	损失统计	备考
绍兴	四十一次	城区、曹娥、临浦、柯桥、皋埠、安昌镇、塘殿、南汇乡、马□乡等处	四一一枚	三九八人	七四七间	一、三三〇、六三四元	敌机袭我曹娥飞行场时，被我空军击毁四架，俘敌飞行员一人，我机及汽油库亦有损失。
诸暨	三一次	城区火车站、飞行场、市中心、梁家埠、店口镇等处	三二二枚	一四七人	一〇二四间	二、〇〇七、七〇〇元以上	投有烧夷弹，电报电话局、市中心全毁。
萧山	七一次	城区、衙前区、戴村区、赭山、西兴等处	五五〇枚	二八六一人	四五八八间	九三八、一四四元	投有烧夷弹，市中心区全毁。
余姚	五次	城厢、周行区等处	二三枚	二三人	一五二间	六〇五、〇〇〇元	
上虞	六次	百官、崧厦、沥海等镇	四五枚	一二八人	一五四间	二三、九四〇元	
嵊县	一次	仓帝寺、旧乾坤塔等处	三枚	七人	三间	一、〇〇〇元	

县别	轰炸次数	被炸地点	投弹数量	死伤人数	房屋损失	损失统计	备考
海盐	一二次	歉城、通元、沈荡、□浦北大街东城郊等处	七三枚	五七人	一五七间	四九、三九○元以上	
富阳	一六次	大源、场口、东洲、里山等处	二二○枚	二四三人	一七九间	四七、○○○元以上	内被炸毙士兵九名
总计	一八三次		一六四七枚以上	三八六四人	七○○四间	五、○○二、八○八元	

三、轰炸中的新生

由于敌机的轰炸再轰炸，三区的民众大都迁往内地或是疏散到乡村去发展生产、充实农村，一部分因为亲受着这血的教训，反而坚强起来，纷纷投入抗战的洪流，准备以武装的铁手，向敌人去索还两年来的血债。所以民众武装在敌机不断的轰炸中建立起来了：

第一，抗日自卫队在江南八县，现已有两万人，他们都是越王的子孙，有坚强的意志，愿继承祖宗复国的精神，参加自卫武装，历厉以须，随时可以渡江杀敌，它们械弹装备都完全，而且有很多的手榴弹。在海北的海宁、海盐、平湖三县，也成立了抗日自卫队，近在跟敌寇斗争中。

第二，常备队仅是江南有三○○○人，随时可以补充到前方抗战的部队里去，而且民众们不断地按月应征服役，常备队的数量，始终不会减少下去的。

第三，社会军训：这是民众动员的初步工作。在战斗两年当中，民众们都从参加了社会军训，而获得了战斗的知识，听候征发，总计受训壮丁达二十万人，现在尚在继续训练中，而且海北三县还没有计入。

此外，要特别提起的是：

第一，编练了两个支队：完全是三区的越王子孙，早冲过了钱塘江去，作失地的斗争。

第二，青年们也活跃起来了：在抗战的过程中，青年们争先恐后的参加到政治工作队有一千多名，他们不仅成为坚强政治战斗员，三民主义的战士，他们在江南建立了文化的堡垒，而且冲到海北去领导军事，打冲锋。

第三，妇女们抗战的伟绩：三区的妇女也参加了民族的斗争，他们也有二百人以上在做着动员妇女的工作。他们也到海北去，在王店表现过光荣的战绩，在茶园也有壮烈的牺牲。

第四，特别是诸暨的民众，他们有广大的纠察队，达三万人，纯是民众的武装游击的战士，他们用的土枪土炮，这土枪土炮在革命的斗争中，也曾有过光荣的战绩。

第五，抗日自卫队，不仅是建立起来，他们还在执行保卫三区的任务，并且不断冲到海北去参加战斗。

有了这样强大的武装，我们一定能担当保卫大绍兴的任务，看敌人从那里来，把他们打回到那里去。继承祖先御辱复仇的传统精神，越王子孙从敌机不断轰炸中，强大起来，新生起来！

（作者王传本，原载曹天风主编：《战旗》第 64、65 期，1939 年 8 月）

4. 浙西在敌人的铁蹄下遭受摧残

人类的文明，为不能克制侵略国家的野蛮性！在东亚日本帝国主义者，疯狂的侵略行为之发展，浙西便不可避免地遭受了无情的残破！我们应该记着：浙西从民国二十六年十一月五日敌人在金山卫登陆这一天起，直到现在是继续不断的在被摧残、蹂躏、毁灭的磨难中，我们现在来检视这一笔无可计算的血债，对过去的艰难缔造，深深感到我们的损失是创巨痛深，而对于现在我人应有的努力，益感于所肩负责任的重大。

一、受灾的人数及财产

在浙西特殊情形的现状下，一切损失，当然难以推进调查与统计。不过从现在可能的调查数字看，在临安、安吉、长兴、孝丰、余杭、吴兴、武康、德清、崇德、海宁、海盐等十一县，因敌人之侵扰，而流离失所的有一二六、四九二人，死伤平民九、三九五人，焚毁房屋一六五、八九五间，估值九、八四九、九三五元，财产损失达一二、六三〇、六三九元，其他无法估计的无形的损失，正还不知百千万倍于此呢！

二、经济的损失

浙省有数的矿业——长兴煤矿，是陷于停顿了。全省的工厂中，因浙西的被侵，除极少数迁出外：缫丝厂的百分之九十，棉织业的百分之三十六，电气业的百分之四十二，铁工业的百分之四十五，针织厂的百分之八十二，造纸业的百分之五十，都受了损失。

全省符合工厂法规定标准的工厂仅一一八家，沦失了八〇家，资本在一、〇〇〇、〇〇〇元以上者七家，沦失了六家。资本在一〇〇、〇〇〇元以上者一四家，沦失了九家，其中有以嘉兴纬成绢丝厂，民丰造纸厂，杭州电厂，西湖炼乳厂等，不但在全省为有数工业，即在全国内亦为稀有工厂，而现在全部沦失，既属极大损失，尤为万分可惜。

纵计沦失工厂，资本总数在一、八〇〇万元以上，工人在二五、〇〇〇人以上，而现存未受损失的工厂，资本仅有四五〇万元，工人不足一〇、〇〇〇人。

浙西每年可以输出的食米一、一〇〇、〇〇〇石以上，蚕茧一五〇、〇〇〇担以上，皮棉四〇、〇〇〇担以上，茶叶七〇、〇〇〇担以上，油菜子九〇、

○○○担以上。因战事的影响而受了损失。

仅余杭、安吉、分水、孝丰、临安、昌化、桐庐七县，因敌寇的侵入，物产滞销的损失，即达二、八○六、○○○元。

三、财政的损失

全省田赋正附并计每年应征额一千二百万中，损失了五百九十九万元，在财政的直接损失上，这是更大的一端了。

浙西被侵各县中，各项地方税入就每年损失了四、七六二、九四四元。

本省二十五年度共收契税一一四万余元，二十六年度就仅收五○万余元，二十七年半年度也只收四○万元。这激减的原因，当然是普遍的遭受战事影响之故，而浙西许多城市的被侵占，要为契税激减的最主要原因。

此外间接的如敌伪在抢占区内的苛政暴敛，强用"军用手票"，发行伪币，伪造我法币，以及收兑我金银，与最近的吸收铜元，这等等的损失，真是无可计算。

四、文化教育的损失

表面上前面所说的浙西在抗战前所有的教育文化机关，在敌蹄侵入到浙西之后，搬移的搬移了，丧失的丧失了，总之浙西一切的教育文化机关是完全被残毁而停废了。这损失当然是很大的，但我们觉得还有更大损失，那就是敌人对我无形中的残害。

中国历代所讲的治道，都是崇尚气节，砥砺廉隅。但敌人侵入到中国，侵入到浙西，就"反其道而行之"，在"复兴东亚文化"的名美计毒的口号下，改编教科书，设立伪学校，发行伪报纸，组织伪"大民会"，"防共青年团"，"日华亲善团"，以及其他各种的训练讲习会所。敌人的目标，无非在施行奴化教育，造成"文化汉奸"！教育是百年树人的事业，敌人想以杀人不见血的手段，使我们堕入万劫不复的魔道，古人说"哀莫大于心死"，敌人就要置我于"心死"的地位。所以我们要认识到这一个损害影响的深重。而必须予以彻底的击破。

五、交通的损失

由于军事上的需要，浙西游击区各县的河道，已经封锁更进而予以阻塞了，从前港湾分歧，水乡泽国，为全国第一富于航运之利的地方，刚刚是在浙西沦失的各县，可是现在是全部失去了，而浙西所剩下做我们工作根据点的，却是山乡地带，这是可惜的一点。

浙西交通发达的地带，差不多最大部分沦入游击战区，在浙西陷入敌手或自动破坏的一二〇公里的铁路和三、三七五公里公路中，铁路在我们现在工作的浙西的西区中是没有一条，公路主要的也仅只浙徽公路的一线，这是公铁路的重大损失。

此外，邮电事业，在浙西更发达的东边地带里，也完全受了损失。总之浙西以前交通便利的地方，因敌人的破坏，而成为不便了，浙西存留的地方，则又因原系山乡，交通本属艰阻，因此我们可以说，在敌人侵扰下，浙西的整个交通是损失了。

六、损失的综合

我们不要说，浙西在全国所处经济上的重要性，我们却可以率直的承认浙西是浙江全省最发达的部分。不过我们也须作更进一步的观察，就浙西说，它又可以京杭国道为界，分成东边的平原，与西边的山乡两个地区。浙西无论是人口、经济、财政、教育文化以至交通各方面，浙西的精华，完全是东边的一区。敌人的恶毒，恰恰侵占截下了浙西精华所在的东边一区。在这情形下，我们的反应第一是增加了我们现在损失之痛惜，第二是因在浙西现在山乡地带工作条件的艰困，更增强了工作的勇气，与收复失地要求的迫切。

（选自汪浩：《抗战中之浙西》第 1 章第 2 节，1940 年 1 月版，标题为编者所加）

5. 浙赣路东段血仇与火恨

（浙东前线通讯）敌人自在四月二十一日占领诸暨县城后，浙赣路东段的战事，便形成了一种拉锯战，敌我始终在环绕诸暨县城二三十华里的外围线上，不断地作小规模机动性的战斗。

直到五月十一日，敌人才纠集了将近＊千①的残余部队，配备着大量的骑兵与空军，突破我方的包围圈，经牌头向浙赣路进犯；于是浦江、义乌，这一片净土，又开始遭到魔手血腥的蹂躏。直到十六日，这些窜扰诸、浦、义边境的残寇，才在我方大军层层包围重重压迫下，气喘喘地退回诸暨，继之，盘驻诸暨的敌寇，为的要解脱它的包围圈，也在五月二十日下午狼狈溃回萧山城。于是浙赣路东段一片秀丽的原野上，又复到处飘扬着青天白日满地红鲜明而灿烂的旗帜，而生活在这儿的人们，也就重新呼吸到一股自由、新鲜、快乐的空气。

浩劫后的浙赣路东段的景象，是充满着荒凉和凄惨。要是一个生活在大后方的人跑到这里，会使你战栗得不敢仔细去观光，更会叫你不敢相信这人类的世界上，竟有这样野蛮而残恶的军队。最近记者以五天的时间，在诸暨浦江义乌一带的收复区里，绕了一个大圈子；在那里，我实地见到许多敌炮残存的痕迹与血印，我更实地听到许多民众英勇的反抗与牺牲，一时雪耻、复仇、与兴奋的情绪，立刻在我的心田中泛滥着，下面所写的，便是五天来在战地上所见所闻的真实记录。

一、武士道的精神——杀、烧、奸、掠

烧、杀、奸、掠，这是日本军人的惯技，也是日本军人对中国民众最丰盛的见面礼！

所以凡是他暴力所到的地方，必以烧杀奸掠来宣扬"武士道"的精神。它们好像不这样做，就无法表示武士道精神似的。而这种野蛮的精神，也正随着它们"没路"与"死亡"的悲惨命运，天天走向更狂妄更残忍的路。

烧——这是它们第一件的工作，它们有专为烧毁中国房屋而组织的"防〔放〕火队"，所以在诸暨的草塔、牌头、外陈、楼家、王家井一带，简直找不到一所完整的屋宇，同样的在浦江傅宅、嵩溪、旌坞、郑宅、严店、白门岭脚，在义乌的苏溪，以及敌寇泥足到达过的地方，总是一把魔火，燃烧着我们祖祖孙

---

① 原文如此。

孙苦苦所经营的血汗。在那里，现在正有千万个民众，因为没有了家，没有了财产，而终日哭丧着脸，生活在山野间、树阴下、废墟上。

杀——这次因为我们事先都已普遍的举行了人口疏散，所以在这一方面不能像过去那样任它们随意所欲，不过在浦江傅宅市尚有许多民众，因为帮着国军做着各项勤务的工作，一时未及退出。所以，当在五月二十日敌人掠扰至该市的时候，这八十多个无辜的民众，都一个个的做了日本强盗的"刀下鬼"。最可惨的，就是它们那种"杀"的方式，它们偏不用枪杀，更不用刀砍杀，而是先用绳索紧缚全身，再用那锋利的刺刀，慢慢地割断后颈，然而又故意拖留着咽喉，叫我们"死不过去，活不过来"。最后还把那活生生的尸体，丢在池塘里，或悬在家里的栋梁上。

至于小孩子，那更是凄惨，就是用刺刀割去生殖器，使小孩子在惨叫声中死去。总之，它们把杀人，当做一件"极有趣"的游戏。

奸——说到奸，真叫我们捏一把冷汗，只要它发现一个中国妇女，不论是老的，或是丑的，简直没有一个幸免。最难堪的，就是那种"奸淫"的方式：它每碰到一个中国妇女，便迫令脱下全身的衣裤，赤裸裸的为它们检验，要是给它发现身上有几个疥疮的话，那它便会毫不留情的尝〔赏〕你几个耳光，或者割去你的乳房。甚至还用刺刀挖掉你的阴户。至于没有疥疮的呢？它们便跟饿虎一样的猛扑过来，□□你的肉体，有几个妇女，甚至被兽军轮奸至十二人之众。奸淫后，这些没有人性的野兽，更在她们的阴户里，塞进许多大麦芒、细沙粒，叫你痛不可忍。

不单这样，在人口疏散了的乡村，因为找不到"花姑娘"，它们便会成群结队的往山里去搜索，绑了许多女难民回来，关在一个房子里，裸体为它们任意调笑，为它们每天十二小时不停的糟蹋。在浦江白马桥地方，更迫令我们女同胞为它们裸体站岗、守营，任进出的敌寇，蹂躏她们的全身。

掠——食米、麦粉、火腿、猪肉，是它们最心爱的东西，所以兽迹至所，抢劫一空。其次如法币、现金方面的劫夺，那更是非常的利害。而且这个数目据老百姓告诉记者，并不在小。我们留心着：敌寇这一行动，不但要破坏我们稳固的金融，并且它们更会进一步的去套取外汇，变成更多的飞机、大炮、坦克，来屠杀我们的同胞。

二、"粪"与"尿"的世界

日本人虽然穿着文明的外衣，而实际上却生活着野蛮的筋骨。

真的，敌人所到过的地方，那简直不是"人"的世界，而是原始时代的野兽世界，只要你到敌人的宿营地去看看，便会得到这样的结论。它们的粪与尿，是跟狗跟猪一样，到处乱撒，当这次记者在诸暨的牌头、浦江的傅宅的时候，许多民众都这样失望的告诉我说：他们在回家的那天，房子里什么东西都没有，所有的桌、椅、桶、门板以及所有木制竹制的家具，都给那批野兽当柴烧了。而在房子里留着的，是满屋子的稻秆与满屋子的粪尿，可恶的，连那烧饭的锅子里，装酒的酒缸里，藏书的书箱里，都给它们放了粪，撒了尿。见了真叫人作三日呕，不单这样，当这班野兽撤退的那天，因为有许多饭和麦粉，吃不光，带不走，它们便和着粪尿，成块的丢在明堂上，散在天井里，总之，十足的变成了一个"粪尿世界"。"野蛮"这二个字，绝对不够形容它们的军风纪！

三、英勇的诸暨人

浙东的民众，在敌人烧杀奸掠的残恶罪行中，他们不再是懦弱的任人宰割的绵羊，尤其是诸、浦、义三县民性的强悍，是全省著名的，所以每当敌人烧毁它们的房子，奸污了他们的妻女的时候，他们那颗愤怒的心，立刻会在心坎中燃烧着。啊！他们是那样英勇地在炮火的前线，为国军送子弹、抬伤兵，他们更那么勇敢在黑暗中领导军队去包抄敌人，歼灭敌人，总之他们愿意偿付任何代价，去打击敌寇。

尤其是诸暨人，在这次事变中，的确表演过相当辉煌的成绩：第一，是诸暨县城沦陷一月，始终没有出现伪组织，这证明诸暨境内没有汉奸。第二，是民众白天为国军送子弹、抬伤兵，晚上还要帮助军队抢电话线，破坏公铁路，任务完了的时候，还要替自己春耕、插秧，这证明他们无论处在怎样艰苦危险的环境中，仍旧继续他们的生产工作。

其次，在敌寇窜扰期内，前线各县的殷商富户，都有小规模的武装组织，这种雏形期的游击队，也曾给予敌伪军以重大的打击；在诸暨的庐店街、边村、楼家、蓝田井一带，老百姓们不时运用他们熟悉的地形，用低劣的土枪土炮，给予三五成群的敌伪军以消灭，这在保卫浙东的战斗史中，也是一页不可磨灭的史实。

四、准备着消灭敌人

但是，在这次事变中，浙东民众给予敌伪的打击，还不够我们理想的要求。关于这点，记者曾搜集各方面的意见，详加研究，可分下列二重原因：第一是害怕敌人的心理太重，以为敌人是非常凶顽的，因为他们有着优越的武器，有着大量的空军，土枪土炮绝对不是敌人的对手，但是这一次铁的事实告诉我们，敌人是那样的怕死，敌人的炮火虽然利害，但是只要运用我们熟悉的地形，敌人是不难消灭的。——他们都这样的自信着。

第二个原因，就是在万分危急的时候，找不到适当的地方干部，同时政府方面也没有给他们作一个强有力的后盾，所以一时不能发挥伟大的战斗潜力，但是如今呢？许多地方干部因为领教够了敌人血的蹂躏，不再躲避在山野，而是纷纷地出来领导民众，保卫家乡。现在，他们正在伸出千百万双粗大的手，准备向敌人索还血的债！

不过，民众的武装组织，要没有政府来支持，那是非常脆弱的。在这儿，记者仅以满腔的热忱，希望前线许多县份的军政当局，把握此千载一时的良机，赶快给他们组织起来，强化起来，而进一步的运用起来，使这一股动力，变成抗倭战争中最坚强最伟大的胜利因素。

（记者徐承法，原载《东南日报》1941 年 6 月 30 日）

6. 分析敌伪在浙西金融上所采用之方略

自汪逆于二十九年十二月二十九日与敌签订《日支关系调整纲要》以后，复于三十年六月十四日作二度之访日，与同年十二月十日三度访日，及三十一年六月七日褚逆民谊周逆佛海之访日，七月二十八日之订立一万万日元贷款协定，与十月三十一日二度订立卖国条约及中日合作密谈之给〔结〕果，在我游击区内，一面实行军事政治上之高度"清乡"，一面复在金融上强化伪币"中储券"，并自三十一年四月一日起，停止发行军用手票，五月三十一日起禁止我法币流通，同时又从事于强化伪金融制度与组织，并管理伪"中储券"之发行，于是浙西金融与敌伪金融斗争，亦更紧张矣。

（一）以日元为中心之新金融体制之强化

敌伪对我浙西金融侵略之初步，始于二十六年冬季，在浙西杭州湾北岸之金山卫；敌伪对我全国金融上侵略之总机构，又设于浙西毗连最近之上海南京，故金融上策略之改变，影响于浙西者，亦最□最烈。敌伪在初时之金融政策，比较迟缓；而目前则以敌人对伪金融组织之强化，与发行之管理，故其更倾向于日元集团。三十二年秋，伪方有"日支满联合准备银行"之设立，及"大东亚联银券"之发行，即可证明。其强化日元系统及其新金融体制之事实，由于敌伪金融之最终目的及最高原则，在于实行其"日元集团"之强化，与"大东亚共荣圈"之金融体制，故伪金融亦不能逃出此基本政策之范围。

（二）军事上政治上搜取我法币及金银铜元

敌人一面以其军事上之"清乡"及政治上之"清乡"，搜取我法币（参考伪南京政府三十一年六月一日公布之整理旧法币条例），使我法币在游击区内强制的或以政治的法律的方法，被硬性排挤，使民间藏有法币者，造成违法的行为。一面又高价收买金银铜元或以重要必需物资，以极低廉之价格，与银元铜元交换，以达其破坏金融之目的。

（三）分化法币吸收法币，利用法币及拒用法币

敌对我法币政策，初以分化作用，开始于二十八年秋。用分别我法币上层印地方名称，予以恶意之宣传与分化，破坏其一部分之信用。如故意区别战前中国银元所发行面印有天津、山东、青岛、东三省等地方之钞券。又如二十九年则以年份区别为手段，来达到破坏我法币之信用。如敌人利用"流动商人"，故意以民〔国〕五年所印之中国银行钞券为老票或"老京版"，二十五

年以后所印者为新票或"小京版"，老京版可以在敌区内通用，小京版则不可通用，于是金融上又起一大波浪。三十年、三十一年，以我中央所发百元伍拾元大票渐多，故敌又将大小钞分化，或只用大钞，一会又用小钞，一会又将大钞分化为印有"重庆"二字不能通用，一时又谓中央与中农二行之钞券不能通用。总之，因我方需要购进陷区物资的原故，所以分化法币，遂成为敌人经济捣乱的一种有效手段。三十二年，则将我大业书局承印之中国农民银行念元券及中央银行二十九年中华书局所印七版小型券，大量发行，并在敌占之据点内，如杭州等市，公开兑换，以二千元伪币可购兑三万元小型版之比率，尽量兑与流动商人，而流动商人则纷纷向我浙西后方争购粮食特产，一面造成捣乱我统一发行之政策，一面吸收我方物资供敌利用，此为分化我法币之大概情形。三十二年秋，在富春江一带凡我收购敌方物资时，敌方故意分出三种价格，如以关金券购买则其价格最低，如以"老法币"购买则次之，如以新近所发行之法币如百城公司承印之中央券收购则价格最高。此为敌有计划的分化我关金券与法币之始。

敌人除分化我法币外，更一面吸收我法币。吸收我法币，初则用以购买外汇，复以我放弃外汇政策以后，又改为收购我方粮食特产土产。如三十年、三十一年，在杭嘉湖一带，敌乘我田禾丰收，大量收购我粮食。在富阳、新登、临安、余杭、武康及吴兴之上方，均可看到成千男女老幼，各肩负粮食数斗，过路东而去。按敌收购此批食粮，则利用我法币作为媒介。但同时我余、武、安、孝之土产，为毛竹、木炭，及富阳、新登之土纸出口，则付以伪币。考其原因，在于我方民众信用法币，故敌利用此种心理，故意以法币收购我方重要民生必需之粮食，使减少流动商人兑换钞券之麻烦，而一面可使内地食粮、大量加速的运出。于是粮价日涨，影响整个社会民生颇大。同时，在于控制我方劳力，使在无形中专用之于肩挑贸易工作，减少抗建劳力；一面可吸收我大批粮食，当年纵属丰收，亦可能造成人为的米荒现象，间接影响我社会上之治安与秩序。至于收购土产时，则利用伪币，因伪币在我方不能流通，故必带回物资，而物资又为敌人管制，数量极少，故我土产价格日跌，则其目的在于土产价格日跌，直接影响成本，间接影响民生之目的已达到矣。

最后阶段为拒用法币。自汪逆成立"中储行"后，即大量发行伪币，在敌区内商人称之为"新法币"，一面以军事政治之手段，拒用法币，使"法币所成立之任何契约不发生法律上之效力"，以为保障，强制人民，先以二对一之比率，推行伪币，一面在敌我交界之处，分设兑换站，由"中储行"负责兑换，禁止法币流入，又将敌区内之银行、钱庄、商店等库存，均行强制兑换伪钞，再加以清乡时之注意法币，为清乡工作中之重要项目，再加以伪方之纳税还债，以及伪公营机关之收付，均用伪币。如此不及十个月，伪区内之法币，已大半不见于市，而入"中储行"之库及民家私藏矣。敌对拒用法币所用金融上之政策，为"阻止法币流来，应以禁止东西内流入手"，及"使用通货之手段"，这两种金融上之策略为原则。由此，可知敌伪统制物资，重视物资，以物资作金融之后盾明矣。

（四）敌伪利用伪币与其货币发生联系，强立伪币之寄生地位

伪币驱逐法币之方法，在于最初将伪币与其他货币发生联系，如最初之伪币"与日圆比值"（二十八年以前所发行之伪币），后以"与法币比值"（二十八年五月以后），又"与英汇比值"（二十八年七月二十日），或"与美汇比值"（三十一年六月），最后再拒用法币。其所以欲先硬性，拉住某种货币与之比值者，在于利用别种货币，因寄生而存在。换言之，即勉强把伪币亦在市场上造成为一种人为的"商品"，而逐渐的再行自己生存。因为是一种"商品"，所以亦不能逃出供需律的支配，故伪币虽一度超过法币的价格，然至终还是恶币的伪币，仍要跟法币走，又加以伪币在我国境内流通，到处失去民众之信仰，同时法币已在广大之地域内，深得民众之信仰，且已与人民之生活发生密切之联系，打成一片，而不能分离。故欲伪币驱逐法币，是极不可能的事，所以沦陷区内的人民，欲向我后方购买粮食物资，必先将伪币换成法币才可，因此伪币对法币至今还是存着依附性。所以伪币无论其在沦陷区内受敌伪军事政治之压力如何重大，终不能逃出法币的主动力量。

（五）伪中央储备银行承受汪逆所发行之伪公债

汪逆于三十一年六月一日起，发行"整理金融公债"共计十五万万元，年息五厘，以二十年为期，为记名式之债券。

（六）汪逆向敌方之借款，影响浙西沦陷区之金融

（1）按汪逆向敌借款，于三十年六月十四日二次访日时，向敌借款三万万元，作为扩充军队之用，同时敌伪允许汪逆在东南实施清乡。（2）三十一年六月一日褚逆民谊访日，及七月二十一日周逆佛海之访日，造成七月廿八日之一万万元之贷款协定，加强其金融上之实力，作为其榨取民众之工具。由于以上之公债与外债，遂造成其伪金融之支持力量（军事的与金融的）。于是伪币在沦陷区内所起之作用较前更大。

（七）伪币之恶性膨胀

伪币虽有其军事政治及经济上之协助，但对法币之绝对禁用，仍未达到目的，且自三十二年夏季以来，以其发行数量过大，已造成其恶性通货膨胀之现象。故敌区内之物资狂涨不已，使在敌区内之人民，因生活上直接受其影响，故对伪币极不信任，对伪政权之怨恨，亦同时增加，又以敌区内以物价之狂涨，购买力无形减低，商人不得不将物资运入我方出售，故目前造成物资纷向我方流入之趋势，于是社会上走私等不良现象，愈见减少。

（八）伪金融机构之设立

在浙西敌伪金融机构，已如雨后春笋，尤以二十八年至三十年为最。除二十七年三月十日在北平利用临时政府组织"中国联合准备银行"，发行"联银券"，与浙西经济上直接关系较少外，其敌伪在我浙西（包括南京一带）敌占区内已设置之金融机构，可以下表表示其概要：

浙西敌伪金融机构一览表

银行名称	开设地点	开设日期	重要职员	其他
横滨正金银行杭州出张所	杭州新民路	二十八年五月		
中央储备银行杭州支店	杭州太平坊	三十年三月十日		
中央储备银行嘉兴办事处	嘉兴望吴桥	三十年十月七日		
浙民银行总行	杭州新民路	二十九年十二月十八日	经理秦詠肇	资本华兴券伍拾万元
浙民银行吴兴分行	吴兴县官驿巷	三十年		
浙民银行嘉兴分行	嘉兴城内	三十年		
浙民银行碤石办事处	碤石干涉港	三十年		
农商银行杭州分行	杭州市	三十年		
华兴商业银行杭州支行	杭州新民路二三九号	二十九年		
裕华银行	杭州	三十一年		

杭州市伪银钱号一览表

名　　称	地　　址	备　　考
裕昌银号	清春路四九二号	
五源银号	忠清大街乌龙巷口一五〇号	
信昌银号总行	新民路三二八号	
信昌银号第一分行	荐桥四八〇号	

名　　称	地　　址	备　　考
大春银行总行	寿安路一四号	
大春银行支行	新市场教仁路九九号	
同昌银号	新民路三八二〇号	
新大银号	保佑坊二号	
源昌银号		
三源金银铺总店	荐桥街珠宝巷口	
三源金银铺支店	新民路官巷口	

敌伪接受我金融机关一览表

名　　称	接收机关	日　期	备　　考
中国银行杭州分行		三十二年	董事长冯耿光，总经理吴震修，信托部经理胡熙伯，经理沈文彬，襄理江伯庸。
中国银行嘉兴支行		同前	
交通银行杭州分行		同前	
交通银行嘉兴支行		同前	
浙江地方银行上海分行	三井洋行	三十一年七月十七日	江苏省农民、江西裕民二行上海分行亦于同年八月被三菱、正金二行派员接取。
中国实业银行	中储行	三十二年八月	
四明银行	中储行	同前	
商业储备银行	中储行	同前	
中国通商银行	中储行	同前	

（九）华兴商业银行与中央储备银行之比较研究

二十八年五月在上海虹口成立"华兴商业银行"，资本共计五千万元（维新政府与日系银行各出一半），其业务只限于贸易及金融方面，而不承受汪逆之公债。华兴亦发行钞券，而非为"法币"，却是：（一）一种商业银行之信用，（二）并未与日圆发生联系，（三）并非用为全体代替"法币"之钞票，（四）根据"华兴券"发行之规章，"华兴券"只能为贸易上之原因而发行，只有在：一、输出货款，二、输出外汇及担保放款，三、输出外汇之收买，四、存款之支付四种场合之下，方能发行，故与"中储券"之法币地位□以都市为中心之政策不同。二十八年秋，汪逆创设"新中央银行"，当时遭日藏相石渡之反对，后于三十年一月六日，在南京中山东路一号，改设为"中央储备银行"总行，发行钞券，其任务则总合"中国联合准备银行"及"华兴商业银行"之任务之外，再加以（一）系银行之银行组织，（二）有发行钞券特权，（三）国库之代理，（四）公债之劝募与还本付息，（五）与敌伪金融之联系，（六）对我法币及金融机构作有计划之排挤与打击，成立一强化之日圆体系之新金融体制。

（十）接收我方陷区内之金融机构

我方金融机构，原在北平、天津、青岛、长春、广州、武汉、上海、南京、杭州、嘉兴，均有设立。即以浙西而论，在杭嘉湖一带，战前之金融机构，计银行二百余家，银号钱庄二百余家，典当一百余家。战后以业务上及其他关系未及撤退，或停止营业者，计上海有中、中、交、农，浙江、江苏、江西三省地方银行公立银行，及私人之商业银行，总计有一百家之多。敌即以搜捕我国家金融从业人员，及以各种恐吓威胁手段，对付我在上海之金融组织开始，至三十年敌占上海租界以后，遂将中央银行及中国农民银行强制停止营业，并令原有之中国银行与交通银行照常复业，并派敌伪人员监督每日帐务、行务，目前上海、杭州、南京、嘉兴等地之"中国银行"、"交通银行"二行，已伪化复业矣。

关于地方银行，则有浙江地方银行上海分行，于三十一年七月十七日，敌派三井洋行行员，来行接收，其他如江西裕民银行上海分行，亦由正金银行接手。江苏省农民银行上海分行，由三菱洋行接收。三十二年八月初，上海官商合办之四明商业储蓄银行、中国通商银行、中国实业银行及中国国货银行，由伪"中央储备银行"接办，先由伪"财政部"予以清算，再改选理监事会及改订其营业方针复业。

最近并接收浙西敌占区内之邮政与其储金汇业局。

（十一）敌伪利用清乡所造成之金融政策

（1）关于金融上之导入游资问题——此问题实属清乡中一重要工具，据广瀬库太郎所述，引以证之："因为确保治安，确立保甲制度，以及实现改革行政与财政后所应考虑的，当为上海游资导入于清乡区内的问题"。然以浙西已有相当生产设备，及劳力动员之条件，与一般资本较大商民企业心理之旺盛，故上海游资，实无法投入。虽然浙西伪银行银号在杭嘉湖日增，而资本均在五十万元至二百万元左右，而此等银号之唯一业务，为对上海之汇划以及对商人之放款。目前以物资流动减少汇兑因之而清淡，故改为放款，其放款额为其资本之三倍四倍，放款对象，为商品担保，多为短期，利息大部为月息三分至七分，而造成高利贷之现象，但贷者仍极旺盛，伪通货则亦无形膨胀，物价随而狂涨。

（2）农村金融问题——关于敌伪在农村上之政策，大约有以下各点，为农业技术之改善，耕地面积之增加，农村金融之活泼，及农村经济之统制。在增产计划（伪农业增产三年计划）内有：

（A）关于"如何发展农业金融办法"内，有"农业贷款之举办，与合作金库之设立。关于合作事业方面，则有：（一）划一整个系统，发展合作事业。（二）合作宣传。（三）合作指挥。（四）增加各级合作社之业务，以达全部农业合作之目的"。

（B）再参考伪浙省农业改进区工作纲要内，关于（子）农村金融者："（1）协助举办贷款——农村贷款之举办，应由中央令饬官民拨款经营，而农改区更宜察酌情形，商请地方金融机关，共谋农贷事业之推进，一面为应农民之需要，则宜为之接洽介绍，一面承受银行之委托，亦应代为调查估计，俾贷款数额，适合需要，而保证确实，得资安全，庶使农贷事业亦可渐次发展。（丑）筹设农业仓库。（寅）筹设农村公当——农村商业，素为农村之金融机关，事变以后，均以停闭，自非仅凭私人经营即可恢复，故为适合农村之需要起见，农业改进区协商地方政府拨款筹设农村公当，以利农业资金之融通。"

（C）研究农村典当通则，可知其分为农村公典与农村商典二种，每家资本总额在三万元以上，其主要业务为：（一）受当左列物品，并得收受各种存款：（1）衣服被褥，（2）金银饰物，（3）农村手工品，（4）农产物，（5）家具农具，（6）其他便于收藏之物品。农村典当得请求政府拨给公共房屋，供典当使用，不收租金，或拨公款存入典当，减免利息，赎当之利息，不得超过月息一分四厘，典当期限，不得短于九个月。

（D）关于伪"金融机关办理农村贷款通则"之研究——伪金融机关举办农贷时，先划定贷款数额，系由伪市县政府或特别市主管局呈转伪中央主管部备查，伪中央主管部并得命令伪金融机关，划拨资金，办理农村贷款。伪农贷业务限于：（1）典当贷款——其承贷人以农村典当为限。（2）农仓贷款——其承贷人以农仓为限。（3）耕牛农具贷款——其贷款以前设置之耕牛农具为担保品。（4）青苗贷款——其承贷人以合作社或有五人以上连带负责之农民团体为限，并以田内之作物为担保品。前项第三款之业务，除有特殊情形外，应以实物贷之。至于其贷款之标准如下：（1）典当贷款——其贷放额以受当物品之成本为标准。（2）农仓贷款——其贷放额以农仓凭仓单贷放之债额七成为准。（3）耕牛农具贷款——以担保品之耕牛农具价值六成为准。（4）青苗贷款——其贷放额按每亩以贷放五元至二十元为准，农贷利率不得超过月息一分四厘，农贷分定活二种，定期除青苗贷款外，以期摊还为原则。三十二年八月，敌伪之农贷，交由"交通银行"办理，并在南京、苏北之东台及嘉兴分设"农村经济办事处"，管辖三四县之农贷，总额一千二百万元，分棉花、养豕、农艺制造、农具、农田经营等项目。

以上所述敌伪最近金融政策之大要，而其政策之目的，无非想达到以伪都市为中心之农村自给自足政策，但其结果则据调查统计与分析研究之结果，则反造成其官僚之加倍榨取，与恶性之通货膨胀。

（十二）由于敌伪大量发行伪钞所造成之浙西敌占区内问题

由于敌伪大量发行伪钞，乃造成浙西敌占区内游资过剩问题，与物价狂涨问题，及因不信任伪币而造成之囤积物资诸问题，故敌伪于三十一年十一月成立"全国"物价总局于上海，又设分局于南京、蚌埠、杭州、广州等地。

其关于游资问题之处置原则如下：

（1）统制银行钱庄。

（2）利用旧日产业界，创设各种企业公司，从事吸收游资。

（3）改组钱庄银号为股份有限公司。

（4）提高银铺行庄之利率。

（5）奖励投资于生产业。

（十三）结论——五大基本政策维持伪币存在

参考以上敌伪在浙西金融上之政略，与实施之结果，可以归纳为五大基本原则，使其存在：

一、军事上以武力支持伪金融机关，与维持其发行之币制。

二、政治上以政权及法律硬性支持其金融机关之存在，与其所发行币制之流通。

三、经济上以统制较大量之物资及劳力，作为其银行与伪币之后盾与准备。

四、金融制度上组织之严密，与通货管理之强化。

五、沦陷区一部份人民心理上对伪银行与伪币之信用。

（选自张振华编：《浙西金融问题》第 2 章，1944 年版）

（三）口述资料

1. 陈天风证言

我家住余杭县城凤仪塘，父亲陈邓生以经商为业，开设永昌木行，做竹木柴炭生意，颇兴旺发达，一家人生活得十分和美欢乐。1937年秋我14岁那年，8月间的一天早晨，我与三哥陈鑫甫正在吃早饭，忽闻飞机声自远而近。因周围并无战争发生，故我们毫不介意。谁料突然几声巨响，日机投下炸弹，其中一枚就投在我家门口不远处。顷刻间山摇地动，房屋被炸塌了，砖瓦木石纷纷往我们身上砸来。幸亏我们躲避及时，我们兄弟俩仅受了一点皮肉上的轻伤。尚在楼上未起床的父亲受伤较重，腿部被炸伤骨折。坐在大门口的我家伙计陈金生被炸得身体弹起来，两腿严重粉碎性骨折，后来瘫痪在床上很久，经长期治疗才能行走，总算保全了性命。我家对面的那家更为严重。那家读小学六年级的王寿鹏，正背着书包准备去上学，当即被炸死，尸体是后来从被炸塌房屋的瓦砾堆中挖出来的。他父亲王阿林是余杭电厂的技工。

这次共被炸塌楼房9间（上下共18间）。我家自己居住的4间，出租给他人的5间。靠东2间是我表姐戴秀英家，自东向西依次为王寿鹏家、阿发店王、方长生。被炸人家不仅损失惨重，还一时无处安身。特别是王阿林家，唯一的爱子突然死于非命，真是痛不欲生。当时大家人心惶惶，亦无暇他顾。当天下午我和三哥便躲避到离城15里鲍家滩亲戚家，父亲被送到临安研口亲戚家，以免再受意外打击。母亲等人暂时居住在我家旁边未被炸的另两间房子，一边请人修理被炸塌的房子，一边把细软值钱的东西收拾一下，装了两个大箱子，也寄存到鲍家滩亲戚家。对面5间楼房因毁得太厉害，难以修复，只能任其塌败了。生意当然无法做了。不久我们全家逃到临安上山头，在外流浪了8年。余杭沦陷后，我家对面5间楼房被日机全部夷为平地。寄存在鲍家滩亲戚家的两箱细软珍贵东西，亦于日军下乡"扫荡"时连同房屋一同被他们烧毁。

（陈天风，男，1924年11月10日生，杭州市余杭区临平镇人；调查人：许骏庆、孙芳芳、赵杭；调查时间：2007年10月29日）

（原件存杭州市余杭区史志办公室）

2. 林小增证言

我叫林小增，今年80岁，曾用名是林青明。1937年战争开始时我10岁，在嘉兴荷花堤上小学，日本人打来时逃难到温州乐清白溪上林村私塾读了一年书，后在白溪镇上高小，1941年3月回嘉兴。

1937年10月日寇打来时，我亲眼看见，日本飞机到处轰炸。有一天凌晨，日本飞机机枪子弹射到了我妈床边，差二三寸就射到我妈了。当时我去买米，见到被日本飞机炸死的人的手脚、骨肉，到处都是，有的都挂到了电线和树枝上，特别在火车站一带，数不清的人和房屋被炸毁，被炸的都是老百姓和民居。我们家住在荷花堤西边，即楞严寺后石城墙边。日本鬼子每次来轰炸时，都有汉奸在放"流星"，配合轰炸。我家6间草房被烧，家中烧得一无所有。建国路一带的大街，基本上是一片瓦砾。有一次在"西不动房"（即现在的环城西路），一个炸弹就炸毁了20多间房子，我看见弹坑有1米多深，死亡人数有几十人到上百人之多。

楞严寺的土地，被日本人抢去作农场，种日本蔬菜。车石一带有十几个老百姓被抓去做"海军基地"。我们家没有地，父亲和大哥到日本人处做苦力。附近老百姓家的鸡、鸭、猪都被日本人抢光了。过封锁线都要看"良民证"，有时还要搜身。

当时日军的宪兵队设在新马路（玄观庙西侧），日本领事馆在少年路北端，日军家属大部分住在杨桐树街东端（即现小商品市场南边），还有日本军妓住在建国路（原正春和布店对面），供日军军官嫖娼，在张家弄有多处妓院和鸦片馆。原来在南湖饭店对面的冶金厂宿舍，有一河埠，上砌有一地石条，刻有日本昭和十三年的字样。

（林小增，男，1928年6月25日生，嘉兴市南湖区南湖镇农翔村人；调查人：厉晓娴、刘秀莲；调查时间：2007年5月10日）

（原件存嘉兴市南湖区史志办公室）

3. 潘阿蚕证言

　　1937 年 12 月 9 日上午七八点钟，日军有 7 艘轮船从湖州开往长兴方向。当时，国民党军队有 1 个排驻在我们村横溪港上。这一天，日军轮船经过我们村时，遭遇中国军队的伏击。中国军队打沉了行驶在中间的 5 艘日军船只。开在最前面的一艘日军船逃向了长兴，最后一艘掉头折回湖州，分别向驻在长兴、湖州的日军报信。午后二三点钟，从湖州、长兴方向来了一批日军。他们的船在横溪港边靠岸，随即多路分散上岸。上岸后即冲向村庄，见人就杀，见屋就烧。村民们看到日军杀人了，急忙四处奔跑逃命。来不及逃跑或逃得慢的，就被日军抓住杀害或开枪打死。我当时逃到村后山上树林丛中躲藏着，亲眼看见潘长年（男，60 岁）和妻子潘氏（58 岁）被日军抓住，用绳子绑在一起，在村庄的稻田草堆里放火活活烧死。日军走后，我回到村上，看见被日军杀害的人有：潘长发，男，57 岁；潘长发的儿子潘荣清，19 岁；陈林高，男，60 岁；高阿太，女，63 岁；高阿太的儿子潘松寿，44 岁；潘三六阿太，女，53 岁；潘白头阿太，女，60 岁；潘阿彩，男，61 岁；王才生，男，28 岁；王小毛，男，24 岁；潘海珍，女，14 岁；潘阿土，男，15 岁；张子荣，男，15 岁；潘锦林，男，35 岁。他们都在逃跑中被日军开枪打死或杀死。这些人被杀死后，日军把他们的尸体用刺刀挑起拖到田间稻草堆旁，点火烧着稻草堆，把尸体用刺刀挑起放到火上烧。一批日军则在一旁围着拍手欢笑取乐。当尸体被烧焦发出臭味时，日军又将烧焦的尸体扔进稻草火堆丛中焚尸。

　　（潘阿蚕，男，1919 年 12 月 17 日生，湖州市经济技术开发区杨家埠镇胡子兜村；调查人：石来法、周炳峰、薛春阳；调查时间：2007 年 5 月 23 日）

（原件存中共湖州市委党史研究室）

4. 林栽升证言

日本人侵略杭州时，我才26岁。1936年5月，我25岁时到杭州，考入杭州邮电局。当时有将近1万人参加考试，包括我在内共录取5名（每个省都录取5名）。考取之后，我们和全国各地被录取的人一起到南京集中训练做军邮工作。国民党组织有军邮局，主要是军队邮政。哪个军、哪个师驻什么地方，我们都要知道。我们还训练开汽车。抗日开始后，我们就叫军邮组，属南京陆军交通兵第二团军邮组。我在杭州时，日本飞机轰炸杭州不多。但有一次，日本飞机轰炸火车站时，我离火车站只有600米的样子。

日本人打杭州湾时，我们一部分人迁到兰溪，一部分迁到金华，另一部分迁到宁波。我先到兰溪，不久到了宁波，仍属陆军交通兵，负责军邮。军队在啥地方，信就从那里转过来，我们都知道军队情况。不管什么军队，我们都有通信。当时我就做这项工作。1937年，日本人占领杭州之后，没有过江（指钱塘江）。1938年，我从宁波出发，带着老婆到上海，再回杭州城站邮电局工作。我的工作名义上是送信，暗地里也给抗日武装送信。当时国民党、共产党部队是一样的，停止内战，一致对外，共同的敌人是日本人和汉奸。

当时我见到日本人，怕的不得了。日本人打来时，英国人当时没有走。邮电局插着三面旗帜，一面是青天白日旗，一面是英国旗，一面是邮电局旗。邮电局约2000人，负责整个浙江的邮电，总部在城站，局长是英国人，叫史密斯。由于是英国人领导邮电局，所以日本人不敢进来胡作非为。当时有个送信人，日军要他带路不肯带，就把他的头敲破，浇上汽油，在他头上点火，叫点天灯。我们送信的人听说后，都很害怕。

那时，我们送信的人都是穿绿色的制服，有邮电标志。我负责西湖区这块，从城里送到城外。在杭州送信，看到日本人要下车鞠躬。不鞠躬，他就要打你。我被日本人打了3次，每次都打得半死。见到日本人的岗哨，也要下车向日本人敬礼。如果听不懂日本话，不鞠躬不敬礼，就要被打。有一次，我送信到西湖岳坟附近时，被一个站岗的日本人打，信丢得满地都是。主要原因是我没向他鞠躬，又听不懂日本话。我被打得不会响了。老百姓问我姓名，我说姓林。他们打电话到邮电局里，邮电局就派人来把我送到医院里医好。日本人统治8年，我真是苦头吃尽。当时中国人办了个学习日语阅读班，叫中日语言学校。因为被日本人打了几次，我想假使会讲日本话会好一点，就去那里读了3个月。有些话我会讲了，处境就好一点。

1940年的春天，我家住在清泰街马坡巷口。有一天早晨，天还没亮，我们夫妇在楼上睡觉。日本人来了，闯入我家。门被日本人踢开。我马上爬起来，把制服穿好。日本人问："你是邮电局的?"我说："是邮电局的。"我老婆见到日本人，全身发抖。日本人问："这个是你什么人?"我说："是我老婆。"日本人用枪托一下子打下去，打在我老婆胸口，把我老婆打得吐血。日本人打了就走了。那时我老婆才22岁。过了3年，我老婆（宋宝云）被日本人打出来的毛病转成肺病，一病就病了10年，死在杭州，现埋葬在缙云家乡。

抗战时期，杭州城里没有米买。当时城外的米运不到城里来。郊外农村的粮食不供应城里，致使城里人没有米吃。我老婆被打伤后，我和岳父、岳母、老婆住在一起，粮食很少。日本人允许城外的人可以背一袋米到城里来卖。城外买一袋米（30斤）20元钱，到城里要卖40元钱。城里汉奸没办法，就到城外去抢米，搞得人心惶惶。城里汉奸组织的旗帜，一开始是红黄蓝白黑五色旗，我到杭州的第二年改为青天白日旗，尖头是三角旗，尖头下面有4个字，"反共救国"。国民党旗帜的青天白日外面没有红圈，他们的旗帜青天白日外面有个红圈，有区别。

日本人在杭州城里有"慰安所"，里面有很多日本军妓，也有中国"慰安妇"。日本人开的慰安所在西湖延龄路附近。杭州有个草桥门，草桥门附近有日本军妓。当时日本宪兵队驻在《东南日报》社。《东南日报》社里也有日本军妓。日本人连野兽都不如，经常打女人，以体现武士道精神，把女人当成玩具，不当人。

日本人经常杀人，把五六十个或三四十个中国人装成一卡车，拉到钱塘门外松木场杀害。我看到他们在《东南日报》社里面，把中国人拖上车子。为防逃跑，日本人先把中国人的衣服剥掉，然后杀人。也不只是松木场一个地方。时间也不一定，白天黑夜都有。老百姓看到这种情况都哭。有一次，日本人抓了许多老百姓。我去阻止，说"这些人不是你们讲的便衣队，都是好人"。日本人问："真的?"我说："我送信的还不知道这些人?!"日本人就把这些人放掉了。这些老百姓对我很感激，有的跪下向我谢恩。后来我去他们那里。他们都会给我吃的。洪春桥有块石碑，叫双峰插云，附近住着4个居民，是我的朋友。他们统统被日本人杀了。日本人随心所欲，高兴的时候就杀人。

当时城里大多数10多岁、20多岁的姑娘，早上9点前不敢开门，下午4点前就要关门。那时，日本人强奸女人是家常便饭，不分地点场合。看到年轻的姑娘，日本人就公开拉来强奸，不管有什么人在旁边看，强奸后再用刀戳死。日本人就是这样的。有一次在清波门，日本人强奸了一个姑娘。姑娘被强奸后，哭起来了。我就劝她不要哭。我回来后说给老婆听，老婆都哭了。

日本人的岗哨前面，架根毛竹，叫中国人跨过去，主要是防中国人把武器藏在身上。不管男女老少，在进城时，日本人都要求把全部衣服脱掉，叫汉奸用水龙头冲，名之曰"要清毒"，冲得进城的人身上湿淋淋的。日本人插着指挥刀却在那里大笑。看到有漂亮的姑娘，日本人就拉到旁边的小屋子里强奸，强奸后用刺刀杀死。即使旁边没有房子，日本人也强奸，真是惨无人道。

（林栽升，男，1911 年生，缙云县东渡镇东渡村人；调查人：诸葛蓉、王克平、毛雷、孙瑛；调查时间：2007 年 3 月 19 日）

（原件存中共丽水市委党史研究室）

5. 吴志观证言

1938 年农历二月廿七日，日本兵进村扫荡，当时我只有 5 岁，我的爷爷、奶奶、爸爸、公公、姐姐和弟弟 6 个人都惨死在日军的枪口下。

那天一早，日本军的 7 条木船在村东北木梳汇靠岸，日军一上来便杀人放火，全村人在恐慌中四处逃散。爸爸抱着我躲进了村东南的邵沟。这是一条大沟，很隐蔽，里面很多人蜷缩着躲在一起。但还是被日本兵发现了，他们疯狂地对着我们扫射。当我清醒过来时，还躺在我爸的怀里，满身是血，身旁到处是乡亲们的尸体。我从血泊中爬了出来，被路过的人抱了回去。后来我才知道那天所发生的事，爸爸吴张荣和姐弟 3 人都被日军打死在邵沟。爷爷奶奶被打死在离邵沟 100 米处的田埂边。公公被打死在自家屋前。母亲张重图当天躲在花草田里，才幸免于难。

第二天我到家里，全家只剩下我和母亲及大哥吴金观 3 个人。其实 8 岁的大哥也差一点死在日本兵的枪口下。那天大哥躲在家里面，日军在烧房子时他往外逃。日本兵在后面追，并朝他开了一枪，子弹打在手臂上。大哥后躲入一个大缸里，捡回一条命，但手臂上永远留下了一个伤疤。家里房子都被烧光了，剩下我们娘仨只好寄住在别人的一间偏房里，艰难地生活着。记得我母亲去世那年的大年三十晚上，我们兄弟俩只有两碗冷粥可以吃。日本鬼子把我们家害得太惨了，那个日子我真是不堪回首。

（吴志观，男，1934 年 12 月 17 日生，海盐县通元镇通元村人；调查人：宓瑞良、步雪章；调查时间：2007 年 4 月 19 日）

（原件存中共海盐县委党史研究室）

6. 朱圣堂证言

1938 年农历三月廿八，大队日本兵过陈家桥来到陈家村竹园里，用机枪朝村子扫射。当时村民已闻讯逃跑避难，只剩 3 人来不及逃脱。其中 1 人是村民黄子龙的祖母，刚走到门口，打开矮篱门，被日本兵见到后用刺刀刺中肚皮，肠子外流，滚倒在地，等到晚上村民潜逃回来时，看到还未死亡，苍蝇等小虫在肠子上叮咬，甚是凄惨，等到第二天该农妇死亡，死时 64 岁。另有一人是村民黄树坤的父亲黄东狗，47 岁，因为是残废人，跑不快，跑到桑树地时，被日本兵用枪打中头部，当场死亡，死时一只手还拉着桑树。另有一人是村民黄阿二的母亲，当时年仅 8 岁，因为年幼跑得慢，被日本兵用枪打中大腿，幸好其母亲及时返回将她背走，逃到岸浜凹潭里，才逃得一命。

同日，日本兵又继续前往冯家埭扫荡。村民冯应林的祖父，外号"冯和尚"，当时已 72 岁，在自家门口廊檐下绕干枯叶。日本兵见了就是一枪，打中胸部，当场死亡。村民冯掌权的父亲冯阿五，35 岁，日本兵进村时，正在芋头浜里干活，被日本兵打中一枪，一头栽在泥潭里死了。农民冯士林正在田畈里做秧田，也被日本兵一枪打中，当场死亡，死时 40 岁。农民冯锦堂，62岁，听到日本人来，想外逃避难，不想刚逃到自家晒场上，撞见日本兵，被枪打死。农民冯叙龙的父亲，也在田畈里做秧田，被日本人一枪打死，死时 33岁。另有陈家村白鹤里的农民魏福生，27 岁，抱着 2 岁的儿子，听到日本兵来时，想渡河逃走，被日本兵从背后用枪打中，一枪二命，父子俩都被打死。汇里埭农民沈守堂拿着铁耙到田畈做农活。日本兵远远看到，以为他拿着枪，就用机枪朝他扫射。沈守堂两腿被打得粉碎，到第二天死亡，死时 50 岁。另有村民沈品源的祖父和徐连荣（徐春祥的祖父）从乌镇回村，走到光辉桥上，被在村口的日军看到，朝他们开枪，枪杀在桥上，沈品源祖父当时 42 岁，徐连荣 39 岁。

1938 年农历四月廿七，蒋宝里村民沈发荣，在外出途中遇到日本兵，被枪打死，死时 37 岁。1943 年春，有一支日本兵部队从嘉兴方向过来，在陈家村的陈家桥附近停留休整三天。家住在安桥头的村妇朱强娜的母亲，当时已 64 岁，为了掩护儿媳妇从后门逃跑，自己留在屋中，被进来的日本兵围住，遭到 5 个日本兵轮奸，卧床不起两天。同日，农妇吴阿娜，48 岁，在自家后门逃跑时，被日本兵捉住，捆在桑树上，遭到 7 个日本兵的轮奸。在这日本兵停留的 3 日中，另有同村的 4 名来不及逃跑的妇女遭受强奸，姓名年龄不详。

（朱圣堂，男，1923 年 12 月 6 日生，桐乡市乌镇镇陈家村竹园里人；调查人：丁华君、朱和生；调查日期：2007 年 2 月 6 日）

（原件存桐乡市史志办公室）

7. 王孝节证言

1939 年四五月的一天，200 余名日军从三桥埠方向来到吴兴县埭溪镇山背村军马陇。军马陇山上有个庙叫东岳庙。日军在庙里烧中午饭吃。当时在东岳庙附近山上驻有国民党军队。午后，日军在东岳庙附近的乔顶山一带与中国军队发生了激战。日军伤亡很大。第二天，日军集中了吴兴县菁山、埭溪镇，德清县武康、三桥埠镇各据点 500 多兵力，从三个方向包围山背村。在军马陇、乔溪寺前、狮子山、乔顶山、八字桥、七庄、老虎潭、张村、新路头等地搜山，找中国军队作战。当地村民被包围，无路可逃，被抓群众近百人。我当时年轻，身体好，跑得快，没有被抓住。日军抓走老百姓后，当天没有杀人。第二天，日军在村上疯狂的烧、杀、抢掠，一天内在山背村就杀死了 54 人。我亲眼看见被杀害的人，军马陇有 10 多人，现林场有 10 来人，张村有五六人。这些人的死法，是日军叫他们跪着，用军刀从后颈砍下，只剩喉管未断。村上被杀害的人，我叫得出姓名的有：陈阿巧，男，40 岁；陈阿巧的儿子 20 岁；军马陇和尚 2 人，年龄在 40 岁左右；曹荣差，男，40 多岁；何国友，男，30 岁左右。他们死在八字桥，是被日军用马刀砍头杀死的。陈志界，男，30 岁，在八字桥被日军用刺刀捅死的。林阿男，男，20 多岁，被日军用马刀砍头杀死在军马陇山坡上。蔡二满，男，30 多岁；陈氏，女，40 多岁，被日军用刺刀捅死在军马陇山坡上。魏阿乔，男，30 多岁，被日军用马刀砍头杀死在乔溪村张村寺前。何邦勤及其妻子、2 个儿子、1 个女儿，全家 5 口，被日军用马刀砍头杀死在狮子山自己的家中。叶世昌，男，50 多岁；陈守广，男，30 多岁；陈定之，男，40 多岁，被日军用刺刀捅死在乔顶山上。阿岳，男，30 多岁，被日军用马刀砍头杀死在新路头。柴连，男，30 多岁；何阿佩，男，20 多岁，被日军用马刀砍头杀死在山背村。梁某某，女，20 多岁，在黄泥墩被日军轮奸后用步枪通条从外阴捅入致死。施德禄，男，20 多岁，在黄泥墩被日军用刺刀捅死。另有多户全家被杀，已不知姓名了。

（王孝节，男，1918 年 4 月 16 日生，湖州市吴兴区埭溪镇山背村人；调查人：朱来山、凌夫、周炳峰、薛春阳；调查时间：2007 年 5 月 22 日）

（原件存中共湖州市委党史研究室）

8. 汪桂芬证言

讲起这件事（1939年7月28日日机轰炸），我常常要流眼泪。当时的情景真叫惨啊！当时，我已是16周岁，刚刚生了儿子1个多月。记得那日中午过一点，我父汪忠礼刚吃过午饭，去西面木行买木头，还没走到凤舞桥，只听一声巨响，日本飞机在我家木作店锯板工场投下一枚重磅炸弹。当时工场上架起一段粗木，正在锯板料，日机疑为高射炮，随即投弹。正在锯板的阿毛、老店王两位师傅被炸得血肉横飞，当场死亡。朱炳生老师傅（年纪有60多岁）正靠着墙壁烤老烟，也被炸死，尸体贴在墙上不倒。另一名叫小毛师傅的正轮着休息，和两个年纪仅十四五岁的学徒也被炸死。还有阿才嫂（张家媳妇的娘）和一个名叫美香的小女孩（10岁不到）在工场边看，也被炸死。我父亲是信耶稣的，赶回来看到如此惨不忍睹的场面，哭泣不止。我父亲平日做人柔和，人缘较好，立即购买8副棺材，在周围人的帮助下收殓，放入会馆。虽然我父亲逃过此劫，但当时四月十七日（农历）刚造好的4间工房及场上器材全被炸毁，一堆木头（12—15根）全被炸飞。有一根粗木飞过几间门面，把周祖荫家的楼房墙壁砸出个大洞。这颗炸弹威力大得惊人，把下岸邻居沈祖白（年纪30岁左右，当时听到飞机声即躲至河埠头）震压到河里，后经一只农船经过才发现他已身亡。回想起这桩血案，至今仍历历在目。

（汪桂芬，女，1923年2月18日生，嘉兴市秀洲区新塍镇凤舞村人；调查人：贾金山、徐辛铭；调查时间：2007年5月9日下午）

（原件存嘉兴市秀洲区史志办公室）

9. 林老三证言

民国时，我们后地村村民生活困难。我的叔叔、哥哥与村里的一些青壮年为了生活，都撑着木船到沈家门一带钓蟹。到了民国28年，杜桥很多青年都被抓做壮丁。我当时已经十九岁，害怕也被抓去，于是就逃到沈家门找我哥哥，与他们一起钓蟹讨生活，在那里待了七八个月也不敢回家。

当年农历九月十九（公历10月31日）那天，我们16个人，分乘4只船，我和林畴、林小弟、林金土一只船，林善保、林吕富父子与林志人、林志求兄弟一只船，我哥哥林吕高、林荣兰、林荣友两兄弟和林吕贵一只船，我叔叔林志友和林立根、林老武、林立志一只船，结伴在沈家门钓蟹。晚上9点左右，我们钓好蟹，就摇船回家，经过上青龙洋面时已经是第二天凌晨3点了。这时，有几艘船从我们身旁开过。那时我们根本不知道是日本军舰，所以也没有在意。日本兵大概也由于天黑看不清，没有向我们攻击。凌晨三四点正值海水涨潮，那天又没有风，我们大家只好慢慢地摇。

过了一小时，天开始发亮，我们模模糊糊看到有五六艘日本军舰在离我们不远处的海面上排列着。还没等我们反应过来，一艘日舰就朝我们这边开过来了，我们吓得赶紧摇船逃走。但是，小木船哪能跟军舰比。不出几分钟，我们就被日舰追上。这艘日舰不大，上面有七八个日本兵。这几个日本兵举着枪，对准我们其中一条船上的4个人，逼他们到军舰上去。一上军舰，每人都被扇了好几个耳光。接着，日本兵握着长柄的刺刀直抵到他们的胸口，强迫他们举起手来，不许动，谁动就用刺刀刺。接着，日本兵又把我们另一只船的4人也叫了上去，用同样的方法折磨他们。折磨够了，日本兵做出更狠毒的恶行，用铁丝穿进他们的锁骨，4人1串，分成两串，推进大海，再用机枪扫射。我们这8个亲人就这样被活活打死。一时间，海水都染红了。

看着他们8人被日本兵一步步逼死，离军舰比较远的我们既悲痛又害怕，害怕也被折磨死。于是，趁着日本兵忙着扫射落水的人还来不及注意我们时，我们就赶紧跳入大海逃命。我是不会游泳的，但也没有办法，逃命要紧，跳海时我随手操起船上扛渔网用的竹杠。日本兵见我们想跳海逃生就用机枪扫射，当场打死了4人，又用钩拉船帮用的铁钩刺死了林畴和林金土。只有我和同船的林小弟还活着。林小弟水性好，想游到对面的小山，但是潮水太大，游不动，被潮水推了回来时，被日本兵发现。日本兵就用铁钩砸他的头，砸得他血流满面。幸好，那天林小弟戴着一顶小毡帽，伤得不是很严重。日本兵又用铁钩砸我。我赶紧潜到水里，等到他们离开就浮出来透透气，他们过来时又潜到下去，就这样来回了好几次。后来，大概日本兵以为我被淹死了，就把汽油倒在4只船上，用火烧掉后，开着军舰走了。

这时，日头刚刚上山，又开始涨潮，我紧紧抱着竹扛，顺着潮水漂流。等到日落退潮时，漂到了普陀的佛渡岛附近，我想慢慢靠上去，但退落的潮水一次次地把我推出来。一天的漂流，再加上整天粒米未进，我已经没有一点力气了。正在这危急的时候，有一只佛渡钓白蟹的渔船经过，我连忙使出全身的力气喊救命。船上的渔民听到了喊声，就把船靠过来，其中的两人用力把我拉上船。那时的我已经只剩半条命了。

佛渡的渔民把我救回家后，烧了番薯粥给我吃，还让我在他们家住了一夜。睡醒后，正要吃早饭时，我听佛渡的渔民说，还有一个人也被救回来了。我一听高兴得不得了，哪里还顾得上吃早饭，就赶忙跟着这位渔民去找我的亲人。在路上，我远远地看到了林小弟，想起了亲人们昨天死去的惨状。我俩走到一起，禁不住抱头痛哭。我问林小弟，才知道他也是被潮水推到这里的，只是他水性好，比我早1小时游到佛渡前面的小山，在山上过了一夜。

这时，又有一渔民说，还有两个人也被救了。我们有点不敢相信：昨天，我们亲眼看到我们的亲人被日本兵折磨死了，怎么可能还有人活着。我俩仍然抱着希望去找了。原来是我们杜桥草坦村来的两个做生意人。他们也是16个人结伴，乘4只船外出做生意路过川别洋，碰上日本军舰也有14个人被日本兵用同样的手段迫害致死，只有他们两人逃脱。

在佛渡的第三天，天还没有亮，4个佛渡的渔民冒死分带我们4人，骑着4只"脚踢"（即泥涂船，又名泥马、木制，船形长1.27米，宽6—17厘米，头略翘，用于海涂采捕）摸黑滑过长长的海涂，闯过梅山港，到了宁波的梅山。他们又送我们到梅山乡公所开证明，以防在路上被抓壮丁。在乡公所，乡长的老婆听了我们的事后，还送我们一人一块大洋当盘缠。从乡公所出来后，我们4人花了两天的时间从宁波梅山，经过象山、爵溪，走到石浦。因为石浦当时有很多杜桥同乡人在那里开船。但是，由于那里的渔民们怕日本兵烧船，都不敢出海。我们只好又从石浦，走到小岩头，想从这里过渡到健跳回家。可是，那里也早就没有船敢出海了。

说来也巧，在小岩头有一个章安人想把红头船送回家，就托我们把这船驶到章安道头，交给他的家人。于是，我们4人就上了船。船行到章安金鳌山时，天已经黑了，还下起了大雨，浪潮很大，我们根本无法靠岸。风一刮，差点翻了船。幸好，那两个生意人都是开船的老手，他们把着舵，我俩一起摇船，就这样才逃过了劫难。但船已经从章安渡口退到椒江的入海口外了，我们只好在上盘上了岸，再从上盘走回家。

刚到村口，就看见有很多亲人在那里等我们，他们都已经听说我们受难的事情，看到我与林小弟，都悲痛地放声大哭起来。很多妇女哭得都站不住脚，直在地上打滚。

后来，我听别人说，那两个草坦的做生意人胆子比较大，没几个月又出去做生意，结果在外面被日本兵抓住打死。

（林老三，男，1920年7月3日生，临海市杜桥镇后地村人；调查人：王荣福、彭连生、钟肖鸣、马婉；调查时间：2007年7月4日；记录人：钟肖鸣、马婉；整理人：马婉）

（原件存中共临海市委党史研究室）

10. 陈丁忠证言

1939 年，我的阿爸、阿妈在同兴街摆饭摊，我常在江边码头玩耍。那时镇海口封锁，沪甬轮只能停泊在封锁线外，旅客和货物靠小轮船出入驳运。有一天（据查为 1940 年 3 月 2 日），停靠宁波新江桥北堍二横街利涉码头的利涉轮船公司的"景升"轮正在装货。突然间，日本飞机空袭宁波的警报又拉响。"景升"轮上没有座位的乘客特别惊慌，走来窜去，有的纷纷走上三台甲，以致船体晃动，上重下轻。为躲避空袭，船主汤友根惊慌失措，仓促解缆。没想到缆绳解不脱，他就用斧头砍断。不料船一离开码头，船头即往下冲，船尾向上翘。轮船便带着满船凄厉号叫之声的乘客，至三江口沉没。除上舱 40 人由附近舢板救上岸外，浸死近 400 人。当时尸体摆满了码头。这些是我所亲眼看到的。据说事后，宁波商会组织"景升轮惨案善后委员会"处理打捞、掩埋等事项。打捞上来的尸体置于泗洲塘四明公所和板桥街财神殿内，供受难者家属认领。沿途哀哭之声不绝于耳，惨不忍睹。

（陈丁忠，男，1931 年 10 月 19 日生，宁波市江北区人；调查人：张梅芬、沈惠芬、丁宗国；调查时间：2006 年 11 月 22 日）

（原件存中共宁波市江北区委党史研究室）

11. 周正才证言

1940 年农历四月底，正是春蚕茧上市、油菜收割农忙季节，家家户户都在忙于缫土丝、收割油菜。日军从吴兴县石淙镇开了机船往重兆镇去。当时，为了阻止日军轮船在重兆镇与石淙镇间航行，在我们村的夹港头河港内投放有石块、木桩和泥土等障碍物。日军轮船开到夹港头受阻后，日军上岸，到村上抓人、杀人。日军在夹港头抓杀 14 人。周丫头，男，40 岁左右；周阿秋，男，67 岁；周爱生与周阿大父子俩，都被日军杀死。周悦林、周阿毛，20 余岁，是一对亲兄弟，当时正在家里做土丝，被日军拉到王家木桥头，开枪打死。周荣富，男，30余岁，被抓到王家木桥边，打死后推到河里。周连生与周阿二为祖孙俩，爷爷看到孙子被抓走，上去向日本兵求情，要求用自己去调换孙子，一直求到王家木桥边，结果祖孙两人都被打死。周发财，男，已成年，被抓去后，叫他弯着背站立，被日本兵一枪从屁股打进去，子弹从小肚子出来，四五天后，枪伤溃烂发臭而死。周茂春，男，20 余岁，被日军抓去后，浸在一只大水缸里，面朝缸底，然后在他的背上压一块大石头，活活被淹死。周阿宝，男，已成年，是聋子，在家做土丝。日本兵对他叽哩咕噜地讲，他什么也听不见，只顾自己做丝。日本兵见不理他们，就用水勺舀了一勺开水从他头上往下倒，烫得他全身起疱。之后，日军叫他去抬尸体。在河港里，他乘机逃脱。四五天后，周阿宝因烫伤创口溃烂致死。周桂宝、周发宝两兄弟，20 余岁，是被日军抓去抬尸体的。日军叫他们把打死的村民抛到王家木桥下面的河里去，之后两兄弟也被日军打死。

在王家木桥，日军杀死 10 人。杨金生，男，已成年，被日军抓去后，叫他趴在地上，面朝泥土，背向上，被日军用刺刀戳在头上、背上而死。沈阿五，男，20 余岁；沈正夫，男，已成年；沈顺林，男，20 余岁；沈阿六，男，20 余岁；杨发生，男，20 余岁，都被日军抓到王家木桥边开枪打死。沈金林、沈财林是亲兄弟，同被日军抓去抬尸体，然后被打死在王家木桥边的。沈云富，男，20 余岁，被日军抓去后，乘机逃跑，结果被日军开枪击中大腿，当时没有死，逃回家后没钱治伤，四五天后枪伤感染烂死。杨三丫头，男，30 余岁，被日军抓到王家木桥边开枪打死。

（周正才，男，1926 年 3 月 2 日生，湖州市南浔区和孚镇佛堂兜村人；调查人：章水根、章清明、眭桂庆、周炳峰、薛春阳；调查时间：2007 年 3 月 22 日）

（原件存中共湖州市委党史研究室）

12. 董顺生证言

1940年农历五月初九，我父亲在地里做活。我当时还是个十来岁的小孩，跟着父亲在地里。这一天，驻江苏桃源镇上的日军，在吴兴县南浔镇兴隆村与江苏桃源镇交界的洋河桥沿河"扫荡"，遇到中国游击队袭击。游击队打了几枪逃走了。日军上岸追赶，没有追上。日军看见田间有村民在劳动，就抓了父亲董福明，说他是"支那兵"。我对日军说：他是我父亲。日军说，那叫你母亲来。我立即回家叫妈妈。当我与母亲走到半田塍时，就听到枪声。等我们跑到枪声响起的地方时，父亲已被日本兵打死了。与父亲同时被打死的，共有6人。死难地点是现在兴隆村6组田坂的水潭里。我父亲董福明，35岁。另外5人都是我们一个村的：李阿二，男，23岁；董小宝，男，22岁；董阿大，男，50岁；李阿七，男，31岁；李二宝，男，33岁。

（董顺生，男，1931年1月1日生，湖州市南浔区南浔镇兴隆村；调查人：董新娜、眭桂庆、周炳峰、薛春阳；调查时间：2007年3月14日）

（原件存中共湖州市委党史研究室）

13. 林玉荣证言

日军放火烧房那年，我只有4岁，还不懂事。长大后经常听父母亲和众邻舍讲起这件伤心事体，使我牢记在心，永远难忘，对当年日军的罪行怀有刻骨仇恨。

1940年农历八月廿六（公历9月27日）早晨，12个日军从平石岭过来，在李家碰到2个下田干活的村民，一个叫干夏生，一个叫干思朝，日军要他俩领路寻找马岙乡乡长袁全香。袁家位于山脚下，干夏生、干思朝两人领着日军朝山脚下的袁家走去。日军以为山岙里有游击队，这两人故意引领他们到游击队埋伏地，于是就中途返回，将两人押到一处地名叫松园里的地方。日军用枪逼着两人跪在地上，又吓又打，要他们讲实话。两人没有说谎，因此无话可答。日军恼羞成怒，立即用火枪喷射点着了堆在村头的高粱秆，又将火引到村民的房子上，先着火的是沙塘头张毛头家，另一头从林家（我家）点火烧房，又烧严家、王家、唐家、安家。

我家被日军烧毁两正间、一舍头、一轩子共5间，是建造才1年8个月的新瓦屋，还烧死了12只大山羊，只抢出两扇介橱门、1张小桌凳、两张高凳。当时我父亲在田间干活，看到火情后，连忙回家，向日军央求。日军用刺刀威吓我父亲。我父亲吓得往后退，退到大火蛮猛的屋内，一根烧断的屋梁掉下来正好砸在父亲的脚上。他忍痛从后门逃出，急忙跳进屋后的一个小池塘里。因为中了火毒，父亲的脚长期溃烂流脓，成了"老烂脚"，一直烂到逝世。

（林玉荣，男，1937年8月22日生，舟山市定海区马岙镇人；调查人：吴宏军、张文亚；调查时间：2008年8月19日）

（原件存舟山市定海区史志办公室）

14. 杨德光证言

我叫杨德光，1940年时16岁，在金华城里的唐立源山货行当学徒。那年夏季的一天，我看到有十几架日军飞机在金华火车站上空往下投炸弹，另外有几架飞机到金华中国旅行社上空往下扔炸弹。飞机来炸的时候，我逃到杨塘（现人民广场）边上的一个棚里。等飞机走后，我就跑到车站那边去，看到一片狼藉，江边躺着很多尸体，在杨树的树枝上，挂着断了的手、脚，还有很多衣服，血淋淋的。还有一次日军飞机来轰炸金华时，在兰溪门的一家茶店门口，我看到一人被飞来的弹片拦腰截成两段，当时就没救了。

1942年，日本鬼子到金华以后，我就逃到了安地雅干村租房子住。平时我要到金华城里买点日用品。有一次，一出门就碰到了一队从武义到金华的日军，我马上躲进一堆有刺的树丛里。他们看到我了，我听见鬼子拉枪栓的声音，但最后没有打我，那次算是躲过了一劫。

日本鬼子在金华的那几年，我有3次被抓去过。第一次被抓是1944年，那年我跟母亲住在院学前。我走在街上，无缘无故就被日本鬼子给抓去，准备带去做飞机场。先是带到一个房子里，里面已经关了好几百人。我还没到飞机场，就找着机会逃了出来。我听说，如果有人不会劳动了，日军就把那人拉到溪边，用刺刀刺死，然后把尸体推到水里。

过了半年左右，在街上我再次被日本鬼子抓走，这次被抓是让我去拉板车。在后宅街附近有一个日军的仓库，我用大板车往仓库里拉他们吃的东西。拉车的时候，我悄悄观察周边的环境，满脑子就是想怎么逃跑。酒坊巷有一个下坡，拉车时，每辆车有两个人，前面的人拉，后面的人推，我抢在后面推车，等下坡时，就用力推，让车走得快些，等到离看车的鬼子有一些远了，我就拼命的往将军路那边跑，逃到一户人家门口（当时的将军路70号）。有个老妈妈站在门口，她叫我："小伙子，往这边跑，你赶快逃到楼上躲起来"。我就跑到她家楼上躲在床底下。等鬼子追到的时候，老妈妈就骗鬼子说我往其他方向跑了。鬼子走后，老妈妈叫我出来，问我住哪里，告诉我该怎么回家。逃回家后，生了1个月的病。

第三次被抓是1945年的3月的一天，我和姐夫的弟弟在二仙桥附近过铁路时，碰到了鬼子兵。我们马上将良民证拿出来，还是被鬼子兵踢到路边上的草籽田里抓走了。鬼子把我们押到兰溪太子桥附近的一个村里，关在一间屋里，里面已关了20多人。第二天，鬼子要把我们拉到山上据点里。在往乾溪的路上，只有 1 个伪军押着我们。我将身上所有的钱都给了伪军，求他放我们逃跑，当作没看见。我们跑远后伪军朝天开了两枪。我们就逃出来了。

日本鬼子欠给我家的债真是说不尽，我外公也是被他们杀害的。1944 年冬天，金萧支队在傅村杀了两个日本兵。鬼子为了报复到傅村扫荡，天黑后准备回孝顺。因为不熟悉回去的路，鬼子就抓了我外公和另外一个人带路，我外公已经 70 多岁。外公带着鬼子不走大路，故意走小路。绕了一段路后，鬼子指挥官觉得不对劲，就质问另一个人。那个人吓得说是我外公故意带错路的。鬼子跳下马就把我外公刺死了。我的外公叫傅启兴。

1944 年的夏天，因为日本鬼子播撒细菌，我感染了细菌，脚上就开始生疮，后来溃烂，一年多才好，现在还有疤。结婚后听说我的岳父也是在那个时候因为烂脚，无法治愈，后来就死掉了。

（杨德光，男，1925 年 11 月 11 日生，金华市傅村乡杨家村人；调查人：崔静、陈澜涛；调查时间：2006 年 9 月 14 日上午）

（原件存中共金华市委党史研究室）

15. 夏善根证言

日本人是 1939 年 6 月 23 日攻占定海城的，农历是民国二十八年五月初七，我当时 14 岁。日本人侵占定海后的第三年即 1941 年 3 月 7 日，我当时 17 岁。日本人从城里装来一批人，在小石契庙湾（虎山）的火锹坑水井下方挖了一个坑。3 月 8 日夜五更头，日本人用汽车押来 13 人，将这 13 人拖至土坑边集体杀害。杀害后，将尸体用草席包好，推到已挖好的土坑里，用泥土覆盖，在每个坑上插一块牌子，牌上有被杀害人的姓名。日本人撤离后，其中 12 人的尸体被死者家属领走，1 个外地人的尸体至今还在那儿。在被杀的 13 人之中，有两位女的：一个是教书（名叫杨静娟）的，一个是游击队员。其中一个女的被拖出时，1 只鞋子掉了。

（夏善根，男，1925 年 11 月 22 日生，舟山市定海区人；调查人：赵岳茂、王文正；调查时间：2006 年 10 月 19 日）

（原件存舟山市定海区史志办公室）

16. 杨大方证言

我家一直住衢州城内。1940 年时，父亲杨惠风在衢城南市街（现南街文具店靠西 1/3 处）开了一家惠风钟表店，修理、出售钟表和眼镜，生意兴隆，收入颇丰。我们一家人有 2 处房屋，我和父亲、母亲住在南街店中，祖母和我大哥、二哥，还有两个妹妹等住在南街棋坊巷 4 号。全家过着美满幸福、安定的生活。

1940 年 10 月，日军飞机几乎天天空袭衢州，并毫无人性地在衢州上空投放带有鼠疫等病菌的物件，鼠疫开始在衢州城乡散布。我当时已年满 8 岁，正求读于衢城鹿鸣小学，因日寇飞机的轰炸与鼠疫蔓延而停学。我父亲当时 39 岁（1902 年生），身体健壮，平时从未见其生过病，为了全家人生活，不顾有被传染的危险，店铺照常营业。不幸的是在 1941 年 3 月下旬，父亲突然发高烧，不思饮食，卧床不起，出现淋巴腺肿大，尤以大腿两侧明显，急得我母亲到处求医。我也曾见县卫生院医生来店诊治，未见好转。母亲听说用烟油（从水烟筒管中刮出的油）可以治疗，但用后全无效果。就这样，我的父亲从发病起不到 1 周，在 3 月 28 日上午痛苦地病逝在店内二楼卧室。店铺在当天上午被查封，我和母亲被送到城西西安门外衢江的船上进行隔离检疫，整整半个月不让我们上岸。事后据他们说，我父亲的遗体被防疫站人员用白布一裹运往城西花园岗埋葬，至今我们也不知道父亲坟墓在何处。而南街店中所有东西被洗劫一空，不久该店也被日寇飞机轰炸南街而全部烧毁。

此后，我年老的祖母（已患血吸虫病），因受不了这一严重打击，病情加重，不日辞世了。接着，我的小叔叔也在乡下突然病逝了，至今病因不明。

（杨大方，男，1932 年 6 月 7 日生，衢州市柯城区人；调查人：梁国宏、丁文鲜、邱明轩；调查时间：2007 年 3 月 13 日）

（原件存中共衢州市委党史研究室）

17. 潘明高证言

1941 年古历三月廿七（公历 4 月 23 日），日本侵略军在（温岭县）木耳山登陆时，我已经 8 岁，所见所闻，至今仍依稀记得。

那时正值春耕，我家因为劳力缺乏，雇了一位苍山人来帮助关田。那天，天刚蒙蒙亮，那位苍山人在上工的路上，发现海涂上有人拔一脚、摁一脚，密密麻麻，熙熙攘攘，像沙蟹在爬行。他定神仔细观察之后，立刻返回村里向野叉保长报告，是否日本人上来了？那时，驻扎在我家里的保安队兵，一听说日本人上来了，拔脚就逃，连挂在墙上的枪都忘了带。

这伙日本人是乘坐汽艇来的，可能是潮水还未涨满，汽艇的速度又过快，一下子就冲上了海涂头，搁在那里，进不了，又退不出。这帮日本兵只好在海涂上往岸上挪动。

后来才知道，这伙日本人是日军 F1 作战第二奇袭队，领头的指挥官叫竹下宜丰。他们进村后，头趟火就是擒拔老百姓，拔到一个，甩一个，待十几个人被甩倒在地上后，日本人通过翻译发话了，"你们是想活命，还是想死"，"如果想活命，你们一要说出驻军在哪里，二是到海涂去推汽艇。"被抓的老百姓都被赶去海涂头推汽艇，我父亲也在其中。在路上，他们低声传话：不要用力，慢慢来，待潮水涨满后，我们就逃走。

接着，日寇就点火烧房子，我家是第一个。因为保安队兵逃走时，枪还挂在墙上，日本人见到后，二话没说，放火就烧。刚造好 4 年的 3 间平房 1 间坯，顷刻间化为灰烬。全村民房几乎全部烧毁，据不完全统计，平房 58 间，楼房 88 间，渔船 3 艘。木耳山村一片火海，老百姓纷纷逃难，流离失所。

在烧房过程中，农民潘必富被日寇刺刀刺杀，潘显顺、潘兰秀、潘能良被日寇枪击，胸部、腰部、脚骨打断成重伤，后皆因伤患而死亡。哑老三因为房子着火后去打火，却被日寇翻进屋里，关门反锁，被活活烧死。这伙日寇在木耳山村横行后，从五岗嘴经白岩头、山头簒、朝阳洞，进驻松门大帝庙。

我现在常常在想，当年保安队兵为什么闻声就逃，为什么没有人敢与日本兵拼打。如果有人敢打的话，他们在海涂上拔一脚、摁一脚，摁一脚、拔一脚，坐死无疑，我们是坐赢的。

（潘明高，男，1934 年 2 月 14 日生，温岭市淋川镇人；调查人：梁学平、李幸菲；调查时间：2007 年 7 月 18 日）

（原件存中共温岭市委党史研究室）

18. 林玉廷证言

在学龄儿童时，我无钱上学。这时正好楚门东方小学（私办）在爱国人士的支持下，举办了夜校识字班，在黄老师、叶克东、邱莲青老师帮助下，我还担任夜校校委委员。可是好景不长，日本侵略者用飞机炸毁楚门的文化中心。1941年4月16日上午至17日，日机2架在楚门上空扫射、投弹，炸毁育婴堂房屋8间；东方小学（被炸）房墙开裂，窗户玻璃破碎，成为危房，被迫停课；还有西大街"同和"店（被）投弹1颗，炸毁房屋多间，1人死（王明山，黄岩人）；赵贵垒屋后稻田（被）投弹1颗，炸个大坑，赵家的人逃到我家，我也渡船逃到北门港对岸（新菜场的地方），躺在田岸边躲避扫射不能再逃。1942年楚门建有防空警报，一听到警报就人心惶惶。

1944年12月30日拂晓，日军从温岭沙滩（山）塘登陆进犯楚门，抢去"镇海寺"（现楚门山北村村部）贸易公司许多物资。在1945年5月2日4时，日军近百人从西青山后入侵。这时正是插秧季节，我和父亲不到半夜就去拔秧，听到防空警报不敢回家，就逃到天字号（现三联村）娘舅张国满家。当时我娘舅正准备逃跑，并告诉我们日本人正从西青山后面上来，我和父亲俩脚也来不及洗就穿上步鞋向马山西吞逃，到达洋根溪岸姐姐家住11天才回来，秧田秧苗已枯死不能下种。回到家里，东西东倒西歪打翻在地。黄介乾死在我前屋冯必西家，我的老师孙九如（号子加）在楚门南塘头水里（被）折磨而死。隔壁的孙庆鹤，被刺死在药店间，对面郭绍汉医师死在道坦里，孙招贤亲眼看见他被刺死。还有招贤父亲孙登榜的手臂被砍断；林加于被打伤无钱医治而死。叶招棣父亲叶季川被刺死在叶家屋里，王洪芳被日本人用刺刀刺了18刀，幸好挺活过来。

（林玉廷，男，1926年4月5日生，玉环县楚门镇山北村人；调查人：赵子传、张希光；调查时间：2006年10月1日）

（原件存中共玉环县委党史研究室）

19. 黄永水证言

我叫黄永水，今年80岁。日本侵略军第一次侵占温州时，飞机飞到我南村扔炸弹，炸死炸伤我村许多人。那年我14岁，也被炸伤，对于那次日机滥炸无辜平民的暴行，我是目击者，也是受害者。

记得那一年是民国三十年（1941年）温州第一次沦陷。4月的一天，正是快插田时节（槐豆已成熟）。那天上午"天光小节"（上午9点多钟），我和村里一些大人小孩，看见一架日军飞机从温州城底那边，从北到南飞过来。飞机飞得很低，机上的日本太阳旗被阳光一照，看上去五颜六色的。我们正指着飞机，嘴里叫着"飞机、飞机！"哪知日机在我们村上空盘旋一圈，即向地面扔下炸弹，只听连着"轰轰"几声闷响，两颗炸弹炸中我村陈宅大屋（即陈楚南家，这座屋是我村最大的房屋，有三进），其中一颗炸弹炸中陈宅大门照壁外，把前面的陈衍清几家住的7间屋后进一排都震塌了。陈宅大屋的主人陈楚南和他的大女儿阿翠及一个叫"长妈"的保姆当场被炸死。陈楚南的儿子陈祖方和另一个女儿阿春被炸伤，同屋还有一个叫大川的人的妻子手臂也被炸伤，还有几个陈家的亲友（本来住在温州城底，因避日本人祸害，逃到乡下，住在陈家），也被炸死、炸伤。这些人是外地的，姓名都不知道。炸后，许多人都跑到陈宅大屋去看。我也跟着大家去看，只见厢房里一片血淋淋的，惨不忍睹。

正当大家要抢救被炸伤的人，天空又响起了飞机声，原来日本飞机又转了回来。大家慌慌张张地从陈宅大屋跑出来。日机看见人又扔下炸弹，一个叫姆兑（学名叫胡明清）的孩子就被炸死在路边。后来，我们看到他的肚腹被炸开，肠子都流了出来，断气后手里还紧紧捏着一块他刚从陈宅拾来的麻将牌。一颗炸弹落到九坑头，一个叫胡昌弟的正躲在茅坑上，结果被炸死还掉落在茅坑里。有个叫金炳元的从田里回来，也被炸死在茅坑边。胡庆生躲在路边水竹丛里被炸伤。最惨的要算陈大连一家，陈大连被炸死在水穴头；他的妈妈一排手指被弹片切去，女儿也被炸伤，后来两人也都因伤而死；大连的爸叫陈显姆，整日忧郁成病也死去；大连的妻子改嫁了。这一家就这样绝了香火。

我从陈宅大屋跑出来，想跑到自家去。一颗炸弹跟着就炸下来，把我租住的两间厢房（房主叫阿蓝儿）都炸毁了。我被弹片划伤了额头和臀腿边，流血不止。后来医治了两个月才能走动。总算命大，现在还活着。

日本飞机这一圈又投了4颗炸弹，九坑头1颗，竹丛旁1颗，施宅底1颗，胡宅祠堂旁 1 颗，与前面两颗共下 6 枚炸弹，我村被炸死炸伤十几个人。日军这些罪行我都清清楚楚地记着的。

（黄永水，男，1928 年 2 月 28 日生，温州市瓯海区梧田南村人；调查人：朱茂昌、郑祥斌；调查时间：2007 年 11 月 27 日）

（原件存中共温州市瓯海区委党史研究室）

20. 江洪福证言

1941 年温州第一次沦陷时，我家住东门外滩儿头（今永塔路）。大约 4 月 20 日左右，我正从茅坑里出来，看到稻田对面约 100 米的路上，两个日寇提着枪向前走。日寇看到屋前有一名妇女，其中一个就进去对妇女实施强奸，另一个在屋外看守；一个强奸完毕，另一个再进去强奸。

另外一次，是在我看见日寇对那妇女暴行几天后。同样在这次暴行附近。一个端着上了刺刀的枪，走在路上的日寇，看到前面一名妇女，即喊她站住，并用枪顶着她令她脱掉裤子躺在地上。日寇又见一名男子路过，也用枪逼其脱下裤子，强迫他对该名妇女进行性行为。该男子吓得颤颤抖抖，脱掉裤子，趴在那妇女身上。日寇看那男子趴着不动，就抬起脚狠狠地朝男子的臀部踹了几脚。

城区第三次沦陷时，日寇扔下的炸弹使人民深受其害。我也是受害者之一。第一次沦陷时扔下的炸弹，有的即刻炸死、炸伤了不少老百姓，有的没爆炸成了哑弹。当时我年少无知，只见路边有个伞形铁砣子弹头，认为有趣好玩就拿回家。这弹头下面有个螺帽，想把它拧开，拧不动。我认为是它生锈了，就拿着在桌上砸了几下。随着"呼"的一声，弹头发生爆炸，炸伤了我的右眼和右手指，使我成了残疾。

（江洪福，男，1929 年 5 月 5 日生，温州市鹿城区人；调查人：李岳松、梅明；调查时间：2007 年 2 月 27 日）

（原件存中共温州市鹿城区委党史研究室）

21. 吴世根证言

1937年9月6日，日军飞机轰炸衢州火车站，此后，每隔二三天就来轰炸。我村（陈家村）离火车站不远，为躲避日机轰炸，1940初，我们一家6口（父母、我和二弟、两个妹妹）逃到城西汪村乡吕家村外婆家。母亲在外婆家开了一间小店铺卖烟酒，空闲时也替人补补鞋子；父亲到衢州城里当清道夫，我则被送到地主家放牛。家中生活十分拮据。

1941年5月初的一天，9岁的二弟陈小世根突然发高烧。父母开始认为患感冒，找中药给予治疗，但到第三天病情越来越严重，就进城找医生看。据母亲说，当时医生说这孩子的病不好治，不是感冒而是鼠疫传染病，没几天可活，并要我父母不要让二弟与其他人接触。因此，父母不得不让二弟住在厨房边的柴火间，以便与家人隔离。不到一周时间，二弟就离开了人世。就在他死后不到3天，我那只有2岁的小妹妹陈四英也传染上此病，5天就死了。他俩发病时，整天啼哭，脸上发绀，发高烧，淋巴肿大，难受时两手到处乱抓。他们死后，父母请人偷偷地瞒着我把他们埋葬。弟妹走后，母亲天天痛哭，把眼睛都哭肿了。我和大妹看到母亲哭，也跟着哭，全家把眼泪都哭干了。

同年底，我陈家二伯父的大儿子陈雄寿也染上炭疽病菌，左脚伤口一直溃疡不愈，不能劳动。为求医卖光了所有家产，加上政府救济，还是治不好。一直烂到1966年6月，痛苦25年，含恨死去，年仅40岁。

旧痛未了，新痛又起。1942年父亲又惨死在日本鬼子刀下。我父亲叫陈发标，身高约1.67米，身体健壮。1942年6月日军入侵衢州城后，父亲从城里回到吕家村。7月初的一天，两名日本鬼子从城里窜进吕家村，把父亲和邻居吕根生抓去，要他们带路去附近甘里镇富里村的地主家抢东西。吕根生带一个鬼子上楼找，父亲与另一个鬼子在楼下找。鬼子翻箱倒柜找不到东西，就迁怒我父亲，狠狠地向我父亲肚子上捅了一刺刀。父亲被刺倒下后，趴在地上求饶。但鬼子不罢休，又残忍地捅了第二刀。这时，在楼上的另一个鬼子听到动静也下楼刺我父亲。我可怜的父亲，就被这两个毫无人性的日本鬼子连刺7刀，血流满地，当场惨死，当时他才36岁。吕根生趁两个鬼子不注意，慢慢退到天井、大门口，转身就跑，鞋子掉了也不敢捡，一直跑到几里外的山上才敢停下来喘口气。晚上大家躲日本鬼子回来，吕根生告诉了我母亲这一噩耗。母亲当场哭昏过去。

那时，我们在陈家村的房子也全被鬼子烧光了。我爷爷原来经营石灰生意，家境不错，共有 12 间房子，烧得一间不剩。父亲的惨死，加上房子又被日本鬼子烧掉，外婆家又贫穷得难以生活，母亲只好把我留在地主家放牛，带着大妹于 1942 年底改嫁到廿里镇石塘背村吴家。解放后，母亲把我接到吴家，从此由陈姓改为吴姓。

（吴世根，男，1930 年 9 月 4 日生，衢州市衢江区樟树底人；调查人：梁国宏、方红进、邱明轩、杨大方：调查时间：2007 年 3 月 29 日）

（原件存中共衢州市委党史研究室）

22. 何为松证言

记得当年为阻止日寇，县内大小通道都进行挖掘。特别是 1941 年全线挖掘碧松遂线，沿线之桥梁 12 座全被拆毁，改用简易的独木桥。松阴溪沿岸人行木桥 10 余座亦被拆毁。

民国二十八年，在城郊又构筑了一批碉堡。我能回忆起来的就有石羊墓塔、破樟树山、净饭寺对面草塔等，其实古市也有几座。至于工事，更是星罗棋布，不可胜数。光县城四周就达 100 多处。其中最大的有樟霭玄、石羊墓塔、松树塔、樟树塔、刘家山、鄢姓草塔、官山坞、望松岭、太保庙后、红厢儿、金米花草塔、西屏山、寺山弄、马头坑、朱山头、墓垒头、破樟树、操场圩、下马垅等地。又在朱山后及寺山弄等处挖了上百个防空洞，让人防护之用。碉堡、工事、防空洞花费了大量的财力物力，光木材就以千计，人力更为可观，因而造成了极大损失。

1942 年后，国军又在原有基础上再增加一些较正规的工事。不过以后未曾使用。不久日寇就投降了。

（何为松，男，1933 年 12 月 7 日生，松阳县西屏镇人；调查人：刘松涛、徐彩德；调查时间：2008 年 3 月 4 日）

（原件存松阳县史志办公室）

23. 鲍文达证言

1942年农历四月（兰溪县）石渠村已烽火漫天，敌机盘空，炮声隐约。村民无奈只好肩挑手提，扶老携幼，纷纷进山搭篷避难。农历四月初十，日军沿原来的兰浦路（此路早已经被我军民毁去），分路蜂拥入侵，目标衢州。此日，勤劳的徐三梅还在茅篷殿前插秧，不知道敌兵进村，腹部中敌弹两颗，肠子被拖出许多，惨声喊叫一天而死。同日，农民吴钱仍和木工陈寿宝，在杨树塘边前后一起走路，没想到日本兵突然来了。一个鬼子在他俩背后开了一枪，陈寿宝当场死亡，吴钱仍受伤。日寇蹂躏之后，石渠村壁破垣颓，全村门户全被捅破，猪皮猪脚，鸡毛鸡肠，扔得到处都是，街巷间撒满衣被谷物及残破门板、家具。

农历五月十三，老裁缝周芳司在日寇到来时躲避不及，被日兵枪杀在堰头两墩下；石渠乡沈家山青年农民鲍麻利到岳母家去，被枪杀在西坂底虹桥头。农历七月十八日，农民鲍玉芳夜间在坟山口避日寇，背部中弹，弹头从胸侧穿出，终身残疾。同日，农民鲍海生在自家门口碰见日本兵，胸部被刺刀扎了5刀，救活后成为废人。1943年农历五月初四，施村一青年路经石渠，遇到日军，忙登上严壁山天雷峡躲避，被山脚敌兵枪弹击中致死。此日，又有过路农民两人，被敌枪杀在黄龙杨梅山上。

日寇过往石渠，被抓去当挑夫的人，其数不少。他们随军挑运沉重的劫物，不分昼夜，并受皮鞭枪托之苦，牛马不如。22岁的石渠民夫周世寿，头部被日本兵用大头刀（斩猪骨用刀）背痛打，痛晕在地，后被押运到江西广丰，4个月后逃回，其母早已愁病在床，数日后死亡。凡从敌营逃回的挑夫，不残亦伤，不伤亦病，人们都既同情又庆幸。石渠被抓农民一去无回的有3人，一是杨余善，时年60岁，他的大儿子20岁，是个傻子，不会劳动，下面还有3个弟弟和3个妹妹及老妇，一家老弱吃糠咽菜，过着非人生活；二是阿奎的儿子鲍赖头，农历四月十八日被抓，人去家破；三是鲍志祺，在衢州日军溃退时被抓，家亦不存。

尤其令人发指的是6人被活埋事件。

1943年农历六月廿三，石渠群众闻日寇出城"扫荡"，立即挑着常备的伙食担子，扶老携幼，往两边山上疏散。有7人躲避不及，不幸遭敌抓捕。南货店铺的工人王老撮，在村边施家塘沿被3个日本兵用枪托狠击猛打，惨喊之声震荡山野，还将他3次揪入水中，被折磨得死去活来；农民胡金水，砍柴回来，在石渠堰头被日军抓住，当场被打得站不起来；农民鲍茂吉，袜日本兵用石头砸他的头部，当场昏倒，又被拳打脚踢。邻村缪金寿，在田里劳动被掳；该村严继钿，挑着担子想过梅溪避难时被掳；溪里源村农民老哑的儿子方红头，挑桐油到石渠时被掳；不知名的一个东阳木匠也被日本兵掳去。

这7个人，先后都被监禁在石渠鲍氏宗祠。当天饭后，鬼子开始严刑拷问，鲍茂吉当场昏死，被拖出门外，丢弃在祠堂边的竹园里。半夜时分，鲍茂吉渐渐苏醒过来，听到了敌人的狂嚎声和同胞的惨叫声。他用尽全力向前于桥头塍艰难爬去，被前于村人发现，抬到亲戚家。

第二天（廿四日）中午，躲在山上的农民看见一群日本兵，从村内押解出6名身无寸缕的人，被逼着一步一步地走，到了离村一里路的塘坞里，强迫他们挖洞。其实这6人已被敌人折磨得动弹不得了。当坑挖成后，敌兵一阵狂叫，一个个被踢入坑内，立即把土揪上。惨叫之声，随着泥土增厚而渐渐低沉、消失，最后敌人上去踩踏一番，才跑步离去。

在日寇离村后，躲在山中窥视的农民，立即下山寻找亲人，受难者的家属们哭哭啼啼，见松土里露出头发，你挖我挖一时拉上6具遗体，有的头颅被敲破，有的被割掉生殖器和舌头，有的手臂被折断，个个皮开肉绽，遍体淋血。家属们对6具遗体，反复认了数遍，才辨出自家的人来，即抱尸大恸，哭得死去活来，一片凄楚之声，在场群众，无不泪流。被日寇活埋的人既枉死，家又遭大劫。胡金水30岁，家有年青妻子和幼小儿子，还有年老父母。金水被害，老父哀痛残疾而死，妻子嫁人，随之老母身亡，其子又成孤儿，生活无依无靠，实为可怜。王老撮，40出头，待成家，人死家灭。缪金寿，20岁，未婚，父母含恨而死。严继钿，44岁，被活埋后，留下妻儿5人，其妻帮人做工，谋取低薪济家，长子14岁给人做苦工，6岁的儿子送人牵牛，其余两个小孩子在家过着饥寒交迫的生活。方红头，22岁，一经被害，其父母悲愤成疾，含恨黄泉，家破人亡。

事后，胡金水、严继钿、缪金寿的遗体先后由其亲属抬去安葬。东阳木匠、溪里源老哑的儿子无人来收尸，就在原坑另外穴埋了。日本投降后，溪里源老哑的儿子，由其亲属将骸骨迁回故里埋葬，坟内留下王老撮和东阳木匠两棺。该坟本来填土不高，经多年雨水冲刷，又经开荒扩种，现已成为梯地，坟迹已不见，但石渠村年老的村民，多数都能指出该坟所在地。

日寇还在石渠肆意放火，烧掉不少民房。1942年农历四月初九，鲍经海家的宽梁粗柱的6间高楼2间厢房被焚毁；农历七月十九日鲍希班、鲍国土等兄弟、侄辈家楼屋 16 间和平屋 10 间全被日军焚毁；农历七月廿四，朱忠贤家 13 间楼房被焚；1943 年农历正月十八，鲍钦坤、鲍荣森家花厅 1 座楼房计 6 间两大厢，其侧另有鲍钦坤家客厅楼房 3 间，皆被日军付之一炬，化为灰烬。放在花厅内的一批石渠模范学堂的课桌椅，也同毁无存。

鲍经海家，房屋被焚，无家可归，忧愁成疾，不久死亡。儿子是老师，家庭困苦，不胜农业劳动，得病死亡，年仅 25 岁，媳妇当年再嫁，未久老妇继殁，遗孙 6 岁，孤苦伶仃，独自流浪在外。朱忠贤家房屋被焚，兄弟子侄节衣缩食，艰辛劳动，全力谋筹盖屋，侄辈 11 人，从未上过学。长兄朱学诗将女儿卖做童养媳。有的因陋就简搭个草铺居住。凡房屋被焚的人家都有相似的不幸。如鲍荣森竭力建房劳累致死，其次子 20 岁同样得病而亡，儿媳改嫁。鲍希班家房屋被焚，经历十余年家境方渐恢复。

日寇到来一次，石渠和邻村人民就遭一次灾难。在石渠村遭害最惨重的是 16 位死难同胞（不包括重伤致死的），日寇杀了一人，就累及他家数人丧命，造成家亡族灭。石渠村被日寇烧掉的房屋 58 间（内有平房 10 间），损失也极深重，不但无家可归，且身无余物，受害者实难度日。至于奸淫掳掠、撒放毒物而使疫病流行，生疮、烂足比比皆是，民众受害罄竹难书。

（鲍文达，男，1923 年 1 月 22 日生，兰溪市马涧乡石渠村人；调查人：郑启通、陈洪亮；调查时间：2006 年 10 月 27 日上午）

（原件存中共兰溪市委党史研究室）

24. 徐生雨证言

我村六都杨位于衢城以西25华里，临近浙赣铁路和省国道公路之北，紧依江山港、衢江以南，村有农家约300户，近2000人，是方圆四周较大的自然村。1942年农历4月中旬，日本鬼子大规模进犯衢州。农历4月22日，日本鬼子窜扰到我村，利用这里地势平坦、视野开阔、交通便利的有利条件，驻扎了大批部队，作为向周边农村进犯的据点。幸好三天前，闻悉日本鬼子要来，村民都作了逃难的准备。父亲叫我们逃出去避难，他留下来看家，管理农活。于是，母亲带着我，还有两个哥哥、两个弟弟和1个嫂子共7口人，朝南面方向奔波了一整天，来到小湖南高垅村。这里有一条沿着溪涧而上的崎岖山间小道，地势十分险要，是个避难的好地方。

然而，逃难的生活毕竟艰苦，因随身带去的干粮和日用品十分有限，必须有计划地省着吃用，平时只好上山采野菜、挖草根充饥，过着野人般的生活。这样待了两个多月时间。因秋收秋种季节来临，农历6月底，我与哥哥两人冒险跑回家，帮助父亲一道收割农作物。农历7月12日，日本兵从江山溃败撤退到我村，到处抓夫。我们父子3人被鬼子一起抓去当夫。鬼子用枪押着我们，逼迫我们到各农户家抓鸡、赶猪、牵牛，给他们洗马、挑稻草、铺床、担水。有的村民被抓去干重活，扛铁轨、抬重物，一不顺心，轻者遭毒打，重者送命。村民吾利福，当时17岁，被日本兵活活打死丢进坑里，他奶奶去求饶也被打死。村里有个姓金的，土名叫乌鸡倪，50来岁，被抓去扛铁轨，因体力不支，被日本兵用刺刀刺死。惨无人道的日本鬼子还将他两个分别只有4岁和6岁的儿子丢到小河里，当时正涨大水，俩孩子被洪水淹没冲走。这次日本鬼子在六都杨村无故杀害村民达14人之多。

第二天，丧尽天良的日本鬼子在撤离前，烧毁六都杨村房屋200余间。村民严关倪躲在竹子林里，亲眼目睹日本鬼子放火烧自家房子，心急如焚，咬牙切齿，几次想冲上去救火，只因日本兵在场不敢冒险，眼巴巴地看着房子被烧。更令他难以容忍的是，他刚去世入殓还未下葬的父亲也连同房子化为灰烬。说来也巧，当日军撤退时，他发现一个因病而掉队的日本兵，立即挖出埋在土里的红缨枪，趁其不备，从后面捅死了他，并将尸体扔到村边一个池塘里，总算出了一口气。日本撤退后，农历8月初，我的脚开始发痒，长出很多红点点，很是难受，用水洗、用手抓，都不管用。后来又长出一个个小水疱。水疱破后，皮肤溃烂化脓并且发黑，可闻阵阵臭味，一天天严重起来。开始我不知烂脚的原因，后来才知道是受了日本细菌战之害，感染了炭疽病。

60 多年，我饱受烂腿折磨和求医的艰辛。开始请郎中看，开些中草药服用和外涂，不见好转。之后，只要听说哪里有名医，哪个医院好，就往哪里去。为了医治这条烂脚，先后去了乡医务所以及江山四都、金华福音、衢州汪洋、杭州浙二、上海瑞金和仁济、北京宣武等地 10 余个有名的大医院治疗，采用了 X 光拍片、割静脉、种药长肉、消毒植皮等各种医疗手段和方法，都无济于事。2004 年 11 月，经衢州市人民医院建议，花了两万多元医药费，锯掉了这条无法医治的左腿，装上假肢。日本帝国主义让我饱尝人间之苦，造成终身残疾。

（徐生雨，男，1926 年 6 月 26 日生，衢州市衢江区廿里镇六都杨村人；调查人：赵春禄、方红进、邱明轩、杨大方；整理人：赵春禄；调查时间：2007 年 5 月 22 日）

（原件存中共衢州市委党史研究室）

25. 陈光证言

1942年5月18日下午两点左右，忽然听见一阵"轰轰轰"的飞机声从东北方向传来，一架涂着太阳标记的日本飞机在（磐安县）安文一、三村后山脚双堂楼间投下两枚炸弹。随着两声巨响，两间民房被炸毁，村民陈中华的右腿被炸伤。

从18日开始，国民党军队大队人马在安文撤退了三天两夜。5月21日，国民党军队刚走，日本侵略者就马上追到。大约早上七时，日军先遣部队一路叫嚣而来，到安文章山安停止前进，铺出白布，打着太阳旗。一会儿，来了一架日本飞机，慢慢盘旋下降，对着地面目标投下香烟等物品就飞走了。后来，日军又分成两路，一路冲上市口半月山，架起几挺机枪，一个劲儿朝村内扫射；另一路冲到麻园城背打枪。这时，又一架飞机在安文上空盘旋，机枪"哒哒哒"扫个不停，子弹呼啸着从屋顶飞过，村民们纷纷抱着小孩往周围山上跑。大约到11时，日军先遣部队经小岭坑口向千祥方向走了。村民们以为平安无事了，都纷纷下山回到家里。刚烧好中饭，后面的日军又来了。村民们顾不得吃饭又跑到山上，从山上望到落洲畈路上，日军成群结队密密麻麻，前面高大马背上有一个架，架上放着炮，旁边挂着两个袋，气势汹汹。日军在安文整整驻了三天三夜。

晚春的夜晚很冷，村民露宿在山上饥寒交迫，只得吃临时带去的一点生东西充饥，怕鬼子搜山，不敢点火，不敢出声。有的婴儿啼哭，母亲们硬是捂住小孩嘴巴，有的窒息而死。全村的猪牛羊鸡被日本人杀光，禽畜杀死后只取腿肉，放在火中烧着吃。禽畜的头及内脏扔得遍地皆是，到处血迹斑斑。鬼子兵翻箱倒柜，掳去了值钱的东西，还在村民的锅里、水缸里解大便。5月22日上午九时半左右，鬼子在市口村七处放火，其中市口祠堂用喷火筒点燃。整个村庄顿时浓烟滚滚，成为一片火海。市口村200多户人家，300多间房子顷刻化为灰烬。安文一、二村临街两侧80多间房子也被日本鬼子点火焚烧，夷为平地。鬼子点火后，还守在路边，时不时用机枪扫射，阻止村民下山救火抢物。逃到山上的村民只好眼巴巴地看着鬼子烧毁家园，失声痛哭，许多人当场晕死过去。那天，鬼子开枪打死5个市口村民，他们是陈新贵、陈荣进、陈继相、陈联进、陈京文，其中陈继相、陈京文只有30来岁，是在回家抢救东西时被打死的。抓去民夫20多人，其中陈继虔因年老体弱在途中被杀害，陈银福、陈荣春、陈小奶先后从宁波、兰溪等地逃回来。5月23日，日本兵追一头牛的时候，刚好发现陈洪新的父亲，开枪射击。陈洪新的父亲被子弹打中屁股，当时还会逃，大概过两个钟头就死了。更为残忍的是，日本鬼子到处掳掠妇女，在光天化日之下，不分山边地头，不分老幼，抓住就奸淫。在3天时间里惨遭鬼子奸淫的妇女就达20多人。

民众手无寸铁，但也不甘俯首受害，日寇的种种罪恶行径激起了市口村民的反抗。在花台山脚，两个鬼子兵持枪抓住一名妇女正欲施暴，村民陈伟其从山上冲下，推倒敌人，救下妇女，而自己却被日军抓走。至半夜时分，陈伟其磨断捆绑的绳子后脱险。还有市口村民陈文位、陈仙荣，看到一个鬼子牵走一头黄牛，牛背上驮着2箱炮弹，陈文位就冲上去牵着黄牛逃跑，陈仙荣背上1箱炮弹七弯八拐向村外逃上山去。日本鬼子提枪追赶，黄牛仍被抢去，而炮弹已被陈仙荣背到山上，后来把子弹交给了唱凯部队。

23日下午三时，日寇往小岭坑口方向去千祥。当走到后坞坑口，马嘶叫着不肯走，他们才临时改道。一路走朱锡岭，一路走梅枝岭，一架侦察机在低空搜索指路。那时，国民党磐安县政府设在市口村。政府官职员和军警人员听到日寇窜入本县境内，早已撤到了大皿。

日寇走了以后，安文一千多难民无家可归。幸好尚存安福寺、落雨伞佛殿、聚秀祠等，一千多人都挤在这些地方度日。日无米夜无被，大家都睡在地上。没有镰刀锄头，只得用手去摘大麦、去挖野菜充饥，过着饥寒交迫的生活。

1943年1月12日3时，日寇再次窜入安文。这支部队有骑兵200多人、步兵400余人，均为便衣队。据说带着5门迫击炮、7门小钢炮，轻重武器相当齐全。他们从东阳马宅过朱锡岭抵安文。又放火烧毁了国民党县政府粮仓4间和民房8间，烧毁稻谷计9万余斤，还烧死了梅枝岭脚一户人家的女孩。至于其他损失无法统计。鬼子后来从梅枝岭经徐宅，往湖溪方向退出，抓走了民夫30多人。

日本鬼子的两次烧杀掳掠，给安文人民带来了深重灾难。直到现在，一些亲眼目睹的老人谈起日寇的暴行仍觉得毛发悚然，无不痛心疾首。他们至今还记得当时流传下来的一首民谣：

> 四月七日倭寇到，村民个个深山逃。
>
> 八日烟尘四处起，鸡飞狗叫鬼子笑。
>
> 枪杀男儿有五人，鲜血淋漓染青草。
>
> 掳走老幼三十多，食倭剥皮恨难消。

我也是这场灾难的亲历者、受害者，市口村被烧时我与数百名村民一起躲在大坞山，亲眼目睹熊熊烈火，乌云翻滚，看着自家房子被烧，泪流满面，母亲哭得捶胸跺足，在地上打滚。鬼子走后，下山一看，从祠堂孝妇楼到十字街旧厅、花厅、后堂楼、水坑、前塘沿、大门堂、前门堂、清水塘、三保等被烧得找不出一间完整的房子，只好连夜逃到离家十多里路的高山坞，一家 5 口在不足 10 平方米的灰屋居住，盖的是稻草，吃的是野菜。

（陈光，男，1934 年 2 月 28 日生，磐安县安文镇市口村人；调查人：陈云亮、陈剑飞；调查时间：2006 年 10 月 27 日）

（原件存中共磐安县委党史研究室）

26. 许家燮证言

我老家在衢县樟树潭镇下埠头街。樟树潭镇当时既是浙赣铁路上的一个小车站，也是衢江的一个水码头，是木材集散地。我家在镇上开了一个小小的烟酒店。

1942年夏天，日本鬼子来到我们镇上，当时我14岁，小学毕业正在补学。为逃避鬼子，我们一家做了木排，冒着滔滔洪水，跑到离家约4公里的前松园村。前松园村是四面环衢江水的沙洲6个村之一。大人们很幼稚地认为这个地方日本鬼子不容易进来。但是6月6日鬼子占领衢州城后约十几天，就来到这个沙洲上。一天午后，邻村忽然响起了嘭嘭的枪声和抢东西声、呼叫声，村子顿时乱成一团。我不知所措，只得向北边沙滩里跑去，在江边遇到比我大3岁的哥哥，准备过江去。但江流过急，我们俩无法过去。一位好心的农民拖着我们过江，我和哥哥挽着他的左右手，3人在江水中直打旋，费了不少气力才到程家山头，再往前跑到附近村子。从那以后，日本鬼子经常到沙洲上奸淫掳掠，杀人放火，还驻扎在一个村子里。我亲眼看到6个女孩被日本鬼子抓去轮奸。一个是隔壁女孩，比我大1岁，多次遭鬼子强奸。有一次竟被抓到船上被10多个鬼子轮奸。一个是绍兴女孩，也被强奸了两三次。另外4个女孩，十一二岁，有一次被鬼子抓到一间房中轮奸。一个老妈妈跪求放了她们，被鬼子狠狠打了一顿。我被鬼子抓过两次。一次是在村子的祠堂里。当时村子里许多老太太和孩子都集中在那儿，我正发着高烧，躺在地上，外婆坐在旁边。鬼子叫我跟他们走。外婆哀求说我生病。鬼子就举起木棒要打外婆。我怕外婆挨打，只好硬撑着站起来跟他们走。日本鬼子叫我和另一个孩子到农民的菜园子里摘菜，摘了满满的一篮子豇豆、茄子、辣椒，送到他们的驻地——郑家。我吃不下晚饭，他们只得放我走了。只有1公里路，我却走了几乎两个小时。

经历过这几次折磨后，鬼子一到沙洲，我们就捉迷藏式的逃难，曾到过4个乡镇所属的十几个村庄。在城东北云溪、高家一带，8月初的两三天内，日本鬼子到处骚扰，扩展到衢东北的一些农村里。我们无处可躲。白天，一家人分散，有时趴在稻田里，看见一队日本鬼子从路上走过去，有时躲在干涸的水沟里、桃园里，还曾藏在水碓楼上的谷壳里。晚上，一家5口（我、我哥、小妹及父母亲）在坟墓前，披着同一条棉被睡觉，过着风餐露宿的难民生活。这样，有过两三次。当时感到身上发痒，但忙于逃命，没有注意到异样的变化。

8月底，鬼子撤退到金华兰溪一带，我们仍回老家樟潭。9月初，我家先后有4人生病，祖父、母亲、小妹和我。母亲生了脓疱疮，全身浮肿。只有20多个月大的小妹妹前额左右两侧烂成鸡蛋般的两个洞。因鬼子侵略，我家与千千万万家庭一样，经济十分困难，一点钱只能让母亲和小妹去看病。10月底，小妹夭折，过几天祖父也去世了。

我从9月初起，全身生疥疮发疟疾，没几天感到右脚脚踝处特别痒，看看有个小红块，慢慢地变成了一个小水疱，泡破了就成了一个烂洞，流出难闻的脓水。苍蝇要叮，鸡也要来啄。有一次，一个买东西的农民放箩担时没注意，碰到了我的右脚，顿时鲜血直流，痛得我哭了半天。过了几天，左脚也烂起来了，这就更麻烦了。

1943年2月，因家庭经济困难，我没钱上学，只好到山区一个中药店当学徒。有人告诉我，店里的血竭是搽脚的好药。我就背着老板偷偷摸摸地搽。约1年，左脚的疥疮好了，但右脚还烂着，四周发黑。

抗战胜利后，我哭着要求上学。我脚痛，不能跑不能跳，不能打球，一上课就钻进教室。此后几十年来经常复发，久病难治，用药过多（如青霉素）就要过敏，有一次差点送命。我这双脚，坐不好站不好，坐久了不活动，烂处很痛，一下子站不起来；站久了双脚麻大浮肿，不能动弹。热不好冷也不好，夏天不能只穿短裤，别人看见了就掩鼻而过，洗澡也困难，水疱多了烂处会扩大；冬天一双下肢发黑点，痒得难忍。晚上睡在床上，从右臀部到脚趾麻木，痛得难以入睡。

期间有两次相当严重。一次是1993年至1994年。右脚上有11个烂洞，大的有鸡蛋那么大，小的有手指头般大，流着黄水，不能行走。经过半年多的激光和药物治疗，才逐渐好起来，但老烂洞还是不能愈合。第二次是1998年4月，右脚生了两个脓疱，不能下床，连夜送到市人民医院动手术。至今，我的右脚还留着大拇指般大的烂洞，脚肌肉坏死，血流不畅，皮肤发黑，两脚畸形，右足细长，左足稍短，走路有点瘸，留下了终身的残疾。

（许家燮，男，1929年9月9日生，衢州市柯城区人；调查人：丁文鲜、梁国宏、邱明轩、杨大方；调查时间：2007年3月13日）

（原件存中共衢州市委党史研究室）

27. 项南法证言

我老家在松阳县斋坦乡石门圩村。1942 年六七月的一天下午，我在家里被日本人抓去，当天被拉到同乡的黄公多村过夜，第二天到日本人住的一个据点里，后又被拉着走路到古市赤岸。因天气热，日本人在赤岸大溪洗澡。我想着逃走，所以没有脱衣服和鞋。趁鬼子脱光衣服跳进溪里，我逃走了。因不敢过大路，只好沿着溪边走，从新兴的后刘，直到樟溪的高岸塘、历溪。那天已是很黑，又是一个人走，很害怕，就在历溪山脚边庙后的大树下躲了一夜。第二天天未亮，就摸黑沿着大溪向下走去。在这过程中，我还摸到过一具死尸，被吓得半死。那时再也不敢摸着走，一直等到天亮。第二天中午回到家里。

当时村里人都逃难躲起来了，只几个老头还未逃。我问他们日本人还来吗？刚说不久，就听有人在喊"日本佬来了"。我就向村外逃。逃到一块芋田里躲起来，但还是被鬼子发现抓了起来。那天到望松乡乌井的一座楼上过了一夜。当时我村里有好几个被抓去做担夫的。第二天一早，走山路从乌井出发，到武义县竹客（当时属宣平县）。在竹客至宣平城的路途中，我村里另一个被抓的叫潘大章的人（比我大十来岁），因自己背着一个包袱。鬼子看他挑不动，就用枪托活活打死他，推下山崖。真是灭绝人性。当天，我们到武义城外的一座祠堂过夜。这房子上下两层，中间有天井，边上是牛栏，一边的墙也倒掉了。那天夜里，我看见有人从牛栏处跳出去没有再回来，估计是逃走了。所以我也大着胆子，从牛栏处跳下去逃了。一起逃跑的有 3 个人，一个是同村的陈绍永。一直到天亮还未逃出武义城。后来向老乡打听到去松阳的路，从竹客的高堰翻山到三仁，再到望松的石角，游过大溪回到家里。那时日本人已撤走了。

（项南法，男，1924 年 10 月 12 日生，松阳县古市镇人；调查人：归煜明、涂玉长；调查时间：2006 年 12 月 27 日）

（原件存松阳县史志办公室）

28. 杨立雪证言

温州第二次沦陷时，我家住在鹿城区郭公山附近的泰山官后 5 号，房子的另一边大门出去就是徐衙巷。我的长辈是从事酿酒的，住房就是酒坊，全家 4 代 30 多人，是温州城区的大户人家。日寇第二侵占温州时我已 17 岁了，亲眼目睹日寇在我家犯下的滔天罪行，在短短的两个月内，我家被日寇害死了 6 人。

1942 年 7 月 1 日，日军侵占了青田，11 日侵占了温州鹿城，至 8 月 15 日撤走这期间，日军的司令部就驻在我家和我亲戚丁辅仁家。因我家房屋多、院子大，有正房 7 间 3 进，还有轩间、厨房间、猪栏间等附属用房。

当年，日寇侵占温州时，我父亲杨久锡、母亲王洪妹和 11 岁的小弟杨永琨陪年迈体弱的祖母陈氏在家，伯父带着我和妹妹杨永瑶、堂弟杨永瑞等亲属逃到城外稽师村避难。过了几天，日寇见温州城成了空城，就发布安民告示，要求市民回家。那时我的邻居告诉我：你家里的人都生病了。我就千方百计想回家去探望亲人。

我在回家之前，伯父告诉我，西门大桥头设有日军岗哨，不能进去；若去那里，日寇会将你当马骑，调戏你，甚至有生命危险。我原打算从河里淌〔趟〕过去。这时有一个市民刚一下河，就被日寇开枪打死了，吓得我只得返回。小巷也被日寇用杂物堵住了，有一条小狗从一个张桌子下面窜过来，我也乘机从那桌子底下钻过去。到了家，目睹日寇将我家房屋的门户和板壁全都拆下来当柴烧饭；家具家什被堆放在院内的天井里，有些被毁了，家里的物资被糟蹋了。我祖母、父亲和小弟都躺在床上不能起来吃饭，一天到晚不断地拉稀，拉出的是红色带血和暗绿色。据父母说：自日寇驻进我家不久，一个不大会翻译的人过来要他们去打针，他们不愿意去，日寇就强行给他们打了针，第二天就开始拉肚子了。我回家五六天后，也被传染了。我们拉稀拉得都起不了床，更不能走路。只好将床板和椅子挖了个洞，用脸盆放在下面接稀。在我家里住的日寇不穿衣服、赤身裸体地在院子里来回走着，真是畜生都不如。

日寇退去后，逃难的亲人们回来不久也都被传染了这种怪病，据说城里也有不少人被传染了。我们请来了知名的医师医治，也吃了不少药，都无效。不久，被日寇打过针的 4 位亲人先后都死去了。当时一位名医说我父亲明后天也会死，说我体质好，有得救的希望。我病得不轻，被抬去见我父亲。父亲临终前嘱咐我：一要对母亲孝顺，二不能当国民党的官，三不要赚不义之财。父亲死时才

38 岁。10 天后，36 岁的母亲也死了。原本母亲死的当天我祖母也会死的，考虑到太难听（当地风俗），只好给我祖母吃人参补药，勉强维持到第二天才死。我弟弟杨永昆死得比他们还早。另外，还有我的伯伯和 2 岁的侄儿，也是患上这种传染病死去的。两个月内，全家死了 6 个亲人，摆在中堂的孝堂没有间断，甚是悲愤。至今我也不清楚日寇给我们亲人打的是什么针，后来有人说这是日寇在我们身上做人体细菌试验。

第三次温州沦陷时，我和妹妹，堂房阿姐、姐夫，堂房兄嫂等逃到乐清和永嘉交界的梅园下兰岙村。日寇又来到这里。村民们纷纷逃到山上。一名持枪的日本兵赶来打我姐夫，我妹杨永瑶被追赶（女人见到日本人特别害怕）。我妹眼看要被追上时，只好从山崖上往下跳，摔成重伤，昏迷了 3 天才醒过来，差一点丧命。当时鬼子以为我妹已经摔死了，才逃过这一难。

（杨立雪，男，1925 年 6 月 13 日生，温州市鹿城区人；调查人：李岳松、林海斌；调查时间：2006 年 10 月 23 日）

（原件存中共温州市鹿城区委党史研究室）

29. 胡学民证言

我家原来住在市区的西门大街。温州第二次沦陷时，我正是年轻力壮的青年人，一边跟拳师学打拳，一边为西门的一货船做担夫。农历1942年7月15日早晨，我们把茶叶装满6只货船，向某殿运去。待我们到某殿时，只见殿门紧闭。我们连敲带叫了好长时间，都没人响应。正转身要回去时，忽见一队日军端着枪向我们走来。我们被抓去做了日军的担夫。

日军押着我们约30来个担夫，向青田方向北上。一天，大家停下来休息时，一位叫三洪的担夫逃跑，结果被日军抓了回来。日军一军官手持大刀砍下了他的两只手臂后，又砍掉了他的两条腿。见三洪还没有死，日军军官命令两个士兵去搬来两块脚盘大的巨石，一块放在他的头下面，一块压在他的头上，再叫一个日本兵踩在巨石摇摆起来，直至把他折磨至死。

我们忍着悲愤，含着泪水默默地继续北上。有一天，我们到达丽水一个叫桃花岭的地方时，随处可见尸骨横卧。有个家住城区飞鹏巷的担夫，做小贩出身，平时没做过重活，也没出过远门，被抓担夫后，这些天一直挑担，吃不饱又没有休息，劳累交加至极。坐在路边歇脚时，他对我们几个同乡说：看来我是回不了家了，如你们回到温州，把我的情况告诉我的家人。过了一会，几个日军过来催我们继续赶路。看到一个担夫躺在地上，两个日军士兵提起步枪，用刺刀一下子狠狠地刺进了担夫的腹部，然后又使劲地将其剖腹。担夫顿时鲜血直喷，当即死亡。见此，我们不寒而栗。

我们30来个人被日军抓担夫后，从温州一直挑到东阳义乌的日军大本营，只剩下我一个人了。日军放我回家。回家时，家人见我骨瘦如柴、衣不蔽体的情形，紧紧抱住大哭了一场。

（胡学民，男，1918年11月9日生，温州市鹿城区人；调查人：李岳松、梅明；调查时间：2007年6月21日）

（原件存中共温州市鹿城区委党史研究室）

30. 陈佰近证言

我叫陈佰近，今年75岁（虚岁）。从现在算算，我11岁那年7月份中旬光景（经核查是1942年8月8日），那天上午，我正在地里锄粟草，从白带门（三门县沿赤乡）方向飞来一架日本飞机，在我村里投下两枚炸弹。

第一枚炸弹投在陈小友屋上，当场炸死5人：陈小友的女儿被炸得血肉模糊，陈小友妻子也被炸得血肉粉碎，陈必富妻子肚肠炸出来挂在捣杆头柄上，还有陈克中娘和陈玉坤妻子也被炸死。陈小友在田间做生活，全家炸死剩他1人。陈小友家的全台屋（四合院）有17间，炸毁倒塌4间，其余房屋都有不同程度损坏。

第二枚炸弹投在陈小友邻居的陈孔桥住房，也是全台屋（四合院），17间有5间炸倒，其余都炸裂，门窗损坏。当时在这台房里有陈孔桥和陈中炎太祖母两人，陈孔桥被当场炸死，陈中炎太祖母炸成重伤，十几天后也死了。她当时脸部被严重炸伤，嘴巴开裂，十分痛苦，无钱无药去医治，吃不下食物，死得很痛苦，我们都亲眼看到，亲身经历。储存在陈孔桥隔壁的陈百增家赋谷损失有近4000市石，这是乡政府征收上来储藏在陈百增家的谷仓里。

这两座全台屋是我村最好的房屋，大屋柱、雕梁画栋、有花窗，造价很高的。两台屋损失至少有3000大洋（银元）。

（陈佰近，男，1934年3月30日生，三门县蛉下村人；调查人：付永富、张世楷；调查日期：2007年3月27日）

（原件存中共三门县委党史研究室）

31. 厉正泉证言

1942年5月19日，日军入侵东阳。9月3日，日军1个中队占据巍山镇，在巍山屏构筑炮台。从此，巍山地区人民深受其害。

日军占据巍山后，各村每户都要抽1个民夫，分期分批去做劳役，建炮台、挖壕沟、修公路、造营房、运送军用物资。当时年轻力壮的怕去了回不来都躲了起来，青年妇女更不敢去，我们村去的都是些年老或年少的人。当年我17岁，只能算是个大孩子，被抽去修建巍山屏炮台和去林口砍伐木材等，受尽非人的折磨，也目睹日军残害同胞的血腥场面。

我们村每次抽民夫5人，每三五天轮换一次。9月开始，我就参加修筑巍山屏炮台。早上天不亮就由保长带队上山，晚上天黑才能返回，每天要干十五六个小时的重活。中午饭在炮台吃，由日军提供，每人只能分到一勺掺砂子发霉的米饭，没有碗，饭只能盛在笠帽里用手抓着吃。每天挖、挑、抬，劳动强度很大，体力消耗很多，都希望能多分点吃。我经常看到分后剩在木桶里的很多米饭，鬼子不顾民夫的乞求，不但不给我们吃，而且当着众人的面倒掉，然后拉上屎。民夫每天上工地都要点名，一开始我们不懂，鬼子说"两个伴（谐音）"，我们不知怎么动，就遭到毒打。待这些野兽出完了气，翻译才假惺惺地站出来说好话，说"皇军叫你们站好点名。"我们按规定做好才罢休。整日地劳动，身体十分疲劳，督工的鬼子手拿木棍、皮鞭紧紧盯住我们，稍一停顿，或抬头张望就会遭到莫名其妙的毒打，打得头破血流、皮开肉绽是常有的事。

1943年4月，巍山一部分日军抽到胡村造炮台，我们民夫也被抽去一些人。那次，我们村有我和马海松等4人去，马海松比我大几岁。马海松的老婆模样长得不错，被日军抓去后，日本鬼子问她："你有男人？"答："有！""叫什么名字？""马海松。""干什么的？""干游击队的。""现在哪里？""给皇军干民夫的。"鬼子就记下"马海松。"其实马海松并非参加游击队，只不过是一个有爱国心的中国人，同当地自卫队有些接触而已。

4月7日，鬼子从马海松所戴的笠帽上看到"马海松"三个字，顿时像找到什么宝贝，"嗨、嗨"地冷笑着。当即派人把在干活的马海松绑架走，并进行严刑拷打，扬言要杀他的头。马海松高喊："救命啊！"当时在公路边干活的一个民夫来报，我们立即赶过去。带队的保长认识马海松，深知他的为人，也赶去求情，鬼子不由分说，打了保长几个耳光，并威胁说："死了死了的"。

保长被打得鼻青脸肿。接着鬼子令马海松和其他 3 个民夫自掘墓穴，要活葬马海松，还叫我们这些民夫站在四周观看，"杀鸡儆猴"。我们这些手无寸铁的同乡，敢怒不敢言，只能眼睁睁的看着马海松被绑着推入墓穴，泥土一锹一锹地填至齐胸，只见他面红耳赤，两眼珠突出，表情十分痛苦。随着填土增高，头部七窍流血。兽性十足的鬼子还嚎叫着"哟西哟西"。我们强咽怒火，欲哭无泪。最后，一锹又一锹的泥土盖过了他的脑袋，我的好伙伴马海松就这样被活埋在胡村后山。

巍山屏炮台修好后，我又被抽到林口砍伐木材，然后拉到戚高山据点集中外运，每棵树直径 30 公分以上。日军入侵期间，巍山地区稍大点的树木几乎被砍伐殆尽。

一天晚饭后，疲惫的我正准备上地铺入睡，突然一声集合的哨声，把我们叫了起来，我就感到厄运又将降临到谁了。鬼子令民夫们围拢跪在四周拉有铁丝网的稍平坦的地面上。网内有个被蒙住了头，捆住了手脚的汉子。我听见旁边有个老太太说，他是饭后趁天黑敌人不注意逃跑被抓回来的。不一会儿，一个鬼子高嚷"跑了跑了的，死了死了的。"两个鬼子把蒙面者悬吊在一棵树上。鬼子的叫声印证了老太婆的说法。随后，几个持枪的鬼子轮流上去在他身上练刺，很快胸部就变成一个大蜂窝。接着两个鬼子手持指挥刀把蒙面者砍得四肢分离，身首异处，其状惨不忍睹。末了，鬼子对民夫威胁说："跑了跑了的，死了死了的。"被鬼子残暴杀害的这个人，至今我也不知道姓啥名谁，只知道他是个被抓来的民夫。以后，鬼子对民夫看得更紧了，一时少有再逃跑的。

还有一次，鬼子从巍山屏出发抓我村逃回的民夫斯新法。斯新法巧妙地躲了起来。正在干活的斯寿奎见鬼子来了，就马上逃跑。鬼子见状，举枪射击，把斯寿奎打死在山头顶（田名），只见子弹从太阳穴进出。

日本鬼子奴役、残害民夫的罪行真是罄竹难书。

（厉正泉，男，1926 年 1 月 30 日生，东阳市巍山镇山干塘村人；调查人：金承善、厉明方；调查时间：2006 年 10 月 30 日）

（原件存中共东阳市委党史研究室）

32. 吴国校证言

我一直生长在黎明村（即现在上虞市通明村黎明片）。1942年，大概在夏初的时候，黎明村发生了一件很大的事。事情经过是这样的：

因为这边日军打仗驻军，所以缺盐。为了补充不足，就要从宁波那边运盐过来。我们黎明村很多人为了生计就去背盐当脚夫。哪知道盐船运了盐，也带来了日军在宁波那边投下的细菌。细菌引起的疾病首先在背盐脚夫中蔓延，随后遍及整个黎明村。我记得比较凄惨的有3户人家。南岸施水柱家和他的邻居阿毛家，两家一共死了5口人，同一天出的殡。5口棺材呀，真是可怜啊。还有施交泰家，施交泰和他的儿媳妇，还有他的一个女儿，也是死于日军的细菌感染。

在这个事件中，黎明村一共死了46个人。这个人数可不是乱说的，是有根据的。在当年，住在南岸的有一个叫金海堂的村民。每次村里有人因为日军的细菌感染而死去时，他就把人数记在墙上，而且他是村中因细菌感染而死的最后一个人，也就是第46个人。日军给我们带来的灾难，都不想回忆啊！

（吴国校，男，1928年1月6日生，上虞市丰惠镇通明村人；调查人：徐颖、吴明月；调查时间：2008年1月9日）

（原件存中共上虞市委党史研究室）

33. 王德金证言

1942年11月，衢山王少冰派王阿章的"金顺"号木帆船（约35吨顶伸头）与小衢王信道、王信志合股做生意，装盐去温州。当时本船老大杨荣来（小衢村人，45岁），副老大王盛德（皇坟基人，50岁），普通船员王朱庆（小衢村人，38岁）、周阿利（小衢村人，40岁）、杨信文（小衢南岙人，38岁）、王宏林（镇海人，33岁），我是伙账（小衢村人，19岁），老板兼船员王信道（小衢村人，46岁）、王信志（小衢村人，48岁）。为确保此船运输安全（防匪），王少冰又派自己队伍5人随船，他们是刘忠明（42岁）、谢阿善（32岁），士兵颜永法（30岁）、沈阿毛（31岁）、王阿尺（小衢村人，31岁）。加上从温州回衢山的泗礁乘客李三宝、董阿根等，该船有18人。

此船在温州1月有余后，于12月30日装南货大米回衢山。船驶半夜遇强风暴，颠簸5天5夜，被风暴打往台湾海峡灯塔山，落入台湾日军虎穴。当时船员非常害怕，5名士兵扔掉武器，捣毁暗舱，以免惹麻烦。但结果还是被抓，并被一一严厉审查。第二天从台湾开来1艘日军拖轮，把"金顺"号连船带人拖往台湾基隆港，没收全船货物。王信志、王信道、刘忠明3名所谓"重犯"，用囚车装往宪兵队，其余船员乘客以船为牢。6个月后，日军将船拖上码头，将15名船员乘客押往基隆，再次刑讯。日军并把王少冰队伍中其他4名士兵也升为"重犯"，与原来3名"重犯"一起关押在宪兵队，其余船员乘客分别关在警察局和水上分局。

4个月后，船员乘客被押到台中农场做苦工，受尽苦难。2个月后，全船18个人被押到台北高等法院接受审判，王信道、王信志、刘忠明被判刑15年，谢阿善、颜永法、沈阿毛、王阿尺被判刑12年，其余船员乘客继续农场做工。杨永来做劳工时被折磨至死。直至1945年8月，日军投降后，农场劳动的10人才被释放，被判刑的7人在台北牢房中只找到王阿尺，且生命垂危，经抢救才能回家，另6人全部死于日军牢房，尸体无处查找。当时18人死7人，重伤1人，剩下11人，从台湾经上海一路乞讨回家。

（王德金，男，1926年1月27日生，岱山县衢山镇小衢村人；调查人：任子宝、董林水；调查时间：2006年12月26日）

（原件存岱山县史志办公室）

34. 盛三虎证言

我叫盛三虎，原籍安徽省五河县双河乡周陈镇人。1942年被日本侵略军强抓到武义开矿，直到1945年日本强盗无条件投降。三年中，我流干了眼泪，流尽血汗，亲身经历了在日军刺刀下地狱般的矿工生活，亲眼目睹了日本强盗大肆掠夺武义莹石矿产资源和残忍杀害矿工的悲惨情景。我是一个幸存者，是亲眼看见日本强盗在武义犯下滔天罪行的见证人。

1941年，我的家乡沦陷了。我当时只有16岁。有一天，40多个日军进村拉夫，我们双河被抓70多人，我村被抓31人，我就是其中之一。我们强行被拉到华南修铁路，半年铁路修通后，把我们押到马鞍山铁矿，不多久又押送到南京。在南京时，又陆续来了不少河南人、山东枣庄人、江苏宿迁人，还有拖儿带女的马鞍山铁矿的技术工人，一共有900多人，被一起押送到金华，因当时到武义没有汽车，我们连夜步行到武义。后来我们才知道，把我们押到武义是为日本侵略军在武义采矿。

我们一到武义先住在武义东门脚，当时武义城内老百姓逃难，几乎看不到人，只有老弱病残的几个人在家看门。

我们900多人到武义后，留下600多人在塘里、石垅岗等矿，还有300多人被分到杨家蒋马洞采矿。当时我被分到塘里矿区，不久，南京人又被抓来一批。我们的工头叫滕贵生，山东枣庄人，原在马鞍山铁矿当过工头。南京那批矿工的工头叫张德纪，听说此人是一个汉奸，日本的走狗。这两个工头都很坏，都是我们工人的吸血鬼。

我们开矿是属日本株式会社"华中公司"管理的，"华中公司"又在武义设有"华中矿业公司武义砩［沸］石采矿所"，地点就设在武义东门脚的当铺内。在武义"华中公司"的日本籍头目叫松野，是个中国通，更是个老奸巨猾的侵略者。

我们一到塘里，先是修炮台、扛铁丝网，建造简易工棚，其中塘里炮台4个，石垅岗炮台4个，整个武义炮台碉堡造了20多个，矿山周围都拉了铁丝网，严防矿工逃跑。这些事做好了，日军就强迫我们采矿了。

当时，塘里、石垅岗南头、北头基本分3个开采点又分若干工作面。我们是在日军的刺刀下强迫采矿的。矿工们稍不留意，随时就遭到日军工头的打骂。我们每天都要干到十几个小时。开始是露天开采，条件好，每天产量都在600吨左右。后来日军运来了风钻、空压机，设备改进就开始大规模地井下生产。日军在塘里、石垅岗大肆掠夺莹石资源，达 2 年之久，共盗采砩〔沸〕石几十万吨。

日军采出矿石后就强迫工人用肩挑到冷水坑边埠头，用竹筏运到金华，每天就有 40 只至 50 只竹筏运砩〔沸〕石，简直是强盗抢矿石。

矿工们的生活是极其艰苦，食不饱肚、衣不蔽体，过的是牛马不如的生活。工人们不愿意为日军卖力采矿，有的消极怠工，有的装病不干，干也磨洋工。但一旦被工头或日军看见，那就要大难临头，轻则打个半死，严重的就要惨遭杀身之祸。河南和江苏宿迁的 2 个矿工，被日军推下几十米深的矿洞活活摔死。我们矿工生活没有自由，不准随便走动，也不准到相邻的矿坑，查出来就被杀死，这样死的矿工是不少的。

由于极强的劳动和极苦的生活，工人们的身体越来越差，很多矿工眼睛渐渐地瞎掉了，无法做工，也回不了家，个个都在绝望中挣扎，天天哭，日军又不给医治，在走投无路的情况下，有 8 个矿工投塘自尽了。据说杨家那边此种情况自杀的就更多，尸体无人捞，烂在水塘中。解放后才把这些尸骨捞上给埋葬，但永远也不知道名和姓。

1943 年下半年，瘟疫蔓延。北方人又不服南方的水土，采矿的矿工由于高强度劳动，营养不良，大多数矿工染上了病，又吐又泻，伤寒、斑疹到处蔓延。日军又不给医治，一染病就无法活命。那段时间，天天死人，到处听到病人的哭叫声，有的就一直哭叫到死。我们一起在塘里采矿的，一天就死了 15 个，有的奄奄一息就被日军拖出去埋了，真是惨无人道。这场瘟疫中，我们北方来的 900 多人就有 500 多人死了，江苏宿迁来的死的最多，几乎没剩下几个，我们一起来的 70 多个人中，死掉 16 人，算是最少的。南京来的一批矿工差不多都死了，没有几个活命。据有个名叫张老八的幸存者说，南京矿工在武义塘里采矿的一共死了 64 人，就在一块砖头上刻了"南京苦力六十四人"。

日军为了大肆掠夺武义矿产资源，进行强采强盗。不管生产开采条件，不顾工人的生命安全，矿工每天都在极其恶劣危险的环境中采矿，"置顶"、"片邦"、"塌方"事故经常发生。工人们压死压伤的事件经常出现。少则几人、十几人，多则几十人。有一次地面下暴雨，塘里矿区一个坑地面大崩塌，井下一起压死 30 多人。

日军侵占武义后，目的是为了掠夺武义的莹石资源，抓了大量的北方苦力来武义为他们采矿，同时还派了随军技术人员在武义各地到处勘查砩〔沸〕石资源。我知道的日军就到过武义的菱塘、杨家、竹板山、四百坎、后桑园、石龙头、郭塘、宋元殿等地调查过，也设点掠夺过硼〔沸〕石。

我是一个幸存者，我亲眼目睹了日本强盗侵占武义的滔天罪行，血泪仇、民族恨，永不遗忘。

（盛三虎，男，1926 年 7 月 25 日生，安徽省五河县人；调查人：陈祖南、陈南山、周祖华；调查时间：2006 年 10 月 26 日）

（原件存中共武义县委党史研究室）

35. 方渭达证言

这事发生在（兰溪县）官塘乡九丼行政村的后更自然村，这里是我的老家。农历 1943 年腊月十四日清晨，一阵杂乱的脚步声把我从梦中惊醒。没等我清醒，叔父家的大门便发出嘭嘭的沉重的捶击声。我一呼隆从被窝里滚下床，从窗门的缝隙向外窥视，只见 4 个当兵的抬着一根木材（做棺木用的木料）向我叔父家的大门猛撞。"哎呀！日本佬来了！"这突如其来的情况使我们 4 个失去父母的年幼的兄弟姐妹不知如何是好。毕竟我是一个五年级的学生，略知一点世事，"你们快躲进柴禾堆里！我去开门。"说罢，我便奔下楼来，正好把大门拉开，只听"哗啦"一声，叔父家的大门朝内倒去了，一大片墙体也随着塌了下来，4 个鬼子兵端着枪向屋子里面突奔进来。我想跨出大门奔逃，只见一提着马刀的鬼子站在门前的阶石上，双眼直盯着我，使我寸步难行，只好站在原地。那 4 个鬼子兵进我叔父家之后，顷刻间传来了翻箱倒柜的声音，好在我叔父一家从后门逃出去了，才免遭劫难。4 个鬼子兵在我叔父家一番折腾之后，便算是搜索完毕。而后便用脚踹踢过间门要进我伯父家。我伯父是个瞎子，听到打门声响，便摸索着去开门，口里不停地高喊："不要打！我来开！"当他走到堂屋时，过间门刚好被鬼子兵踢开，鬼子兵端着上了刺刀的枪闯去，一刺刀刺到伯父的额头。我看见伯父的两眉间直到脑门的中间有一个大刀口，鲜血从额上汩汩地流出，顺着鼻梁、脸颊往下滴，渐渐地昏死过去，在石板上蜷缩着身子。我当时才 12 岁，置身于强敌的监视之下，不能援救伯父，直到今天我回忆起那一幕，总觉得于心有愧，对不起死去的伯父。4 个鬼子兵在我伯父家翻腾一通蹿了出来，直奔我家。当头的鬼子兵端着上有明晃晃刺刀的大盖枪，刀尖上沾有伯父的鲜血，直逼我的跟前，摆出了刺杀的姿势，一次次地将刀尖抵着我脖子、头部、胸膛、腰部，嘴里不停地逼问："中国兵有没有？中国兵有没有？"我哭喊着："没有！没有！你们进屋去找好了！"一次次把刺刀避开。最后，我把右手往衣袖里抽缩了一下，让棉衣的袖子落到手掌上，手带着棉衣的袖子把鬼子戳来的刺刀紧紧捏住使劲往外推，并大声哭了起来："中国兵没有！中国兵没有！"鬼子兵便进到我家翻箱倒柜去了。我家的房舍是本家族中最后一幢房子，鬼子兵分组搜索，没被搜出一个中国兵来，却搜去了一些钱和贵重的物品。接着又从我家的鸡舍中将我们准备过年时祭祖谢天的两只阉鸡抓去，边走边将鸡的脖子猛一扭，鸡在鬼子的手里挣扎了几下被掳走了，还拿走了我大哥前一天从 20 里外的肉铺买来的 4 斤谢年用的猪肉。4个鬼子兵和握军刀的鬼子都走后，我才松了一口气，庆幸我的弟弟、姐姐没有被发现。我想这是我逃离的好机会，于是转过屋角，打算从通往村外的道路上逃走。刚一踏上大路，看到一个荷枪实弹的鬼子哨兵已经把路口封死了，"八格哑罗（王八蛋）"一声，又把惊魂未定的我吓得直哆嗦，只好直直地立在哨兵的监视之下。这时我举目向村边望去，在村西边高坡的大树底下，架着一挺机枪，两个鬼子兵严守在旁边，居高临下控制着全村。全村50多口人，一个都没有逃出村外。

不到30分钟，我们这个小小的村庄就被鬼子搜了个遍，他们没有搜出什么中国兵。一会儿，除了我那负伤的伯父之外，全村人在鬼子兵的押解之下来到村中空旷的地方，接受鬼子军官的训话。只见一个留有两撇胡子的鬼子军官，捏着马刀站在一个废弃的石碾盘上，旁边站着可耻的汉奸为其作翻译。鬼子大概说些"中日亲善"、"东亚共荣"之类，还要我们好好地对待他们。散了之后，各人可以回自己的家，但是不准出村。

7点钟光景，鬼子们分头开炊，全村有4户人家被当作厨房做饭，我家就是其中一户。如果实打实地做菜、烧饭，那么全村所有的鸡呀、肉呀、酒呀，可以足足供应他们吃上3天。因为春节来临，虽然是处于困难年代，但每户人家多少都得准备点酒菜什么的。可是这些强盗不是做饭充饥，简直是为糟蹋而来的。他们把一筐筐的米、麦子抬去喂军马；他们吃鸡只吃两条脚；把活生生的猪的两只耳朵割下来吃；菜饭故意多烧一些，剩下的抬去倒在粪缸里；堆放着的柴禾不烧，偏要把好好的家具砸了当柴烧。我家楼上放着十多坛酒，两个鬼子上楼去一坛坛敲破，让酒往下流。更缺德的是在糖缸内倒进一些盐，在米缸里撒上一泡尿。曹大伯家的油罐里竟漂着一大沓大便。这些难道是有人性的人所为吗？

为了以防万一，村里的群众自然地聚集到一起，我也混在人群的后面好奇地看着鬼子兵的行动，他们约有30多人。酒足饭饱的鬼子兵，兴致倍增。一个小头目似的鬼子兵，拉着一位年轻妇女为他添柴烧水，水烧好之后舀在水缸里，鬼子把衣服脱个精光，浸在水缸里沐浴，叫这个妇女既要往灶膛内继续添柴烧水，又要为他抹身擦背，稍不服从，便是耳光。全村的妇女早有戒心，她们自然地与男人聚在一起，以防万一。然而狡诈的鬼子奸笑着，先是摸摸妇女的手，又扯扯妇女的衣服，而后竟动起手来。妇女们自然要四散逃跑，这刚好中了兽欲燃烧的鬼子们的计。他们就四处追抓。就这样，有3个妇女被蹂躏，其中一个在光天化日之下遭轮奸，过了三四天含恨而死。

这群强盗是来"扫荡"的，从清晨到下午三点钟，他们抢的抢了，奸的奸了，杀的杀了。在他们临走的时候又掀起一阵烧杀掳掠的高峰。首先是强迫村民把各家各户的粮食挑到指定的地点，装进麻袋，等待搬运。而后几个鬼子再一次分散到各家各户搜索，把贵重的物品及他们中意的物品悉数带走。董大伯家的牛棚里养有一头大黄牯，清晨鬼子进村时已看在眼里。董大伯提防万一，偷偷地割断绳子把牛放了出去。这时鬼子兵来牵牛了，只见棚里空空的，立即火冒三丈，拿起火柴，爬上梯子去点牛圈上的柴禾。董大妈急了，拼命拽住鬼子的脚不让上。鬼子像发疯的狮子，下地来，把大妈噼噼啪啪地打倒在地，再次上去点火。大妈忍痛爬了起来，再次把鬼子拉下来，跪着抱住鬼子的脚求饶。正巧集合的哨子吹响，鬼子朝大妈狠踢了几脚，赶去集合，这才免遭一劫。曹仁根大伯养有一对母子牛，是曹大伯一家的命根子。牛绳已被鬼子牵在手上，曹大伯叩头跪拜把牛绳夺住。一个鬼子军官抽出马刀欲砍曹大伯的手。曹大妈豁出老命蹿了上去扳住鬼子军官的手，大哭大喊地求饶，许多在场的村民也跪地哀求："皇军大大的，行行好事！"并要求汉奸说说好话。鬼子军官皱眉怒目，一脚把曹大伯从一丈多高的石磡上踢了下去，便扬长而去。曹大伯满脸是血，牛虽然是夺回来了，可是摔断了腿，落了终身残疾——跛脚。

鬼子兵把抢得的粮食和物品，押着村民背上停泊在兰江里的船上，与邻村的鬼子汇合，回兰溪城里去了。

（方渭达，男，1932 年 6 月 24 日生，兰溪市官塘乡后更村人；调查人：陈洪亮、裘济生；调查时间：2006 年 10 月 25 日）

（原件存中共兰溪市委党史研究室）

36. 张庆木证言

1944 年秋，温州第三次沦陷时，一股日本兵约 30 来人从温州来到永强石浦村。我清楚地记得那天早晨发生的事。日本兵包围了村庄，村民四处逃散。我当时正在挑水，见日本兵扛着太阳旗进村，吓得把水桶扔了就跑。过了一会儿，保长张大姆和翻译带着几个穿黄军服的日本人来到我家，说是要征用我家的房子。我们家的房子是三间厢房，坐西朝东约 90 平方，在村子里是较新、较大的。我们一家人，包括父母、兄弟只好搬到后面的旧屋居住。日本兵强征我家房屋后，开窗捣墙，把里面隔成一个个小房间，当做生活起居处所。后来才知道是在这里办慰安所。

日军刚驻下来，就通过保长带来 4 名妇女住进去。这 4 名妇女有 3 人来自温州城区，1 人来自青田，年龄才 20 岁上下，很年轻。他们被迫充当慰安妇，受尽日军的蹂躏。这些慰安妇饱受日军的摧残，这个摧残既是生理上的，更有心理上的。她们虽然是本地区人，但碍于情面，很少同当地村民接触，有的变得沉默寡言。日军在石浦驻扎 9 个月，慰安所存在 9 个月。直到日军撤退，这些慰安妇才得以返回原籍。

日军在驻扎地大肆抢掠，拿村民家东西如同拿自家之物。光是我们石浦村，就被日军掳走大米 400 斤、猪 6 头、鸡 29 只、蛋 140 个和银元若干，日军还到下埠把村民家的 10 来张木床拆走当柴火取暖。

因石浦邻近黄石山，日军在黄石山修建军事工程就到石浦附近大量征用民工。现瑶溪一带起码有 2000 人次被日军征用，日军撤退时又有 300 人被日军强拉运货。

日军驻扎石浦期间，一名抗日游击队员惨死在日本人之手。那名游击队员叫董阿碎，是瑶溪人。他听说保长张大姆和日本人沆瀣一气，就过来打听情况，结果被日本人抓住。日本人用铁条烫他，用火烛烤他，折磨了一星期后，把他扔到水池里。后来，残忍的日军挖了坑，把董阿碎活活埋在地下。

（张庆木，男，1923 年 8 月生，温州市龙湾区石浦村人；调查人：徐亮、潘伟光；调查时间：2007 年 4 月 3 日）

（原件存中共温州市龙湾区委党史研究室）

37. 朱可庆证言

距离日本（人祸）乱60多年了，这些日本人都是温州方向过来的败兵。他们途经路桥，之后到管前村，再到我们朱家村，经过我村后到桐屿，之后到椒江霞沚。

大概有十几个日本败兵，到本村主要是抓挑夫。我村有些百姓舍不得家里的财物就没逃，导致后来被抓去当挑夫。孙会东父亲孙帮增，当年50岁，当时他在家里弄猪圈，被日本人抓去当挑夫。在挑担途中不小心把挑的箱子摔倒了，破了，本以为里面装的都是子弹，哪知从箱子里摔出来的竟全是石头。这种情况被暴露后，日本人很生气，就用扁担狠狠地打在孙帮增的前额上，后还缝了四五针。挑担到宁波的一个港口后，日本人把他给放了，还发给3升米、一块布。不幸的是回来途中，便被抢光。没办法，离家甚远，只能乞讨回来，6天才到家。

本村还有朱仁朝的父亲朱某某，当时60岁左右，没去当担夫。当天中午在桐屿的文昌阁（原桐屿中学），日本人在此吃饭，拿其父亲开玩笑。日本人拿来一顶没编好的草帽，帽沿还都挂着长长的"须"，让朱某某带上，还找来几条狼狗，让狗去咬他，日本人还拿他当靶子，用军枪打死。孙邦永，当年三四十岁，当时由于脚肿，没逃。日本人抓他当挑夫，他不肯，后被日本人用刺刀在脖子处划了3刀。被抓的还有朱某某，绰号"小磨二爷"，五六十岁；朱仁楷，50岁左右；朱仁能，四五十岁，一起被抓去宁波，6天后才到家。还有朱仁堂，15岁，那天他在田里割草，日本人向他开枪，子弹从腋下飞过，还好被擦了点皮，没被抓。朱友顺的母亲，30来岁，当时大肚子，逃亡时藏在稻草中，即在此时生产，后回家不久就死去。孙会东的叔叔孙邦梅，生了黄胖病①，逃出去，藏在席草中一天一夜，身上吸满蚂蟥，回家后五六天就死了。

（朱可庆，男，1936年12月27日生，台州市路桥区人；调查人：潘泰郴、李丽；调查时间：2007年12月21日）

（原件存中共台州市路桥区委党史研究室）

---

① 即钩虫病。

38. 宋绍长证言

我 1944 年 11 月到提篮桥监狱任看守。1945 年 1 月 1 日提篮桥监狱 500 名犯人根据典狱长沈关泉的指令，去浙江嵊泗泗礁山为日本军队修筑军事设施。出发那天，上海天气很冷，还下着雪。这批犯人共 500 人，大多身体比较好，年轻，刑期在 10 年以下，个别超过 10 年。他们 4 人一列，自己拿着行李，排着队，步行到监狱不远处的高阳路码头，乘轮船去嵊泗。该轮船较旧，没有房间，全部是通铺。犯人睡在最下层，我们看守也睡通铺；这些犯人押解时没带脚镣。提篮桥监狱中国籍带队的看守长是江锡山、孙秀山、董夫尘；还有看守长范继贞、张××等，我是作为一名普通看守一起去的，还有看守陈××（解放后曾在虹口公安分局工作）等几个人。日本籍看守有 3 人，为首是三浦增荣。日本籍看守每人有一支小手枪，中国看守没有枪。

押解犯人的轮船开了 1 天 1 夜，到达嵊泗泗礁山。轮船不是直接靠岸的，是用小木船作摆渡，即犯人下轮船后，再转小木船靠岸。我们住的地方事先已准备好，住在田岙，住处是用毛竹搭的房子，睡大通铺，一间大房子，大约睡近 200 人。犯人生活的地方用竹篱笆与外面隔绝。海边有七八户人家，里面也有几户人家，主要是捕鱼的。关押的地方有电灯，是岛上的日本人自己用机器发电的。当时犯人在嵊泗的劳役主要是挖土方、挑黄沙、抬石头，工作量较大。早上出工到工地，中午午饭一般在工地上吃；下午四五点钟收工，吃饭。由于是重体力劳动，所以，饭一般尚能吃饱，但是小菜很差，每天大多是蚕豆，浸在盐水里煮的，偶尔也有荤菜，主要是咸肉。由于长期没有蔬菜吃，缺少维生素，导致看守和犯人晚上眼睛看不见东西，看守人员就购买羊肝来补充营养，犯人就没得吃了。有时我们看守还向渔民购买一点蟹吃。当时嵊泗一带水域由美国的水上飞机控制，我记得有次美军飞机来，我还带领犯人躲在山岩下面防空袭，日本人的船有时还遭到美国飞机的轰炸，所以嵊泗泗礁山的东西很难运进来，伙食较差，当时驻在嵊泗的日本军队也吃不饱饭，甚至有的日本兵用香烟与犯人换饭吃（犯人没有香烟抽，有些犯人烟瘾重，宁愿饿肚子，也要吸烟）。

1945 年上海去嵊泗 500 名犯人，虽然随队派出 1 名姓张的医生，但是药很少，所以犯人生病后，只能躺下休息，岛上药品缺少，花钱也很难买到，所以先后有几十名犯人死亡。那时我也生了病。大约在 1945 年 7 月，经批准，我与另外 2 名生病的看守提前返回上海，乘的是渔民驾驶的木帆船，靠风帆作动力行驶，速度较慢。回来时，我们还带了几名生重病的犯人一起回来，犯人睡在船的下舱。途中，有 3 名犯人病重死在船上，我们就把这 3 人扔进大海里。这艘帆船在海上行驶了 2 天 1 夜，到达上海，我们把生病的犯人送到监狱医院医疗。日本人投降后，嵊泗泗礁山的犯人全部返回上海，具体细节我就不清楚了。

（宋绍长，男，1924 年 3 月生，现居上海市真如小区；调查人：刘康义、赵华、徐家俊；调查时间：2006 年 11 月）

（原件存嵊泗县史志办公室）

四、大事记

1937 年

9 月 8 日 一辆满载难民的火车行至海宁县长安至斜桥之间时，遭侵华日军飞机连续轰炸，当场造成车上 300 余人伤亡。

9 月 26 日 日机连续 3 次轰炸衢州火车站，投弹 10 多枚，炸死 106 人，炸伤 50 人，其中棚车里的五六十名壮丁也全部被炸死，另外还炸毁房屋近百间。

11 月 5 日 上午 7 时，日机 3 架在嘉兴县七星桥车站外投弹 10 余枚，炸死炸伤 100 余人。

同日 日军第 11 军在杭州湾北岸平湖县全公亭登陆，沿路烧杀。在三叉河乡，日军杀害民众 62 人，其中妇女 12 人、儿童 5 人。在大头浜，日军将从各地抓来的 50 多人全部杀害，把浜里的水都染成红色。在全塘镇，有 288 名平民被日军屠杀。据统计，平湖县当天被残杀平民达 600 余人。除残杀外，日军还纵火焚烧。虎啸桥集镇的杂货店、百货店、茶馆店、理发店、竹器店、木器店等商业用房及住房全被日军烧毁，计平房 125 间、楼房 40 间、草房 10 间。全公亭、金丝娘桥两处老街也遭日军大肆焚烧，计平房 360 间、楼房 34 间。

11 月 8 日 日机分批轰炸嘉兴，炸死 100 人，国民党嘉兴县党部、县法院和仁爱堂育婴所均被炸成瓦砾堆。

11 月 8 日至 9 日 日机对嘉善县魏塘镇实施轰炸，在东起王家弄，西至费家桥范围内投弹数百枚，炸死炸伤居民数十人，炸毁房屋 600 余间。

11 月 12 日 中午 12 时 25 分，日机 5 架飞抵宁波江北，在财神殿、玛瑙路、车站路、引仙桥、使君街、板桥街、宝记巷、封仁桥、桃渡路、新马路、白沙路等地带连续投弹 20 余枚，炸死炸伤各 50 余人，炸毁房屋 250 余间，还炸毁大帆船 3 只、鄞慈镇汽车公司汽车 1 辆，另外孔浦扶轮小学和孔浦机厂也遭轰炸。

11 月 14 日 日军纵火焚烧平湖县新仓镇，烧毁东石桥一带、道院桥、报本桥、城隍桥、河墩、西林寺、金家弄口、大街、汪家桥、月桥浜一带 242 户民房，以及道院庙、关帝庙、月桥小学、司前小学等房屋，总计平房 360 间、楼房

1146 间、草房 11 间。

　　同日　一队日军窜至平湖县石桥头，遭国民政府军第 62 师阻击，1 名日军军官在交战中被击毙。15 日，日军疯狂报复，滥杀平民。在余家坟、曹家浜、张家埭等村，日军杀害金阿夫等村民 31 人；在张家廊下、走马塘、李家坟、于家坟、肖家浜、于家埭等村，日军又杀害村民金照福等 106 人。其中，日军把张家埭村张留根等 12 人关进室内，用火活活烧死。曹家浜村 1 名妇女被日军强奸后，日军还在其胸部刺了一刀。在尖角泾，1 名吴姓妇女被日军轮奸后，日军还逼其光着身子在场上跑，自己则围睹浪笑，最后用刺刀刺进吴氏私处致其惨死。在疯狂杀人的同时，日军还烧毁房屋 300 余间，抢走粮食 900 石，打死并抢走耕牛 38 头。

　　11 月 16 日　傍晚，日军从嘉善县杨庙、荷花三长子方向由水路侵入嘉兴王江泾镇。半夜和次日清晨，第二、第三批日军进入王江泾镇。三批日军抵达后，对滞留镇上的居民及民房实施烧杀。该镇一里街东段和南埭共 971 间店铺、民房，被日军用硫磺枪扫射、焚烧，夷为平地，大火 3 天不熄。

　　11 月 19 日　吴兴县（今湖州城区）南浔镇沦陷。日军入镇烧杀抢掠，杀害平民 400 余人，焚毁房屋 4993 间。

　　11 月 20 日　日军侵入吴兴县织里镇，在大港、云村、河西、朱湾、骥村、东兜等村，杀害村民 137 人，另有 27 人失踪。日军在郑降村抓捕郑长生等 5 人后，强迫他们排成一队，然后用一颗子弹从背后打过去，直穿 5 人，集体屠杀村民。

　　同日　日军从水路侵入吴兴县和孚镇，杀害平民 67 人，另有 1 人失踪，抢掠粮食 1035 担、牲畜 225 头。仅该镇获港村，就有 20 人被日军杀害，3 人致伤，1342 间房屋被日军烧毁。

　　11 月 22 日　日军全面侵入吴兴县。在东林镇，日军在锦骧、紫金、长熟、双潞、胜利、青联等地杀害村民 45 人、致伤 4 人、烧毁房屋 3131 间；在道场乡，日军在红里山、施家桥等地杀害村民 57 人、致伤 3 人、烧毁房屋 524 间；在八里店镇升山、戴山、紫金桥、前村、陆家坝等村，日军杀害村民 318 人、致伤 6 人，另有 22 人失踪，烧毁房屋 4126 间。

　　11 月 23 日　日军第二次窜入平湖县城。途经南河头鸣珂里时，日军看见"稚川学堂"墙上有反日标语，即驱散正在上课的师生，将这所创办于 1902 年的私立现代学校付之一炬，烧毁教室 9 间、办公室 6 间和一大批教学仪器。同时也烧毁建于清同治年间的"守先阁"藏书楼，致使该藏书楼内 40 万余册藏书、

1000 余卷全国各种方志，还有大批宋元以来的历代珍贵名家字画等焚烧殆尽。

11 月 24 日　湖州城沦陷。日军入城后，在大街小巷大肆烧杀，杀害平民 300 余人，烧毁房屋 3209 间。

同日　长兴县城沦陷。日军入城后，将大批民众杀害于小北街、小东门外皇家湾河滩等地，并将从平湖、嘉兴抓来的民夫关进广生当铺烧死。事后清理废墟时，清出尸骨 500 余具。日军还在城内大肆纵火，致使县城内连烧 7 日，90% 以上房屋被烧毁。

11 月 27 日　日军全面侵入长兴县。在林城镇畎桥村，日军枪杀平民 9 人，烧毁瓦房 150 间、草房 141 间，抢劫粮食 3900 公斤、猪羊 1900 多头；在澄心乡（今新星村），日军枪杀平民 16 人、奸杀 1 人，烧毁澄心寺及民居 125 间，损毁粮食 34700 公斤、猪羊 42 头；在小浦镇画溪村，日军枪杀平民 14 人，烧毁房屋 160 间，抢去粮食 15000 公斤、猪羊 205 头、牛 5 头。

11 月 27 日至 28 日　日军骑兵向崇德县（今属桐乡市）大众乡大竹园桥方向窜犯，一路杀人、放火，祸及全乡。日军杀害村民魏廷侦、魏文傲等 36 人，烧毁平房 134 间、楼房 62 间，拆毁 15 户平房 33 间。

11 月 30 日　上午 9 时半，日机轰炸萧山县城。日机先在县城周围投弹，构成一个火圈，使居民无法出逃，然后在城内疯狂轰炸。此次轰炸，日军共出动飞机 28 架次，投下炸弹和燃烧弹 120 余枚，致使近 200 人被炸死，千余人被炸伤，整个萧山县城成为一片废墟。

11 月　日军在长兴县城内大肆抢劫民间文物。仅钱柏一、邱传英两家被日军抢去玉器、书画等文物 316 件、古钱币 4000 枚。事后经专家估算，时值 130 多万元法币。

同月　日机轰炸平湖县城，包括恒泰祥、源丰盛、义顺昌、老鼎元、新鼎元 5 家绸布呢绒店和裕大茂、元太恒、昇泰顺 3 家南货店、广货店在内共 60 户商家遭轰炸，损失楼房 201 间。

12 月 20 日　吴兴县埭溪镇沦陷。日军入镇实施烧杀，杀害平民 39 人，烧毁房屋 2385 间，抢掠饰品 50 件，焚毁财物一批。

同日　武康县城（今属德清县）沦陷。日军入城后，杀害平民 10 余人，烧毁房屋 4000 余间。

12 月 23 日　日军从德清县、武康县进占杭县瓶窑镇，除自身占用几处房屋外，将镇上 5000 余间房屋全部烧毁。

同日　日军侵入杭县后，在龙坞 20 多个自然村杀害村民 146 人，奸污妇女

122 人，烧毁民房 80 多间。

同日 日军占领杭县留下镇，杀害百姓 100 余人。其中沈家弄一对 12 岁的双胞胎，被日军绑在柱子上连同房子一起烧死。

12 月 24 日 杭州沦陷。日军放任士兵在城内奸淫烧杀 3 天，致使城内 4000 多人惨遭杀害，700 多名妇女被奸淫致死，3700 多家房屋被烧毁。其中有：余观巷 14 号 1 名十二三岁的女孩被日军轮奸后用板凳砸死；大井巷 1 名 14 岁幼女及 1 名产妇遭日军强奸；浮山村妇女收容所 1400 余人，除 2 人逃出外，其余全遭日军强奸；闸口地区有 500 多人遭日军枪杀或活埋；迎紫路、联桥大街、清河坊、各合桥东、东街路至骆驼桥及江干一带遭日军纵火，大火延烧 3 昼夜，从白塔岭到南星桥一带民房被日军烧毁。伴随纵火，日军大肆抢劫。有明确记载且数量巨大的是，日军抢去战前杭州市区 1095 户丝织厂及机户质押于四行联合办事处及地方银行的全部质押品，计丝织成品 85777.5 匹，罗纺大绸 301 担，真丝 753 匹，厂丝、广东丝、土丝等 397 担，人造丝 162 包，丝棉 219 斤，及织机等物，合计 4342717 元。

12 月 24 日至 25 日 日军在富阳城内搜出 30 多名青壮年男子，将他们集中在王家祠堂，用刺刀杀死 16 人。在鹳山吉祥寺，日军搜出 16 名和尚，全部用刺刀刺死。事后，日军还放火烧毁了吉祥寺大部分房屋。另外，日军枪杀了躲在舒姑坪舒姑庙内避难的 54 名难民，并放火烧毁舒姑庙。

12 月 日军侵入桐乡县濮院镇顾介庄村，放火烧毁全村平房 255 间、楼房 8 间。日军还拆毁了濮院镇公明发电厂厂房，劫去 30 马力卧式柴油机 1 台、20 千瓦交流发电机 1 台。

1938 年

1 月 17 日 日军在嘉善县汾玉镇尤家港遭国民政府军第 54 旅第 733 团伏击。18 日，日军实施报复。尤家港全村 80 余户民居，仅存 10 间，其余全部被日军烧毁。汾玉镇 50 户农家总计 284 间民房，被日军烧毁 270 余间。而后，日军在徐河浜口发现被国民政府军击沉的己方船只，便放火烧毁了徐河浜和新浜民房 123 间。

2 月 15 日 日军小池部队在武康县余英镇枪杀平民 10 人，焚毁楼房 84 间、平房 158 间、草房 15 间。

2 月 17 日 国民政府军第 62 师袭击了驻余杭县乔司镇的日军营房。18 日，日军集结部队，实施报复。上午 8 时多，日军调集余杭笕桥、临平和海宁长安等地部队共 200 多人，包围乔司镇，封锁路口、通道，借口寻找昨天偷袭的"支那兵"，挨家挨户破门而入，搜捕无辜百姓，若遇反抗，便予枪杀，还用机枪扫射惊慌失措的平民，同时自北街开始放火焚烧。日军将搜捕到的三四百人关押在保庆桥汽车站内，自下午始，进行集体屠杀。日军此次报复行动，共杀害平民 1360 余人，烧毁房屋 7000 余间。

18 日 日军在余杭县笕桥镇"扫荡"，枪杀许庆其等 37 人，烧毁瓦房 1277 间、草房 710 间。

同日 上午 9 时 30 分，日机 3 架轰炸桐庐县城，投弹 16 枚，炸毁平房 30 间。11 时，日机再次轰炸桐庐县城，投弹 18 枚，炸伤平民 25 人，炸毁房屋 1702 间。12 时，日机又对桐庐县城实施轰炸，投弹 12 枚，炸毁民房 40 间。

2 月 25 日 一支日军由吴兴县开赴杭州，沿途残杀平民，在德清县杨墩枪杀 22 人，在雷甸乡杀害 44 人，在蠡山乡南舍釪、横榔、八角亩头等地枪杀 51 人。

3 月 4 日 日军田中有朋大队荒川永进武融部包围余杭县午潮山午潮庙，用绳子把男难民手连手串起来，牵到天井里列队跪地。日军把所有男性青壮年视为"中国兵"，排在前面，枪杀刀劈，杀害了 10 多人。1 名男难民欲爬上柱子躲到匾额后面，被日军劈成两半。同时，日军对数十名成年女难民，就地强行轮奸。其中 1 名怀孕妇女稍有抗拒，即被日军一刀刺死。之后，日军命 3 名机枪手向男难民扫射，进行集体屠杀。扫射过后，日军搜索尸体，只要发现有微弱呻吟声，即用刺刀刺杀。此次屠杀，日军共杀害难民 400 多人，烧毁房屋 200 多间。

3 月 20 日 日军汽艇往来于长兴县泗安、林城时，在泥兜村（位于泗安塘南侧弯曲处）遭抗日武装伏击。为报复村民，日军侵袭泥兜村，枪杀平民 12 人，烧毁草房 427 间、平房 651 间、楼房 26 间，抢劫粮食 20000 公斤、猪羊 250 头、牛 5 头。

同日 日军进犯德清县大麻镇，枪杀葛顺发等 4 人，打伤 1 人，烧毁烛厂 1 家、染坊 1 家、药店 1 家、打油车间 1 家，计楼房 20 间、平房 24 间、草房 4 间，另还烧毁陈阿珍等农户平房 173 间、草房 12 间。

3 月 21 日 日军在海宁县张店铁路沿线遭抗日武装袭击，为实施报复，数百名日军自硖石出发，沿铁路线烧毁了从祝家埭至戚家埭、蒋家簖 119 户民房 565 间，另外还焚毁了金龙村 22 户房屋 97 间、陈家荡 9 户房屋 76 间，致使千余村民无家可归，逃荒他乡。

3 月 25 日　日军侵入德清县双溪乡，焚毁房屋 965 间，损毁牲畜 246 头、大米 625 石。

3 月 26 日　为保持湖州、杭州两地水路畅通，日军集结 1000 多兵力，分南北两线对龙溪沿岸实施疯狂烧杀。在北起吴兴县菱湖镇的查家簖、南至杭县王家庄的 140 余个村庄，日军残杀平民 585 人，烧毁房屋 7799 间。

3 月 30 日　日军至崇德县同福乡"扫荡"，烧毁李巾浩等村民平房 414 间、楼房 26 间。次日，日军又枪杀沈进山等 5 人、淹死凌柏林等 2 人，放火烧毁村民楼房 32 间、平房 791 间。

3 月 31 日　日军分几路窜扰崇德县高桥镇、崇福镇、虎啸乡、景云乡等地，枪杀王连方等 14 人，焚毁楼房 104 间、平房 1845.5 间、草房 8 间，同时焚毁观音堂、外姚庙、万年庵、景卫庙 4 座寺庙，烧毁农户柏树 86 亩、桑树 126 亩。

4 月 6 日　日机 7 架次轰炸富阳县大源地区，投弹 21 枚，炸死 39 人，炸伤 21 人，炸毁房屋 37 间。

同日　上午 9 时 55 分，日机 4 架飞至上虞县崧厦、百官，在蒋家桥、桃园桥、谷家祠堂、横三弄、里明堂等处投下轻磅炸弹和燃烧弹 20 余枚，炸死 45 人，炸伤 60 余人，炸毁焚毁房屋 32 间。

4 月 8 日　日机轰炸宁波，炸毁慈城孔庙大成殿。

4 月 14 日　驻嘉兴县王江泾镇铁店港炮楼（一称莫家村炮楼）的日军军官黑田，因欲奸淫妇女遭村民毒打，怀恨在心。15 日，黑田率领日军往一迷圩进行报复，向全圩 6 个村庄发射火枪，烧毁 152 户村民房屋 1048 间。

4 月 15 日　驻扎在海宁县城盐官的日军进犯袁花镇，妄图一举消灭国民政府军第 62 师第 368 团谢明强部。因事先已被谢明强部察觉，未捞到便宜。日军撤退时途经马家桥西塘地大路时，一路纵火，烧毁民房 37 户 171 间，烧毁大临村洋茧厂、庙宇等房屋 88 间。

4 月 26 日　一支日军侵入临安县青山镇。在洞霄宫，日军杀害 1 人，焚毁民房 390 余间。在横山岗，日军杀害村民金龙蛟等 5 人，抓走 1 人。在斜阳村，日军枪杀村民徐瑞仙等 7 人，烧毁房屋 200 余间。在杨家村，日军烧毁房屋 41 间。在桥头村，日军杀害 70 余岁的泮长松老人，烧毁瓦房 50 余间。在岭脚、研口自然村，日军残杀 4 人，轮奸 1 人，致伤 2 人，烧毁楼房 20 余间。

同日　两名日军在嘉兴县余新镇被抗日武装击毙。27 日，大股日军到余新镇实施报复，杀害金阿金等 12 人，烧毁民房 970 间、店铺 389 间，另外还有诊所、小学、染织厂、警察所、庙宇等大量公用建筑，共计房屋 1638 间。

4 月　日机轰炸宁波城区，造成四明电话公司电话网络瘫痪，电缆、电线、电杆、话机等设施损失 2463 余件，35995 用户单位不能通话。

5 月 1 日　日军侵入海盐县城，占据东门外火神庙。在随后的几天里，日军从城东至城西一路焚烧民房，东门外场图里被烧民房 170 间，北网舍被烧民房 151 间，南门外杜家簝被烧民房 46 间。同时，福业院、关帝庙、县立图书馆、国民党县党部以及何宅、吾宅、周宅等巨家大院也都被烧毁。海盐县城总共被烧房屋 2000 余间，大半个县城变成焦土。日军在焚城过程中还惨杀平民 100 余人。其中，福业院僧侣 12 人被日军用铁丝穿肩押至救海庙，戳死后抛入大海；场图里 13 名老人被日军杀死在白洋河的芦荡里；高福全等 10 多人被日军用绳子穿在一起，刺死后抛入海中。

5 月 6 日　上午 8 时 51 分，日机轰炸绍兴县道墟镇（今属上虞市）。时值镇上群众举行迎神活动，人山人海。遭日机重磅炸弹轰炸后，平民死伤五六百人，房屋被毁数十间。

5 月 28 日　4 名日军由嘉善县王江泾镇坐小船往天凝镇，经过耶稣堂前时，遭抗日武装袭击，被打死 2 名、俘 1 名，另 1 名逃脱。29 日凌晨，数十名日军包围天凝镇。10 时许，日军冲入集镇，枪杀 2 人、伤 1 人，并到处纵火，烧死 3 人，烧毁房屋 2000 余间。整个集镇变成一片废墟。

5 月　日军军车在平湖县城至乍浦公路虹霓镇段遭抗日游击队袭击。日军恼羞成怒，在虹霓镇河东纵火烧毁屈永康等 26 户 136 间商铺和住宅，同时烧毁圆通寺和潘氏宗祠（系明代以前建筑），炸毁虹霓大桥（系清乾隆年间建造的三孔拱型石桥）。日军还烧毁了 1 艘由平湖开往乍浦的客轮。

6 月 2 日　日军在海宁县丁桥镇沿海塘一带 20 个村庄"扫荡"，杀害徐八老等 21 人，烧毁 148 户房屋 686 间，以及王桩庙、华岳庙和丁桥小学等房屋 62 间。同日，日军关根部队也在海宁县城往丁桥镇沿沪杭公路一带"扫荡"，残杀 280 余人。另外，日军神宫部队、笕钊分八组窜扰硖石镇，杀害平民 300 余人，埋在硖石镇东山脚下杀羊浜。

6 月 12 日　晨 7 时，日军 1 艘汽艇拖有民船 4 只，行至嘉善县惠民镇北时，遭国民政府军第 45 旅第 734 团袭击。13 日，日军进行报复性入侵，烧毁惠民镇张汇集镇 44 幢楼厅、123 间平房，以及碾米厂、茧行、施王庙、小学、店铺等 20 多处。

6 月至 7 月　日军侵入德清县大麻镇海华村，拆毁苕溪丝厂楼房 300 间、平房 150 间、台车 440 台。

8月1日　日军占领海盐县天成丝厂，刺死2人，刺伤3人，并纵火焚烧杨家木桥和徐家庄19户民房135间。不久，日军宪兵队长佐佐木出面，代表日商株式会社，占有并运走天成丝厂全部机械设备，余下部分器物、内部构件也被日、伪军盗卖一空。

8月7日　一队日军窜扰海宁县黄湾，冲进尖山观音庙，在抢掠财物后，纵火焚烧。该队日军下山时，又烧毁了潮神庙。因民众不敢救火，大火延烧数日，致使海宁县最大的庙宇（占地16.5庙）化为废墟，庙内乾隆御碑亭、金刚殿、罗汉殿、望海楼、观澜阁、文昌阁、藏经楼、地隐志等96间庙房及大量文物全部被毁。

8月13日　日军侵扰德清县钟管乡二、三、四、六等保，杀害村民62人，焚毁房屋269间。

9月8日　日机5架轰炸诸暨县城，投弹22枚，炸死16人，炸伤13人，炸毁房屋1200间。

9月18日　日军侵入德清县新市镇，残杀平民198人。

9月　日军在吴兴县织里镇晟舍一带"扫荡"，杀害村民25人，烧毁房屋3151间。

11月初　日机轰炸平湖县城，自东大街至仓弄口，投弹数十枚，炸死平民100余人。

11月14日　上午9时，日机9架轰炸兰溪县城殿山庄、百里街、大阙口、三角道院巷、下卡街、北津街、唐湾巷、元宝巷、养砚巷等地，投弹50余枚，炸死73人，炸伤80余人，炸毁房屋120余间，震毁房屋130余间。另下卡街滨江处民船20余艘也被炸毁，船户死伤多人。

12月　日军在平湖县至嘉兴县公路两侧"扫荡"，纵火烧毁民房44户278间。

同月　日军至吴兴县织里镇晟舍、轧村、石头港等村"扫荡"，杀害村民18人，烧毁房屋1893间，并抢去一批粮食。

1939 年

1月8日　日军在海盐县软城张家堰"扫荡"，焚烧100多户361间民房。

1月31日　日机轰炸富阳县灵桥镇，炸死95人，炸伤19人，炸毁房屋256间。

2月28日　日军为使浮山良户成为无人区，强迫杭县缪家村、浮山村村民迁到玛瑙寺，为此，日军杀死了22名不愿离开的老年村民，其中最大的80多岁，并烧毁近千所房屋。

2月　日机空袭绍兴县柯桥镇，炸死39人，炸伤62人，炸毁房屋56间，震倒房屋62间。

3月29日　因铁路桥被抗日游击队所炸，日军迁怒于海宁县陈家弄村村民，抓捕该村村民8人，刺死其中7人，烧毁该村房屋121间。同时日军还烧毁祝家埭至戚家埭119户房屋590间。

4月10日　日机轰炸安吉县城，炸死炸伤116人，炸毁房屋200余栋。

4月28日　上午8时40分，日机7架轰炸宁波灵桥两岸滨江路及后塘街一带，投弹18枚，炸死民众120余人，炸伤370人，焚毁商铺234家、房屋500余间，同时还炸沉民船10余艘。

4月29日　日机轰炸宁波闹市区江厦街、灵桥门至天妃宫及其周边地段，投弹30余枚，炸死炸伤民众100余人，炸毁房屋200余间。

5月1日　上午9时52分，日机6架轰炸宁波新河头等处，投弹18枚，并以机枪扫射，炸死打死史有生等24人，炸伤打伤吴世财、钱交根等120人，炸毁房屋271间，震倒房屋44间。

5月6日　日军侵入崇德县灵安乡，纵火烧毁村民楼房8间、平房381间。次日，日军又至灵安乡红旗村木桥头，烧毁村民平房222间、寺庙1座。

5月18日　日军至崇德县灵安乡环南村"扫荡"，烧毁村民楼房24间、平房359间。

5月27日　日军侵入桐乡县屠甸镇，纵火烧毁李家木桥至寺桥新葆药房一带楼房1420间、平房1495间。

6月1日　日机轰炸萧山县城，炸毁县政府、警察局、法院、县党部、县立河南小学等大小公房261间。

同日　上午10时25分，日机6架空袭宁波慈城，投弹18枚，炸死炸伤50余人，炸毁房屋40余间。慈溪县立初级中学校舍、私立念慈小学、永明寺都被炸毁。

6月6日　日军侵入桐乡县梧桐镇安乐村、百福村，杀害村民沈三庆等5人，纵火烧毁村民楼房108间、平房192间以及庵堂寺庙1座。

6月8日　日机5架轰炸乐清县慎江乡七里、里隆村和磐石镇东门小街头、东街、北门、南门东岳庙、陡门头，投弹22枚，炸死炸伤各3人，炸坏房屋

203 间，炸毁陡门 3 闸。9 日，日机 7 架又至乐清县黄曹乡和豹屿乡轰炸，投弹 22 枚，炸伤 4 人，炸毁房屋 154 间。10 日，日机 9 架再次轰炸乐清县慎江乡七里村和黄曹乡，投弹 15 枚，炸死 1 人，炸毁民房和炮楼 163 间。

6 月　日机 43 架次轰炸寿昌县（今属建德市），炸死炸伤平民百余人，炸毁多幢县城房屋。

7 月 17 日　日军从海宁县硖石进犯桐乡县屠甸镇，路经东新桥时，1 名日军哨兵被抗日武装打死。随后大队日军赶到，打死 2 名游击队员，撤离时还纵火烧毁了金元昌店至寺桥一带楼房 40 间、平房 180 间。

8 月 24 日　日机轰炸丽水县，炸死 30 余人，炸伤 40 人，炸毁房屋 100 余间。次日，日机 11 架又分 2 批轰炸丽水县城，投弹 50 余枚，内有燃烧弹 7 枚。轰炸导致丽水县城大火连烧 8 小时，烧毁房屋 2344 间。

9 月 8 日　日机在萧山县南山乡投放化学武器，致使 550 名学生中毒。

9 月 16 日　日机轰炸萧山县浦阳镇尖山村，炸毁房屋 450 间。

9 月 22 日　上午 8 时，日军进犯海宁县许村镇，纵火烧沈士街，烧掉店铺 56 家 161 间、民房 23 户 47 间，同时还烧毁资胜寺哼哈殿和天王殿，盗走古钟一口。日军发现资胜寺 24 岁的炳生和尚手上有茧，怀疑是中国兵，便用刺刀刺杀。

10 月中旬　日军在温州瓯江口拦劫永嘉县帆船 18 艘，劫走轮船上装载的纸、木炭、木材等山货，并将船只焚毁，价值黄金 5000 两。

10 月 20 日　日机 10 架轰炸临安县横畈镇，炸毁烧毁房屋 521 间，其中店铺 135 间。大火延烧 3 天 3 夜，集镇成为一片废墟。

10 月　日军在桐乡县乌镇东栅搜捕"支那兵"时，纵火焚毁居民楼房 136 间、平房 247 间，焚毁菜油 8000 斤。

11 月 10 日　日军得知崇德县河山镇五泾村和水洪浜村曾有国民政府军驻扎，即进村搜捕。搜捕时，日军纵火烧毁村民楼房 10 间、平房 231 间。

1940 年

1 月 5 日　拂晓，日、伪军 400 余人潜入嘉兴县凤桥，分股包围窑湾茧厂、徐八房宗祠及油车街，杀害政工队员、自卫队员等 26 人，刺伤 1 人，烧毁房屋 500 间。

1 月 9 日　日军在海盐县沈荡游击区实施"清乡"，在东起永宁桥北堍，西至梅史堰桥东堍的大庙场前、西弄口、梅史堰等处纵火，烧毁商店 72 家 88 间、住房 300 余户 912 间。日军回撤途经富家浜时，用机枪扫射 2 艘逃难船只，致使 5 人被射身亡。

2 月 10 日　下午 1 时 20 分，日机 9 架轰炸奉化县溪口镇，在中街、上街、武岭公园直至上山村投弹 42 枚，炸死 10 人，炸伤 46 人，炸毁房屋 86 间、震倒房屋 96 间。

2 月 23 日　日机轰炸余姚县邵家渡，炸死 25 人，炸伤 40 余人，炸毁振新轮船 1 艘。

同日　日机 3 架轰炸建德县城，炸死居民 15 人，炸伤 49 人，炸毁房屋 31 间。日机 3 架轰炸建德县城，炸死居民 15 人、伤 49 人，炸毁房屋 31 间。

3 月 27 日　日机 3 次空袭余姚县五车堰、临山、马渚等地，投弹 41 枚，炸死 20 余人，炸伤 7 人，炸毁房屋 300 多间。

4 月 15 日晚至 16 日晨　日机 30 余架次轰炸丽水县，在飞机场、仓前、太平坊、崔公祠监狱等处投弹 60 余枚，炸死 27 人，炸伤 25 人。

4 月 16 日　日军流窜诸暨县收油分站，抢夺油料 656425 公担。

4 月 30 日　下午 4 时，日机 8 架轰炸汤溪县（今属金华市婺城区）罗埠、泽头、润琳 3 个乡镇，投弹 60 余枚，炸死 24 人，炸伤 18 人，炸毁房屋 200 余间。

5 月 5 日　日机 13 架在金华县羊石乡罗店村、山口冯村等地投弹 130 枚，炸死民众 38 人，炸伤 80 人，炸毁房屋 77 间。

8 月 16 日　日机 9 架轰炸平阳县鳌江镇，投弹 28 枚，炸死 15 人，炸伤 13 人，炸毁房屋 519 间，震倒房屋 105 间。

9 月 3 日　日机轰炸宁波闹市区，炸死平民 42 人，炸伤 87 人，其中有名有姓者 97 人。

9 月 5 日　上午，日机 14 架轰炸宁波城区，在最繁华的江厦街一带投弹 70 余枚，炸死炸伤平民 100 余人，其中有名有姓者 45 人，炸毁房屋 400.5 间。

9 月 9 日　日机轰炸宁波灵桥及甬江两岸，投弹 20 余枚，炸死平民 32 人，炸伤 60 人，炸毁房屋 100 余间。

9 月 11 日　日机轰炸诸暨收油分站，损毁油料 28459175 公担。

9 月 12 日　日机在瑞安县城投下烧夷弹 1 枚，焚毁房屋 235 间。

9 月 18 日　日机 2 架轰炸丽水城郊桃山植物油料厂，投弹 8 枚，致使该厂机房、仓库被炸焚烧，烧毁桐油 388985 公担。

9 月 21 日　日机轰炸设于丽水的中国茶叶公司仓库，炸毁、烧毁茶叶 35105 箱。

9 月 27 日　日军在定海"清乡"，逼使村民干思朝、干夏生带路往伪乡长家。在路上，日军认为两人有意引导他们进入游击队埋伏圈，便毒打两人，后又纵火烧毁定海县马岙 7 个自然村 211 户村民房屋，总计平房 792 间、楼房 159 幢，还烧死女童 1 名。

9 月　日军以杭州市尧典桥镇方家斗村"防碍军事行动"为由，下令拆毁全村房屋 2000 余间。

10 月 4 日　上午 9 时 40 分，数艘日舰炮击象山县石浦沿港居民区和商铺密集区。9 时 50 分开始，又有 4 架日机轰炸石浦，投掷 2 枚燃烧弹和 6 枚重磅炸弹。此次日军炮击和轰炸，共炸死叶葆萝等 35 人，毁坏房屋 2079 间。

同日　日机在衢州城投下带鼠疫杆菌的食物、谷物和跳蚤，引发衢城鼠疫流行。至 12 月 15 日，有 32 人患鼠疫死亡。其后，鼠疫扩散至开化、江山、义乌等地，数年未能根绝。

10 月 6 日　上午 8 时许，日机 5 架空袭宁海县城，投弹 6 枚，并以机枪扫射，造成钱宝兴等 16 人死难，周玉兴等 44 人受伤，毁坏房屋 100 余间。

10 月 9 日　日机 4 架轰炸温州城朔门、水门头、横街、七枫巷和城郊等地，炸死 34 人，炸伤 21 人，炸毁房屋 128 间，震倒 68 间。

同日　日军在临安县城商业繁华地段纵火，烧毁店铺、客栈达 123 家，连同居民房屋达数百间。日军还分多股出扰临安县全境，残杀平民 52 人，其中在田坞里用蜡烛将 1 名妇女活活烧死。日军还在显岭脚、青山朱村、斜阳、横湖里、花戏台、深家头、花牌头、祝家桥村、板桥东园畈、泉口村、金家村、樟村、卢家头村等地烧毁大量房屋。

10 月 11 日　日机在温州城小南门、五马街、大高桥、谢池巷等地投弹 7 枚（其中燃烧弹 1 枚），炸伤八九十人，炸毁房屋 60 余间。

10 月 16 日　日军土桥师团一部和伪军攻占诸暨县城。此后日、伪军烧杀劫掠，单是城区一隅就杀害民众多达三四百人，纵火烧毁房屋 4665 间。

10 月 18 日　日机轰炸温州城，在五马街、麻行僧街、新码道、朔门等地投弹 16 枚（其中燃烧弹 2 枚），炸死炸伤 30 余人，炸毁房屋 200 余间。

10 月 25 日　日军第 22 师团及伪军共万余人，侵扰长兴县泗安、合溪、鼎新、煤山等地，屠杀平民 24 人、伤 10 人，烧毁房屋 743 间。

10 月 27 日　日机在宁波城区开明街撒播鼠疫杆菌，造成当地暴发鼠疫流行。至 11 月 15 日，收容鼠疫感染者 253 人，其中有 61 人不治身亡。

1941 年

1 月 6 日　日机轰炸临浦（今属杭州市萧山区）义桥乡，炸毁房屋 576 间。

1 月 9 日　凌晨，日机 28 架次轰炸富阳县里山、灵桥、大源等地，炸死平民 73 人，炸伤 107 人，炸毁房屋 313 间。

1 月 10 日　日机 20 架次轰炸寿昌县城，炸死平民 27 人，炸伤 7 人，炸毁房屋 200 余间。

4 月 5 日　因国民政府军第 26 师经过汤溪县罗埠镇，日军即出动 7 架飞机实施轰炸，将罗埠镇炸成一片废墟，炸死平民 2 人，炸毁房屋 240 余间。

4 月 13 日　上午 11 时许，日机 27 架飞至武义县，在武义飞机场、白溪口村一带投下炸弹 50 多枚，炸死 100 多名国民党青年团员和部分群众，炸毁房屋三四百间。

4 月 15 日　日机 7 架轰炸临安县西天目山，炸死浙江省政府浙西行署官兵 5 人、囚犯僧众 30 余人、平民 7 人，炸伤 1 人，炸毁禅源寺僧房等 350 余间。

同日　上午 7 时，7 架日机在武义县白溪口机场、北缸岳、白洋渡等地投弹 30 余枚，致使 300 多间驻军营房和 50 多间民房全部被毁，7 名驻军和 10 名群众被炸死。

同日　日机轰炸开化县城，当场炸死 25 人，炸伤 5 人，炸毁街道 40 丈、店面 87 家、楼房 302 间、民房 94 间、公共房屋 53 间。

同日　日机 2 架轰炸温岭县太平镇，在坊下街闹市区投下 2 枚燃烧弹，炸死 5 人，炸伤 1 人，同时引发大火，烧毁房屋 1380 间。

4 月 16 日　上午 8 时至 10 时 5 分，日机 15 架次先后在象山县石浦镇大皇宫、城隍庙、番头岭、延昌后岗山等地投弹 73 枚，炸死 5 人，炸伤 6 人，炸毁房屋 313 间。17 日上午 7 时 10 分至 12 时 45 分，日机 54 架次又在象山县石浦镇投弹 86 枚，炸死 8 人，炸伤 17 人，炸毁房屋 305 间。

4 月 17 日　上午 9 时，日机 9 架空袭义乌县佛堂镇。当天为佛堂市日，集市上人山人海。日机在人群最密的老市基投掷炸弹，炸死无辜平民 120 余人。同日，日机还空袭义乌县苏溪镇、廿三里镇和楂林镇，炸毁房屋 800 多间。

4 月 19 日　日机轰炸富阳县场口镇，投弹 50 余枚，炸死 10 余人，炸伤 45 人，炸毁房屋 50 间。

同日　日军侵占温州城，大肆劫掠永嘉国货公司、富华、复兴、中茶、东南运输处、中国植物油料厂等所属物资，并抢去温州棉布号布料六七万疋，以及其他化纱、颜料、五金、香烟、中西药材等货物，还抢掠商会大米 120000 斤、县府仓库大米 3670 斤。

4 月 20 日　日军侵入临海县城。随后，日军在临海县城烧杀并举，枪杀 5 人，焚死 1 人，烧毁县政府、警察局办公楼及民房共计 548 间。

4 月 23 日　日军在温州城纵火焚毁泰山徐偃王庙太阴宫及毗邻房屋数十间，烧毁富华贸易公司浙江分公司温州办事处及仓库储存的鹿皮 106 捆、黄牛皮 152 捆、水牛皮 2 捆、野牛皮驴皮 1 捆、杂皮 2 箱、苎蔴 148 捆、前胡 99 箱、党参 3 箱、樟脑 34 箱、松香 5 箱等货物。

4 月 30 日　日机 8 架轰炸汤溪县罗埠镇、下潘村等地，投弹 60 余枚，炸死 24 人，炸伤 18 人，炸毁房屋 221 间。

5 月 1 日　日军轰炸浦江县中余乡中余、佛堂店、檀溪会龙桥、寺前等村，炸死村民陈庆余等 6 人，炸伤 29 人，炸毁房屋 310 间。

5 月 2 日　夜，日军撤离海门。撤离时，日军在码头一带纵火，焚毁房屋 1000 余幢。

5 月 3 日　1 艘日舰、4 艘日艇驶抵宁波穿山，总计有 100 余日军，将停泊在道头外的 68 艘渔船全部焚毁。

5 月 7 日　日机 3 架两次轰炸富阳县场口镇，投弹 43 枚（其中 2 枚落在国民党富阳县政府内），炸死 8 人，炸伤 20 人，炸毁房屋 94 间。9 日下午 4 时许，日机 3 架再次轰炸场口镇，投弹 50 余枚，炸死 10 人，炸伤 50 人，炸毁了包括县政府办公地、侦缉队、福庆寺在内的房屋 50 间。

5 月 13 日　日军侵入浦江县白马镇傅宅村，见人就杀，见房就烧。日军先把村民傅文才绑在梅树上，用刺刀刺伤，后推入前车门池塘中，再拖上岸割去双耳，捆上石磨，扔入池中淹死。日军刺死村民傅克昆，割下他的生殖器塞入他的口中。日军纵火时，还把抓到的村民活活扔入火中烧死。日军此次入侵总计残杀村民 100 余人，焚毁房屋 350 多间。

5 月 14 日　日军侵入奉化县康岭乡公棠村，杀害村民唐时苗等 5 人，强奸妇女唐某某致死，烧毁楼房 269 间、平房 251 间、草房 21 间，掳去牛 10 头、猪 100 多头、羊 50 多只。同日，日军还窜至康岭村，杀害村民康忠法等 5 人，烧毁楼房 216 间、平房 72 间。

5 月 15 日　下午 2 时，日机 12 架飞抵义乌县城，投下炸弹 235 枚、燃烧弹 14 枚。全城顿时一片火海，炸死平民 6 人，炸伤 1 人，炸毁民房 1136 间。

5 月 17 日　日机 14 架次轰炸嵊县县城，投弹 138 枚，炸死平民 18 人，炸伤 6 人，炸毁房屋 5728 间，震倒房屋 146 间。

5 月 19 日　日机 5 架次轰炸新昌县城，投弹 56 枚，炸死平民 14 人，炸伤 4 人，焚毁房屋 956 间。

5 月 21 日　上午，日机 27 架滥炸丽水县城，在大水门、中正街、三坊口、卢镗街、白塔头、同庆寺等地投弹逾百枚，炸死炸伤 40 余人，炸毁烧毁房屋 600 余间。

5 月 24 日　日、伪军占领上虞县丰惠镇，烧毁除钟鼓楼外的全部县政府建筑，计房屋 400 多间。

5 月 26 日　日军为在绍兴县马山镇西安桥建造炮楼，烧毁西安桥一带房屋 350 间。

5 月 30 日　日军焚毁鄞县章蜜乡天象岙民房 216 间。

5 月 31 日　日军分 6 路包围鄞县大皎村，向驻扎在该村的鄞县国民党党政机关及部队发动突然袭击。在袭击中，日军挨户抢劫，纵火焚烧，杀害村民 6 人，奸污妇女多人，烧毁全村房屋 600 余间。

5 月　日军侵入义乌县苏溪镇新乐村，烧毁村民 50 户房屋 236 间。

6 月 12 日　日军至奉化县奉化江上游沿岸的许家、朱家堰、虎啸王等毗邻村庄，杀害村民董阿土等 7 人，伤 1 人，烧毁房屋 988 间。

6 月　日军烧毁嘉兴县新丰竹林祝廷锡家藏书楼及 2.5 万册珍贵藏书。

7 月 6 日　日军少林元太郎部到象山县东溪乡搜捕青年游击队，未果，即烧杀抢掠，烧毁房屋 197 间，抢劫和烧毁粮食 2270210 斤、竹木 52843 株。

7 月 12 日　日机在萧山县瓜沥投弹，炸死徐万仙妻子等 51 人。因日军投下的炸弹中有细菌弹，致使 26 人烂脚。

7 月 15 日　日军到嘉兴县新篁区庄史镇"扫荡"，烧毁房屋 429.5 间。

8 月 1 日　大批日军侵入崇德县高桥乡，纵火焚毁村民平房 396 间，焚毁纯阳坛、普济坛道观、见心庵 3 座寺庙。

8 月 27 日　日机轰炸安吉县递铺镇，炸死 20 余人，炸伤 80 余人。

8 月　日军"扫荡"崇德县梵山乡，焚毁村民平房 360 间。

9 月 9 日　日军将存在宁波甬江北岸的 2 辆火车机头、1800 箱茶叶抢运走。

9 月　日军对沪杭铁路线实施"清障"，下令砍光铁路线两侧 500 米内的高株植物，拆光建筑物。为此，日军强行拆除了海宁县硖石杨园埭立人桥房屋 218 间，砍树 19.7 亩，其中桑树 10620 棵、树木 750 多株。

10 月 22 日 日军焚毁了停泊在宁波穿山邹家的农船、河船 52 艘。

11 月 14 日 因海宁县袁（花）硖（石）公路被抗日武装阻断，日、伪军纠集新篁、余贤埭等地驻军，在口庙、桶干山以南一带大肆烧杀，残杀民众十余人，焚烧民房 700 余间。

11 月 22 日 日军至桐乡县史桥乡长新村、史桥村、李家弄村等地"扫荡"，纵火焚毁长新村楼房 174 间、平房 1198 间、草房 2 间，史桥村楼房 18 间、平房 426 间和顺济庵，李家弄村楼房 44 间、平房 536 间。

12 月 28 日 日机轰炸临浦，炸毁临东村房屋 14 间、桥 14 座，新港村房屋 500 所，新联村 70 户房屋，临一村房屋 18 间，新河村房屋 85 间，前孔村房屋 288 间，临北村房屋 20 间，谭家埭房屋 55 间。

1942 年

1 月 23 日 日军至象山县淡港乡、儒蕉乡、西陲乡"扫荡"，劫去大米 97.5 担、谷 70 担，烧毁瓦房 86 间、草房 14 间，并在横山村强征毛竹 1500 株、大树 3000 株。

4 月 7 日 日军从永康县渠溪乡过境，劫掠财物，并焚烧房屋 200 余间。

同日 日军从上虞县丁宅乡"扫荡"后返回丰惠镇途中，窜入陶朱乡东溪村，向村民勒索钱物。勒索不成，日军就大肆烧杀，烧死烧伤 10 余人，烧毁全村 240 户房屋千余间。

4 月 9 日 日军 1000 多人从永康县经双港抵武义县王宅镇马昂村宿营。村民四处逃散。日军撤走时，在村里 4 口饮水井中投放细菌毒品。村民返村后，因饮用井水，感染细菌，上吐下泻。至 12 月止，感染细菌致死的村民达 103 人。

4 月 22 日 日军流窜诸暨县璜山镇溪北村，烧毁房屋 1249 间。

4 月 23 日 日军至富春江以南"扫荡"，烧毁富阳县许家桥村、黄泥沙村 66 户楼房 151 间，烧毁王家宕村楼房 74 间、平房 64 间、厅屋 2 间、草房 64 间。

同日 日机 8 架空袭丽水县城，投弹 8 枚，其中燃烧弹 3 枚，炸死群众 121 人，炸毁房屋 2282 间。当时，有 1 枚炸弹落在姜山背，震塌邮政局防空洞，致使防空洞内 80 余人被闷死。

4 月 日军窜扰余杭县双溪镇，毁损房屋 300 余幢。

5 月 13 日 日军流窜诸暨县马剑镇平阳村，烧毁房屋 370 间。

5 月 14 日 国民政府军第 86 军从诸暨岭北周退至东阳县六石镇裘家岭村附

近时，在斗鸡岩遭日机9架次连续轰炸4小时，死伤200余人。

5月17日 日军流窜诸暨县安华，杀害村民41人。同时日军窜扰草塔镇，在下旺村杀害村民15人，抓走2人，烧毁房屋135间；在和春村烧毁房屋84间；在徒坞村烧毁房屋149.5间；在蒲岱村烧毁房屋168间。

5月18日 因大批国民政府军撤退至东阳县郭宅村，日军出动8架轰炸机对郭宅实施轰炸，炸死官兵和村民93人（其中村民30多人），炸毁房屋近50间。

同日 日军侵入磐安县窈川乡川一村、川二村，打死村民郑立土等20多人，烧毁房屋378间。另外，由于日军引爆了窈川大花厅中4000多担枪支弹药，致使锁在花厅中的50多名民兵被活活烧死。

同日 日军窜至嵊县长乐镇，杀害村民14人，奸淫妇女100多人。次日，日军在嵊县长乐镇抓走民夫260余人，烧毁店铺72间。同时，日军还摧毁了长乐镇剡源丝厂，捣毁房屋31间，劫掠食米500担、机械油1.5吨、生丝15担、副产品长吐30担、双宫茧衣等56担。

5月20日 下午7时，日军侵入桐庐县芝厦镇，烧毁民房和商店店屋669间，芝厦镇整条街被烧成一片焦土。

5月21日 日军在磐安县尖山镇尖山村纵火，用喷火枪点着了5个火点，随后全村被焚烧。当时全镇300多户1100多人口，被烧毁房屋500多间，只剩下16间。全镇几乎成了平地。

同日 日军侵入常山县三衢乡塘底等地，杀害村民52人，奸淫妇女151人。

5月23日 日军流窜诸暨县浬浦镇，杀害平民80余人，打伤10余人，烧毁房子200余间。26日，日军又在浬浦镇杀害村民46人。

5月27日 日军侵入常山县宣风、中和、崇正、开明、球川等乡镇，杀害村民35人，奸淫妇女510人。

5月28日 日机4架在温州城区和城郊投弹22枚，炸死29人，炸伤38人，炸毁房屋22间，震倒房屋46间。

5月 日军警备队一行60余人到慈溪县桥头镇上林湖"扫荡"。为防止抗日武装在此建立联络点，日军用火枪引火，烧毁了位于上林湖山西麓的普济寺。大火烧了3昼夜，兴建于唐朝的这座千年古刹被焚毁殆尽。

同月 日军占领宁波后，在西门一带实行封锁，致使封锁区内遭日军强奸或饥饿致死的平民达600多人。同时，日军还强行拉夫2000余人赴金华，并剃去他们的眉毛，以防逃跑。

6月1日 日机轰炸萧山县义桥峡山头村，炸毁全村房屋200间。

6 月 10 日　日机 4 架轰炸温州城区，投弹 24 枚，炸死 23 人，炸伤 32 人，炸毁房屋 38 间，震倒房屋 74 间。

6 月 11 日　日军侵入义乌县苏溪镇西山下村，烧毁 93 户房屋 442.5 间。同日，日军还侵入尚经乡尚经村，打死村民黄允志等 28 人，烧毁 123 户房屋 290 间、祠堂公房 68 间，还捣毁尚经村酒厂 1 家，计厂房 4 间、柴房 2 间、黄酒 400 坛、烧酒 80 坛。

6 月 15 日　日军 80 余人由义乌县往浦江县路过金华县傅村镇时，发现有国民政府军残部，当即侵入派溪头村、横大路村，枪杀未及出逃的村民 2 人，并纵火烧村。随后，日军直扑上柳家村、上姜村，枪杀 5 人，又包围长坞垅，刺杀了躲在该处的村民 9 人、重伤 4 人。然后，日军又在畈田蒋村刺死 6 人、重伤 1 人，在石思塘村刺死村民 3 人、烧死 1 人，在傅村月斜塘刺杀村民 18 人。凡日军窜扰过的村庄，都遭焚烧，共烧毁房屋 2075 间。

6 月 17 日　日军 80 余人向永康县渠溪乡下吕村村民勒索巨款。村民一时难以应付，日军就烧毁民房 200 余间。

同日　日机 5 架轰炸富阳县亲贤乡大章村，炸死村民 10 人，炸伤 55 人（重伤 8 人、轻伤 47 人），炸毁房屋 58.5 间，部分损毁 46 间。

6 月 18 日　日军侵入义乌县下西陶村，烧毁房屋 500 间。

7 月 6 日　日机 4 架空袭乐清县城太平巷、崇贞巷、集贤巷、开元巷、姜公桥等处，投弹 6 枚，炸死 33 人，炸伤 3 人，炸毁房屋 132 间、酒 110 埕、酒缸木桶 228 个、粮食 9000 斤又 22 石、书籍 420 部、毛猪 3 头。

7 月 8 日　日机 2 架在平阳县鳌江镇投弹 7 枚，炸毁房屋 83 间，震倒房屋 54 间。9 日，日机又在鳌江镇投弹 9 枚，炸死 1 人，炸毁房屋 51 间，震倒房屋 83 间。10 日，日机又在鳌江镇投弹 9 枚，炸毁房屋 14 间，震倒房屋 41 间。

7 月 30 日　日军窜扰嵊县北漳镇，打死村民 3 人，打伤 4 人，烧毁房屋 456 间。

7 月 31 日　日机 10 架次轰炸云和县，投弹 100 余枚，炸毁炸坏县城房屋 168 间、局村房屋 67 间、小顺房屋 33 间。

7 月 31 日至 8 月 1 日　日机连续两天轰炸松阳县古市镇，投下炸弹 9 枚，其中燃烧弹 6 枚，炸死炸伤平民 66 人，烧毁房屋 445 间及庙宇等文物古迹 4 处。

8 月 1 日　上午 8 时许，日机 27 架次轰炸龙泉县城，在同裕丰布店贤良坊库房、五粒石玄、石板弄、槐坡社、西街头等地投弹 17 枚，炸死 4 人，炸伤 1 人，烧毁从中正街（今新华街）北边三思桥至南边十井头华楼街一带全部店铺计 86 家 385 间，烧毁居民房屋 513 间。

8 月 9 日至 11 日　日军在开化县华埠大肆烧杀。高山村 2 名外乡人被日军杀死后吊在村口的树上示众。斋堂坞邹氏因病未能出逃，遭日军奸污后还被烧死。3 天时间内，华埠镇总共有 96 人被枪杀或被烧死，另外还有 250 余家店铺、民房 1527 户 3720 间惨遭焚毁。

8 月 11 日　日机在寿昌县投下燃烧弹 17 枚，烧毁公私房屋 1738 间。

8 月 11 日至 12 日　日机 13 架轰炸建德县城，投下炸弹 50 多枚、硫磺弹 6 枚，炸死平民 19 人、重伤 6 人，炸毁房屋千余间。

8 月 15 日　日军撤出温州城时，强抓 300 多名平民当挑夫。其中一名挑夫叫许岩灵，因体弱挑不动日军的炮弹，被日军用刺刀刺死，心还被挖出来喂日军军犬。一个名叫三洪的挑夫，在途中逃跑时被日军抓住。日军将他两只手臂、两条腿砍下，又搬来两块巨石，将他的头磨碎。300 名挑夫中，只逃回 1 人，299 人被折磨致死或失踪。

8 月 24 日　嘉兴县虹阳集镇的日伪驻军遭抗日武装袭击后，被迫逃窜。随后，日、伪军调集几十艘船只，约 300 余兵力，从北、东两个方向进入虹阳，实施报复。由于抗日武装已撤离，居民四处躲藏，日、伪军遂纵火焚烧镇上店铺、民房 206 间。

8 月 25 日　上午，一队日军从松阳县源口驻地出发，途经景龙后坳口时，听到坳内人声嘈杂，遂分兵包围，扼守坳口，放火烧林，占据山岗，架起机枪向坳内扫射，当场打死打伤民众近 300 人。

10 月 15 日　日军侵占平阳县南麂岛，杀害渔民 74 人。

10 月　义乌县崇山村疫情凶猛，蔓延至周围 23 个村，共计死亡 700 多人。当时驻义乌县城的日军 1644 部队打着"免费治疗"的幌子，采用诱骗或抓捕手段，在林山寺对鼠疫患者进行活体解剖。有的死难者被割去手臂、大腿等，做成实验标本。日军并将在崇山村鼠疫患者或病死者身上提取的鼠疫细菌被命名为"松山株"（松山即崇山）。

12 月 13 日　日机轰炸寿昌县城，炸毁从西湖至中山路两旁街面房屋 200 多间。

1943 年

1 月 21 日　日军在桐乡县乌镇展开大搜捕，拘捕男女三四百人。23 日，日军撤离乌镇时，带走 53 人。28 日，日军在江苏省吴江县严墓日军宪兵司令部后面的小河浜旁集体屠杀52人，只有木匠胡茂生死里逃生。

2月 日军拆毁嵊县崇仁镇锦源丝厂，计拆除工场和厨房50间、立式或座式缫丝车124台、千叶式黄茧机1台、蒸汽引擎2台、抽水机2台，焚毁复式扬返车90台，捣毁多管式锅炉1台。

3月30日至4月1日 日机连续3天对丽水县城实施大规模轰炸。其中4月1日，日军对丽水县城轮番轰炸8次，投弹80余枚，其中燃烧弹16枚。城内三坊口、四牌楼、府前街、仓前、大水门、万象山、救济院、育婴所、城隍庙、地方银行、民教馆、天主教堂、专员公署周围、县政府直至丽阳门、酱园弄一带，以及城外洞清寺等均遭到滥炸，炸死群众数十人，炸毁房屋1000余间。

4月13日 日军至富阳县里山镇、灵桥镇和长春乡"扫荡"，在里山镇打死打伤平民30余人，焚毁房屋90间，在灵桥镇杀死平民5人，打伤12人，烧毁房屋264间，在长春乡焚毁楼房99间、草房24间。

4月30日 中共领导的抗日武装"三北游击司令部"派部队接应田岫山部反正，与日、伪军发生战斗，牺牲指战员21人，受伤33人。日军追击途中，在小越镇杀死村民6人。

6月12日 日军进犯兰溪县白鹤山时，遭国民政府军第76团阻击，死伤颇多。日军为此迁怒于当地居民，在畈口村抓捕平民18人，诬为"战俘"。次日，日军将他们押至曹家村福田庵旁的小山坡上，迫令他们挖土坑，然后活埋于此。

6月21日 日军在平湖县长丰桥打死村民50人，打伤11人。

11月中旬 日军分两批将关押在富阳县宋殿村的62人杀害。

12月4日 日机6架轰炸宁波，在柴桥、霞浦、东碶等地投弹46枚，炸死平民5人，炸伤23人，炸毁房屋400余间。

12月10日 日军在嵊县下王镇杀害村民5人，重伤3人，同时焚毁下王村201户房屋1268间及各种文物7箱，其中有孙文手迹"博爱"绢扇和"天下为公"横幅。

12月15日 日军在余姚县南黄村纵火，烧死老人、幼儿各1人，烧毁全村234户房屋467间，其中楼房267间，还烧毁毛竹山20余亩。

1944 年

1月 日军为在定海县甬东的东港浦至青垒山修造飞机场，强拆民房225间，强占土地950.67亩。

2 月 11 日　因抗日武装突袭日军后撤至定海县勾山里山,被日军侦悉,日军即派兵包围勾山平阳浦板桥头,枪杀村民夏善法等 4 人,打伤村民夏小财,并烧毁民房 200 余间。

8 月 10 日　日军第 7339 部队、第 2346 部队由横泽中尉和黑泽队长率队,驻扎宁波庄桥穆家耶稣教堂,强行圈地,督造机场。日军先后拆毁 21 个大小村落房屋 2400 余间,强行占地 7879 亩(526 顷),造成 3000 余亩已灌浆晚稻颗粒无收。

8 月 25 日　清晨,日军 100 余名和伪军 400 余名在 1 艘军舰和 2 架飞机的掩护下,向新四军浙东海防大队第一中队驻地岱山大鱼山岛发动猛攻。第一中队分兵抢占大旗岗、大吞岗和湖庄头 3 个制高点,与日伪激战 6 小时,打退日、伪军 3 次进攻,最后终因弹尽粮绝,寡不敌众,严洪珠、陈铁康等 42 名指战员英勇牺牲。

10 月 15 日　拂晓,日、伪军 800 余人携马 60 余匹、炮 10 余门、高射炮 2 门及轻机枪 20 余挺途经奉化县亭溪岭,另 200 余人向管江上阵搜索前进。不久,日、伪军与国民政府宁波警察总队第三、第四大队遭遇,发生激战。日、伪军伤亡 55 人、被俘 1 人。宁波警察总队阵亡 24 人、重伤 92 人、轻伤 36 人、失踪 9 人。

10 月中旬　日军军舰在永嘉县北策岛附近海面拦劫准备进港避风的福建商船。日军接近商船时,即用机枪扫射,当场打死数人。登船后,日军又对船上人员疯狂扫射,致使船上 70 多人遭枪杀(除 1 人幸免)。日军还劫走了船上的全部财物。

10 月 21 日　日军峰岸部队 70 余人封锁乐清县翁垟镇九房村,以打"预防针"为名,强迫村民注射鼠疫细菌,致使全村感染鼠疫患者达 100 多人,死亡 20 人。

1945 年

1 月 4 日　永嘉县伪组织(伪合作社)以永强区产糖为由,强征红糖 200 万斤转送日军。次日,伪组织又在罗浮等地搜刮民粮 15 万斤转供日军。

6 月 6 日至 8 日　日军部队约 1 万人从福建北撤路过平阳县桥墩、灵溪等地,杀害民众 104 人,打伤 50 人,烧毁房屋 318 间。

6 月 12 日　日军部队北撤,途经乐清县,强拉民夫。据调查统计,日军在乐清县强拉挑夫 2611 人,其中不愿为日军挑夫而遭杀害的 131 人,受伤的 33

人，因无力挑运而在途中饿死、病死或遭杀害的 66 人，至今下落不明的 112 人。

6 月 19 日　杭州市民 2000 余人包围伪省政府"要粮"，被日、伪军枪杀 100 余人，打伤 300 余人。

8 月 10 日　日军窜扰昌化县（今属临安市）河桥、武隆、文节、石瑞等乡镇，杀害民众 170 余人。

（邓金松　整理）

后 记

　　《浙江省抗日战争时期人口伤亡和财产损失》是在浙江全省各市、县（市、区）抗战时期人口伤亡和财产损失课题调研的基础上，综合各地成果，筛选主要材料编辑而成的。本书的编辑出版，是全省各级党史部门团结协作的结果，是参与抗战损失课题调研工作的全体同志辛勤劳动的结晶，更是浙江抗战损失课题调研的重要成果。

　　2006 年至 2008 年，全省各级党史部门、党史工作者，以及热心于抗战史研究的社会人士，本着对国家负责、对民族负责、对历史负责的崇高精神，克服多种困难，探索各种办法，查阅省内外各档案馆、图书馆，寻访各乡村僻壤的"三亲"老人，征集整理档案、文献、口述等各类资料，能找尽找、应收尽收，汇聚成浙江抗战损失课题研究的庞大资料库。本书就是在这个资料基础上形成的调研成果。

　　本书在资料征集和编辑过程中，得到了全省各级党史、档案部门的大力支持和配合，得到了中共中央党史研究室副主任李忠杰，以及李蓉、姚金果、王志刚、王树林、王选、袁成毅等专家学者的热情指导和帮助，在此谨致谢意。

　　本书的编辑出版，是浙江抗战损失课题研究取得的阶段性成果，为继续深入研究浙江抗战史起到了重要的推动作用，相信今后必将会有更多的研究成果出版。

《浙江省抗日战争时期人口伤亡和财产损失》编委会

2014 年 1 月

总 后 记

历时多年的《抗日战争时期中国人口伤亡和财产损失调研丛书》终于问世了。参加这套丛书编纂工作的，主要是承担《抗日战争时期中国人口伤亡和财产损失》课题调研任务的各省、自治区、直辖市及其下属市、县的领导同志和课题组成员，以及部分著名专家。他们以高度的责任心和使命感，竭尽全力，攻坚克难，终于完成了各自承担的任务，并按统一要求，形成了调研成果的 A 系列书稿。同时，有关省、自治区、直辖市还从实际情况出发，编纂了主要反映市、县调研成果的 B 系列书稿。由于各地情况不尽相同及其他原因，呈现在读者面前的丛书，将分批陆续完成和出版。

为了保证质量，我们对本丛书中由各省、自治区、直辖市完成的 A 系列书稿（即省级调研成果）实行了四级验收制，即：所有的省级调研成果，先由有关省（自治区、直辖市）课题领导小组及其聘请的省级专家验收组分别审读通过、写出书面意见；然后提交到中共中央党史研究室课题组。中共中央党史研究室课题组审读后，再聘请国内知名专家审读书稿，提出书面意见。对每次审读提出的意见，各省、自治区、直辖市课题组都认真研究落实，对书稿进行反复修改，或是说明相关情况，直到符合要求。由一批专家完成的 A 系列书稿（即带全局性的专门课题调研成果），也通过类似的办法验收。主要反映市、县调研成果的 B 系列书稿，则由有关省、自治区、直辖市党史研究室组织验收。各种调研成果验收修改的过程，同时也是调研的深化过程、提高过程。经过反复修改补充的成果，在质量上都有明显提高。

中共中央党史研究室课题组在中共中央党史研究室室委会和分管室副主任的具体领导下开展工作。中共中央党史研究室几任主要领导同志即曲青山和孙英、李景田、欧阳淞主任，非常关心和重视本课题调研工作的开展。分管这项工作的室副主任李忠杰同志始终严格把握政治方向，精心部署和安排，明确提出创建"精品工程、基础工程、警世工程、传世工程"的要求，给工作指明方向，还及时领导解决调研过程中遇到的种种困难和问题。各地同志和有关专家同中共中央党史研究室课题组保持密切联系，对中共中央党史研究室课题组的工作给予了积极配合和支持。

中共中央党史研究室课题组由李忠杰、霍海丹、李蓉、姚金果、李颖、王志刚、王树林、杨凯等同志组成。先后担任中共中央党史研究室第一研究部领导职务的黄修荣、刘益涛、蒋建农同志参与了课题调研和审改的部分工作。中共中央党史研究室科研管理部、办公厅的部分同志也参与了有关工作。特别是在北京市和山东省召开的两次全国性会议，中共中央党史研究室科研管理部、办公厅的有关同志自始至终参与了繁忙的会务工作，付出了大量心血和辛勤劳动。

在李忠杰同志直接领导下，中共中央党史研究室课题组承担了组织指导与协调推进各地课题调研和联系有关专家完成全局性专题调研的繁重任务。在人手十分有限的条件下，课题组同志们近10年如一日，以对民族负责、对历史负责的自觉精神，克服困难，埋头苦干，为圆满完成任务做了大量工作。计先后编发213期达60多万字的《工作简报》，同各省、自治区、直辖市的同志和有关专家进行了数以千次、万次的电话联系及当面沟通，先后到10多个省、自治区、直辖市实地调查、参加会议，了解情况，当面指导，协助各地完成调研工作，或邀请有关地方的同志到北京进行座谈；还组织22个省、自治区、直辖市课题组编纂《抗日战争时期全国重大惨案》，同中央档案馆联合编辑《抗日战争时期解放区人口伤亡和财产损失档案选编》，同中国第二历史档案馆、中国人民解放军档案馆联合编辑其馆藏的相关档案资料，撰写有关专题报告，等等。将近 10 年来，课题组成员虽有变动，但工作始终如一，没有延误和懈怠。

需要说明的是，《抗日战争时期中国人口伤亡和财产损失》课题，有时也简称为抗战损失课题或抗损课题。虽然有学者认为"抗战损失"或"抗损"通常只能反映抗日战争中财产方面的损失，人口伤亡不能称作损失，但考虑到当年国民政府习惯采用"抗战损失汇报"或"抗战中人口与财产所受损失统计"等表述，所以本课题参照前例，以"抗战损失"或"抗损"作为课题简称。

2014 年初，根据中央领导同志的指示精神和中共中央党史研究室室委会关于做好出版和对外宣传全国抗战损失课题调研成果准备工作的要求，我们组织部分省、自治区、直辖市的分管领导和课题组成员对已经印出样本的 A 系列书稿再次进行复审和互审，并邀请部分承担了抗战损失专题调研任务的专家参加审稿工作。这次集中复审和互审的主要任务是：审核已经印出样本的 A 系列书稿，对相关数据、史实严格把关，保证课题调研结论的真实性，保证书稿没有重大差错。中共中央党史研究室主要领导同志和分管领导同志也提出要求：把工作做得再深入、再扎实一些，统一规范，责任到人，把问题消灭在书稿正式出版之前。

在复审和互审过程中，地方同志和邀请的专家以多种形式及时沟通，围绕审稿发现的问题研究讨论，和中共中央党史研究室分管领导进行交流，对一些重要的共性问题达成一致。经过复审和互审，对有关的 A 系列书稿做出进一步修改。在此基础上，中共中央党史研究室课题组同志又对拟第一批出版的每一部 A 系列书稿进行多环节的审读、检查、修改、校对，严格审核把关，尽可能如实、客观地反映调研情况和成果。

中共中央党史研究室的其他同志及一些外聘同志、从地方党史部门借调的同志，如徐玉凤、谢忠厚、杨延力、郭明泉、戴思厚、王俊云、梁亿新、宋河星、毛立红、王莹莹、茅永怀、庾新顺、李蕙芬同志等，满腔热情地参加了本课题调研的部分工作。不论是调研选题的讨论、同有关各方的联络，还是资料的整理、归类、建档等，他们都付出了辛勤的劳动。

这里，还要特别感谢国家社会科学基金规划办公室、国家新闻出版广电总局有关领导和同志对本课题调研工作的支持和帮助，感谢有关部门对丛书出版经费的支持和保证。中共党史出版社的领导汪晓军以及陈海平、姚建萍等同志，也为这套丛书的出版花费了很多心血。

我们相信，本丛书 A 系列和 B 系列各卷的陆续公开出版，必将大大有助于抗战损失课题调研成果的推广利用，有利于固化历史，更好地发挥以史为鉴、资政育人的作用。但是，我们也深知，本课题调研迄今所取得的成果，还只是阶段性的、部分的、不完全的成果。在已经取得的来之不易的成果的基础上，今后，这一课题的调研工作还要深入不懈地继续进行下去。

中共中央党史研究室课题组

2014 年 4 月 30 日